全国交通运输行业职业技能鉴定培训教材

Gonglu Yanghugong

公路养护工

技师（二级）·高级技师（一级）

交通运输部职业资格中心
（交通运输部职业技能鉴定指导中心）组织编审

人民交通出版社股份有限公司
China Communications Press Co.,Ltd.

内 容 提 要

本书为交通运输部职业资格中心(交通运输部职业技能鉴定指导中心)组织编审的全国交通运输行业职业技能鉴定培训教材之一,是根据国家职业标准《公路养护工》编写而成。全书主要内容包括:职业道德,技师(含路基养护,路面养护,桥梁、隧道养护,养护管理与培训),高级技师(含路基养护,路面养护,桥梁、隧道养护,养护管理与培训,养护技术发展与技术论文)。

本教材主要用作公路养护工技师(二级)、高级技师(一级)技能鉴定的辅导用书,也可作为交通类职业院校相关专业的教学参考书,还可以供相关从业人员继续教育和自学使用。

图书在版编目(CIP)数据

公路养护工 : 技师(二级)·高级技师(一级) / 交通运输部职业资格中心(交通运输部职业技能鉴定指导中心)组织编审. — 北京 : 人民交通出版社股份有限公司, 2016.7

ISBN 978-7-114-13179-0

Ⅰ. ①公… Ⅱ. ①交… Ⅲ. ①公路养护—技术培训—教材 Ⅳ. ①U418

中国版本图书馆 CIP 数据核字(2016)第 152764 号

全国交通运输行业职业技能鉴定培训教材

书　　名:公路养护工　技师(二级)·高级技师(一级)

著 作 者:交通运输部职业资格中心(交通运输部职业技能鉴定指导中心)

责任编辑:孙　玺　黎小东

出版发行:人民交通出版社股份有限公司

地　　址:(100011)北京市朝阳区安定门外外馆斜街 3 号

网　　址:http://www.ccpress.com.cn

销售电话:(010)59757973

总 经 销:人民交通出版社股份有限公司发行部

经　　销:各地新华书店

印　　刷:北京市密东印刷有限公司

开　　本:787×1092　1/16

印　　张:18.75

字　　数:456 千

版　　次:2016 年 7 月　第 1 版

印　　次:2022 年 9 月　第 4 次印刷

书　　号:ISBN 978-7-114-13179-0

定　　价:55.00 元

《全国交通运输行业职业技能鉴定培训教材》

编审委员会

《公路养护工　技师(二级)·高级技师(一级)》

审 定 人 员

主　审：高连生

参　审：王福恒　郝鹏玮　温晓亮　牛存良　于保华
张君伟　张保成　潘小波　薛安顺

编 写 人 员

主　编：姚士新　钱　进

参　编：孟　熙　王久海　赵玉莲　田　亮　杨延华
王　晖　汪军伟　钱海涛　吴亚娟　陈延新
曹福贵　许　琦

前　言

QIANYAN

为做好交通运输行业职业技能培训及鉴定工作,在公路养护工从业人员中推行国家职业资格证书制度,交通运输部职业技能鉴定指导中心组织交通运输行业的有关专家编写了全国交通运输行业职业技能鉴定培训教材《公路养护工 技师(二级)·高级技师(一级)》。

本教材主要包括技师和高级技师两部分内容,前面有一小节“职业道德”相关知识。其中,职业道德和技师部分由北京交通运输职业学院相关人员进行编写,高级技师部分由江苏省交通技师学院相关人员进行编写。在教材编写过程中,得到了北京市政路桥管理养护集团、北京首发养护集团、江苏省交通运输厅公路局、镇江市公路管理处、镇江市路桥工程总公司、南京东交工程咨询有限公司及江苏现代路桥有限责任公司等单位有关领导和专家的指导、协助及参与,特别得到了单继革、王少辉、吴雪松、雒培刚等企业专家的大力支持。在此一并致以衷心感谢!

本教材遵循国家职业标准《公路养护工》进行编写,在此基础上结合公路养护工作实际对内容加以拓宽。在体例设置方面,以职业标准的工作要求进行划分,针对公路养护工职业活动领域,按照模块化的方式进行编写。在内容方面,以职业活动为向导,职业能力为核心,突出职业特色;在文字表达方面,在满足岗位知识与技能要求基础上,按照实用、够用原则进行编写,文字力求简洁,图文并茂,便于从业人员掌握。

基于以上编写原则,本教材具有以下创新点:

1. 引入工作情境,贴近生产实际,突出能力本位

本教材在体例编写上,按照职业标准中的职业功能,将教材中的技师和高级技师每部分划分为路基养护,路面养护,桥梁、隧道养护,养护管理与培训等工作情境。在工作情境中,按照职业标准的工作内容,划分为各项目。在各项目中,根据职业标准的技能要求和相关知识,结合养护班组工作具体任务,设置各任务,引导读者结合自身工作情况进行学习。

2. 提炼情境描述，增加学习建议

教材在各工作情境标题下，配有对本工作情境的描述。通过描述的典型工作案例，引出该工作情境的主要内容，并指出在该工作情境中技师、高级技师应完成的工作项目和要求。在各项目标题下，配有对本项目的学习建议、能力目标及知识目标，在学习方法和学习目标上对读者有所提示。

3. 结合实际案例，校企合作编写

在教材的编写过程中，有多位企业专家参与，提供咨询帮助和工作案例，并参加了部分内容的编写和统稿工作。通过案例，将一些规范条文、制度要求与实际工作相联系，达到实用、够用的编写要求。

4. 保证学习的连贯性和内容精简

本教材结合职业标准中技师和高级技师的职业要求进行编写，在体例格式上基本保持与《公路养护工（初级·中级·高级）》教材基本一致，内容上不再重复编写，以保证学习的连贯性和内容精简。考核鉴定时，读者可结合《公路养护工（初级·中级·高级）》教材进行复习。

5. 结合实际工作设置开放性复习思考题

作为技师、高级技师，在工作中应注重解决重点难点问题，需要具有理论联系实际的能力和创新意识。因此，在复习思考题的设置上，结合实际工作案例设置了开放性的题目，使读者结合自己工作进行思考和解答。

本教材主要用作公路养护工技师（二级）、高级技师（一级）技能鉴定的辅导用书，也可作为交通类职业院校相关专业的教学参考书，还可以供相关从业人员继续教育和自学使用。由于编写时间紧，内容较多，加之编者水平有限，书中不足之处在所难免，恳请广大读者不吝指正。

交通运输部职业资格中心
（交通运输部职业技能鉴定指导中心）

2016年6月

目　录

MULU

第一部分　技　师(二级)

第二部分　高级技师(一级)

职业道德

学习建议

1. 本单元主要介绍职业道德的含义和社会作用，及公路养护工职业守则；
2. 建议结合自己的工作感受，学习《公路养护工职业守则》的要求。

技能要求

1. 遵守法律、法规和有关规定；
2. 爱岗敬业，履行公路养护工各项职责；
3. 严格执行规程规范，保证公路养护质量。

知识要求

1. 了解职业道德的含义；
2. 了解职业道德的社会作用。

模块 1 职业道德知识

道德一种社会意识形态，是人们共同生活及其行为的准则与规范，具有认识、调节、教育、评价以及平衡五个功能。职业道德，就是同人们的职业活动紧密联系的符合职业特点所要求的道德准则、道德情操与道德品质的总和，它既是对本职人员在职业活动中行为的要求，同时又是职业对社会所负的道德责任与义务。

一、职业道德的含义

职业道德包含以下两方面的含义：

一方面，职业道德行为必须是基于对他人、对社会利益的自觉认识而表现出来的行为，没有这种自觉的认识，就不能构成道德行为；另一方面，职业道德行为必须是从业者根据自己的意志所做出的抉择。

由此可见，职业道德行为是有意义、有目的的行为，也是从业者道德意识内容的外化、客观化的过程。在这个过程中，道德意识就是从业人员道德行为发生的内部原因，表现着从业人员的愿望、动机、情感、意志、信念、理想等因素的作用相互关系。从业者的愿望、动机、情感、意志、信念、理想这些因素的作用和相互关系，就构成从业人员的职业道德行为的内部结构。

二、职业道德的社会作用

1. 调节职业交往中从业人员内部以及从业人员与服务对象间的关系

职业道德的基本职能是调节职能。它一方面可以调节从业人员内部的关系，即运用职业道德规范约束职业内部人员的行为，促进职业内部人员的团结与合作。如职业道德规范要求各行各业的从业人员，都要团结、互助、爱岗、敬业、齐心协力地为发展本行业、本职业服务。另一方面，职业道德又可以调节从业人员和服务对象之间的关系。如职业道德规定了制造产品的工人要怎样对用户负责；营销人员怎样对顾客负责；医生怎样对病人负责；教师怎样对学生负责；等等。

2. 有助于维护和提高本行业的信誉

一个行业、一个企业的信誉，也就是它们的形象、信用和声誉，是指企业及其产品与服务在社会公众中的信任程度，提高企业的信誉主要靠产品的质量和服务质量，而从业人员职业道德水平高是产品质量和服务质量的有效保证。若从业人员职业道德水平不高，很难生产出优质的产品和提供优质的服务

3. 促进本行业的发展

行业、企业的发展有赖于高的经济效益，而高的经济效益源于高的员工素质。员工素质主要包含知识、能力、责任心三个方面，其中责任心是最重要的。而职业道德水平高的从业人员其责任心是极强的，因此，职业道德能促进本行业的发展。

4. 有助于提高全社会的道德水平

职业道德是整个社会道德的主要内容。职业道德一方面涉及每个从业者如何对待职业，如何对待工作，同时也是一个从业人员的生活态度、价值观念的表现；是一个人的道德意识，道德行为发展的成熟阶段，具有较强的稳定性和连续性。另一方面，职业道德也是一个职业集体，甚至一个行业全体人员的行为表现，如果每个行业，每个职业集体都具备优良的道德，对整个社会道德水平的提高肯定会发挥重要作用。

三、公路养护与职业道德的关系

职业道德是行业核心价值体系的基础，解决的是公路养护职工行为规范和职业操守的问题。公路养护行业职业道德是与公路服务、管理与养护活动紧密联系的符合职业特点所要求的道德准则、道德情操与道德品质的总和，既是对公路养护职工在职业活动中行为的要求，同时又是职业对社会所负的道德责任与义务。

爱岗敬业是职业道德的基础，交通运输工作直接面向社会，与群众利益息息相关，公路养护职工首先要热爱本职工作、履行岗位职责。诚实守信是职业道德的精髓，诚实守信要求公路养护职工做到诚实、诚恳，讲信义、守信用。

服务群众是职业道德的基本要求，服务是公路养护工作的本质属性，做好服务是公路养护发展的突出主题。奉献社会是职业道德的最高境界，公路养护职工要将奉献社会作为职业道德建设的出发点和归宿，在奉献中实现自我价值。

模块2　公路养护工职业守则

一、遵守法律、法规和有关规定

遵守法律、法规是每个公民的基本义务。作为公路养护人员，应该了解《中华人民共和国公路法》、《中华人民共和国道路交通安全法》、《中华人民共和国道路交通安全法实施条例》及本地区公路条例的有关规定，在工作中遵守这些法律、法规。

二、爱岗敬业，忠于职守，自觉履行各项职责

爱岗敬业，忠于职守是职业道德的基本要求之一。公路养护人员的爱岗敬业不仅体现在

对公路按计划进行日常养护，而且体现在特殊天气条件下和发生紧急情况时，能够及时到位，采取相关养护手段，保证公路的安全畅通。

三、工作认真负责，严于律己

作为公路养护技师、高级技师，在养护工作中不仅是技术骨干，同时很有可能还在承担带领班组等一定的管理工作，因此必须做到律人先律己，在工作中认真负责，严于律己。

四、刻苦学习，钻研业务，提高文化素质

随着科学技术的日新月异，作为公路养护技师、高级技师，应该了解和学习公路养护的前沿技术，在工作中钻研创新。

五、谦虚谨慎，团结协作，主动配合

公路养护工作中，需要班组配合、团队协作，无论处于哪个具体岗位，都应该保持谦虚谨慎的作风，积极配合同时，团结协作完成养护任务。

六、严格执行工程文件，保证质量

养护质量是公路养护工作的核心，为了保证质量，必须严格遵守各项技术规范，严格执行各项工程文件。

七、重视安全、环保，坚持文明生产

公路养护工作中的安全、环保问题越来越受到业内和社会的重视。在公路养护工作中应该按照相关法规，进行安全作业，使用环保材料和工艺，坚持文明施工。

复习思考题

1. 职业道德的含义包含哪两方面？

2. 职业道德的社会作用是什么？

3. 简述公路养护与职业道德的关系。

4. 因春节期间普降大雪，某山区公路养护道班放弃春节休假，全体上路清雪，保证了该路段的安全畅通。请结合自己工作，谈一谈对上面一段文字的理解。

第一部分　技　师(二级)

工作情境一　路基养护

情境描述

情境一：北京某公路山岭区路段，连续急弯，视距不良，交通事故多发。现要求养护单位，通过改善不良视距，调整路线纵坡，对路基进行加高、加宽，设置边坡防护构造物等手段，对该路段路基进行局部改善。技师工作任务是：根据道路现状，选择合适的施工手段进行道路路基改善。

情境二：某地区特殊土路段，道路出现过早损坏，要求养护单位，根据实地调查，分析原因，提出解决办法；针对黄土、软土、冻土和盐渍土分别提出改善措施。技师工作任务是：根据特殊土质路基现状，确定养护施工方案。

情境三："7·21"北京特大暴雨，全市受灾人口达190万人，79人遇难，经济损失近百亿元，说明自然灾害对人类的危害极大，要求我们对风、雨、雪等各种病害要做好预防和治理措施。技师工作任务是：根据地区现状，选择合适的方法对自然灾害进行预防和治理。

项目一　路基局部改善

学习建议

1. 本项目重点介绍路基局部改善知识。基础知识内容可参阅《公路养护工(初级·中级·高级)》教材；

2. 对于视距不良路段的案例学习，建议结合《公路安全生命防护工程技术指南》的相关案例学习；

3. 纵坡调整内容，结合《公路勘测设计》中纵断面设计内容进行学习；

4. 本项目内容，建议结合本地区实际工程案例，有分析地进行学习、研究和总结。

技能要求

1. 能对视距不良路段提出改善意见；

2. 能调整路线纵坡；

3. 能进行路基加宽的施工；

4. 能进行路基加高的施工；

5. 能维护边坡防护构造物。

知识要求

1. 视距不良路段的改良技术；

2. 路线纵坡的调整方法；

3. 路基加宽的施工技术；

4. 路基加高的技能；

5. 边坡防护构造物的施工方法。

路基的局部改善一般是在维持通车的情况下进行的，应采取半幅施工、半幅通车，交替进行。通车一侧应加强养护，其宽度应满足车辆通行要求，其长度应控制一般不宜超过1km。当交通量较大时，应加强施工路段道路交通管理。有条件时，可组织绕道通行或修筑临时便道通行。

任务1 视距不良路段改善技术

改善山嘴急弯或视距不良路段，应根据路线技术等级、地形条件，经过技术经济比较，可分别采用增大平曲线半径和视距、局部改线以路堑或短隧道穿越等方法。下面具体介绍改善视距的方法。

一、急弯路段视距不良的后果

在急弯路段，由于视距条件受限，驾驶员不能清楚看到曲线另一侧的道路和车辆，对于前方道路的走向和对向来车不能很好地预判。在这种情况下，允许驾驶员进行判断、反应和操作的时间比较短，如果车速过快，就有可能出现因避让不及导致对撞事故，另外，过快的车速有可能导致车辆驶出路外，发生较严重的侧翻、坠坡等事故。在夜间行车时，因灯光照射不是顺着曲线的，更难发现前方的情况，增加了发生事故的危险。所以急弯导致的主要安全隐患一般是由于视距不良，在车速过快的情况下，会发生交通事故。

交通事故的形态主要有以下几种：

(1)与对面驶来的车辆或路面的其他障碍物发生碰撞；

(2)单车碰撞弯道外侧的山体或驶出路外；

(3)发生侧翻事故。

二、视距设置及核查要点

视距设置应充分考虑公路特点、交通流特点、常见视距不足形式，以及视距对安全的潜在影响规律，其视距核查要点如下。

1. 道路所在地的气候状况

道路所在地如果雨水较多，道路湿滑，路面摩擦系数会有所降低，导致制动距离增加，相应的视距应当增加，或设置相应的标志、标线进行警告，以确保行车安全。

2. 道路的交通状况

道路上行驶车辆多为大货车、重载车时，由于车辆载质量大，制动距离长，相应的视距也应增加。同时设置限速、预告、警告标志等。

3. 考虑夜间行车状况

夜间行车由于光线不足，视线受阻严重，打开车灯行车时的视距是否达标非常重要，这时对标志、标线应选用反光材料，提高视认水平，或充分利用太阳能和LED技术，设置自发光设施。

4. 实际行车速度的影响

如果道路状况良好，实际行车速度往往大于设计行车速度。当遇到突然转弯、上下坡、混合交通或行人横穿道路时，也会因车速过快造成制动距离增加而影响行车安全。这时应设置明显的限速标志，提示车辆慢速通过，保证行车安全。

5. 视距是否均衡

当道路的几何线形要素能保证较高车速时，个别的视距不足路段常常是交通事故的危险点，对不均衡路段要注意改善视距，受实际条件限制无法改善时，设置凸面镜、禁止超车等交通工程设施。

三、视距不良路段处理措施

1. 移去障碍物

如切掉山体，移植树木等，增加视线的通透性，切除范围符合规范的要求。

弯道内侧植物或边坡杂物等阻碍行车视线时，通过修剪树木、清除杂物等措施改善视距。弯道内侧山体（图 1-1-1）、土丘等阻碍行车视线时，应适当削挖山体或土丘改善视距，但应注意削挖措施对山体稳定的影响，避免带来其他不良后果。

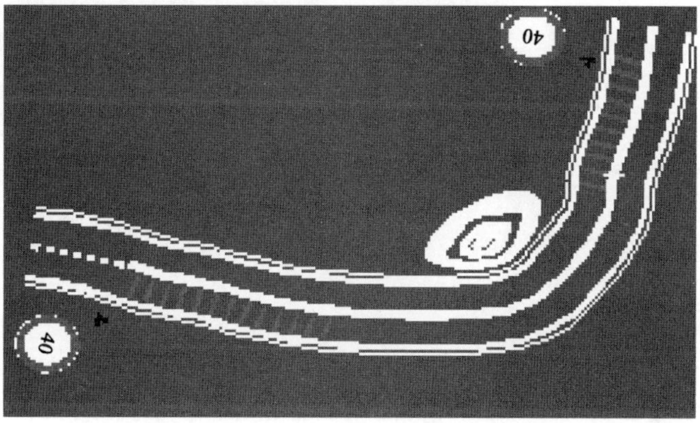

图 1-1-1　弯道内侧山体阻挡视线

2. 交通工程处置

受实际条件限制无法除去障碍物，进行必要的交通工程处置。

(1)设置鸣喇叭标志、限速标志（图 1-1-2）以及禁止超车标志（图 1-1-3）。

图 1-1-2　限速标志

图 1-1-3　禁止超车标志

(2)设置物理分隔设施——分道体

分道体设置在车辆越过中心线行驶、对撞事故频发路段的路面中心线上。设置间隔一般为 10m 或 15m,如图 1-1-4 所示。

(3)设置凸面镜

公路用凸面镜一般设置于小半径弯道外侧及有效视距不足的弯道处,易发生由于不能及时发现对向车辆而造成正面碰撞或因避让不及而发生车辆冲出路外事故路段,一般配合视线诱导标一起使用。

根据设计速度及弯道半径,公路用凸面镜直径宜选用 600mm、800mm 及 1000mm,如图 1-1-5所示。

图 1-1-4　道路分隔体

图 1-1-5　公路用凸面镜

3. 视线诱导设施的应用

在夜间易发生事故的路段设置反光标志、视线诱导设施(图 1-1-6)、突起路标(图 1-1-7)等,设计速度大于或等于 60km/h 的公路宜全线设置轮廓标。易受不良气象条件影响的路段,可设置自发光交通标志(图 1-1-8),增加夜间行车的安全性。

图 1-1-6　视线诱导设施轮廓标

图 1-1-7　突起路标

4. 路侧安全护栏的设置

从安全、经济的角度,小半径曲线外侧或事故频发路段,应设置安全护栏。

按护栏按受力特点可分为:刚性护栏、半刚性护栏和柔性护栏,如图 1-1-9 ~ 图 1-1-11 所示。

图 1-1-8　自发光交通标志

图 1-1-9　刚性护栏

图 1-1-10　半刚性护栏

图 1-1-11　柔性护栏

5. 路侧绿化

考虑树木遮挡视线和大树不利于小客车行车安全的情况，两侧绿化植物要进行修剪，保障视距要求，平曲线通视三角区，可种草或栽植低矮灌木，不得设置广告牌通视障碍物，如图 1-1-12所示。

图 1-1-12　路侧绿化

四、综合处理案例

示例1：急弯路段弯道内侧为土丘、灌木和茂盛乔木，视距不良；边沟为较深的矩形边沟；弯道外侧为深沟；路肩上有巨石、电线杆和大树等。日常行车过程中，对撞及冲出弯道外侧事故频发。

主要处置措施（图1-1-13）：修整弯道内侧土丘为较缓边坡、削剪灌木和乔木，改善视距；有条件时可适当加宽弯道内侧路面、内移车行道边缘线，增大行车轨迹半径，改善行车舒适度；有条件时，将矩形边沟改为宽浅边沟；弯道外侧设置波形梁护栏和线形诱导标；中心线施画为黄色实线，并采用振荡标线；弯道起点设置横向减速标和急弯警告标志；弯道前后设置限速标志及相应的解除限速标志等。

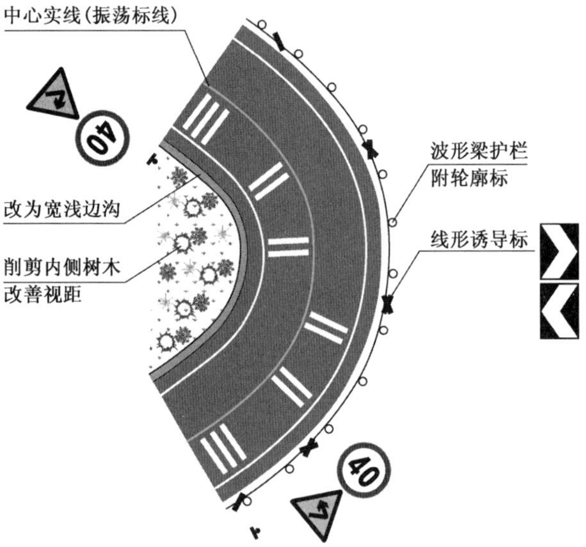

图1-1-13 处置方案示例（一）

示例2：急弯下坡路段，内侧山体阻挡视线，外侧深谷，多次发生车辆驶出路外，坠入深谷事故。

主要处置措施（图1-1-14）：尽可能削挖左侧山体，改善视距；无法移除影响视距的障碍物时，可设置凸面镜；弯道部分施画中心实线，并采用振荡标线，前后设置急弯警告标志、限速标志及相应的解除限速标志；将弯道外侧原示警墩加固改造为具有一定防撞能力的混凝土护栏，护栏端头外展处理；设置线形诱导标等。

示例3：丘陵区较平缓农田填方路段，单个急弯，路侧边坡较缓，填方高度小于4m，左侧树木阻挡视线。

主要处置措施（图1-1-15）：设置急弯警告标志，提示慢速通过；改善路面抗滑性能；修剪内侧树枝，改善视距；施画路面标线，急弯路段为中心实线，其余为中心虚线。

任务2 路线纵坡的调整方法

随着交通量的增长和道路等级的提高，原有道路的纵坡超过允许最大纵坡值时，就要对路线的纵坡进行重新设计、重新计算，有些地方可局部进行调整换填，具体调整方法如下。

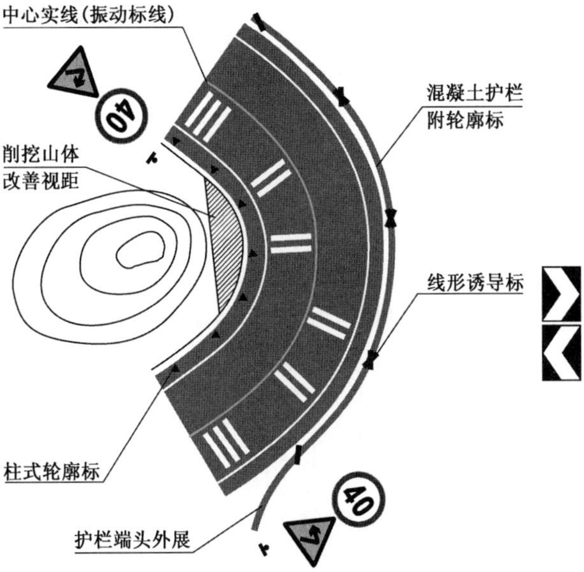

图 1-1-14　处置方案示例(二)

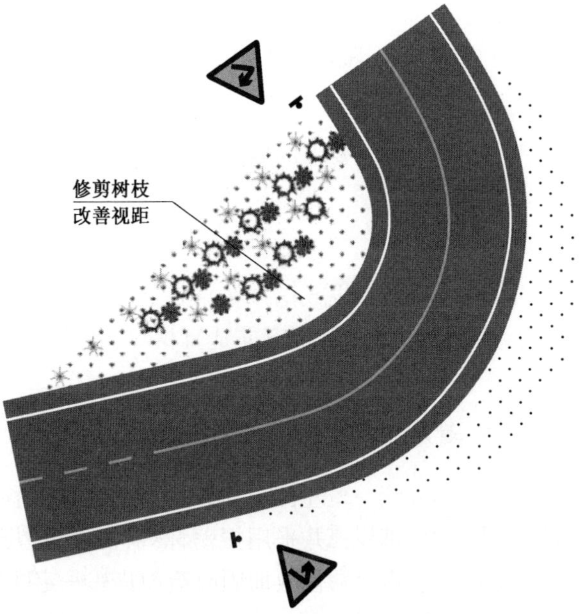

图 1-1-15　处置方案示例(三)

一、适用范围

本方法适用于较长路线纵坡调整的养护维修作业。

二、作业准备

1. 材料要求

路线换填材料应选用水稳性或透水性好的粒料,不得含有机质、垃圾等杂物,粒料最大粒径应不大于100mm。

2. 机具设备

挖掘机、装载机、推土机、平地机、压路机、自卸汽车、小型夯实机、洒水车等。

三、养护维修作业

1. 工艺流程

如图 1-1-16 所示。

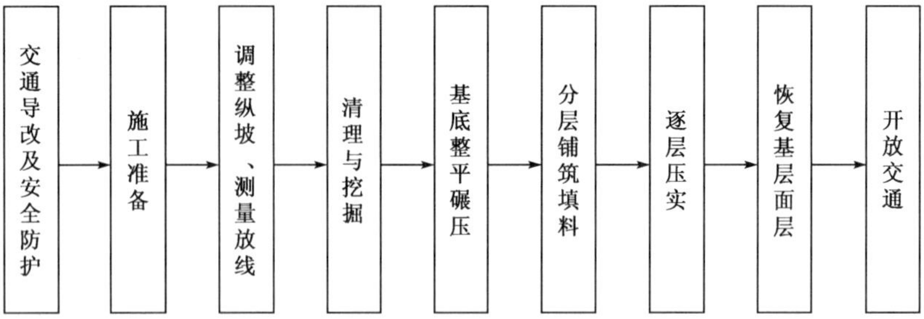

图 1-1-16 路线纵坡调整的工艺流程

2. 作业方法

1)施工准备

施工组织设计(方案)批准后,准备换填料,对作业队伍进行技术、安全、质量、环保等交底,对施工设备检查维护并进行试运行,保证设备状态良好。

2)调整纵坡、测量放线

首先调整路线纵坡,然后按路线纵坡要求的换填深度和范围放出换填边线,换填边线应垂直或平行于道路中心线。

3)清理与挖掘

根据路面开挖深度的不同,采用铣刨机或挖掘机开挖面层至规定的深度。路基挖除深度应符合设计要求,开挖至设计要求深度后,如仍有非适宜材料,经设计确认后应继续挖除。

4)基底整平碾压

按照施工方案的相关要求,对基底进行整平并碾压成型。

5)铺筑填料

(1)测量放样出中桩、边桩,挂松铺厚度控制线,用白灰撒出方格网线以控制上料数量。

(2)分层摊铺、整平:按水平分层法填筑施工,一次性全幅填筑,填料每层摊铺压实后的厚度不应超过 200mm。填至路床顶最后一层时,压实后的厚度应不小于 100mm。可采用人工或机械整平,整平后路基横坡应与原设计路基横坡一致。采用机械整平时,人工配合推土机初平后,可再用平地机精确找平。

(3)填料含水率控制:填料应在接近最佳含水率时进行压实。当填料含水率不足时,可摊铺后洒水翻拌均匀,接近最佳含水率时整平碾压;当填料含水率过大时,可事先在料场翻拌晾晒,略大于最佳含水率时,运至施工现场摊铺碾压。

6)压实

(1)压路机应沿路线纵向进行碾压。纵向碾压时,应采取直线段由两边到中间、曲线段由内侧向外侧、碾压速度先慢后快的进退式碾压方式,轮迹重叠宽度宜为 200 ~ 300mm。

(2)碾压遍数宜为6~7遍：振动压路机先静压一遍，然后弱振一遍，再强振2~3遍，最后静压2遍。

(3)换填边缘或构筑物周围不易用压路机碾压处，可用小型夯实机夯实。

(4)路线换填料压实度应符合表1-1-1的规定。

路线换填料压实度标准 表1-1-1

路床顶面以下深度(m)	压实度(重型击实/轻型击实)			检验频率		检验方法
	快速路主干路	次干路	支路	每层	点数	
0~0.8	≥95%/98%	≥93%/95%	≥90%/92%	$100m^2$	3	灌砂法 按T 0921
0.8~1.5	≥93%/95%	≥90%/92%	≥87%/90%			
>1.5	≥90%/92%	≥87%/90%	≥87%/90%			

四、质量控制和检查验收

1. 质量控制要点

换填范围和换填深度、换填材料种类和材料质量、基底整平碾压质量、填料含水率和分层摊铺厚度、压实度、平整度等。

2. 检查和验收

(1)检查内容应包括：压实度、换填厚度、平整度、横断高程和外观质量。

(2)路线纵坡调整质量验收应符合表1-1-2的要求。

纵坡调整质量验收标准 表1-1-2

项目	规定值及允许偏差	检验频率		检验方法
		范围	点数	
压实度	见表1-1-1的规定	$100m^2$	每层3点	灌砂法、按T 0921
换填厚度	不小于设计值	20m	1	钢尺量
宽度	不小于设计值	20m	1	钢尺量
平整度	≤15mm	10m	1	3m直尺、塞尺量取最大值
横断高程	±20mm且横坡差≤±0.3%	50m为1个断面	3	水准仪
外观质量	(1)表面平整、坚实、边线直顺、无显著轮迹； (2)无弹簧、起皮、波浪现象	全线连续		目测

任务3 路基加宽施工技术

公路在通车多年后，路基沉降基本完成，路基加宽段(图1-1-17)由于新旧路基的不均匀沉降，必然产生以纵向裂缝为代表的裂缝，从而对公路产生破坏。为此，必须加强公路路基加宽时的设计优化及施工质量，使沉降量减为最小，以保证公路的质量。

一、路基加宽前的准备

旧路路基加宽，首先要对旧路的状况进行调查，并对原路基的病害进行处理。调查内容包括旧路路基的填筑材料、使用和损坏等病害情况，分析病害的种类、规模、状态、原因等，并在施工前或施工期间，对路基不同类型的病害要进行彻底地处理。

旧路两侧一般为排水边沟和碎落台，边沟经长期的雨水侵蚀，其下部已基本变得相当软弱;平台由于绿化其底部实际也为腐殖土。对于上述情况地基必须做彻底清除,对于地下水丰富区域,须铺设透水性材料。基底压实度一般比规范要求高出1% ~2%;施工时必须严格按设计要求进行,保证基底承载力,减少新老路基剪切变形。

图1-1-17　路基加宽

二、路基加宽的施工技术

1. 台阶

由于原路基边坡坡率一般为1:1.5,必须将原边坡挖成台阶(图1-1-18和图1-1-19),台阶使新旧路基有效地交错结合,是衔接的重要组成部分,施工时必须引起足够的重视。台阶宽度应满足摊铺和压实设备操作的需要,以便有利于机械施工,一般不少于2.0m,如受环境限制可适当放窄,但宽度不得小于1m,并做成2% ~4%的内倾斜坡。

图1-1-18　挖台阶实物图

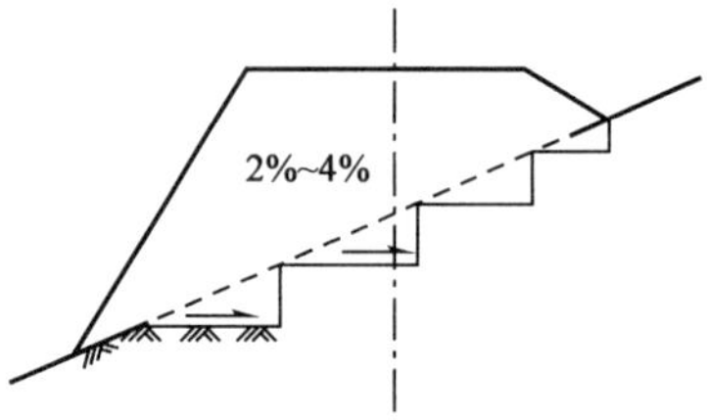

图1-1-19　挖台阶横断面图

2. 填筑材料

填筑材料经自重、路面和车辆等荷载的作用,老路基已经基本被压实,而新路基的填料虽经严格压实,仍存在后期变形。为此,填筑材料的选择将很大程度影响路基的有效沉降。所有填料宜与旧路堤相同或选用透水性较好的材料,应在综合考虑工程造价和施工实施的问题上,尽量使用碎石土或石渣等沉降量较小的材料进行填筑,并控制好填筑材料的液塑限、承载比(CBR)和击实试验等各项指标。

3. 路基碾压

路基填筑前,须根据规范要求做好试验段,必须严格控制材料的最佳含水率、松铺厚度、压实设备的类型、最佳组合方式、碾压遍数及碾压速度等,使各项指标达到最优状态,保证压实度达到设计要求。对于加宽渐变部分,必须严格控制其碾压宽度,如旧路基挖台阶受限制时,可通过铺设护道等方式满足其要求,使路基压实度均满足要求。

在施工时分层碾压,控制每层填筑厚度及压实度,提高压实标准。碾压应采用重型压路机(大于20t)进行,双驱双振。碾压松铺厚度不得大于300mm,压实度必须达到新标准的压实度要求,且重点应放在新老路基的结合部,每层压完后应平整光滑。

路基填筑时,应控制路堤填筑速率。当填土速率较快时,地基强度来不及增长,易产生较大的剪切变形。在施工时按照慢速填土标准进行控制,控制标准为地面沉降率每昼夜不大于10mm,坡脚水平位移速率每昼夜不大于5mm。

三、补强措施及其他施工技术

1. 铺设土工格栅

土工格栅具有抗拉强度高、伸长率低,不易变形等特点,其全面与土体接触,大大增加了与土体的摩擦,有力约束土体的侧向位移,土工格栅网格与粗颗粒填料结合,其最优的镶嵌作用最大限度地提高了加宽路基的承载能力和稳定性。在加宽路段中的铺设,可以增加新旧路基的结合,增大结合部抗剪能力,防止新路基的沉降对老路基的破坏,从而达到稳定新旧路基不均匀沉降的效果。

土工格栅(图1-1-20)可根据路基填土高度进行设置,当路基填筑高度小于1.5m时,可在底部设置3层;填土高度在1.5~8m时,在路基底部和顶部各设置3层;填土高度大于8m时,在路基底部和顶部各设置3层,中部平台设置3层,其中底部在基底平整碾压后铺设1层,每2层填土铺设1层,上部铺设位置为上路床顶部和底部、下路床底部各1层。土工格栅铺设宽度根据加宽宽度进行,但新旧路基铺设宽度不应少于1.5m。土工格栅可优先考虑使用钢塑双向土工格栅,但其伸长率应小于4%,抗拉强度应大于45kN/m,锚固间距及搭接宽度与普通土工织物施工方法相同。

图1-1-20 土工格栅施工

2. 冲击夯实

路基的本体沉降主要与路基本身的压实度有很大关系,进行充分冲击,使其紧密结合,形成一个整体,使路基本体和地基的沉降都达到最小,以减小路基的沉降,减少或避免新老路基结合部纵向裂缝的产生。由此,可选择冲击碾压的方法,对路基进行补强。冲击碾压施工可提高加宽路基的压实度,使新旧路基很好地结合在一起形成一个整体,增加其极限抗压强度。

在施工前选择有代表性的路段进行试验,对机械的行走速度、影响深度、沉降量、行走遍数等进行总结。通过采用冲击式压路机对路基进行冲碾补压施工,使路基压实度得到提高,加速路基沉降,最大限度地缩短路基自然沉降的时间,有效地减少路基的沉降变形,对新老路基的结合起到良好的作用。

3. 跨年度施工

为降低加宽路基的沉降量,尽可能做到路基跨年度施工,使路基经历雨季;在路基完成后尽量开放交通,在路上采取一些措施,使车辆尽可能地在加宽处行驶,加大行车荷载作用,把沉降量降到最小程度。

任务4 路基加高施工技术

路面在使用过程中,由于交通量的急剧增长和自然因素的作用,或原施工中遗留的缺陷以及路基失稳等原因,致使路基强度降低,破坏严重,或路面设计尺寸不能适应交通量增长的需要时,必须加高路基,以提高其适应能力。

一、边坡处理、加高路基

首先用铲运机将边坡的表层去掉,去掉边坡内有砂、碎石、砾石及其他与土的物理特性不符的材料;然后再分层填筑到要求的宽度和高度。

二、旧路面挖除

当路基加高的数值略大于路面的设计厚度时,将旧路面挖去,用其旧石料来加固路肩和用作路基上层的填料。

三、旧路面材料利用

如果路基内 0.5mm 以下的高塑性石灰石颗粒超过 20% ~30% 时,最好掺进 20% ~25% 的砂,并在路基全宽拌匀和压实。对于旧路路面的碎石材料,再加进一些本地的低活性黏结料(如粉煤灰、石灰、炉渣、水泥灰、天然沥青砂等),可作为路面的垫层。

四、旧路槽整型

旧路槽恢复完之后必须整型,做成不小于 4% 的双向横坡,然后再分层填筑,达到设计高程。为了确保压实度,使之与经过长期运营的旧路基相适应,每层填土的厚度应比规范小 10% ~20% 。

任务5 边坡防护构造物的施工技术

边坡防护,主要是保护路基边坡表面免受雨水冲刷,减少温度及湿度的影响,防止和延缓软弱岩土表面的风化、碎裂及剥蚀。从而保护路基边坡的整体稳定性,还可兼顾路容美化和环境协调。

一、边坡防护的分类

常用的边坡防护分类见表 1-1-3。

路基边坡防护分类表　　表 1-1-3

防护类型	防护形式	防护措施
坡面防护	植物防护	种草、栽草
		铺草皮
		植树
	生态防护	工程植物防护(用植物或用植物与非生命的材料相结合进行防护)
	工程防护	抹面、捶面
		喷浆、喷射混凝土

续上表

防护类型	防护形式	防护措施
坡面防护	工程防护	勾缝和灌缝、砌石
		护面墙、挡土墙、锚杆、加筋
		边坡金属网防护(主动防护和被动防护)

下面只对生态防护和边坡金属网防护进行讲解。

二、边坡生态防护

边坡生态防护技术,是指用植物或用植物与非生命的材料相结合的方式,代替工程防护的方式。通过种植植物,依靠植物的根茎与土壤间附着力及根茎间的相互缠绕来加固边坡,提高边坡表面抗冲刷能力,达到稳定边坡和防止侵蚀的目的,同时又能恢复破坏的自然生态环境,是一种较为有效的固定边坡和防护边坡技术。

边坡生态防护技术如表1-1-4所示。

边坡生态防护技术分类和适用性 表1-1-4

序号	防护名称	防护形式及施工工艺	使用范围和主要特点
1	TBS喷射防护	通过改进后的混凝土喷射机,将拌和均匀的厚层基材混合物(含植物种子)按设计厚度喷射到岩石坡面上	适用于边坡坡度小于1:3的稳定的硬质岩石边坡,混凝土坡面和浆砌片石坡面。与传统的浆砌片石护坡技术相比,可节省投资20%~30%;抑制水土流失,护坡效果好
2	三维植被网	主要用U形钉或钢钉将以热塑性树脂为原料制成的三维植被网固定在整平后的坡面上,再在其上覆盖土,播种养护的一种边坡生态防护技术	适用于坡率为1:1.25~1:1.5的稳定边坡。工艺简单,操作方便,施工速度快,固土性能优良,消能作用明显,经济可行
3	藤蔓植物遮蔽	通过栽植藤蔓性和垂吊性植物,来遮蔽硬质岩石陡坡、挡土墙和锚锭板等圬工砌体,达到美化环境的目的	有一定的自然土壤的较缓边坡,施工简单,抑制水土流失,护坡效果好
4	客土喷洒	利用特制的混合喷射机械,将植物基质和植物种子搅拌混合均匀、加水加压,通过管路、喷枪、喷敷在土壤和岩石表面,形成松软而稳定的植物生长覆盖层	适用于工程开挖后裸露的岩石坡面,应用广泛,能够改良土壤结构,实现草、灌木等植物群落合理的配合,资金投入较大,但效果良好
5	土工格室植草	整平施工场地,清除杂草,铺设施工垫层并压实,然后铺设土工格室,往格室内先填种植土,然后按设计配合比撒播草种	适宜于边坡坡度在1:1.25~1:1.5,在特殊坡段可以配合碎石灌注混凝土加固,边坡坡度比可以达到1:1~1:0.75。施工简单、操作方便,工程造价低、绿化效果好
6	液压喷播植草	把优选出来的绿化草种、肥料、粘着剂、保水剂、纤维覆盖物、着色剂等按一定比例混合成喷浆,通过液压喷播机械直接喷射到待绿化的区域	适用于坡度不陡于1:1.25的土质边坡,一般要求边坡高度小于6m,施工较简单,造价较低廉,成坪速度快,草坪覆盖宽、均匀性及质量高

续上表

序号	防护名称	防护形式及施工工艺	使用范围和主要特点
7	干根网状	将适宜的树干材料呈网状横卧埋入边坡土中,入土部分干材两侧生根,裸露部分萌芽成林,以起到边坡防护效果	适宜于干旱、少雨、缺水的土质边坡,土壤条件相对较好。不受坡度大小影响,但受到施工季节影响,材料宜得、施工方便、成林快、造价低
8	框格防护	用混凝土浆、浆砌片石等材料,在边坡上形成骨架,与种草防护结合起来	多用于填方边坡,也可用于挖方土质边坡。在互通立交范围内应用较多。在边坡施工难度较大,通常在重要景点使用,一般路段较少采用
9	喷混植草	用特制喷混机械将土壤、肥料、有机质、保水材料、植物种子、水泥等混合干料加水后喷洒到岩石面上	适宜于稳定的岩石边坡,简单易行,施工速度慢,岩石达到完全覆盖需要时间长,至少需要2~3年的时间
10	OH液植草	通过专用机械设备,将新型化工产品OH液用水按一定比例稀释后和草籽一起喷射到坡面	适宜稳定的土质边坡。施工简单、迅速、边坡绿化防护效果好,但OH液工程造价高
11	香根草护坡	在土质边坡上分行栽种香根草进行边坡防护	一般适用于土质边坡,表层土宜形成冲沟和侵蚀,容易发生浅层滑坡和塌方的地方。香根草生长迅速,抗逆性强,具有高效、持久、廉价、多功能的特点
12	蜂巢式网格植草	在整修好的边坡坡面上拼铺正六边形混凝土框砖,形成蜂巢式格网后,在格网内铺填种植土,再在其中种草	多用于填方边坡的防护。施工简单,外观齐整,造型美观大方,具有边坡防护和绿化的双重效果,工程造价适中
13	挂网喷播	用锚杆、钢筋、钢丝网进行坡面防护处理。然后将种子、肥料、土壤稳定剂和水按一定比例混合成浆状喷射到边坡上	石质边坡,从缓坡到坡度达到60°以上的陡坡都可以应用。植被生长情况良好,覆盖度较高,生长均匀、一致
14	草棒技术	将特制的草棒用螺纹钢和钢丝网按一定间距固定在坡面上,再用镀锌铁丝进行斜网格拉紧,然后将草棒按一定间距排列,覆盖土后在客土上进行播种和种植	石质或土质混合边坡、坡面较缓,抗侵蚀能力差,植被生长与分布不均衡,成本较低
15	轮胎固土	将废旧轮胎固定在坡面上,覆盖客土,然后播种或栽种植物	多用于较平缓的岩石坡面,并为废旧轮胎的再利用开辟新的途径。固定土量大,保水性好,见绿效果好,植被宜长期生长,成本较低
16	植物生带	将带有种子的植物生带铺于坡面,进行固定,然后进行适当养护	多使用于土质边坡,坡面较缓,施工简单,省工省时,容易养护,种子不易流失,护坡效果好

续上表

序号	防护名称	防护形式及施工工艺	使用范围和主要特点
17	草包技术	将植物种子播放在两层无纺布中间，然后通过行缝、针刺、胶粘等工艺，制造成草包，装土，将其累积于坡面，形成植被	多用稳定边坡，坡度小于60°的岩石边坡和坡角小于45°的土质路基边坡，施工简单，成本低，植物生长情况良好
18	植物毯	将植物纤维层和草种、保水剂、养土混合物和木浆纸层混合，形成三维复合草毯结构，提供土壤防侵蚀控制保护层和植物生长基质、水分和养料	应用于岩石、劣质土坡和陡坡。在劣质土坡和岩石边坡使用效果著。工艺简单，施工成本较低，养护管理费用少

三、边坡生态防护施工技术

边坡生态防护方法中三维植被网具有施工方便、工期较短、造价低廉、护坡效果好等优点，可在短期内绿化、美化边坡，使公路与周围环境景观融为一体，并有利于生态平衡的恢复与维持，现对其加以具体说明。

1. 三维植被网概述

三维植被网(图1-1-21)是由多层塑料凸凹网和高强度平网复合而成的立体网结构。面层外观凸凹不平，材质疏松柔韧，并留有90%以上的空间填充土壤和草籽。将草籽和土壤牢牢固定在立体网中间，同时，由于网垫表面凸凹不平，可使风和水流在网垫表层产生无数小涡流，起到缓冲水能的作用，并促使其携带物沉积在网垫中，从而有效地避免了草籽和幼苗的流失。当草生长茂盛后，植物根系可从网垫中均匀地穿过，并深入地下达0.5m以上。与网垫、泥土三者成为一个牢固的复合整体。植被根系可增加土壤的透水性能，一旦遇到雨水可迅速渗透；植被的覆盖可使地表土壤避免直接受雨水的冲击，阻止水流的形成，即使形成水流一般是不含泥土的清澈水流，与此同时三维植被网垫和根系也可以起到浅层加筋的作用。因此，这种复合体系有较强的抗冲刷能力，能够达到有效防护边坡的目的。

图1-1-21　三维植被网

2. 三维植被网施工

其施工的工艺流程如图1-1-22所示。

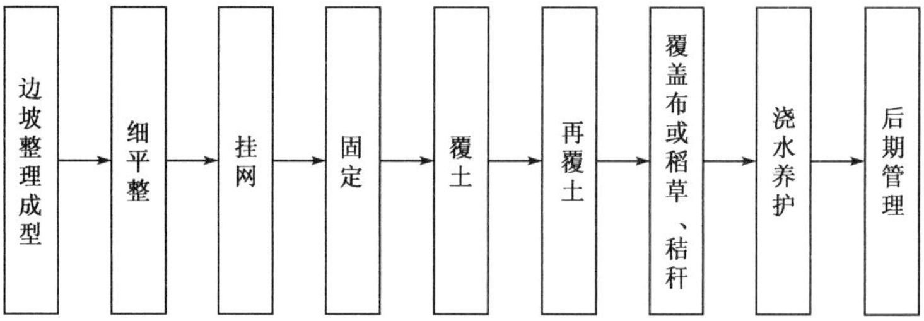

图 1-1-22　三维植被网施工工艺流程图

1)整修坡面

(1)放出坡脚桩。在路基土方完成后,放出路基边坡坡脚桩。直线路段路基本桩及坡脚每 20m 打桩,进入曲线段加密到 5 ~ 10m 一桩,保证路基边坡线平滑顺直。

(2)挂线并刷坡。定出路基边桩及坡脚桩后,用白灰标出控制线,然后开始刷坡。可以人工配合挖掘机按 1:1.5 的坡度进行。用挖掘机挂线刷坡时要预留 20cm 宽由人工清除,已保证路基边坡的密实度,人工刷坡时要挂线,并用坡度尺检查路基边坡坡度,已保证边坡的外观线形。刷坡后将边坡上的土块粉碎,平整,并施入底肥。

2)开挖沟槽

在坡顶及坡脚处,按照施工图纸设计尺寸,人工开挖预埋植被网的沟槽,并平整。注意,每次开挖沟槽和刷坡不要过长,以防止雨水、风沙等作用破坏路基边坡坡面。

3)覆盖网片

在边坡完工后,按照设计图纸和施工规范要求,及时进行人工铺设 EM3 型三维植被网。覆盖网时,先将网置于边坡沟槽内,然后从坡顶到坡脚依次进行铺设。铺网时力求与坡面贴敷紧密,防止悬空,使得网保持平衡,不产生褶皱。网块之间要重叠搭接 10cm 左右。

4)固定网片

覆盖网后按照一定的密度和方式,采用竹钉或 R 形钢筋打入边坡进行固定,然后将植被网预埋在沟槽中,再回填土夯实。

5)覆盖黏土

在三维网固定后,在网上覆盖土并用木条刮入一层细土,使 pH 值适中的薄土进入网包。

6)播撒草籽

(1)草籽选择:草籽应根据气候、土质、含水率等因素选择。选择易于成活、枝叶茂盛、根系发达、茎秆低矮、便于养护的草籽为宜。

(2)播撒草籽:播撒草籽要在无风且气温在 15℃以上的天气进行。避免在干燥的风季节和暴雨季节播种。为使得草籽均匀分布,草籽应该掺加细砂或细土,搅拌均匀后播撒。

7)再次覆土

播撒草籽后三维网上再均匀覆盖一层厚约 2cm 左右的薄层土,适当拍实,使得边坡表面平整,并使土均匀盖住草籽。

8)表面覆盖

为了让草籽尽快发芽,必须保证土壤湿润,使之具有适宜草籽生长的温度。为此,边坡面上应采用纤维布或稻草、秸秆等进行覆盖。

9)浇水养护

种植草籽后,应适时洒水施肥、清除杂草,直到草籽成活并覆盖坡面位置。为防止草籽分布不均匀而影响覆盖率和坡面美观,浇水时最好采用雾状喷施,防止形成径流。

10)管理维护

在养护期内,应有效地养护所有种植面上的植物,直到养护期结束。

四、边坡金属网防护

边坡防护网分为主动防护网和被动防护网,主要用在容易产生山体滑坡、坍塌的山区,对车辆和行人能起到很好的安全保护作用。

1. 主动防护环形网

主动防护环形网(图1-1-23),是以柔性网覆盖包裹在所需防护斜坡或岩石上,以限制坡面岩石土体的风化剥落或破坏以及危岩崩塌,或将落石控制于一定范围内运动;主要用于围护作用,部分抑制崩塌和风化剥落,限制局部或少量落石运动范围。

安装步骤主要可以分为:放线→复核→钻孔→清空→安装锚杆→灌注→安装纵横向支撑绳→验收→缝合→挂网→张拉。

2. 被动防护网

被动防护网(图1-1-24),是以钢柱和钢丝绳网连接组合构成一个整体,被动防护网对所防护的区域形成面防护,从而阻止崩塌岩石土体的下坠;被动防护网主要用于拦截落石,起到边坡防护作用。

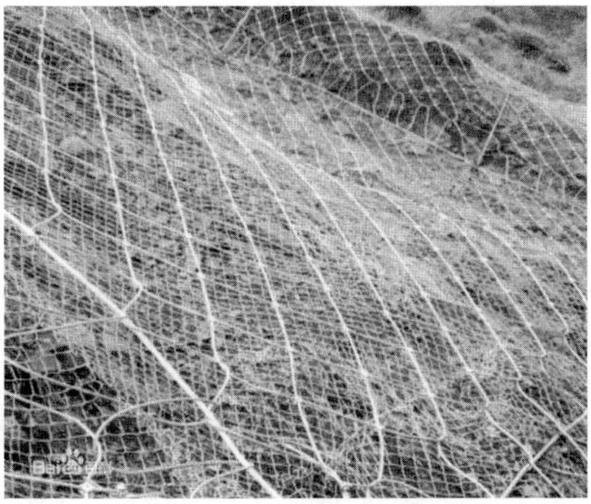

图1-1-23 主动防护环形网

图1-1-24 被动防护网

复习思考题

一、思考题

1. 急弯路段交通事故的形态主要有哪几种?

2. 简述视距不良路段应采取哪些处理措施。

3. 陡坡路段,坡顶处视距不良,占道超车时,易与对向车辆相撞,应采取哪些主要措施?

4. 弯道外侧为山谷，弯道内侧山体遮挡导致视距不良，易发生车辆冲出路外和对撞事故，应采取哪些主要措施？

5. 简述路基在加宽施工时的施工技术措施。

6. 简述常见的路基其他补强施工技术措施。

7. 简述路基加高施工应顺次完成的主要内容。

8. 什么叫边坡生态防护？

9. 什么叫主动防护？什么叫被动防护？

10. 简述三维植被网施工的工艺流程。

11. 交通运输部指定某路段为安保工程的示范工程段，如果指定你进行技术方案编写，你认为应向上级汇报哪些主要内容。

二、计算题

1. 已知 K1 +000，K1 +050 处的设计高程分别是 100.000m 和 100.750m，完成下列计算。

(1) 计算此坡段的坡度及距离。

(2) 计算 K1 +010，K1 +020，K1 +030，K1 +040 的设计高程。

(3) 完成下列表格计算。

测点	后视	中视	前视	视线高	地面高程	设计高程	塔尺读数
BM1	1.09			101.090	100.000		
K1 +000						100.000	1.090
K1 +010							
K1 +020							
K1 +030							
K1 +040							
K1 +050						100.075	0.34
ZD1		1.42					
BM2			1.39		99.7		

2. 某变坡点前后的纵坡为 +2% 和 −3%，变坡点桩号为 K1 +260，竖曲线半径为 2500m，该点的设计高程为 120.33m，求 K1 +250 和 K1 +270 的设计高程。

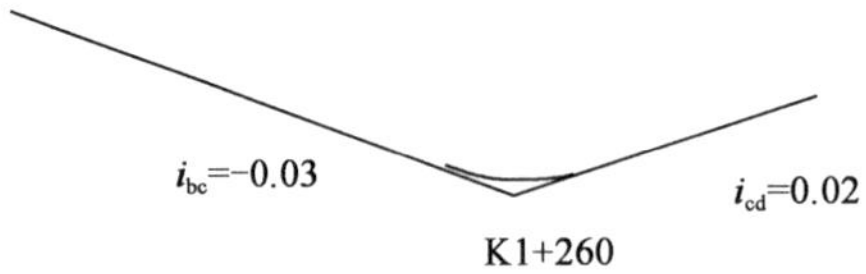

项目二　特殊路基养护

学习建议

1. 本项目重点介绍特殊路基常见病害及相关处理知识。参阅《公路养护工（初级·中级·高级）》教材进行学习；

2. 各项内容，可结合《路基施工技术规范》的相关内容进行学习；

3. 建议结合本地区实际工程案例，侧重于本地区特殊土质路基的学习、研究。

技能要求

1. 能采取措施防止黄土地区高路堤的下沉；
2. 能用砂石垫层、石灰桩、砂井(桩)等方法治理泥沼和软土地区路基；
3. 能治理多年冻土地区路基和涎流冰；
4. 能用石灰桩或砂桩方式加固盐渍土地区路基。

知识要求

1. 预防黄土地区高路堤下沉的原理和各种措施的适用条件；
2. 砂石垫层法、石灰桩法、砂井(桩)法的原理和工艺；
3. 治理多年冻土地区路基涎流冰的原理和方法；
4. 石灰桩法、砂桩法加固盐渍土地区路基的原理和方法。

任务1　黄土地区高路堤路基下沉防治措施

黄土主要分布在昆仑山、秦岭、山东半岛以北的干旱和半干旱地区，其中以黄土高原的黄土最为典型。

一、黄土地区公路的主要病害

1. 路基变形

由于黄土的空隙比大，大空隙和垂直裂隙发育，渗透性好，因此一旦被水浸润，就会使路基产生变形，产生路堤下沉、黄土陷穴的现象。

2. 边坡破坏

边坡破坏主要表现为坡面冲刷与滑塌，路堑边坡的崩塌与滑坡。

二、黄土地区公路处理方法

选择地基处理方法，应根据构造物的类别、湿陷性黄土的特征、施工条件和当地材料，并经综合技术经济比较后确定。常用的处理方法有：垫层法、动力夯实法、挤密桩法、桩基础、预浸水法和碱液加固法或单液硅化等。

在雨季或冬季选择垫层法、动力夯实法和挤密桩法处理地基时，施工期间应采取防雨、防冻措施，并应防止水流入基坑内。

1. 垫层法

垫层法(图1-1-25)可分为局部垫层和整片垫层。在湿陷性黄土地基上设置土垫层是我国一种传统的地基处理方法，已有近两千年历史，目前仍被广泛采用。

图1-1-25　垫层施工

2. 动力夯实法

动力夯实法一般可分为强夯法(图1-1-26)和

重夯法(图 1-1-27),当要求消除 3 ~ 6m 厚度的湿陷性黄土时,宜采用强夯法;当要求消除 1 ~ 3m 厚度的湿陷性黄土时,宜采用重夯法。但在建筑物密集的地区和有精密仪表设备的房屋附近,或在其他浅基础构造物附近,应慎重采用或应采取行之有效的防振或隔振措施。

图 1-1-26　强夯法

图 1-1-27　重夯法

3. 挤密桩法

土桩、灰土桩挤密地基是用沉管、冲击、爆扩等方法在地基中形成直径 28 ~ 70cm 的桩孔,然后向孔内填夯素土或灰土成桩。土桩、灰土桩可以消除湿陷性黄土地基的沉陷性,并提高地基的承载力。土桩、灰土桩挤密方法的主要特点是不需要大挖大填,土方量少,处理深度较深,造价低等。

以碎石为主要材料制成的地基加固桩称为碎石桩。碎石桩当前被广泛用于加固软土地基及消除土的液化,也有用于处理湿陷性黄土地基的工程实例。

三、黄土高路堤的变形

1. 路堤下沉

完工后路堤下沉普遍比较严重,是黄土高路堤的主要病害。

2. 坡面冲刷

用黄土填筑路堤易遭雨水冲刷,在多雨地区高原路堤坡面易被水流拉成沟槽。

3. 坡面滑坍

用老黄土填筑的高路堤,在多雨地区,路肩和坡面易产生滑坍。

四、黄土高路堤下沉的处理

黄土高路堤下沉的原因有黄土天然地基的压缩性和湿陷性以及堤身的压实质量差。为减少下沉危害,可采取下列措施:

(1)严格掌握路堤压实标准,确保压实质量。

(2)加强地表排水措施,防止地表水下渗。

(3)采取预浸水或重锤夯击方法,消除或减少地基的湿陷性,提高地基的承载力。

(4)考虑地基的压缩下沉,预留完工后下沉量及加宽值。

(5)黄土高路堤完工后下沉量与填土高度有直接关系。根据铁路、公路的多年观测资料表明,对压实较好的高路堤,可按填土高度的 1% ~2% 估计。

任务2 泥沼和软土地区路基治理措施

泥沼和软土是指以水下沉积的饱水软弱黏性土或淤泥为主的地层,有时也夹有少量的腐泥或泥炭层。其主要分布在我国东北的大小兴安岭、长白山、三江平原、松辽平原等地及青藏高原和西北地区的湖盆洼地、高寒山地;在内陆湖塘盆地、江河湖河沿岸和山河洼地则分布有近代沉积的软土。

泥沼、软土地带的路基容易出现沉陷、滑动、弹簧、翻浆等病害,可采取下列方法进行防治。

1. 降低水位

当在路基两侧开挖沟渠的工程量不大时,可加深路堤两侧边沟,以降低水位,促进路基土渗透固结,达到稳固路基的效果。

2. 置换法

对软土路基沉降等病害可采用换填土层法,即将路基一定深度范围的湿软土层挖除,换以强度较大的砂、碎(砾)石、灰土或素土,以及其他性能稳定的土类,以予以压实,填至路基高程。

3. 抛石挤淤

抛石挤淤为强迫换土的一种形式,适用于软土液性指数大、厚度小于4m、排水困难、片石能沉达下卧硬层者,采用不易风化的直径不小于30cm的大块(片)石。

具体做法是,先将病害路段挖到软土层,抛石自路堤中部开始,逐步向两侧展开,使淤泥挤出,在块(片)石抛至一定高度后(一般应露出淹没水面),用压路机碾压,然后在其上铺设反滤层,再填土至路基原有高度。

4. 反压护道

当路堤下沉、两侧或路堤下坡一侧隆起时,可采取在路堤两侧或一侧填筑适当高度与宽度的护道,在护道重力作用下,使路堤下的淤泥或泥炭向两侧或单侧被挤出隆起的趋势得以平衡,保证路堤稳定。

5. 侧向压缩

在路堤坡脚处修筑块、片石挡土墙,板桩、木排桩、钢筋混凝土桩,片石齿墙等纵向结构,限制基底软土的侧向挤出,从而保证基底的稳定。

6. 挤密法

在软土路基中采取冲击或振动等方法造成一定直径的钻孔,在孔中灌以砂、石、灰土或石灰等材料,捣实而成直径较大的桩体,利用横向挤紧作用,使路基土粒彼此靠紧,孔隙减少。桩体具有较高的承载能力,群桩的面积约占松散土加固面积的20%,桩和原土组成复合地基,达到加固的作用。

7. 其他方法

除以上治理方法外,还可采用砂石垫层、塑料排水板以及土工织物等方法,以改善排水条件,稳定路基。

路堤两侧边坡,应栽植柳、枫杨等亲水性好且根系发达的树木,以增强路基抵抗冲刷和浸蚀的能力。

任务3　多年冻土地区路基涎流冰治理措施

涎流冰是由挖方路段上边坡裂隙水(空隙水)冰冻而成的。这些裂隙水(空隙水)在天气暖和时以液体流出,而在冬季时则因渗水流速小,在流动过程中冰冻而成为涎流冰。

涎流冰主要分布在我国东北的大、小兴安岭和长白山地区,以及西藏、川西和西北地区海拔2500~3000m以上的山地和高原上。

涎流冰可分为河谷涎流冰和山坡涎流冰(图1-1-28、图1-1-29),山坡涎流冰由山坡或路基挖方边坡出露的地下水冻结形成。河谷涎流冰则是沿沟谷漫流的泉水和冻雪融水冻结形成。前者主要危害公路路面,后者主要危害桥涵。

图1-1-28　河谷涎流冰

图1-1-29　山坡涎流冰

一、河谷涎流冰防治措施

河谷涎流冰的主要措施包括:

(1)桥梁上游如有大片地形低洼的荒地,可用土坝截流。

(2)河床纵坡不大的河流,可在入冬初在桥的下游筑起土坝,使桥梁上下游各约50m范围形成水池,水面结冰坚实后,再在水池的上游开挖人字形冰沟,以利汇集水源,同时挖开下游河床最深处的土坝,放尽池内存水,保持上下游进出口不被堵塞,使不在冰层下流动。

(3)在桥位上下游各30~50m的水道中部的顺流方向上开挖冰沟,用树枝柴草覆盖,再加铺土或雪保温,并经常检修以保持冰沟不被冻塞。解冻后即可拆除。

二、山坡涎流冰防治措施

山坡涎流冰的主要防护措施有设置聚冰沟与聚冰坑、挡冰墙、挡冰堤,设置地下排水设施以及清除涎流冰。

1. 聚冰沟与取冰坑

聚冰沟多用于拦截冲积扇沟口处的泉水涎流冰和地势较缓的山坡涎流冰;聚冰坑多用于水量较小、边坡不高的路堑坡涎流冰,用以积聚涎流冰,不使其流到路面。其断面形式如图1-1-30和图1-1-31所示。

2. 挡冰墙

挡冰墙适用于阻挡和积聚涌水量不大的山坡涎流冰和挖方边坡涎流冰,防止其上路。挡冰墙一般用浆砌片石、块石筑成,需根据冰量确定挡冰墙的尺寸,一般为高度60~120cm,顶宽

40～60cm。基础埋置深度按土质、积冰量及当地冰冻深度等情况确定。当积冰量较大时，可与聚冰坑配合使用。挡冰墙又可分为边沟外挡冰墙和路肩外挡冰墙，其断面形式如图 1-1-32 和图 1-1-33 所示。

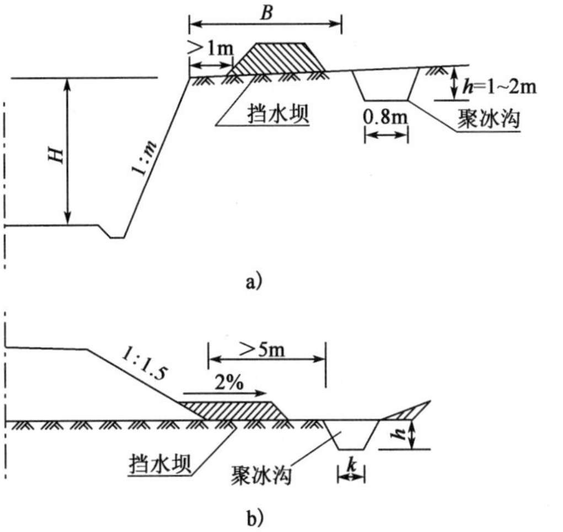

图 1-1-30　聚冰沟断面图

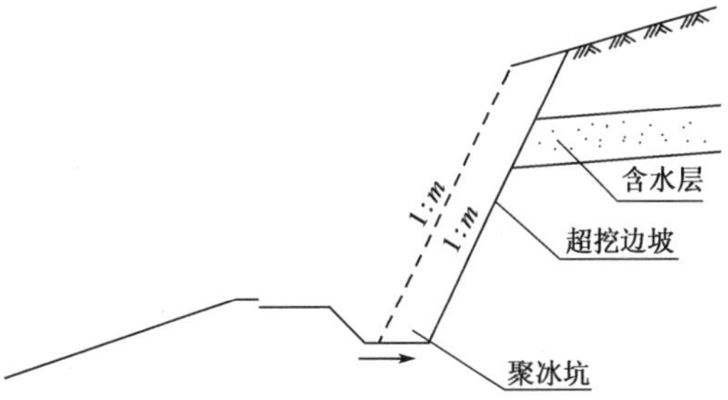

图 1-1-31　聚冰坑断面图

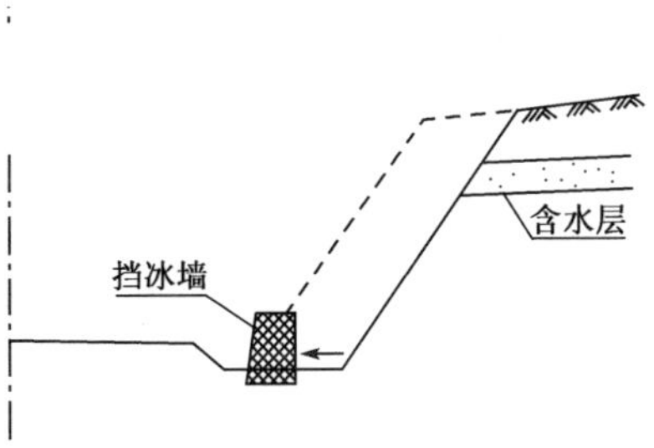

图 1-1-32　边沟外挡冰墙

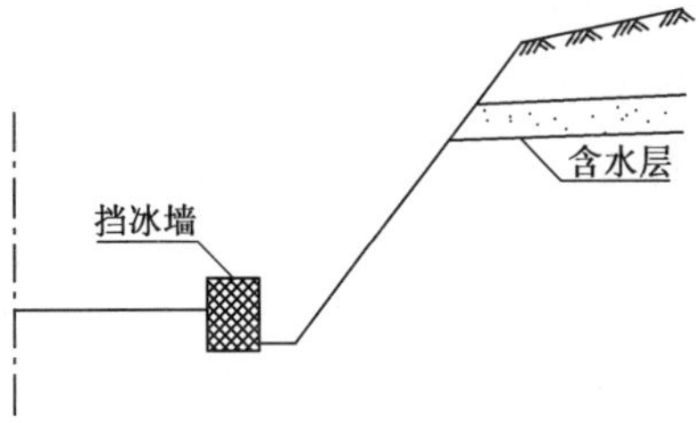

图 1-1-33　路肩外挡冰墙

3. 挡冰堤

挡冰堤适用于地势平坦、涌水量不大的山坡涎流冰和径流量不大的小型沟谷涎流冰。挡冰堤修筑在路基外，山坡地下水露头的下侧或沟谷内桥涵的上游，用以阻挡涎流冰，减小其漫延的范围。山坡上的涎流冰，可采用柴草、草皮或石砌的长堤予以拦截。在沟谷内一般用干砌石堤，以利秋夏排水。挡冰堤的长、宽、高和道数按当地的地形及涎流冰数量确定，基础埋置深度按当地土质和冰冻深度而定。其断面形式如图 1-1-34 所示。

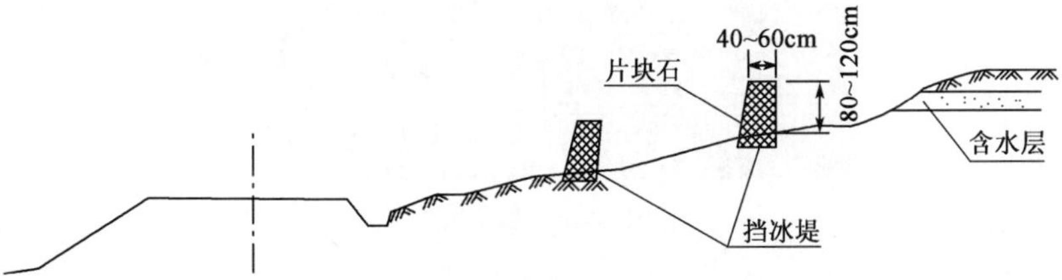

图 1-1-34　挡冰堤

4. 设置地下排水设施

寒冷地区常用集水渗井、渗池、排水暗管和盲沟等排水设施以挡截、疏导、排泄坡上的地下水,防止其出露和漫延。

5. 清除涎流冰

对流至路面的涎流冰要及时清除,撒布砂、炉渣、矿渣、石屑、碎石等防滑材料,或撒布氯化钙、氯化钠等盐类防冻剂,以抑制涎流冰的形成,防行车产生滑溜,并设置明显标志。

当冰层在盐类物质和行车作用下变软时,应立即将冰层铲除,防止重新冻结,铲除冰层后应重撒防滑材料。

三、涎流冰处置的有关问题

(1)涎流冰属季节性病害,处置的出发点在于使涎流冰不侵入路面而影响行车安全,同时还应考虑保护环境和创造良好的行车条件。

(2)在处置涎流冰前,宜在前一个冬季现场调查,划定冰蚀范围,测量涎流冰数量,然后进行设计,在春融后、下一个冰冻前组织施工。

(3)在工程建设期若发现涎流冰迹象,应及时处置。

任务4 盐渍土地区路基加固措施

盐渍土是土层盐渍化过程的产物,在公路工程中主要是指地表土层1m厚度内,易溶盐含量超过0.3%的含盐土层。在河北省衡水、张家口部分地区以及沧州、唐山等市的沿海地区分布有大量的盐渍土。

一、盐渍土的重要特征与危害

由于土体中易溶盐的存在会改变土体的基本工程性质,因此也就会对路基工程带来直接的危害,主要表现如下。

1. 淋溶与湿陷

这类病害主要是由降雨或流动水体将土基中结晶的易溶盐晶体溶解,使土体中固相体积减小、孔隙比增大,从而在自重、流水或外荷载作用下形成土基局部雨沟、洞穴、沉陷或坍塌等病害,如图1-1-35所示。

图1-1-35 路基塌陷

2. 翻浆

这类病害主要是由于盐渍土中所含易溶盐晶体聚冰,脱水及吸湿潮化,使得土基饱水及承载能力下降,在外荷载反复作用下形成翻浆,使道路表面泥泞、湿滑,影响车辆正常运营,以氯盐渍土地区较为多见。

3. 盐胀

这类病害主要是由于盐渍土中的盐分因结晶膨胀而造成的路面局部不平、鼓起、开裂，还会在昼夜温度变化所引起的盐胀反复作用下造成路基边坡及路肩表层的疏松、多孔，致使道路易遭风蚀，导致陷车，盐胀主要发生在硫酸盐渍土中。

4. 腐蚀

这类病害主要是由于盐渍土中所含易溶盐与道路工程中所使用的金属材料、非金属制成品发生化学反应，致使这些材料或制成品的工程性能发生劣化，最终导致道路的破坏。这类病害在道路工程中的表现为钢筋锈蚀，混凝土或黏土制成品粉化开裂，高等级路面结构层损坏。

二、盐渍土地区路基处理措施

1. 铲除盐渍土

路堤基底和护坡道的表层土大于填料的容许含盐量时，宜予铲除；但年平均降水量小于60mm，干燥度大于50，相对湿度小于40%的地区，表层土不受氯盐含量限制，可不铲除。铲除表层盐渍土时，应做成自路基中线向两侧2%～4%的横向坡面，以利排水。当基底土层的含水率大于液限，如其厚度小于1m，宜全部清除并换填渗水土壤大于1m，应按软土地基有关规定处理。

2. 排水

加强地表排水和降低地下水位，可以防止雨水浸泡路基，避免地下水上升引起路基土次生盐渍化和冻害。可以结合取土，在路基上游扩大取土坑平面面积，使之起到蒸发池的作用，蒸发路基附近的地表水，亦可在路基上游设置长大排水沟，以拦截地表水，降低地下水位。

3. 保证路堤填土高度

路堤高度大于最小填土高度，可使路堤不受冻害和次生盐渍化的影响，最小填土高度应以地下水最高位毛细水上升高度、临界冻结深度决定。

4. 控制填料含盐量和夯实密度

当土的含盐量满足规范中规定的填料要求时，可以避免发生膨胀和松胀等现象，并应尽量提高填土的夯实密度，一般应达最佳密度的90%以上。

5. 设置毛细水隔断层

当采用提高路基高度或降低地下水等措施有困难或不经济时，用渗水土填筑路堤适当部位，构成毛细水隔断层，其位置设在路堤底部较好，其厚度视所选用的渗水土的颗粒大小而定，即相当于毛细水在该渗水土中的上升高度加一安全高度。

复习思考题

1. 黄土地区常用的处理方法有哪些？雨季或冬季应选择何种方法？

2. 简述黄土地区高路堤下沉的处理措施。

3. 动力夯实法分为哪几种？各自适用的条件是什么？

4. 什么叫软土？

5. 泥沼和软土容易出现何种病害,可采用什么方法进行防治?
6. 什么叫涎流冰?它分为哪两种?
7. 简述山坡涎流冰常见的处理措施。
8. 什么叫盐渍土?主要有什么危害?
9. 盐渍土地区路基应如何进行处理?
10. 结合本地区道路病害实际情况,结合土质设计具体处治施工方案。

项目三 灾害防治

学习建议

1. 本项目重点介绍自然灾害的预防与治理方法。相关内容参阅《公路养护技术规范》进行学习;
2. 建议各地区实际工程案例,侧重于本地区自然灾害的学习、研究。

技能要求

1. 能采用固、阻、疏导等措施治理风沙对路基的损害;
2. 能采用板、墙、堤、栅等措施治理风雪流对路基的损害;
3. 能预防和处治公路水毁;
4. 能采取设置透水隔离层或不透水隔层法治理路基翻浆。

知识要求

1. 风沙对路基损害的成因及预防和治理技术要点;
2. 预防和治理风雪流对路基损害的技术类型和适用条件;
3. 公路水毁的成因、治理对策及抗洪能力评定;
4. 翻浆的分类分级以及隔离层治理路基翻浆的原理。

任务1 风沙对路基损害的预防和治理

我国西北地区风沙地貌广泛分布,沙害是公路常见的病害。

一、公路沙害成因

在北方干旱、半干旱地区。由于气候比较干燥,雨量稀少,风沙大,地表植被稀疏、低矮,容易发生边坡或路肩被风蚀,或整个路基被风沙掩埋等沙害。

风沙对公路的主要危害是沙埋(图1-1-36)和风蚀(图1-1-37)。

图1-1-36 沙埋

图1-1-37 风蚀

1. 沙埋

1) 沙埋原因

公路沙埋主要有两种情况，其一是由于风沙通过路基时，由于风速减弱，导致沙粒沉落堆积而掩埋路基；其二是由于沙丘移动上路而掩埋路基。

2) 沙埋类型

(1) 片状沙埋

其面积较大，形成也较迅速，主要发生在风沙流活动地区；初期积沙较薄，通过养护尚能维持通过，如沙源丰富，积沙日益增厚，则会阻断交通。

(2) 舌状沙埋

在流动沙丘地区，当路线横切沙丘走向时，或在风沙流活动地区，当路基上风侧有障碍物时，均可形成舌状沙埋。舌状沙埋形成迅速，厚度较大，一场大风即可使交通中断。

(3) 堆状沙埋

主要发生在流动、半流动沙丘地区，沙丘前移上路，造成大量的沙子堆积，形成堆状沙埋。堆状沙埋的发展需要一定的时间，能够预测，可以预防，但一经形成，因积沙量大，危害严重，处理比较困难。

2. 风蚀

在风沙的直接冲击下，路基上的沙粒或土颗粒被风吹走，出现路基削低、淘空和坍塌等现象，从而引起路基的宽度和高度的减少。风蚀的程度与风力、风向、路基形式填料组成及防护措施等有关。

1) 路堤

当主导风向与路基处于正交时，迎风侧路肩及边坡上部风蚀较严重，背风侧则较轻。当主导风向平行路基时，两侧路肩及边坡上部均遭受风蚀。

2) 路堑

路堑边坡的风蚀一般均较严重，风蚀程度则随路线与主导风向的交角而有所不同。当风向与路线平行时，两侧坡面多被风蚀成条沟状；当风向与路线正交时，迎风坡面的局部地方则易被淘空成犬牙状。

二、公路沙害工程防治技术

1. 沙漠地区公路路基防护类型

为了防止沙质路基遭风蚀，必须加以全面防护，以保证其稳固。按其防护材料不同，有下面几种防护类型。

1) 柴草类防护

柴草类防护(图 1-1-38)是利用各种柴草、草皮在路基迎风面上或突出部位，进行平铺、层铺或叠铺。

图 1-1-38　柴草防护

2) 土类防护

土类防护是指用黏性土或天然矿质盐盖等覆

盖路基土表面。

3)砾卵石类防护

砾卵石类防护是平铺砾卵石或栽砌卵石后填砂砾。

4)无机结合料防护

无机结合料防护是用水泥土、石灰土以及水玻璃等制成加固土封固。

5)有机结合料防护

有机结合料防护可采用石油沥青土、煤沥青土等封固。

在砂砾卵石丰富的地段,可平铺砂砾石将边坡及路肩覆盖,厚度一般为 5~10cm。当运距太远时,也可仅覆盖路肩,边坡则用“草方格”防护。实践证明,这种方法效果良好。

2. 沙漠地区公路两侧病害防治措施

为防治公路沙埋,在公路两侧的一定范围内,必须采取各种工程防护措施,控制风蚀过程的发生和改变沙子移动与堆积的条件。按措施的作用与性质,可分为“固、阻、输、导”等方法,既可单独使用,也可以配合使用。

1)固沙

固沙是增加地表粗糙度,可采用各种材料作为覆盖物,或设置各种沙障,将贴地层风速控制在起风沙之下,或用不易被风吹的物质把沙粒与风隔离。可采取平铺式沙障、高立式枝柴沙障和低立式沙障三种形式。

(1)平铺式沙障

平铺式沙障可分为土类压沙、沙石类压沙、铺草压沙、席或笆块压沙和喷洒盐、碱水等几种方式。

土类压沙:利用黏质土全面铺压或带状铺压固沙,铺压厚度为 50mm 左右,带状铺压应与主导风向垂直,带宽一般为 100~200mm。带与带间隔为 10~15m,适用于产有黏质土地带的流沙防护,多用于路堤流沙的防护。

沙石类压沙:利用粗沙、卵石全面铺压或带状铺压固沙,铺压厚度以不超出其最大粒径为度,对强风地区不宜用粗沙覆盖,适用于产有沙石地段的流沙防护。

铺草压沙:利用草类全面铺压带状铺压固沙,铺压厚度为 50mm 左右,用草绳或枝条纵横固结,或者用沙压盖,以免为风所吹蚀,适用于草类地段的流沙防护,有利于植物生长,具有简单易行的优点,但材料用量较大,容易引起火灾。

席或笆块压沙:用草类和枝条编制成席或笆块,全面铺压固沙,搭接处需用小桩固定,适用于路侧局部沙丘的处理。编制过程较费工,且材料用量大,不宜于大面积采用。

喷洒盐、碱水:我国沙漠地区分布着许多盐池、碱湖,利用天然盐、碱溶液喷洒沙面,形成坚实的板结层或硬壳,借以达到固沙的目的。

(2)高立式枝柴沙障

材料以灌木枝柴为主,如沙柳等。高度在 1m 以上,根据当地风的状况,分为条状、带状、格状三种规格形式,均为透风结构。单一风向地区采用条、带状形式;在风向多变地区采用格状形式。

条间距离为 5~10m,与主风向垂直;带间距离为 10~20m,每带由 3~5 行构成;行间距离为 2~3m,并与主风向垂直;格状包括 5m×5m 和 5m×10m 两种,适用于产有枝柴地区的流沙防护。

(3)低立式沙障

低立式沙障分为隐蔽式柴草沙障、半隐蔽式柴草沙障、半隐蔽式黏土沙障和半隐蔽式草皮沙障。

隐蔽式柴草沙障是先在沙地上开挖宽 150 ~ 200mm 的沟,然后将柴草竖直放入沟中,踏实两边的沙,要求障顶与沙表相平或不超过 50mm。根据风的情况可采用格状或条状,适用于路旁流沙的防护。

半隐蔽式柴草沙障主要对于流动沙丘,在迎风坡先设主带,即与主风向垂直的沙障,后设副带,即与次要风向垂直的沙障,主带从迎风坡下部开始向上进行;在背风坡,宜先设副带,再自下而上设置主带。沙障外露高度以 150 ~ 300mm 为宜,适用于产有草类的路侧大面积流沙的防治。

半隐蔽式黏土沙障是用黏土碎块堆成的小土埂,高 200 ~ 300mm,底宽 500 ~ 700mm。在单一风向地区采用条状,土埂与主风向垂直;在风向多变地区采用格状,土埂间距为 1 ~ 2m,适用于产有黏质土地区的流沙防护。

半隐蔽式草皮沙障的草皮规格:长 × 宽 = 400mm × 200mm。有错缝层铺、错缝斜立铺设和平铺三种形式,适用于有草皮产地流沙的防治。

2)阻沙

阻沙是阻滞风沙流。拦截过境流沙,切断沙源。应利用各种材料,在迎风路侧设置人工障碍物,减少和抑制沙丘前移,减轻或防止流沙对公路的危害。阻沙工程可采取下列措施。

(1)高立式防沙栅栏

高立式防沙栅栏主要用灌木枝条,玉米、高粱或芦苇等高杆植物制作而成。一种形式是用这些植物杆,成行栽入沙内 30 ~ 50cm,外露 1m 以上形成防风篱笆;另一种形式是将植物杆编成 1.5m × 2.0m 的笆块,固定于桩上。

(2)挡沙墙(堤)

挡沙墙(堤)(图 1-1-39),是直接利用就地沙土或砂砾修筑的紧密不透风的挡沙结构。其高度一般为 2 ~ 2.5m,两侧边坡坡率为 1:1.5 ~ 1:2 。采用就地沙土修筑时,用土或砂砾进行表面封固。

(3)栅栏与挡沙墙(堤)相结合

栅栏与挡沙墙(堤)相结合可以显著提高阻沙效果。

图 1-1-39　挡沙墙

3)输沙

输沙是通过改变建筑物的几何形态,采取措施增大通过建筑物的风动沙运移强度,使原饱和风沙在通过建筑物时处时非饱和状态,从而不产生沙的停留。具体可采取下列措施。

(1)修筑路旁平整带

修筑路旁平整带是将路基两侧 20 ~ 50m 范围内的一切突出物整平,并用固沙材料封固。有取土坑的,可将坑修成弧形的浅槽(图 1-1-40)。

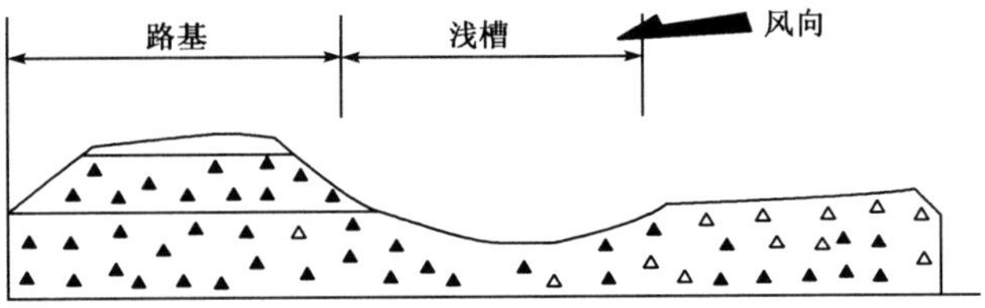

图 1-1-40　设有浅槽的路基

(2)风板

风板(又称为聚风板)(图 1-1-41)由立柱、横撑木及栅板组成。其板面高度与下口高度之比以 1:0.7 为宜。

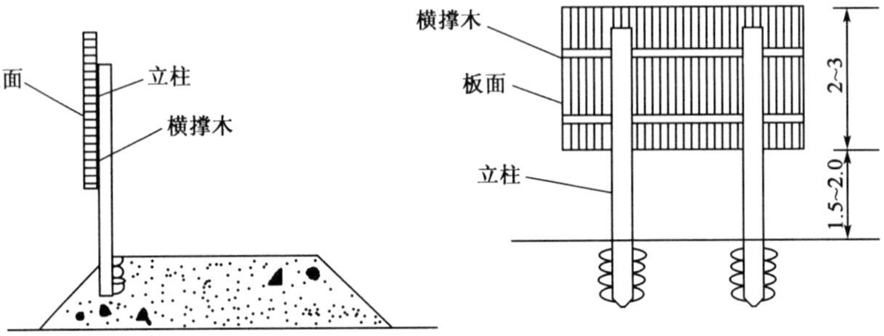

图 1-1-41　直立式下导风栅板的结构和设置部位(尺寸单位:m)

主要适用于风向单一、沙丘分布稀疏、移动快的低矮沙丘、沙垄造成的局部严重沙害。阻沙设施距路基边缘的最近间距,应根据沙源数量、年风沙流量、风向与路线交角等因素进行综合考虑。一般阻沙设施距路基边缘的最小距离不小于 150m;多道防沙设施之间的距离,不应小于设施高度的 15 ~ 20 倍。

(3)设置浅槽与风力堤

设置浅槽与风力堤(图 1-1-42)是在沙源较丰富的流动沙丘地区,为防治沙丘前移造成对路基的危害,在路基迎风侧设置浅槽与风力堤。借助浅槽特有的气流升力和与风力堤的综合作用,加大风速,达到公路输沙目的,避免造成路侧造成积沙。

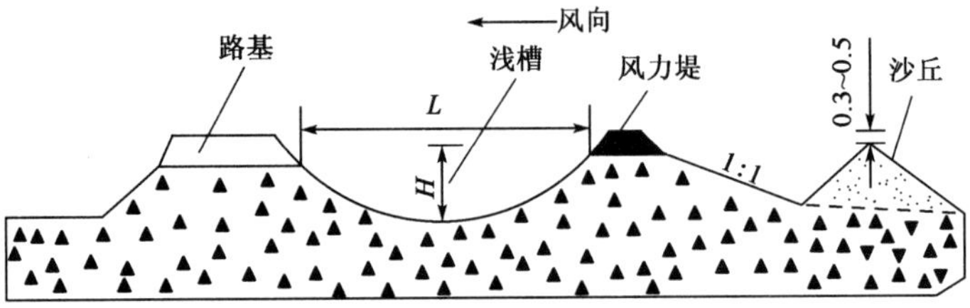

图 1-1-42　设有浅槽与风力堤的路基输砂设施(尺寸单位:m)

其风力堤顶与路基同高,L/H 值控制在 10 ~ 20m 的范围内,各变化点均应做成流线型,浅槽与风力堤采用固沙措施封固。

(4)输沙式路堤断面

路堤高度低于 30cm,边坡坡度采用 1:3,路堤高度大于 30cm,风向与路线成锐角相交时,边坡坡度采用 1:6。路肩边缘均应做成流线型。

在有条件的地区应优先采用植物固沙,并应贯彻草、灌、乔相结合的原则,以达到最大的防风固沙效果。对已发生沙埋的公路,需将积沙清除到路基下风侧 20m 以外的地形开阔处并整平,以免形成新的阻风积沙现象。

4)导沙

导沙是通过导风工程设施改变气流方向,采取各种措施引导风沙流所挟的沙改变沉积部位,从而使建筑物本身免遭风沙危害。

三、沙漠地区植物固沙技术

采取植物固沙时,防沙固沙的植物品种应满足下列要求:

(1)对于沙丘迎风堤的风蚀区,由于风力撞击,沙层坚实,一般固沙植物难以生长,应选择生命力强的柠条、花棒及油蒿。

(2)对于沙丘坡脚和沙埋区,应选用黄柳、沙拐枣及水木蓼等灌木。

(3)对于靠近公路两侧的沙漠边坡地区,应选用小冠花种植。

(4)对于公路两侧的活动沙地,应种植半灌木或草类植物,与方格草治理结合进行。

(5)结于埋藏有黏质土且深度较浅时,可栽植乔木;如为基岩、卵石,只能种植耐旱耐贫瘠的灌木。

(6)对于地下水为矿化度较低或淡质水,水位深不超过 1m 的潮湿沙地,可种植杨、柳类喜湿树种;对于湿润沙地,可根据水位深度选择适宜树种。

任务 2　风雪流对路基损害的预防和治理技术

积雪分为一般积雪和风吹雪(风雪流)。较严重的积雪多发生于东北地区、青藏高原以及新疆等地。

一般积雪是指在风力较弱或无风的情况下,降雪在道路上形成的均匀雪层。积雪达一定深度就会发生雪阻现象,汽车通行就会非常困难。此外,积雪在路上压实并冻结,使行车滑溜,极易引发交通事故。

风吹雪是指当风速大于雪粒的起动风速(4～5m/s)时,吹起的积雪,并挟带雪粒,随风急速流动,形成风雪流。对于风雪流的预防和防护如下。

一、改善路基平面及纵、横断面或改善公路及附近地形

如提高路基、放缓边坡;设置储雪场;整修内侧山坡,敞开路基以及在路基一定范围内清除有碍风雪流通过的障碍物等。这是一项治本的防雪措施,但要注意工程量和可能产生的其他病害。

二、栽植防雪林带

防雪林带应按规定位置栽植,可采用“灌木—乔木—灌木”相结合的形式或单一林带。防雪林的树种选择要因地制宜,一般有杨树、榆树、槐树和落叶松等树种。

三、设置防雪设备

防雪设备有防雪栅、防雪堤(墙)和导风板三种,因其设备费用较高,须按就地取材、因地制宜的原则,力求经济适用,只宜用在积雪较多又无其他方法处理的地段。

任务3 公路水毁预防和处治技术

公路水毁是指暴雨、洪水对公路造成的各种损毁。水毁的预防是在雨季和洪水来临之前，为防止或减轻暴雨和洪水对公路的危害而进行的工作。其工作范围主要包括：

(1)防止大量漂浮物急剧下冲；

(2)清疏各种排水系统；

(3)修理、加固和改善各类构造物；

(4)检修防洪设备，备足抢护的材料、工具以及救生、照明和通信等设备。

一、汛前技术检查和洪水观测

为防止水毁，在汛前应对公路进行必要的技术检查和河流水文观测，以判断对公路的危害性。同时，应注意积累和保存观测资料，作为今后制订公路改善和加固措施的依据。

1. 汛前技术检查

汛前公路检查工作重点应包括如下几方面内容。

1)检查公路防排水系统

检查其设施是否良好，对受损设施应做好记录，并在汛期到来之前完成修复；检查其功能是否正常，及时清理各种淤积、堵塞；检查其系统是否适应，对防排水系统本身的不足和因环境变化引起的不适应部分进行分析记录，适时进行完善。

2)检查公路上边坡、下边坡、挡墙和路基的稳定性

检查是否存在裂缝，是否产生位移、滑动，边坡是否存在危石，各类情况要做好记录，存在问题应及时处治；对上边坡、下边坡、挡墙和路基的稳定以每公里为单位，分三类做出初步评价（基本稳定、易受水毁、存在缺陷），对易受水毁路段要加强观察，对存在缺陷路段应在汛期前采取措施进行防患。

3)检查各类结构物的稳定性

在汛前检查中查出的隐患，应在雨季、汛期之前处治完毕。各种构造物的基础如有淘空现象应及时处治。当河床冲刷严重危及墩台基础时，除必要时在上游设置调治构造物外，还可根据河床水位的高低，在枯水期铺砌单层、双层块（片）石护砌，或采用沉柴排、沉石笼以及抛石块护基处理。

防止透水路堤淤塞是预防其水毁的关键。如发现水流混浊，水中含有较多黏土颗粒时，应在上游设置过滤堰，如图1-1-43所示。

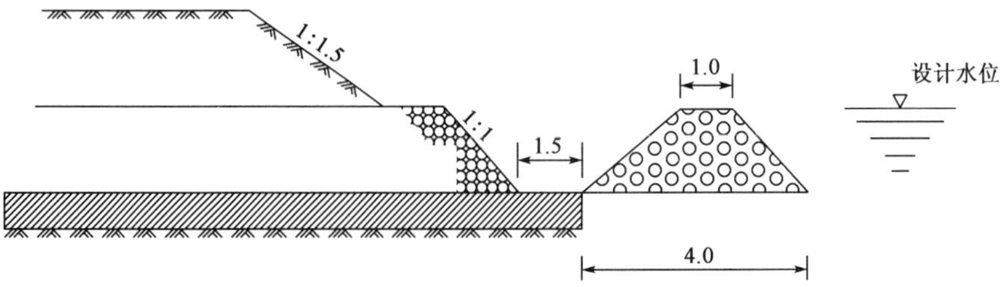

图1-1-43 过滤堰(尺寸单位：m)

如水流中夹带较多杂物，或地势平坦、沟底土质松软时，可在进水口周围土中打入小木桩，桩顶比最高水面高出20cm。木桩上用竹片或柳条编成护篱，并在洪水期经常清除杂物，如图1-1-44所示。

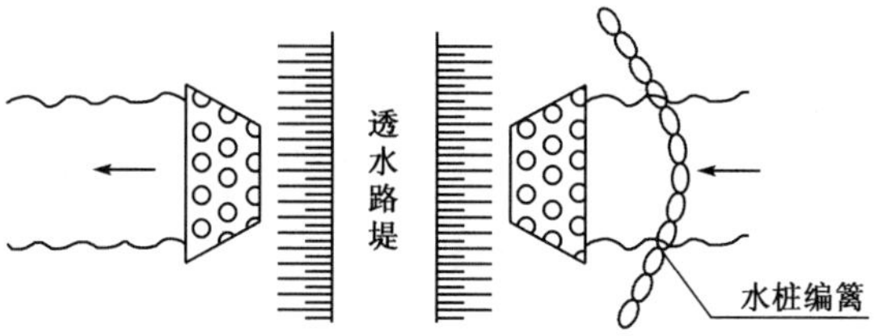

图1-1-44　弧形防护篱

2. 洪水观测

在汛期应进行必要的水文观测，洪水观测的主要内容包括：水位观测、流速观测、河床横断面和冲刷深度观测，以及流向观测等。

1）水位观测

平曲线凹岸、导流堤、丁坝和护岸等调治构造物的水位观测，可视工程设施的重要性，设置固定水尺或临时水尺进行观测。

2）流速观测

流速观测一般用流速仪测速，也可用浮标法或泥沙颗粒起动法测速。

3）河床横断面及冲刷深度观测

浅埋式基础丁坝和导流堤等调治构造物宜在墩前、堤头等水流冲击处，观测洪水期间的局部冲刷深度变化。观测时间应与测速时间相应。

4）流向观测

不稳定河床或平曲线处应进行水流流向观测，并观测不同水位时的流向变化情况。

二、水毁的抢修

为有效地进行抢护工作，公路管理机构对所辖路段的水毁抢护工作应统筹安排。易毁路段和构造物应设专门的抢护队伍守护，准备足够的抢护材料、工具、用具以及救生、照明和通信设备等。当洪水对公路产生破坏时，应进行紧急抢护，做到采取应急措施，不使水害扩大；尽快抢修，维持安全通车。

（1）为防止路堤和导流坝等边坡被水浪冲击和水流冲刷，可因地制宜采用各种防浪措施进行抢护，如土袋、石袋防浪，芦排、草席防浪，石笼防浪等。

（2）当路堤有被洪水淹没的危险时，可在临河一面的路肩上，用草袋或黏土筑成土埂临时挡水，预防洪水冲毁路面，洪水退后即拆除。

（3）山区公路常因雨季山洪暴发而发生水毁，常用的防洪措施有：

①在挖方路基上边坡顶外开挖截水沟，将大量雨水引到路基外排出；

②加宽加深边沟，不使边沟漫溢冲刷路基，并采取石砌边沟、路肩保护路基；

③在重要路段修筑石砌护坡或护墙，防止洪水冲刷路基。

三、泥石流的成因及治理对策

1. 泥石流的成因及分类

山岭地区，暴雨或融雪水挟带大量土、石等固体物质汇入沟谷，形成突然的短暂的间歇的破坏性水流为泥石流。

泥石流是在坡面土体疏松、植被稀少，边坡陡峻(30°～35°以上)，细沟微谷发育条件下，由大强度暴雨或融雪水的作用而形成。按其物质组成和运动特性可分为下列三种。

1) 黏性泥石流

黏性泥石流固体物质含量达40%～60%，最高可达80%，含有大量黏土和粉土并挟有石块，水和固态物质凝聚为黏稠的整体，以相同的速度作整体运动，大石块漂浮于表面而不下沉。流经弯道时有超高和裁弯取直作用，破坏性极大。

2) 稀性泥石流

固体物质含量10%～40%，黏土和粉土含量少，水和固体物质不能形成整体，水沙构成的泥浆速度远大于石块速度，石块在床面以滚动方式运动，并有一定的分选性。

3) 泥流

固体物质为粉沙，平均粒径小于1mm，含量为60%以上。其中粒径小于1mm的占90%以上。

2. 泥石流治理的原则

(1) 发生频度大的黏性泥石流及规模较大的稀性泥石流路段，经技术经济比较宜改线绕避；无法绕避时须避重就轻选择线路。

(2) 调治构造物的布设，应根据路段和桥梁所在位置，结合地形、沟槽宽度、泥石流性质、流势及其发展变化规律，综合考虑确定，宜导不宜挑。

(3) 对于危害性大、涉及面广，且当地人类活动、经济设施有可能促使泥石流发育时，宜与有关部门协商，进行工程和生物水土保持相结合的综合治理。

3. 泥石流治理措施

(1) 在泥石流形成区，平整山坡、填塞沟缝、修建阶梯、土埂等控制水土流失和滑坍发展。

(2) 泥石流流通区，在地形、地质及储淤条件较好处，可修建拦挡坝或停淤场。拦挡坝成群建筑，坝间距离应按下游回淤的泥沙能对上一道坝起到防冲护基作用为准；拦挡坝有实体坝、格栅坝、铁丝石笼坝等多种形式。

(3) 当桥梁跨过泥石流的山前堆积体离其顶端很远时，可根据实际情况采用挑流坝、丁坝、导流堤相结合的综合调治措施。

(4) 路侧的少量泥石流，应在路肩外缘设置碎落台或修建挡渣墙，并随时清除冲积的泥石。

四、沿河路基水毁

1. 沿河路基水毁成因

沿河(溪)公路受洪水顶冲和淘刷，路基发生坍塌或缺断，影响行车安全，乃至中断交通，常发生在弯曲河岸和半挖半填路段。其主要成因包括：

(1) 受洪水顶冲、淘刷的路段，路基缺少必要的防护构造物。

(2) 路基防护构造物基础处理不当或埋置深度不足而破坏，引起路基水毁。

(3) 半填半挖路基地面排水不良，路面、边沟严重渗水，路基下边坡坡面渗流普遍出露，局部管涌引起路基坍垮。

(4)风浪袭击路基边坡，边坡过量水蚀而坍垮。

2. 沿河路基水毁的防治

(1)不漫水丁坝防治路基水毁

丁坝防治沿河路基水毁具有防护长度大、易于抢修、不中断交通的优点。

(2)漫水丁坝防治路基水毁

漫水丁坝具有坝身短矮、基础埋置深度浅、易于施工、防护作用好、安全性好的优点。

(3)浸水挡土墙防治路基水毁

浸水挡土墙既是支承路基填土的作用，又有防止水流冲刷或淘刷路基的作用。

五、公路抗洪能力的评定

为了预测水毁的程度和分析水毁成因及制订治理对策，公路管理机构应每隔 3 ~6 年进行一次抗洪能力评定。如遇设计洪水及超设计洪水年，宜结合水毁调查当年进行一次抗洪能力评定。公路可根据水文、地质、路基、路面等条件基本类同的原则，划分成若干路段，按表 1-1-5 进行评定。

路段抗洪能力评定标准 表 1-1-5

等级	评定标准
强	1. 路基坚实、稳定，高度达到设计计算高程，路面为半刚性基层、水混混凝土或沥青混凝土等铺装路面； 2. 边坡稳定、平顺无冲沟，坡度符合规定的高限值(缓)，边坡有良好的防护加固； 3. 边沟、截水沟、排水沟完善，纵坡适度，无淤塞，水流畅通，进出口良好； 4. 支挡结构物布设合理、齐全，完整无损坏，泄水孔无堵塞； 5. 防冲结构物布设合理、齐全，完整无损坏，基础冲刷符合设计
可	1. 路基坚实、稳定，高度低于设计计算高程不超过 0.5m，路面为半刚性基层、沥青碎石、沥青贯入式或沥青表面处治等简易铺装路面； 2. 边坡稳定、平顺无冲沟，坡度不低于规定的低限值(陡)，边坡有必要的防护加固； 3. 边沟、截水沟、排水沟完善，纵坡适度，有淤塞但易于清除，进出口良好； 4. 支挡结构物布设合理，易于修理，泄水孔基本畅通； 5. 防冲结构物重点布设合理，基础冲空面积不超过 10%，结构物无断裂、沉陷、倾斜等变形
弱	1. 路基高度低于设计计算高程 0.5m 及以上，高于次一技术等级的设计洪水高程，无明显沉降，路面为柔性基层、简易铺装路面； 2. 边坡有冲沟或少量坍塌，坡度接近规定的低限值； 3. 边沟、截水沟、排水沟有短缺，或淤塞量较大，或进出口有缺损，影响正常排水； 4. 支挡结构物短缺，或损坏严重，但无倾斜、沉陷等变形； 5. 防冲结构物短缺，或基础冲空面积不超过 10% ~20%，或结构物局部断裂、沉陷，但无倾斜等变形
差	1. 路基有明显沉陷，高度低于次一技术等级的设计高程，路面为柔性基层或砂石路面； 2. 边坡沟洼连片，局部坍塌，坡度陡于规定的低限值； 3. 未设边沟、截水沟、排水沟； 4. 未设支挡结构物，或结构物断裂、倾斜、局部坍塌； 5. 未设防冲结构物，或基础冲空面积在 20% 以上，或结构物折裂、倾斜、局部坍塌

任务4 隔离层法治理路基翻浆

路基翻浆主要发生在我国东北、华北、西北、西南等季节性冰冻地区的春融时节，以及盐渍、沼泽、水网等地区。因地下水位高、排水不畅、土质不良、含水过多，经车辆反复作用，路基会出现弹簧、裂缝、鼓包、冒泥等现象，称为翻浆。翻浆的发生，不仅会破坏路面，妨碍行车，严重的还会中断交通，增加道路养护的工作量。

一、翻浆的分类和分级

路基中的水分来源不同，并以不同形式存在于路基土中，根据路基土水分来源的不同，将翻浆分为5类，见表1-1-6。根据路面变形的破坏程度不同，将翻浆分为轻型、中型和重型三个等级，见表1-1-7。

翻浆类型　　表1-1-6

序号	翻浆类型	导致翻浆的水分来源
1	地下水类	受地下水的影响，土质经常潮湿，导致翻浆。地下水包括上层滞水、潜水、层间水、裂隙水、泉水、管道漏水等。潜水多见于平原区，层间水、裂隙水、泉水多见于山区
2	地面水类	受地面水的影响，使土基潮湿，导致翻浆。地面水主要指季节性积水，也包括路基、路面排水不良而造成路旁积水和路面积水
3	土体水类	因施工遇雨或用过湿的土填筑路堤，造成土基原始含水量过大，在负温度作用下使上部含水量显著增加，导致翻浆
4	气态水类	在冬季强烈的温差作用下，土中水主要以气态形式向上运动聚积于土基顶部和路面结构层内，导致翻浆
5	混合水类	受地下水、地面水、土体水或气态水等两种以上水类综合作用产生的翻浆。此类翻浆需要根据水源主次定名，如地下水、地面水类

翻浆分级　　表1-1-7

翻浆等级	路面变形破坏程度
轻型	路面龟裂、湿润，车辆行驶时有轻微弹簧
中型	大片裂纹、路面松散，局部鼓包、车辙较浅
重型	严重变形、翻浆冒泥、车辙很深

二、隔离层法治理路基翻浆

隔离层设在路基顶下0.5～0.8m处，目的在于阻断毛细水上升通道，保持上部土基干燥，防止翻浆发生。地下水位或地面积水水位较高，又不宜提高路基时，可铺设隔离层。隔离层按使用材料可分为透水隔离层和不透水隔离层两类。

1. 透水性隔离层

透水性隔离层采用碎石、砾石、粗砂或炉渣等材料做成，其厚度一般为10～20cm。分别自路基中心向两侧做成3%的横坡，为了防止淤塞，应在隔离层的上面和下面铺设1～2cm泥炭、草皮或炉渣、石屑及针刺无纺布等透水性材料防淤层。隔离层底部应高出地面水位20cm以上，连接路基边坡部位，应铺大块片石防止碎落。隔离层上部与路基边缘的高差不小于50cm。底部高出沟底20~30cm，如图1-1-45所示。

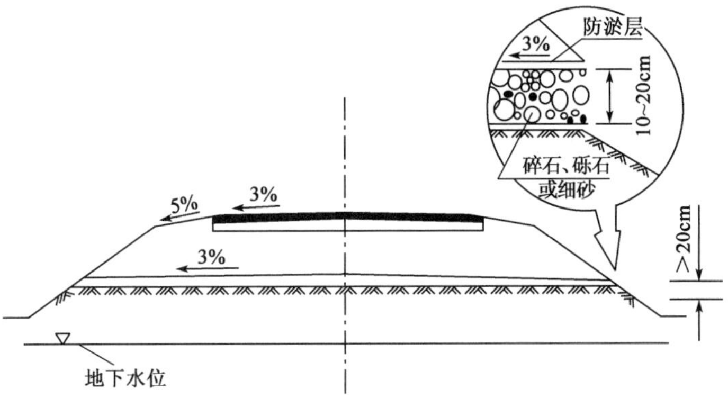

图1-1-45　粗粒料透水隔离层

2.不透水隔离层

不透水路基可设置不透水性隔离层，设置深度与透水性隔离层相同。当路基较窄时，隔离层可横跨全部路基，称为贯通式，如图1-1-46所示；当路基较宽时，隔离层可铺至延出路面边缘外50~80cm，称为不贯通式，如图1-1-47所示。

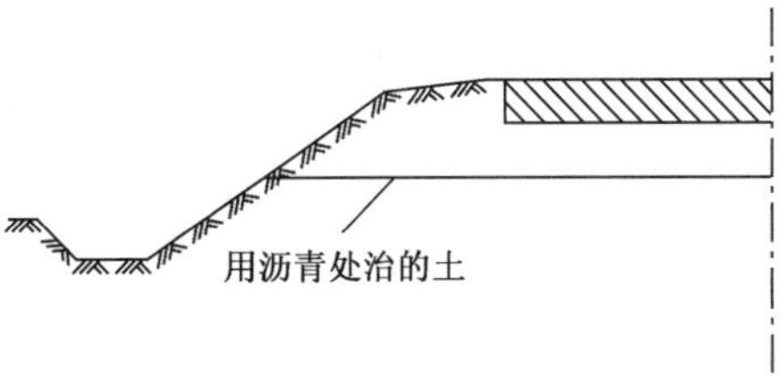

图1-1-46　贯通式不透水隔离层

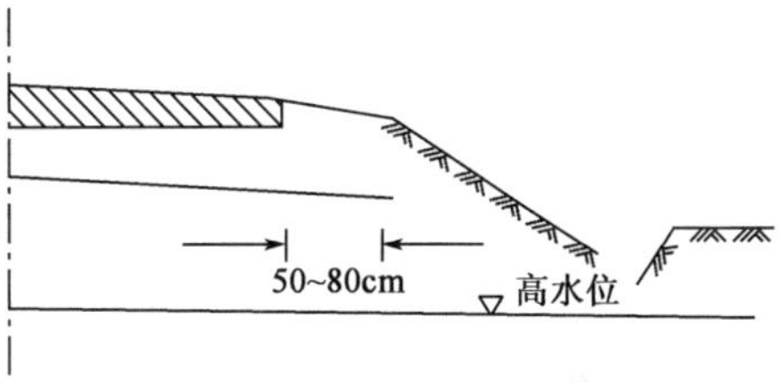

图1-1-47　不贯通式不透水隔离层

不透水隔离层所用的材料和厚度如下：

(1)直接喷洒沥青，厚度为2~3mm；

(2)沥青含量为8%~10%的沥青土或6%~8%的沥青砂，厚度一般2.5~3.5cm；

(3)用2~3层油毛毡或不易老化的特制塑料薄膜摊铺(盐渍土地区不可用塑料薄膜)，如图1-1-48所示。

图1-1-48　塑料薄膜隔离层

复习思考题

1. 风沙对公路的主要危害有哪两种？说明其各自形成的原因。

2. 公路路基沙害，按防护材料的不同，有哪几种类型？

3. 公路路侧沙害防治措施有哪些？

4. 植物固沙时，防沙固沙的植物品种应满足哪些要求？

5. 什么叫风雪流？它是如何预防和防护的？

6. 什么叫水毁，它的预防范围主要包括哪些内容？

7. 什么叫泥石流？它的成因是什么？

8. 泥石流有哪些主要治理措施？

9. 简述沿河路基水毁的成因。

10. 简述路基设置透水隔离层或不透水隔离层治理路基翻浆的技术和方法。

11. 在北京2012年7月21特大暴雨中，河水暴涨使河水倒灌，立交桥下出现了严重积水。如果你是项目负责人，上级要求必须彻底解决此处积水问题，你将采取何种方法？说明理由。（注：①附近没有市政雨水管道；②河水不会漫过河堤）。

工作情境二　路面养护

情境描述

情境一：某高速公路路面养护工程，路面机动车道宽 12m，长 540m，路面面积 $6480m^2$，要求全线机动车道，进行罩面、翻修及补强等养护；技师工作任务是：根据道路现状，选择合适的施工工艺进行路面养护。

情境二：北京某路段水泥混凝土路面宽 7m，长 10km，经过多年的使用，已发生错台、断裂板等多项病害，需根据实际情况进行翻修、补强、重铺、加宽、改善等多种方法进行处理，技师工作任务是：根据道路现状，进行局部改善和补强。

项目一　沥青路面养护

学习建议

1. 本项目重点介绍沥青路面养护相关知识，未涉及部分内容可参阅《公路养护工（初级·中级·高级）》教材；
2. 对于沥青路面养护内容，建议结合《公路沥青路面施工技术规范》（JTG F40—2004）和《公路沥青路面养护技术规范》（JTJ 073.2—2001）的相关知识进行学习；
3. 建议结合本地区实际气候条件，选择相应的施工方法。

技能要求

1. 能对沥青路面进行整段封层、罩面；
2. 能翻修、补强、重铺、加宽沥青路面；
3. 能对沥青路面横坡不适进行处治。

知识要求

1. 掌握沥青路面封层、罩面工艺；
2. 掌握翻修、补强、重铺、加宽沥青路面的施工工艺；
3. 掌握沥青路面横坡不适处治方法；
4. 了解沥青路面的施工组织方法、测量手段及材料要求。

沥青路面是目前各等级公路最常使用的路面面层。根据沥青路面材料组成和施工工艺的不同，将沥青路面分为沥青表面处治、沥青贯入式、沥青上拌下贯式和沥青混凝土 5 种。在进行沥青路面养护时，都需要根据有关技术规范和规定，结合工程的控制特点，科学合理的安排养护作业。

任务1 公路沥青路面罩面

罩面指的是为改善沥青路面的使用质量，提高路面的防水、抗滑能力和平整度，在原有沥青路面上加铺的细石薄沥青面层。

一、罩面的类型、适用范围、材料要求及厚度要求

沥青路面罩面按其使用功能划分为以下三种：

1. 普通型罩面（简称罩面）

(1)适用范围

适用于消除破损、完全或部分恢复原有路面平整度、改善路面性能的修复工作。

(2)材料要求

沥青宜采用黏稠型石油沥青、乳化石油沥青、改性乳化沥青、改性沥青；矿料宜采用耐磨、强度高的石料。高速公路、一级公路宜采用中粒式、细粒式密级配沥青混凝土或沥青马蹄脂结构；二级或二级以下公路可采用热拌沥青碎石混合料结构；三级或三级以下公路可采用沥青表面处治层结构。

(3)厚度要求

当路面状况指数、行车质量指数在中、良等级，路面仅有轻度网裂时，可采用较薄的罩面层(1.0~3.0cm)；当路面破损、平整度、抗滑三项指标都在中等以下，有要求恢复到优、良等级时，宜采用较厚的罩面(3.0~5.0cm)。

2. 防水型罩面（简称封层）

(1)适用范围

适用于提高原有路面的防水性能、平整度和抗滑性能的修复工作。

(2)材料要求

沥青宜采用乳化石油沥青、改性乳化石油沥青；矿料宜采用耐磨、强度高的石料。高速公路、一级公路可采用沥青稀浆封层养护，宜使用粗粒式改性乳化沥青混合料；其他等级公路可采用乳化沥青混合料。

(3)厚度要求

交通量较大、重型车辆多的路段宜采用厚约1.0cm；在中等交通量路段宜采用厚约0.7cm；在交通量小、重型车少的路段宜采用厚约0.3cm。

3. 抗滑型罩面（简称抗滑层）

(1)适用范围

适用于提高路面抗滑能力的修复工作。

(2)材料要求

应采用适合铺筑抗滑表层的材料和沥青混合料；高速公路、一级公路宜选用重交通道路石油沥青、改性石油沥青、改性乳化石油沥青作为结合料；宜选用抗滑、耐磨的石料，磨光值应大于42。

(3)厚度要求

高速公路、一级公路宜采用不小于4.0 cm；二级公路宜用沥青混凝土结构，也可采用沥青表面处治结构，厚度不得小于最小施工层厚度；三、四级公路可采用乳化沥青封层结构，厚度可为0.5~1.0cm。

所采用的结合料、矿料、沥青混合料的规格、各项技术指标及厚度要求应符合《公路沥青路面施工技术规范》(JTG F40—2004)或其他有关规范的规定。

二、机具工具

罩面施工主要机械设备和工具包括:铣刨机、摊铺机、沥青洒布车、混合料运输车、渣土运输车、水车、拖车、双钢轮振动压路机、清扫车、小型振动压路机、切缝机、液压镐或风镐、平板振动夯、吸(吹)尘设备、铁锨、手推车、测温枪等。

三、工艺流程

按照《公路沥青路面施工技术规范》(JTG F40—2004)有关规定,罩面施工的工序如图1-2-1所示。

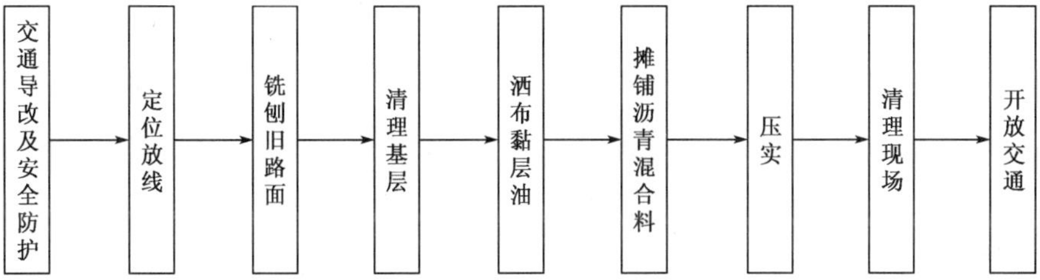

图1-2-1　罩面施工工序图

四、作业方法

1. 交通导改与安全防护

(1)安全协管员站在防撞消能桶后进行疏导(图1-2-2);

(2)限速指示牌放在过渡区起点,限速解除牌放在缓冲区末端(图1-2-3);

图1-2-2　交通导改与安全防护

图1-2-3　交通导改与安全防护

(3)交通指示牌顺序:道路施工、左(右)道路封闭、左(右)箭头指示牌、前方施工、车辆慢行。

2. 定位放线

(1)确定施工区域放出边界线;

(2)边线应与道路中心平行或垂直。

3. 铣刨旧路面(图 1-2-4)

(1)铣刨时宜每 3 ~5m 为一个测量断面,及时控制铣刨深度;

(2)新旧路面接缝应采用垂直相接;

(3)铣刨机无法铣刨的部位及铣刨起止点部位,可用切割机割缝后用液压镐凿除。

4. 清理基层

(1)采用清扫车清扫基底内的松散颗粒和其他残余物;

(2)采用吸尘设备吸扫基底内的粉尘。

5. 洒布黏层油(图 1-2-5)

(1)黏层油宜采用沥青洒布车喷洒,局部可采用手工喷洒或涂刷;

(2)洒布车洒布时应保持稳定的速度和喷洒量,不要污染周围路面及构造物,必要时可考虑将周围构造物事先进行遮盖;

(3)沥青用量为 0.3 ~0.5kg/m²,裂缝及老化严重时宜为 0.5 ~0.7kg/m²。

图 1-2-4　铣刨旧路面

图 1-2-5　洒布黏层油

6. 摊铺沥青混合料

(1)罩面面积较小时可采用人工摊铺,面积大于 200m² 时应采用摊铺机摊铺(图 1-2-6);

(2)机械摊铺前,应根据松铺厚度垫好垫木,调整好摊铺机,对熨平板充分加热(温度不低于 100℃),摊铺机应匀速前进,速度 2 ~4m/min,摊铺过程中设专人检查摊铺温度、松铺厚度;

(3)人工摊铺时,沥青混合料宜卸在铁板上,由人工进行扣锨布料,不得扬锨甩撒,用耙子搂平,刮板整平,刮平时注意轻重一致,避免混合料离析。

(4)铁锨等工具宜沾防黏结剂或加热使用。

7. 压实(图 1-2-7)

图 1-2-6　摊铺沥青混合料

图 1-2-7　压实

压路机压实要求参照表1-2-1。

沥青路面罩面压实要求表　　表1-2-1

类别	碾压温度(℃)		碾压方式(钢轮)	碾压遍数	碾压速度(km/h)
	普通沥青	改性沥青			
初压	>130	>150	振压	1~2	1.5~3
复压	—	—	振压	3~5	3~4
终压	>70	>90	静压	2~3	3~5

8. 现场清理,开放交通

(1)将施工现场清理干净并派专人看护,禁止车辆驶入罩面区域;

(2)沥青面层温度低于50℃后开放交通。

五、施工质量管理与检查验收

1. 沥青路面罩面

沥青路面罩面的施工质量管理与检查验收,应遵照《公路沥青路面施工技术规范》(JTG F40—2004)的有关规定执行。

2. 乳化沥青、改性乳化沥青做结合料

使用乳化沥青、改性乳化沥青做结合料时,其乳液、稀浆混合料的质量检验要求按《公路沥青路面养护技术规范》(JTJ 073.2—2001)等规范的规定进行。

3. 罩面层、封层、抗滑层施工

罩面层、封层、抗滑层施工验收评定标准,可按照《公路沥青路面施工技术规范》(JTG F40—2004)等规范的规定执行。

任务2　公路沥青路面翻修

路面破损严重,采用罩面等养护方法不能使路面恢复良好的工作状态时,为保证必要的服务功能,应进行翻修。

一、面层的翻修工艺流程及施工要点

翻修前,应对需翻修路段的路面结构、路基土特性和交通量等进行调查分析,并按《公路沥青路面设计规范》(JTG D50—2006)的规定进行结构厚度设计。

1. 工艺流程

工艺流程同沥青路面罩面。

2. 施工要点

(1)铣刨

采用铣刨机按规定翻修厚度正确铣刨,避免损坏完好的下面层或基层;局部翻修的面积较小,可采用小型机械或人工翻挖;对铣刨后的旧料应避免泥土或其他杂质混入并及时收集、进行再生。

(2)翻修作业

清扫碎屑灰尘后,下层表面浇洒0.3~0.6kg/m^{2}黏层沥青;与不翻修路段接界的原路侧壁涂刷0.3kg/m^{2}左右黏层沥青;采用与原沥青层相同或按设计要求的材料和厚度进行铺筑;用压路机进行碾压密实;压实后对与不翻修路段的接缝采用热烙铁烫边密封。

二、面层基层同时翻修工艺流程及施工要点

1. 工艺流程

沥青路面翻修的施工工序如图 1-2-8 所示。

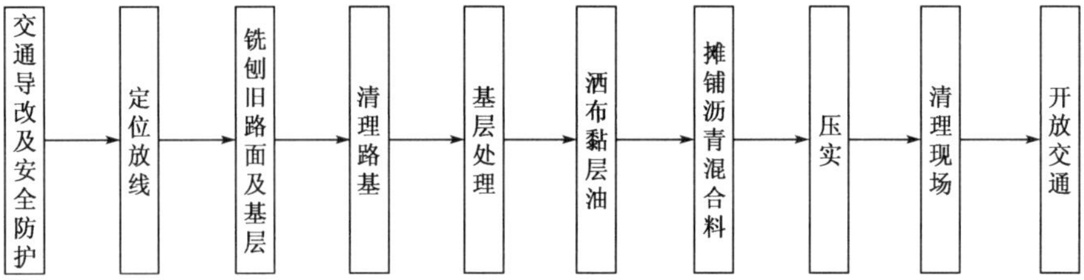

图 1-2-8　沥青路面翻修施工工序图

2. 施工要点

(1)破碎铣刨

如图 1-2-9 所示,先将沥青面层铣刨后翻挖基层,也可采用合适的破碎机具将路面破碎;沥青路面的翻修范围,应超出基层翻修范围的边缘线 30cm,以使基层、面层接缝错开。

(2)清除旧料

将沥青旧料收集运送后,才可清除基层材料;避免两种材料混杂,影响旧料的再生利用;避免雨天翻修,必要时在路肩处布置盲沟,防止路床积水。

(3)基层处理

整平路基表面并进行碾压;采用与原路段相同或符合设计要求的基层材料进行铺筑,每层压实厚度不应大于 20cm;翻修面积小时,可采用小型振动压路机或振动夯板压实(图 1-2-10),但每层压实厚度应不大于 15cm。

图 1-2-9　破碎铣刨

图 1-2-10　基层压实

(4)面层翻修

如图 1-2-11 所示,当基层强度达到要求强度后,浇洒 0.7 ~ 1kg/m^2 透层沥青,与不翻修路段接界的原路侧壁涂刷 0.3kg/m^2 左右黏层沥青;采用与原路段相同或符合设计要求的材料铺筑面层;开放交通后应根据具体情况做好初期养护工作。

图 1-2-11　面层翻修

任务 3　公路沥青路面补强

在现有的公路等级不变的情况下，沥青路面因损坏严重、强度系数不符合要求，应进行路面补强；同时补强也适用于因公路等级提高而进行的改建工程。

一、补强设计

1. 沥青路面补强的要求

对原有沥青路面做全面的技术调查和方案比较。补强设计应综合考虑由补强厚度导致的纵坡与横坡调整，及与路面结构的连接等方面的相互协调，同时应考虑补强结构层与原路面结构的连接问题。

2. 补强层材料的类型及结构形式

补强层材料类型按《公路沥青路面设计规范》(JTG D50—2006)的规定进行选取。高速、一级和二级公路的补强，宜采用半刚性基层加沥青混合料面层的结构形式；三级公路的补强，在不提高公路等级的情况下，可采用单层或多层补强结构；对于提高公路等级的情况，宜采用半刚性基层加沥青混合料面层的补强结构形式。

3. 原有公路的技术调查

调查原有公路情况：路面的破损及病害的情况，路表面排水状况，路肩采取的加固措施等；调查原有路面设计、施工、养护的技术资料及从使用开始至改建的年限、使用效果等；调查年平均双向日交通量、交通组成和交通量增长率等。调查路基和路面的宽度、路线纵坡、路面横坡、平曲线半径等；每 500m 一断面，测定原有路面结构层的厚度，各层材料的回弹模量及路基干湿类型，如路基宽度大于等于 7m，每个断面选两个点，不足 7m 选一个点；对沥青面层、基层和底基层材料应按层取样试验，判断其结构层或材料是否还可以利用；原有公路的分段及弯沉调查按《公路沥青路面设计规范》(JTG D50—2006)的有关规定进行。

4. 对原有公路的处理

原有公路路拱不符合《公路工程技术标准》(JTG B01—2014)时，应结合补强设计，对路拱进行调整，使其符合规定；对原路面的病害，应视其层位、严重程度和范围，按规范的规定进行处理。若面层有病害，可直接处理后进行补强；若基层有病害，应先开挖面层对基层进行处理后，再进行补强。

5. 与桥涵的衔接

路面补强路段内若有桥涵等构造物，在补强前应对其铺装层进行检查，若原有铺装层出现破损,应及时修复;若原有铺装层完好,可在桥涵构造物的承载能力范围内,适当加铺新的铺装层;为保证路面与桥涵顶面的纵坡顺适,应综合考虑和重新设计路线纵坡。

6. 相关参数

补强设计中,补强层材料设计参数的选择按新建路面材料设计参数的选择方法进行,原有路面的整体强度以当量回弹模量表示;补强设计步骤、路面的分段和各路段的设计弯沉值的计算、原有路面当量回弹模量及补强厚度的计算应参照《公路沥青路面设计规范》(JTG D50—2006)的有关规定进行。

二、材料要求

沥青路面补强层原材料应符合规范的要求,混合料的组成设计应符合《公路沥青路面设计规范》(JTG D50—2006)和《公路路面基层施工技术细则》(JTG/T F20—2015)的有关规定。

三、工艺流程

补强施工,按现行《公路路面基层施工技术细则》(JTG/T F20—2015)和《公路沥青路面施工技术规范》(JTG F40—2004)的有关规定进行施工,工艺流程同路面罩面。

四、施工要点

(1)原有路面技术状况不良时,应按下列要求处理:

平整度或路面横坡不符合规定要求时,应加铺整平层,或在加铺补强层时,同时找平或调整路面横坡。对三、四级公路,必要时可将原路面翻松6~8cm,重新整形后调整。对原有路面出现的各种病害,应根据产生原因,采取有效的处理措施后再铺筑路面基层。排水不良路段,应采取加深边沟,设置盲沟、渗井或设隔水层等措施进行处理。

(2)采取浇洒透层油或黏层油等措施使新旧结构层联结良好,并保证结构层满足最小厚度的要求。

(3)为使路面边缘坚实稳定,基层应比面层宽出20~50cm或埋设路缘石。路肩过窄路段,应先加宽路基达到标准度,或采用护肩石的方法,再加宽路基。

(4)用砂石路面做沥青路面的基层时,在干燥地带可适量掺入粗集料(应按旧路面的细集料含量而定);在中湿、潮湿地带宜将基层翻松,再掺入适量的石灰,碾压密实,并做好排水设施。

(5)挖除面层或基层时,应尽量做到再生利用,旧料应按规范要求分类收集和储存。

五、施工质量管理与检查验收

质量管理和检查验收应参照《公路路面基层施工技术细则》(JTG/T F20—2015)、《公路沥青路面施工技术规范》(JTG F40—2004)和《公路工程质量检验评定标准　第一册　土建工程》(JTG F80/1—2004)的技术规定执行。

复习思考题

1. 沥青路面罩面的类型及适用范围是什么?

2. 不同类型路面罩面的材料要求分别有哪些？
3. 沥青路面罩面施工的要点是什么？
4. 面层基层同时翻修工艺流程有哪些？
5. 沥青路面翻修的技术要点有哪些？
6. 沥青路面补强的要求是什么？
7. 结合本地区沥青路面补强设计要求，对某实际补强路段原公路进行技术调查。

项目二　水泥混凝土路面养护

学习建议

1. 本项目重点介绍路面养护及局部改善知识，基础知识内容可参阅《公路养护工（初级·中级·高级）》教材；

2. 对于路面养护及局部改善内容，建议结合《公路水泥混凝土路面施工技术规范》（JTG/T F30—2014）和《公路养护技术规范》（JTG H10—2009）的相关内容学习；

3. 路面养护相关内容，建议结合本地区实际工程案例，有分析地进行学习、研究和总结。

技能要求

1. 能翻修、补强、重铺、加宽水泥混凝土面层；

2. 能完成水泥混凝土路面基层局部改善工程。

知识要求

1. 翻修或补强、重铺、加宽水泥混凝土面层的施工工艺；

2. 水泥混凝土路面的施工组织方法、测量手段、对材料的要求及施工配合比计算；

3. 水泥混凝土路面基层局部改善工程施工工艺。

任务1　水泥混凝土路面加宽

水泥混凝土路面由面层、基层、垫层、路肩和排水设施等组成，加宽前应根据现场实际情况确定加宽段面板基础的处理方案和加宽范围，然后再进行加宽施工。

一、土基拓宽

土基拓宽（图1-2-12）时应先将原边坡坡脚或边沟清淤。

（1）必须铲除边坡杂草、树根和浮土，并按现行路基施工技术规范的规定处理。

（2）应分层填筑压实土基。

（3）必须处理好新旧路基的衔接，在新老路基交界处，路基与基层界面上铺设一层土工格栅。

图1-2-12　土基拓宽

（4）在做路基加宽时，应同时做好路基排水系统。

二、路面基层拓宽

路面基层拓宽时，新加宽的基层强度不得低于原有水泥混凝土路面的基层强度，若路面基层厚度大于20cm，可采用相错搭接法进行（图1-2-13）。

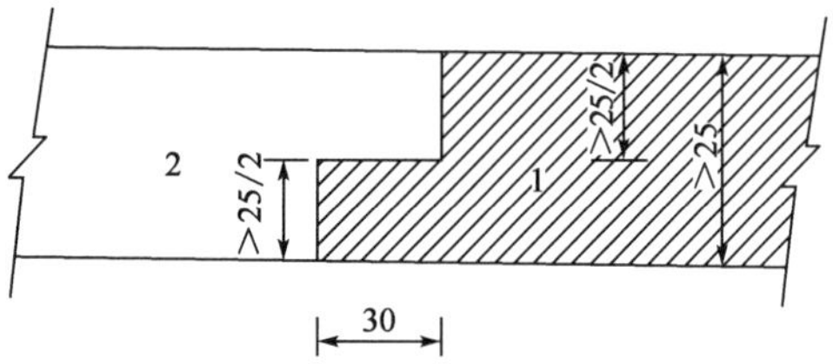

图1-2-13　相错搭接法（尺寸单位：cm）

1-原有基层；2-新铺加宽基层

三、混凝土路面加宽

1.双侧加宽

（1）如原路基较宽，路面加宽后，路肩宽度大于75cm时，可以直接将原路肩挖至路面基层并碾压密实，做1cm下封层，设置拉杆，浇筑混凝土板。

（2）如路基较窄，不具备加宽路面条件的路段，应先加宽路基。如果施工机械和操作方法能保证路基加宽部分达到规定密实度，即可加宽路面，否则应待路基压实稳定后，再加宽路面。

（3）双侧加宽宜采用两侧相等加宽的方式，见图1-2-14。

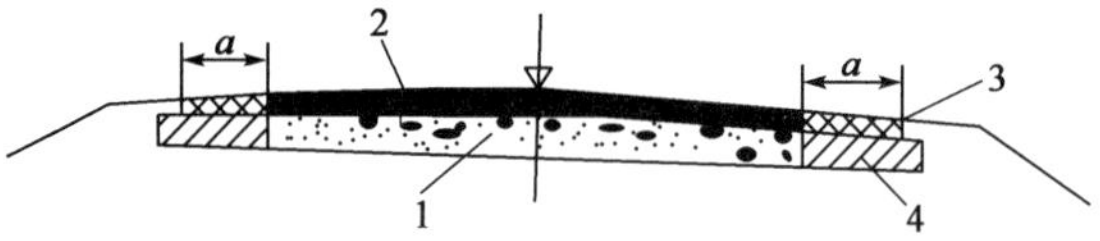

图1-2-14　两侧相等加宽路面

1-原基层；2-原路面；3-加宽路面 4-加宽基层

（4）当不能采用两侧相等加宽的路面，如加宽差数（$a-a'$）<1m时不调整路拱，加宽差数（$a-a'$）>1m时必须调整路拱，可按图1-2-15、图1-2-16进行。

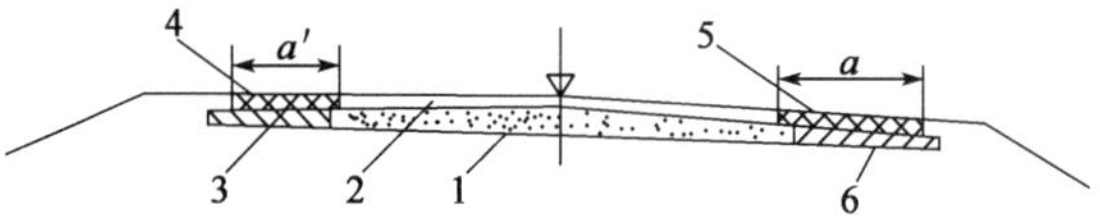

图1-2-15　两侧不相等加宽路面

（$a-a'$）<1m时不调整路拱

1-原基层；2-原路面；3-加宽基层较窄；4-加宽面层较窄；

5-加宽面层较宽；6-加宽基层较宽

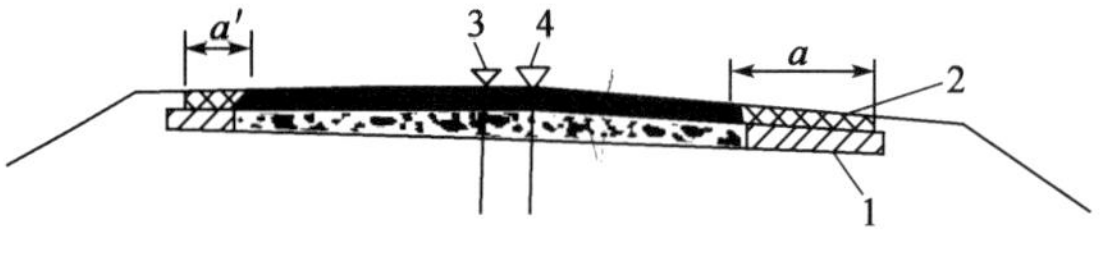

图1-2-16　两侧不相等加宽路面

（$a-a'$）>1m时必须调整路拱

1-加宽基层；2-加宽面层；3-原路拱；4-新铺路拱

2. 单侧加宽

由于受线形和地形的限制必须采用单侧加宽时，应调整原有路面的路拱横坡，如图 1-2-17 所示。

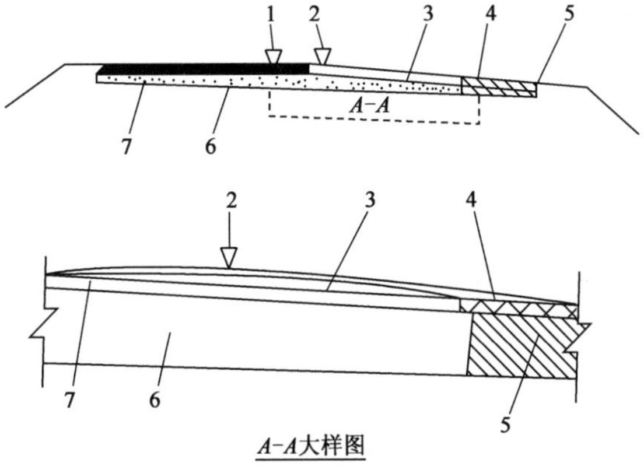

图 1-2-17　单侧加宽

1-旧路拱中心；2-调拱后中心；3-调拱三角垫层；4-加宽面层；5-加宽基层；6-旧基层；7-旧面层

3. 曲线加宽

在平曲线处，均应按《公路工程技术标准》（JTG　B01—2014）规定设置超高、加宽，原来漏设的，也应结合加宽补设。

4. 板块长宽比

加宽的混凝土面板的强度、厚度、路拱、横缝均宜与原混凝土面板相同。板块长宽比应为 1.2～1.3。路面板加宽应增设拉杆，拉杆设置参照《公路水泥混凝土路面设计规范》（JTG D40—2011）执行。

5. 路面板加宽增设拉杆方法

（1）在面板外侧每间隔 60cm，在 1/2 板厚处打一深 30cm，直径 18mm 的水平孔；

（2）清除孔内混凝土碎屑；

（3）向孔内压入高强砂浆；

（4）插入 ϕ14mm、长 60cm 的螺纹钢筋。

任务 2　水泥混凝土路面局部改善

水泥混凝土路面在使用过程中，在车轮荷载以及自然因素的作用下，路面会出现不同程度的损坏，要根据不同的情况进行路面改善。

一、水泥混凝土路面板块修补材料要求

1. 材料选择

宜选用早强混凝土或其他专用快速修补材料。

2. 技术性能

（1）快硬高早强。3h 内强度达到 20MPa，24h 内达到原板块设计强度。

（2）收缩小。混凝土 7d 内无收缩，28d 的收缩率小于 0.02%。

（3）后期性能稳定。

(4)耐磨性好、耐久性好。修补后的混凝土耐磨性应达到原有未损坏的旧混凝土耐磨性，且应具有抗冻、耐腐蚀、抗渗等耐久性能。

(5)施工和易性好。修补用混凝土初凝时间宜大于1h。

(6)修补后的混凝土颜色应与旧混凝土基本一致。

3. 技术规定

快速修补混凝土原材料质量，应符合各自产品的特定要求，并符合《公路路面基层施工技术细则》(JTG/T F20—2015)的相关规定。

4. 配合比要求

快速修补混凝土配合比，应经过试验室试配确定。

二、水泥混凝土路面整板翻修方法

旧水泥混凝土面板产生严重沉陷、碎裂、断角等损坏时，可对整块面板进行翻修处治。

1. 旧路面板凿除、清运

用液压镐凿除旧水泥混凝土路面板，并及时清运混凝土碎块。凿除时不得造成相邻板块破损并尽可能保留原有拉杆，若有损坏应予恢复。

2. 基层处治

基层损坏部分清除，视基层损坏程度采取不同处治方法。

(1)基层损坏厚度小于80mm，基底整平压实后，可直接浇筑面层修补混凝土。

(2)基层损坏厚度大于80mm，且坑洼不平，基底整平压实后，可采用C20快硬混凝土进行补强，补强混凝土顶面高程应与旧路面基层顶面高程相同。

(3)宜在混凝土路面板接缝处的基层上，涂刷一道宽200mm的沥青带。

3. 混凝土铺筑

混凝土混合料应在搅拌后立即运至施工现场，人工摊铺。宜用插入式振捣器振捣，振动梁刮平提浆，人工抹平，按原路面纹理对混凝土表面进行拉毛或刻纹。

4. 养生

混凝土板表面纹理处理后，宜喷洒养生剂进行养护，养生剂应洒布均匀。

5. 切缝、清缝、填缝

混凝土达到切缝强度后，用切割机切缝，切缝深度宜为板块1/4厚度，清缝后灌入填缝料。

6. 开放交通

混凝土强度达到20MPa后开放交通。

三、部分路段修复

水泥混凝土路面局部路段损坏，一般是由于设计、施工、材料、工艺、交通量、超载、养护不当等因素造成，严重影响行车安全。对水泥混凝土路面损坏路段，必须进行彻底修复，如图1-2-18所示。

1. 修复前的准备工作

(1)对损坏路段进行详细、全面的调查，分析原因，并制订科学的修复措施。

(2)编制施工组织设计。包括修复的资金、人员、机械、材料、施工工艺、计划进度等。

2. 修复施工

(1)旧混凝土破碎。

图 1-2-18　部分路段修复

人工用风镐进行混凝土板块破碎，尽量使其破碎成为约 30cm × 30cm 的矩形小块，以利旧板利用。采用配备液压镐的混凝土破碎机进行混凝土板块破碎，破碎时液压镐落点间距为 40cm。清除混凝土碎块，运至指定地点堆放，并加以利用，防止环境污染。

(2)处治基层。

对基层强度尚好、损坏又不严重的基层，应整平基层，采用轻型压路机压实。对压不到的死角部分可用冲击夯等机具压实。

基层强度不足，且损坏较为严重时，可采用水稳性较好的材料，如水泥稳定碎石或石灰粉煤灰稳定碎石等结构层进行补强。其材料技术标准、施工工艺符合《公路路面基层施工技术细则》(JTG/T F20—2015)的有关规定。

(3)部分路段排水系统。

局部路段修复时，应设置纵、横向排水系统，排水系统设置应按照相关规范执行。

(4)混凝土施工前准备工作。

应在路面基层上做沥青下封层，沥青用量为 1.0kg/m^2。

(5)新老水泥混凝土板交界处设传力杆。

在新旧路面板交界处，在旧面板 1/2 板厚处，每隔 30cm 钻一直径为 28mm，深 22.5cm 的水平孔。用压缩空气清除孔内混凝土碎屑。向孔内灌入高强砂浆。在旧混凝土板侧向涂刷沥青，将直径 25mm，长 45cm 的光圆钢筋，插入老混凝土面板中。对损坏的拉杆要修复，可在原拉杆位置附近，打直径为 18mm，深 35cm 拉杆孔，用压缩空气清孔，灌高强砂浆，将直径 14mm、长 70cm 的螺纹钢筋插入老混凝土面板中 35cm。

(6)水泥混凝土路面的材料要求、施工工艺，应按照公路水泥混凝土路面有关施工规范执行。

(7)混凝土板达到设计强度后，方开放交通。

四、旧水泥混凝土路面再生利用

旧水泥混凝土路面由于达到使用寿命或由于其他原因发生大面积严重破坏，不再满足使用要求，且损坏严重、无法直接加铺时，可以采用再生利用。

旧水泥混凝土路面板材料再生利用技术可划分为集料场再生与现场再生利用两类。

1. 旧水泥混凝土路面集料场再生

将旧水泥混凝土路面板破碎，用破碎料作为再生水泥混凝土的集料，用于路面或基层、底基层,适用于即使采取大量的技术措施也难以得到稳定的旧水泥混凝土路面的情况。

集料场再生技术主要包括以下三方面。

(1)路面板清除

破碎和清除破损路面板,并集中运往中心料厂进行加工处理。路面破碎机一般为履带式柴油打桩机。在路面上往返行驶若干次,将路面破碎成边长为60cm左右的碎块后送往破碎机进行破碎加工。对路面破碎机往返行驶若干次仍无法破碎的零星大块,需采用反铲挖掘机破碎。为方便运输,常用装载机和履带式挖掘机装载碎块。

(2)集料加工

破碎处理、剔除钢筋、筛分,生产再生集料。集料加工通常在施工现场附近设置的机动破碎厂进行。破碎厂由1台初颚式破碎机、1台二级破碎机和1个筛分厂组成。由于冲击式破碎机会产生大量的粉尘,在混凝土再生中很少使用。

(3)再生集料使用

在路面重建中使用再生集料,可部分或全部用于再生集料混凝土、路面基层或垫层。

旧水泥混凝土板块强度达到石料二级标准时,可作为再生混凝土集料使用。旧水泥混凝土板块强度达到三级标准可作为基层集料。水泥混凝土路面损坏状况属差级时,应将混凝土板破碎作为底基层使用。

2.旧水泥混凝土路面现场处治再利用技术

采用不同的破碎工艺在原地将旧水泥混凝土板破碎成不同粒度的碎块,然后在其上加铺新的路面结构层。

通过对旧水泥混凝土路面进行破碎而减少甚至消除水泥混凝土板块原来裂缝向路面表面的反射。破碎工艺的过程就是将水泥混凝土板块破碎成较小的碎片或颗粒,这些碎片或颗粒因为尺寸减小,相对于车辆荷载来说是更加均匀的结构层,在压实后进行加铺就能有效控制反射裂缝的产生。

旧水泥混凝土路面经过处理后,可在其上直接加铺沥青混凝土(应设找平层或设应力吸收层)或水泥混凝土结构层,或设无机结合料稳定碎石或沥青碎石基层再加铺沥青层。

五、水泥混凝土加铺层

当水泥混凝土路面板面裂缝很多,或者表面磨损严重,已发生剥落的路段,可采取加铺面层的方法,恢复水泥混凝土路面的使用性能,并延长路面的使用寿命。加铺层可采用普通水泥混凝土、钢纤维混凝土、钢筋混凝土或沥青混凝土。面层加铺的基本要求如下。

1.病害的调查与处理

加铺水泥混凝土面层之前,应对旧混凝土路面病害进行处理。

(1)对旧混凝土路面进行调查,分板块逐一编号,绘制病害平面图。

(2)按设计要求对病害面板进行处理。

(3)板底脱空可采用板下封堵的方法进行压浆处理。

(4)板块破碎、角隅断裂,沉陷、掉边、缺角等病害板,必须用破碎机(液压镐)凿除。清除混凝土碎屑后,整平基层,并夯压密实,然后铺筑与旧板块等强度的水泥混凝土,其高程控制与旧板面齐平。

2. 隔离层的铺筑

在旧混凝土顶面宜铺筑一层隔离层，相关要求如下：

(1)铺筑前，应先清除旧面板表面杂物，冲刷尘污，使板面洁净无异物。

(2)用清缝机清除水泥混凝土面板接缝杂物，用灌缝机灌入接缝材料，再进行铺筑。

(3)隔离层可选用沥青混凝土隔离层、土工布隔离层和沥青油毡隔离层。

3. 铺筑时的注意事项

(1)水泥混凝土加铺层厚度应通过计算确定，其设计和材料选取应符合规范的要求。

当采用水泥混凝土、钢筋混凝土时应不小于18cm；当采用钢纤维混凝土时，可取普通混凝土路面板厚度的0.65倍，且不小于12cm；当采用沥青混凝土时应不小于7cm。

(2)钢筋混凝土加铺层适用于一般公路；连续钢筋混凝土加铺层适用于高速公路；钢纤维混凝土加铺层适用于高程受限制的路段；沥青混凝土加铺层要求旧混凝土路面稳定、清洁，对路面的损坏部分必须进行维修。

(3)加铺层的纵、横缝应与旧混凝土面板一致，拆模时必须做好锯缝标记。

钢筋混凝土板厚横向缩缝间距宜为10m，并应设传力杆，其他缝的处理同普通混凝土板。

(4)路面加铺层的施工应符合相关公路路面施工规范的要求。

任务3 水泥混凝土路面施工组织

水泥混凝土面层施工是水泥混凝土路面最后一道铺筑施工作业，合理选择施工工艺、施工方法和施工技术是保证路面品质的关键。面层板施工分人工摊铺(图1-2-19)和机械摊铺(图1-2-20)两种施工方法。对于高速公路或等级较高的路面面层，都采用技术先进的大型水泥混凝土摊铺设备，如滑模式水泥混凝土摊铺机和轨道式水泥混凝土摊铺机等，它们具有摊铺速度快，密实均匀，平整度高等特点，摊铺的面层宽，接缝少，质量高。而对于等级较低的一般公路或道路多采用人工摊铺方法。

图1-2-19 人工摊铺

图1-2-20 机械摊铺

一、水泥混凝土路面材料要求

1. 水泥的要求

(1)应采用强度高、收缩性好、耐磨性强、抗冻性好的水泥；

(2)应采用硅酸盐水泥或普通硅酸盐水泥，其强度等级不应低于42.5级；

(3)高速公路必须采用强度等级不低于52.5级的硅酸盐水泥。

(4)水泥进场时，应有产品合格证及化验单，并应对品种、强度等级、包装、数量、出厂日期等进行检查验收。

(5)不同强度等级、厂牌、品牌、出厂日期的水泥不得混合堆放，严禁混合使用。出厂日期超过三个月或受潮的水泥，必须经过试验，按其试验结果决定正常使用或降级使用。已经结块变质的水泥不得使用。

2. 砂的要求

(1)应采用洁净、坚硬、符合规定级配、细度模数在2.5以上的粗、中砂。

(2)砂的技术要求应符合表1-2-2的规定。

砂的技术要求 表1-2-2

颗粒级配	项目		技术要求					
	筛孔尺寸(mm)		方孔			圆孔		
			0.16	0.315	0.63	1.25	2.5	5.0
	累计筛余量(%)	Ⅰ区	90~100	80~95	71~85	35~65	5~35	0~10
		Ⅱ区	90~100	70~92	41~70	10~50	0~25	0~10
		Ⅲ区	90~100	55~85	16~40	10~25	0~15	0~10
	泥土杂物含量(冲洗法)(%)		≤3					
	硫化物和硫酸盐含量(折算为SO_3,%)		≤1					
	有机质含量(比色法)		颜色不得深于标准溶液颜色					
	其他杂物		不得混有石灰、煤矿渣、草根等其他杂物					

3. 碎(砾)石的要求

(1)碎(砾)石应质地坚硬，并应符合规定级配，最大粒径不超过40mm。

(2)碎石的技术要求应符合表1-2-3的规定。

碎石的技术要求 表1-2-3

项目		技术要求			
颗粒级配	筛孔尺寸(mm)(圆孔筛)	40	20	10	15
	累计筛余量(%)	0~5	30~65	75~90	95~100
强度	石料饱水抗压强度与混凝土设计抗压强度比(%)	≥200			
	石料强度分析	≥3级			
针片状颗粒含量(%)		≤15			
硫化物和硫酸盐含量(折算为SO_3,%)		≤1			
泥土杂物含量(冲洗法)(%)		≤1			

(3)砾石的技术要求应符合表1-2-4的规定。

砾石的技术要求 表1-2-4

项目		技术要求			
颗粒级配	筛孔尺寸(mm)(圆孔筛)	40	20	10	15
	累计筛余量(%)	0~5	30~65	75~90	95~100
空隙率(%)		≤45			

续上表

项　　目	技 术 要 求
软弱颗粒含量(%)	≤5
针片状颗粒含量(%)	≤15
硫化物和硫酸盐含量(折算为 SO_3,%)	≤1
泥土杂物含量(冲洗法)(%)	≤1
有机物含量(比色法)	颜色不深于标准溶液颜色
石料强度等级	≥3

4. 水的要求

(1)混凝土搅拌和养护用水应清洁,宜采用饮用水。

(2)使用非饮用水时,应经过化验,硫酸盐含量(按 SO_4 计)不得超过 2700mg/L,含盐量不得超过 5000mg/L,pH 值不得小于 4。

5. 外掺剂的规定

(1)应经配合比试验符合要求方可使用。

(2)为减少混凝土拌和物的用水量、改善和易性、节约水泥用量、提高混凝土强度,可掺入减水剂。

(3)夏季施工或需要延长作业时间,可掺入缓凝剂。

(4)冬季施工为提高早期强度或缩短养护时间,可掺入早强剂。

(5)严寒地区抗冻,可掺入引气剂。

6. 钢筋的要求

(1)钢筋品种、规格,应符合相关规范要求。

(2)钢筋应顺直,不得有裂缝、断伤、刻痕、表面油污或颗粒状、片状锈。

二、混凝土施工配合比

1. 混凝土施工配合比的确定

试验室配合比计算是以干燥材料为基准的,而实际施工现场存放的砂、石材料都含有一定水分,且经常变化,所以应根据工地上砂、石材料的含水率,将试验室配合比换算为施工配合比。下面介绍具体确定方法。

在施工时,每立方米混凝土的砂、石和水的实际称量为:

砂的称量 = 砂的用量 + 砂中含水的质量

石的称量 = 石的用量 + 石料中含水的质量

水的称量 = 用水量 - 砂、石材料中含水的质量

水泥称量不变。

例如:设计好的混凝土配合比为每立方米混凝土用水泥 360kg、砂 612kg、石子 1241kg、水 187kg。交到工地后,假定工地所用的砂的含水量为 3%、碎石含水量为 2%。则调整的各组成材料用量如下:

砂:$612 + (612 \times 0.03) = 630$kg

石:$1241 + (1241 \times 0.02) = 1260$kg

水:$187 - (612 \times 0.03) - (1241 \times 0.02) = 144$kg

水泥用量不变仍为 360kg。

因此,每立方米混凝土材料用量经调整后为:水泥360kg、砂630kg、碎石1260kg、水144kg,则施工配合比为:

水泥∶砂∶石∶水 = 360∶630∶1266∶144 = 1∶1.75∶3.52∶0.4

2.混凝土搅拌时的每次投料量计算

施工时,应根据搅拌机的容量,一次以使用若干整包水泥为一盘,计算相应的砂、石、水的每盘用料量。配合时要求称量准确,否则将影响混凝土质量。

施工现场通常以一袋水泥(50kg)或两袋水泥为基数按确定配合比配料进行拌和。以上述施工配合比为例,如以两包水泥为一盘,则各种材料用量如下:

水泥:$2 \times 50 = 100$kg

砂:$100 \times 1.75 = 175$kg

石:$100 \times 3.52 = 352$kg

水:$100 \times 0.4 = 40$kg

三、人工摊铺法

混凝土路面面层的基本施工工序如图1-2-21所示。

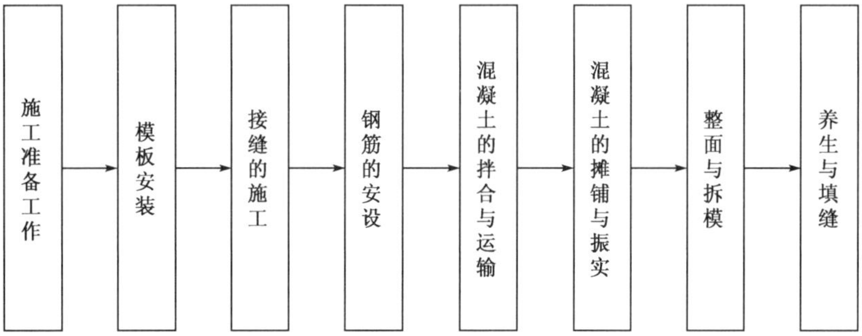

图1-2-21　水泥混凝土路面面层的施工工艺流程图

其施工现场如图1-2-22所示。

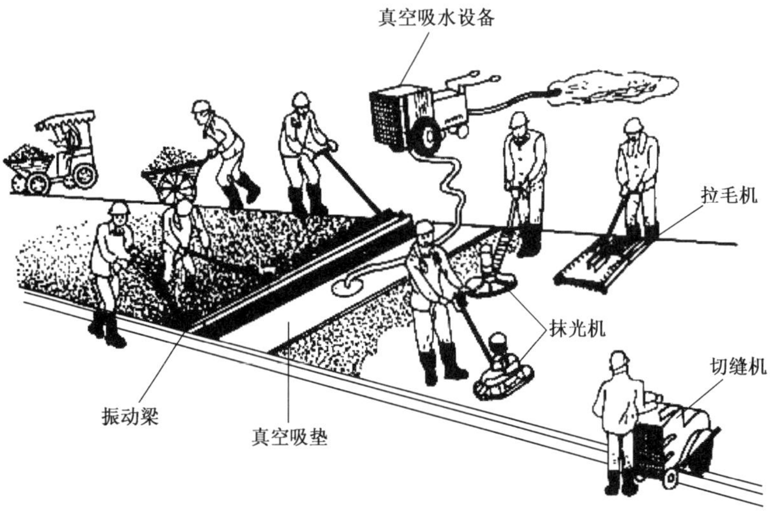

图1-2-22　人工摊铺现场施工平面示意图

1. 施工准备工作

在面层施工之前，应对基层的宽度、路拱高程、表面平整度和压实度等进行检查。基层宽度应比混凝土路面板宽 30～35cm 或与路基同宽。

在混凝土摊铺前，应清理基层表面，并充分洒水湿润，以防混凝土底部水分被基层吸干，影响成型质量。有时也在基层和混凝土之间铺设塑料薄膜。

2. 模板安装

在摊铺混凝土前，应先安装两侧模板。模板宜采用钢模板。

1）模板的制作

钢模板的高度应与混凝土板厚度一致。采用木模板时，板厚宜为 5cm，模板内侧面、顶面要刨光，拼接缝紧密牢固，边角平整无损。

2）支模要求

按放线位置把模板放在基层上，其两侧用铁钎打入基层，来固定模板。铁钎间距一般为内侧 1.0～1.5m，外侧 0.5～1.0m。在弯道和交叉路口边缘处，铁钎应适当加密。模板底与基层间局部出现的间隙要用水泥砂浆填塞，以防漏浆。

模板顶面用水平仪检查高程，不符合要求时要予以调整。施工时，要经常检查模板平面和高程，并严格控制。

为增加模板的稳定性，一般采用钢筋或角钢制成的水平支撑和斜支撑固定。立好的模板在浇筑混凝土之前，其内侧应涂刷肥皂液、废机油等防黏剂，以便拆模。

3. 接缝的施工

1）接缝的分类用途及位置

混凝土板的接缝按平面位置分为横缝和纵缝。横缝和纵缝一般垂直相交，其纵缝两侧的横缝不得互相错位，纵缝间距即板宽，一般为单车道宽度，即 3.75m 或 3.5m，最大不超过 4.5m。横缝间距即板长，一般板宽与板长之比不宜大于 1:1.3，即 4～6m。

混凝土板的接缝按功能又可分为胀缝、缩缝和施工缝。胀缝又称伸缝，它能使混凝土板在温度升高时不至挤压破坏。胀缝一般设置在接近桥梁或其他固定建筑物处，与沥青路面接触处，板厚度改变处，小半径曲线变换处，其他地方尽量不设或少设胀缝。缩缝主要是将混凝土板按设计板长和板宽分块，以防止混凝土板的变形和开裂。施工缝是当一次铺筑宽度小于路面设计宽度时，或混凝土浇筑作业中断时间超过混凝土初凝时间时，或每天施工结束，为施工方便而设置的。

混凝土板的接缝按不同构造还可分为真缝和假缝两种形式。真缝处混凝土板完全断开，胀缝和施工缝均为真缝。而假缝缝深仅为板厚的 1/5～1/4，下部混凝土仍连在一起，当混凝土板收缩时，板体沿假缝自然断裂，断缝为犬牙状，可保持传递部分力的作用。

2）胀缝施工

胀缝缝隙上部应浇灌填缝料，下部应设置胀缝板。胀缝分浇筑混凝土终了时设置和施工中间设置两种。

施工终了时设置胀缝，可采用图 1-2-23 所示形式。

传力杆长度的一半应穿过端头挡板。固定于外侧定位模板中，浇筑时，应先摊铺下层混凝土拌和物，并用插入式振捣器振实，并应在校正传力杆位置后，再浇筑上层混凝土拌和物。

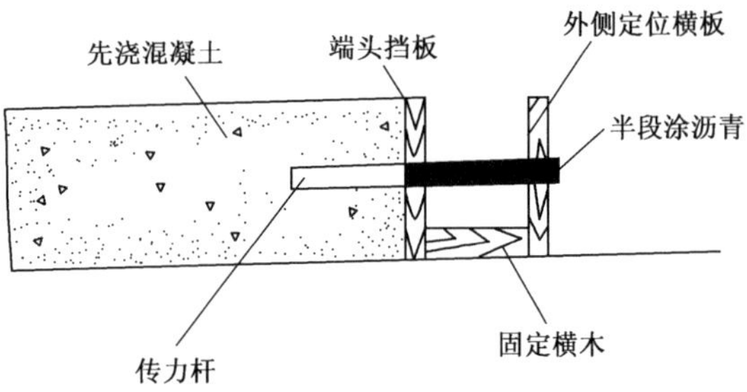

图 1-2-23　施工终了时的胀缝施工

浇筑邻板时应拆除顶头木模,并应设置胀缝板、木制嵌条和传力杆套管。

施工过程设置胀缝。则可采用图 1-2-24 中所示形式。传力杆长度的一半应穿过胀缝板和端头接板,并应用钢筋支架固定就位,浇筑时应先检查传力杆位置,再在胀缝两侧摊铺混凝土拌和物至板面,振捣密实后,抽出端头挡板,空隙部分填补混凝土拌和物,并用插入式振捣器振实。

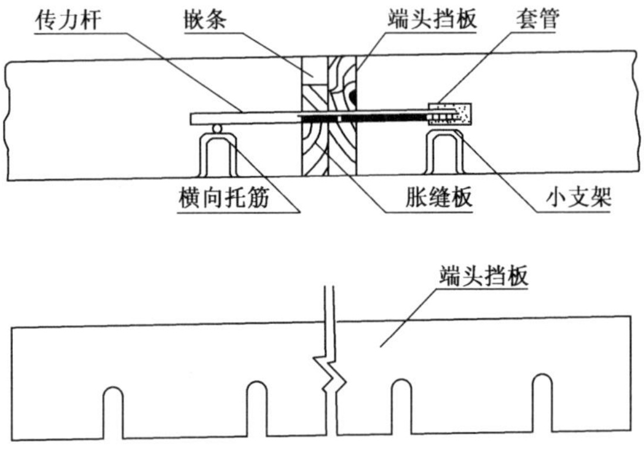

图 1-2-24　施工过程设置胀缝

3) 横向缩缝(假缝)

横向缩缝的施工,一般采用切缝法。当混凝土达到设计强度的 50% ~70% 时,应采用切缝机进行切割,其宽度约 6 ~7mm。切缝用水冷却时,应防止切缝水渗入基层和土基。

4) 纵缝

纵缝按半幅施工时,可采用如下两种形式,如图 1-2-25 所示。

平缝纵缝:对已浇混凝土板的缝壁应涂刷沥青,并应避免涂在拉杆上。浇筑邻板时,缝的上部应做成规定深度的缝槽。顶面的缝槽以切缝机切成,并用填料填满。

企口缝纵缝:宜先浇筑混凝土板凹榫的一边,缝壁应涂刷沥青。浇筑邻板时应靠缝壁浇筑。

整幅浇筑纵缝的施工同横向缩缝。

纵缝设置拉杆时,拉杆应采用螺纹钢筋,并应设置在板厚中间,设置拉杆的纵缝模板,应预先根据拉杆的设计位置放样打眼。

5) 施工缝

施工缝的位置宜与胀缝或缩缝设计位置吻合。

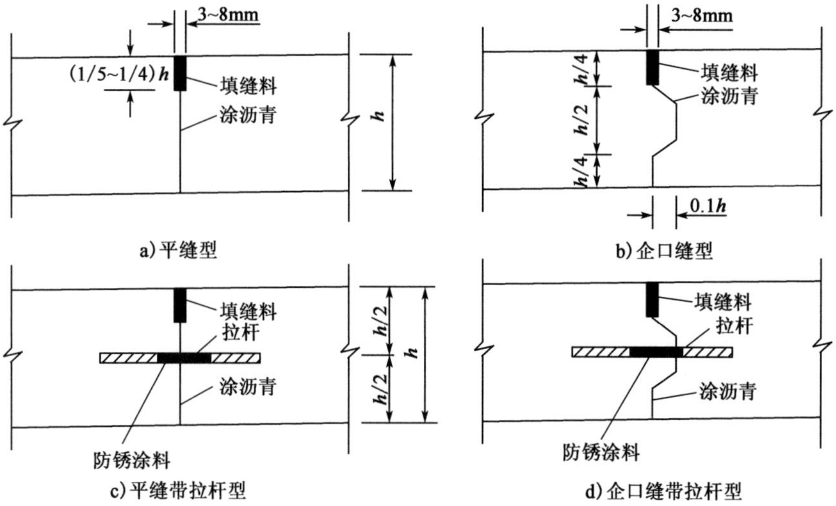

图1-2-25　纵缝构造图

施工缝如设于缩缝处，板中应增设传力杆，其一半锚固于混凝土中，另一半应先涂沥青，允许滑动。传力杆必须与缝壁垂直。

4. 钢筋的安设

(1)钢筋混凝土板钢筋网片的安装，应符合下列规定：

不得踩踏钢筋网片。安放单层钢筋网片时，应在底部先摊铺一层混凝土拌和物，摊铺高度应按钢筋网片设计位置预加一定的沉落度。待钢筋网片安放就位后，再继续浇筑混凝土。安放双层钢筋网片时，对厚度不大于25cm的板，上下两层钢筋网片可事先用架立筋扎成骨架后一次安放就位。厚度大于25cm的，上下两层钢筋网片应分两次安放。

(2)安放角隅钢筋时，应先在安放钢筋的角隅处摊铺一层混凝土拌和物。摊铺高度应比钢筋设计位置预加一定的沉落度。角隅钢筋就位后，用混凝土拌和物压住。

(3)安放边缘钢筋时，应先沿边缘铺筑一条混凝土拌和物，拍实至钢筋设置高度，然后安放边缘钢筋，在两端弯起处，用混凝土拌和物压住。

5. 混凝土的拌和

混凝土混合料采用机械搅拌施工，每盘的拌和物数量，应按混凝土施工配合比和搅拌容量确定，并应符合下列规定：

(1)进入拌和机的砂、石料必须准确过秤。磅秤每班开工前应检查校正。

(2)散装水泥必须过秤。袋装水泥，当以袋计量时，应抽查其量是否准确。

(3)严格控制加水量。每班开工前，实测砂、石料的含水量，根据天气变化，由工地试验室确定施工配合比。

(4)混凝土原材料的计量允许误差为：水泥为±1%；粗细集料为±5%；水为±1%；外加剂为±2%。

(5)搅拌机装料顺序宜为砂、水泥、碎石，进料后边搅拌边加水。搅拌时间一般为1.5～3.0min，干硬性混凝土搅拌时间略长一点，一般为2.0～4.0min。

6. 摊铺与振捣

(1)混凝土拌和物摊铺前，应对模板的间隔、高度、润滑、支撑稳定情况和基层的平整、润湿情况，以及钢筋的位置和传力杆装置等进行全面检查。

(2)混凝土拌和物的摊铺，应符合下列规定：

混凝土板厚度不大于22cm时，可一次摊铺，大于22cm时，可分两层摊铺，下部厚度宜为总厚的3/5。

虚铺高度可高出设计厚度约10%。密实成形后的高度与设计高度一致。

采用人工摊铺，应用锹反扣，严禁抛掷和耧耙，防止混凝土拌和物离析。

(3)混凝土拌和物的振捣，应符合下列规定：

对厚度不大于22cm的铺层，靠边角应先用插入式振捣器振捣，然后再用不小于2.2kW的平板式振捣器纵横交错全面振捣。

振捣器在每位置振捣的持续时间一般为10～15s。以混合料停止下沉，不再冒气泡并泛出水泥浆为准，不宜过振。对于干硬性混凝土，时间应适当增加。

当采用插入式与平板式振捣器联合作业时，应先用插入式振捣器振捣，后用平板式振捣器振捣。

分二次摊铺时，插入式振捣器应插入下层混凝土拌和物5cm，上层混凝土拌和物的振捣必须在下层混凝土拌和物初凝以前完成。

振捣器应辅以人工找平，并应随时检查模板，如有下沉、变形或松动，应及时纠正。

7. 整面和拆模

(1)整面应符合下列规定：

做面前，应做好清边整缝，清除黏浆，修补掉边、缺角。做面时严禁在面板混凝土上洒水、撒水泥粉。

做面宜分两次进行。先用大抹子反复粗抹找平，再用小抹子精平，使混凝土板平整、密实。抹面如图1-2-26、图1-2-27所示。

图1-2-26　人工抹面

图1-2-27　机械抹面

抹平后沿横坡方向进行拉毛处理。如图1-2-28所示是用尼龙丝刷(或拉槽器)沿垂直路中心的横坡方向进行拉毛或压槽，拉毛深度视所用道路质量而定。

(2)拆模：拆模时间应根据气温和混凝土强度增长情况研究，采用普通水泥时，一般允许拆模时间见表1-2-5。

混凝土允许拆模时间　　表1-2-5

昼平均气温(℃)	允许拆模时间(h)	昼平均气温(℃)	允许拆模时间(h)
5	72	20	30
10	48	25	24
15	36	30以上	18

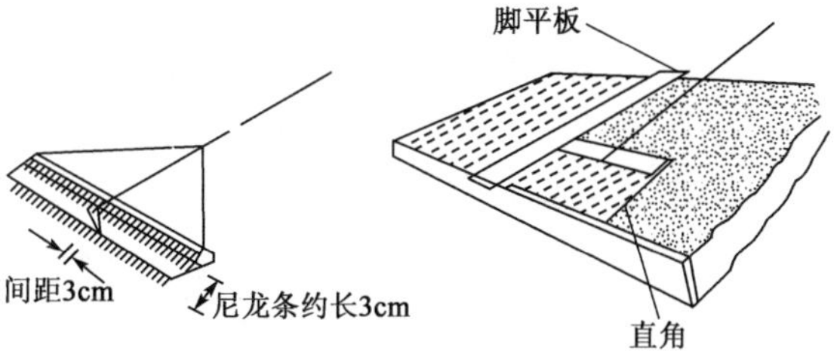

图 1-2-28　混凝土表面拉毛

拆模应仔细,不得损坏混凝土板的边角,尽量保持模板完好。

注意:拆模后不能立即开放交通,只有混凝土达设计强度时,才允许开放交通。

8. 养生与填缝

(1)养生应符合下列规定:

宜用草袋、草帘、麻袋等覆盖于混凝土板表面,或覆盖 2 ~ 3cm 厚的砂,均匀洒水,保持湿润状态。

在干旱地区也有用喷洒塑料薄膜溶液进行养生的,用量控制在 $3m^2/kg$ 左右。

养护期间注意保护塑料薄膜的完整。

(2)填缝施工应符合下列规定:

灌注填缝料必须在缝内清洁、干燥的状态下进行。填缝料应与混凝土缝壁黏附紧密不渗水。

填缝料的灌注深度宜为 3 ~ 4cm。当缝槽大于 3 ~ 4cm 时,可填入多孔柔性衬底材料。填缝料的灌注高度,夏天应与板面平齐,冬天宜稍低于板面。

填缝料一般应先加热成液体,然后灌填,如图 1-2-29 所示,灌填缝料时,用特制的灌填小车,小车由一个填料漏斗和四个小轮组成,操作时小车沿接缝缓缓前进,填缝料由漏斗缓缓灌入缝内,并予以振实至与路面齐平,然后用热烙铁熨平,再撒上一层干砂或石料,以防行车黏轮。

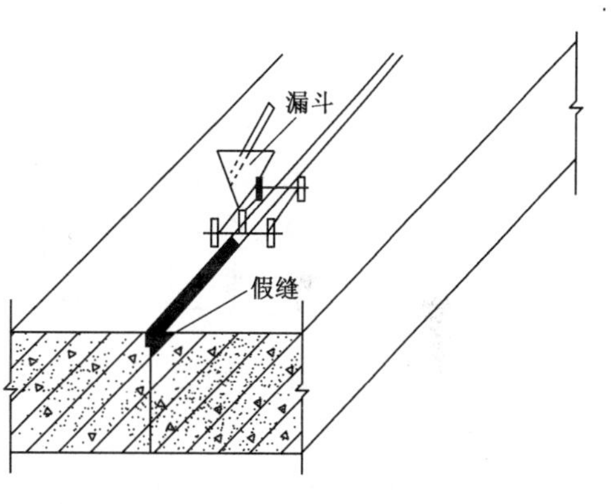

图 1-2-29　浇注填缝

对于半固体的填料可不加热,而将其搓成条状,嵌挤入缝内捣实,然后用热烙铁烫平,撒上石粉。

四、机械摊铺法

1. 施工准备工作

(1)选择施工机械。

施工机械如表 1-2-6 所示。

与公路等级相适应的机械装备　　表 1-2-6

摊铺机装备	高速公路	一级公路	二级公路	三级公路	四级公路
滑模摊铺机	√	√	√	▲	○
轨道摊铺机	▲	√	√	√	○

续上表

摊铺机装备	高速公路	一级公路	二级公路	三级公路	四级公路
三辊轴机组	○	▲	√	√	√
小型机组	×	○	▲	√	√
碾压混凝土机械	×	○	√	√	▲
计算机自动控制强制搅拌楼(站)	√	√	√	▲	○
强制搅拌楼(站)	×	○	▲	√	√

注:1. 符号含义:▲有条件使用;○不宜使用;×不得使用。

2. 各等级公路均不得使用体积计量、小型自落滚筒式搅拌机,严禁采用人工控制加水量。

3. 碾压混凝土亦可用于高速公路、一级公路复合式路面的下面层和贫混凝土基层。

(2)选择混凝土拌和场地。

(3)进行材料试验与混凝土配合比设计。

(4)基层检查与整修。

2. 摊铺施工程序

摊铺施工程序如图 1-2-30 所示。

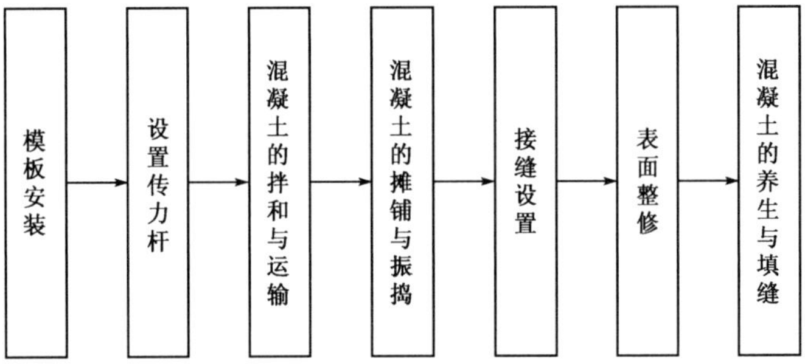

图 1-2-30 水泥混凝土路面面层的施工工艺流程图

1)安装模板

定位测量放样,每 20m 设中心桩,每 100m 设临时水准点;核对路面高程、面板分块、接缝和构造的位置。

公路混凝土路面、桥面铺装层的施工模板应采用刚度足够的槽钢、轨模或钢制边侧模板,如图 1-2-31、图 1-2-32 所示。

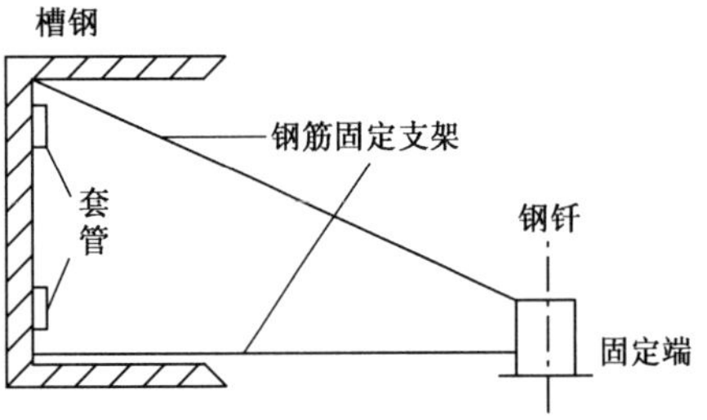

图 1-2-31 槽钢焊接钢筋固定支架

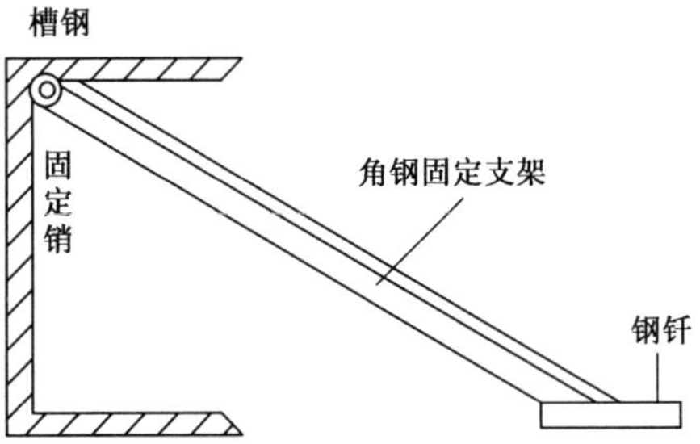

图 1-2-32 槽钢焊接角钢固定支架

轨道摊铺机采用专用的钢制轨模,模板纵向每隔1m设置支撑固定装置。

2)设置传力杆

设置各种接缝的传力装置,包括拉杆、胀缝板、传力杆及其套帽、滑移端等,通常采用传力杆钢筋架安装固定,如图1-2-33~图1-2-36所示。

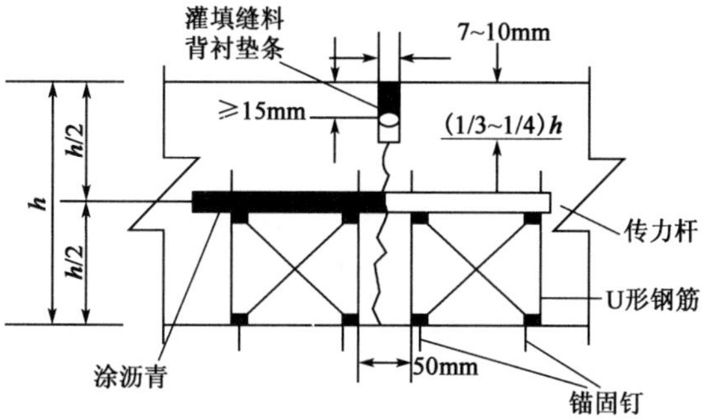

图1-2-33 横向缩缝构造(假缝加传力杆型)

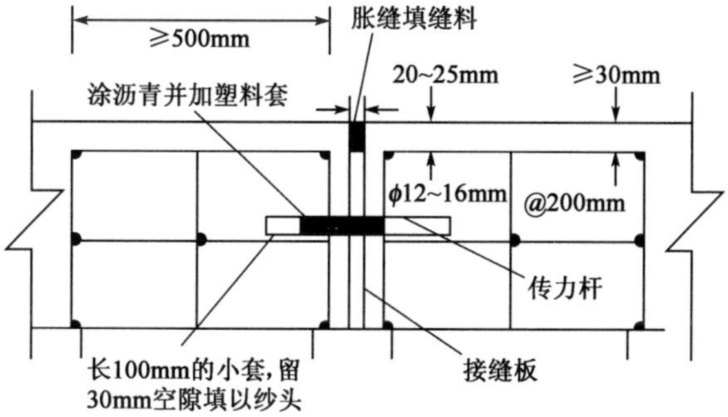

图1-2-34 胀缝构造示意图

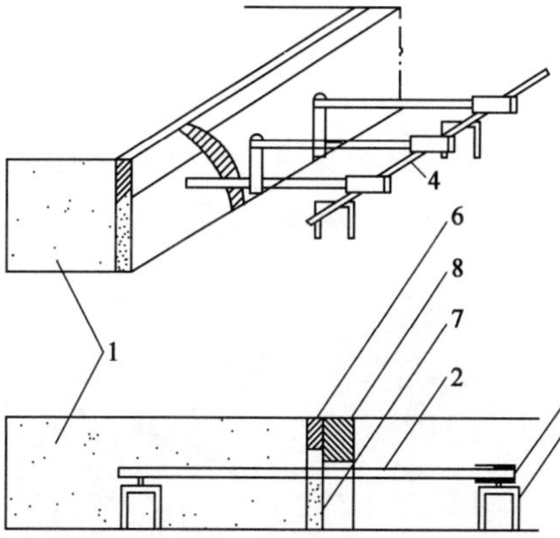

图1-2-35 胀缝传力杆的架设(钢筋支架法)

1-先浇的混凝土;2-传力杆;3-金属套筒;4-钢筋;5-支架;6-压缝板条;7-嵌缝板;8-胀缝模板

图1-2-36 预制定位支架固定传力杆

摊铺机装备有传力杆插入装置时,缩缝传力杆可不提前装置,但应在基层表面标明传力杆的位置,以便于驾驶员准确定位压入传力杆。

3）混凝土的拌和与运送

每小时混凝土混合料的需要量可按下式计算：

$$M = 60\mu \cdot b \cdot h \cdot v_t \tag{1-2-1}$$

式中：M——搅拌楼总拌和能力（m^3/h）；

b——摊铺宽度（m）；

v_t——摊铺速度（m/min）（≥1m/min）；

h——面板厚度（m）；

μ——搅拌楼可靠性系数，1.2～1.5，根据下述具体情况确定：搅拌楼可靠性高，μ 可取小值；反之，μ 取较大值；拌和钢纤维混凝土时，μ 应取较大值；坍落度要求较低者，μ 应取较大值。

混合料拌和物应均匀一致，有生料、干料、离析或外加剂、粉煤灰成团现象的非均质拌和料应废弃。

机械摊铺混凝土路面应系统配套运输车的数量可按下式计算：

$$N = 2n\left(1 + \frac{S\gamma_c M}{v_q g_q}\right) \tag{1-2-2}$$

式中：N——车辆数；

n——相同产量搅拌楼台数；

S——单程运输距离（km）；

γ_c——混凝土密度（t/m^3）；

M——一台搅拌楼每小时生产能力（m^3/h）；

v_q——车辆的平均运输速度（km/h）；

g_q——汽车载重能力（t/辆）。

为保证混合料在运送过程中不凝固、不离析，必须严格控制混合料出料至路面铺筑完毕的最长时间；若不能满足要求，应通过试验，加大缓凝剂或保塑剂的剂量。

4）混凝土摊铺和振捣

混凝土摊铺采用摊铺机摊铺，振捣采用插入式振捣棒、平板振捣器或三辊轴组合式进行振捣，如图1-2-37～图1-2-39所示。

图1-2-37 摊铺机摊铺

图1-2-38 插入式振捣

5)接缝的设置

胀缝、缩缝和施工缝的设置同人工摊铺法相同。缩缝施工如图1-2-40、图1-2-41所示。

图1-2-39　组合式振捣

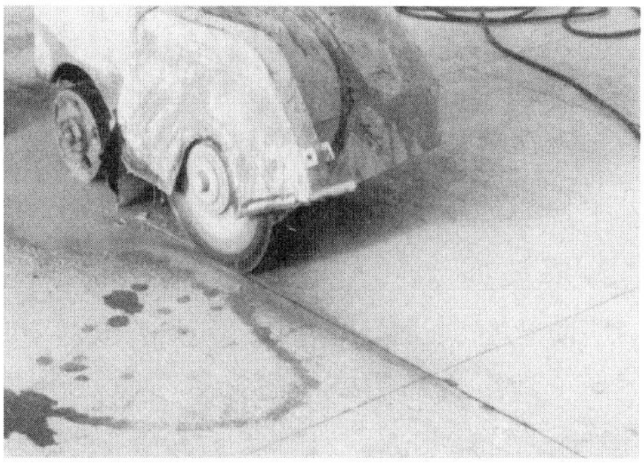

图1-2-40　切缝施工

6)表面整修

振实后混凝土还应进一步整平、精光,做防滑处理等,以获得平整、粗糙的表面,如图1-2-42所示。

图1-2-41　灌缝施工

图1-2-42　表面整修

7)混凝土的养生与填缝

混凝土表面修整完毕后,应进行养生,使混凝土板在开放交通前具备足够的强度。养生的方法有潮湿养生和塑料薄膜或养生剂养生等。

潮湿养生由三个时期组成,即防护层润湿期、保证混凝土凝固的蓄能期和含水率逐渐降低产生收缩应力的终结期。润湿期宜用湿麻袋、草垫、湿砂等进行养生,在混凝土终凝后覆盖于板的表面,每天均匀洒水,保持潮湿状态,但注意洒水时不能有水流冲刷。蓄能期内,每天对含水材料润湿2~3次;在昼夜温差大的地区,混凝土板浇筑3d内应采取保温措施,防止混凝土板产生收缩裂缝。终结期内,必须保证水泥混凝土逐渐失水,与周围环境温度保持平衡。

塑料薄膜或养生剂养生是在混凝土路面板表面整修完成后,在其上覆盖成品薄膜或洒养生剂进行养生。

五、混凝土路面施工注意事项

混凝土路面尽可能在气温高于5℃时施工。

1. 低温施工注意问题

采用高强度等级快凝水泥，或掺入早强剂，或增加水泥用量。

加热水或集料，较常用的方法是仅将水加热；拌制混凝土时，先用温度超过70℃的水同冷集料相拌和，使混合料在拌和时的温度不超过40℃，摊铺后的温度不低于10℃（气温为0℃）~20℃（气温为-3℃时）。

混凝土修整完毕后，表面应覆盖蓄热保温材料，必要时还应加盖养生暖棚。在持续寒冷和昼夜平均气温低于-5℃，或混凝土温度在5℃以下时，应停止施工。

2. 温度高于30℃时施工注意问题

应防止混凝土温度超过30℃，以免水分蒸发过快。混凝土拌和物运输中要加以遮盖，及时运至工地。各道工序应衔接紧凑，尽量缩短施工时间。在已铺好的路面上，搭设遮光挡风设备，以避免混凝土遭到烈日暴晒并降低吹到混凝土表面的风速，减少水分蒸发。

六、施工质量管理与验收

（1）施工单位应随时对施工质量进行自检。

（2）拌和楼生产的混合料，除应满足所用机械的可摊铺性之外，还应重点检查混合料的均匀性和各项质量参数的稳定性。施工现场对混凝土路面铺筑的主要机具设备的运行稳定性和各项工作质量参数应及时记录在案。

（3）施工现场对各级公路混凝土路面的铺筑质量检查，对于路面平整度，混凝土抗弯拉强度和路面板厚度3项指标更应重点控制。

（4）工程完工后，施工单位应按规定将质量检查结果，以1km为单位，逐项整理列表上报，对于使用机械铺筑的混凝土路面，所有的关键工序均应拍摄照片及录像，作为现场记录存档保管。

复习思考题

一、简答题

1. 简述水泥混凝土路面土基拓宽施工的方法。

2. 简述水泥混凝土路面双侧加宽施工技术。

3. 简述水泥混凝土路面整板的翻修方法。

4. 选择需要进行局部修复的路段，学生通过观察、分析、讨论、制订修复的施工方案。

5. 旧混凝土路面在什么情况下再生利用？集料场再生技术包括哪几个方面？

6. 水泥混凝土路面在什么情况下，采取加铺面层恢复路面？面层加铺的基本要求有哪些？

7. 简述人工摊铺法摊铺水泥混凝土路面的施工工艺。

8. 简述滑模摊铺、轨道摊铺、三辊轴摊铺施工程序。

9. 简述罩面的三种类型。

10. 简述沥青路面罩面的施工的要求。

11. 简述路面补强的设计要求。

12. 结合本地区实际，选择1km路段，路面宽9m，厚25cm，编写水泥混凝土路面施工组织设计方案。

二、计算题

例：已知混凝土的试验配合比为1∶2.55∶5.12∶0.65(水泥∶砂∶石∶水)，经测定砂的含水率为3%，石的含水率为1%，求每次下料一袋水泥时，砂、石及水的用量。

项目三　养护安全作业

学习建议

1. 对于公路养护安全作业的内容，建议结合《公路养护安全作业规程》(JTG H30—2015)进行学习；
2. 建议结合本地区常见工程实际案例，进行分析、研究。

技能要求

能根据不同的公路养护作业类型，设置公路养护作业控制区。

知识要求

1. 了解养护安全作业的基本要求；
2. 掌握公路养护作业控制区相关知识。

任务1　公路养护作业控制区有关要求

随着我国公路建设以及交通需求的快速发展，公路养护正成为我国公路发展的新主题。安全和畅通是道路使用者对养护作业的基本要求。

公路养护安全作业主要依据以下标准中的相关要求进行：

国家标准：《道路交通标志标线》(GB 5768—2009)；

行业标准：《公路养护安全作业规程》(JTG H30—2015)；

《公路养护技术规范》(JTG H10—2009)。

一、养护作业的安全风险

在公路养护作业中常常存在以下安全风险：公路路面养护施工作业通常是在不封闭交通的情况下进行；快速的交通流和复杂的现场作业环境容易造成公路养护作业的高风险性；由于养护作业必须占用部分车道，容易形成道路瓶颈，造成交通不畅和堵塞，一旦养护作业安全管理不力，交通标志、安全设施摆放不完善，或驾驶、施工人员稍有疏忽，极易引发道路交通事故。

二、养护规程基本要求

(1)在进行养护作业前，应进行施工交通组织设计，制订安全和通畅保障方案，并报有关部门批准。

(2)作业控制区布置应考虑养护作业的内容与要求、时间和周期、交通量、经济效益等因素，安全设施布设必须合理、前后协调，起到引导车流平稳变化的作用。

(3)公路养护作业单位应设置安全管理部门，配备专职或兼职安全管理人员，实施对养护作业人员的安全培训和教育。

(4)公路养护作业人员必须接受安全技术教育，遵守各项安全技术操作规程。

(5)应加强养护安全作业的管理，明确有关各方职责。公路管理单位或经营单位应加强安全作业管理，公路管理机构应监督、检查。

(6)公路养护作业的安全设施应始终处于良好的工作状态，在未完成养护作业之前，任何人不得随意撤除或改变安全设施的位置、扩大或缩小养护作业控制区的范围，以保证养护作业控制区安全控制的有效性。

三、公路养护作业控制区

1. 公路养护安全作业的分类

在《公路养护安全作业规程》(JTG H30—2015)中，提出以作业时间为标准的养护安全作业分类方法，见表1-2-7。

养护安全作业分类方法 表1-2-7

分　　类	作业时间	主要项目
移动养护作业(图1-2-43)	0～0.5h	移动清扫、检测等
临时养护作业(图1-2-44)	0.5～4h	定点灌缝、坑槽修补等
短期养护作业(图1-2-45)	4～24h	定点预防性养护等
长期养护作业(图1-2-46)	≥24h	大范围大中修

图1-2-43　移动养护作业

图1-2-44　临时养护作业

图1-2-45　短期养护作业

图1-2-46　长期养护作业

2. 公路养护作业控制区划分

公路养护作业控制区是指为公路养护安全作业所设置的交通管理区域。由警告区、上游过渡区、缓冲区、工作区、下游过渡区和终止区等6个部分组成，如图1-2-47、图1-2-48所示。

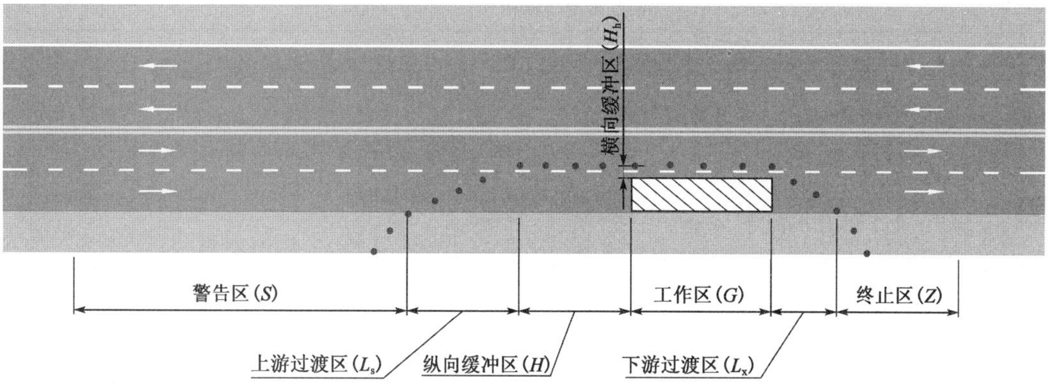

图 1-2-47　封闭车道养护作业控制区

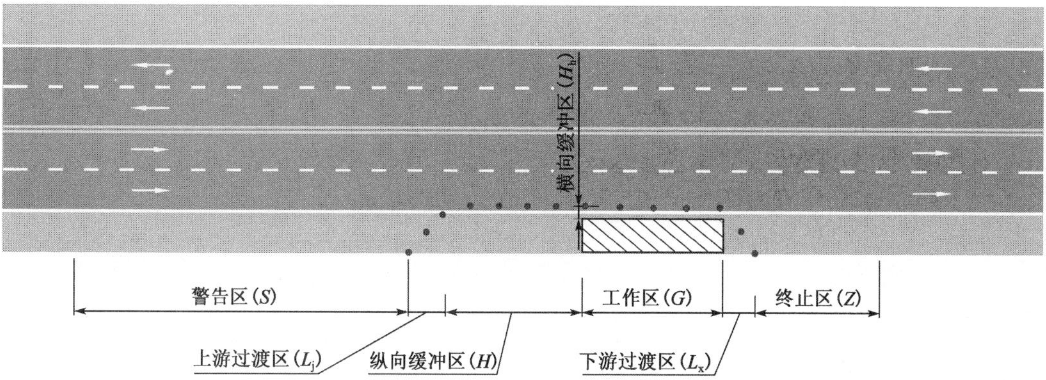

图 1-2-48　封闭路肩养护作业控制区

1)警告区

从作业控制区起点设置施工标志到上游过渡区之间的路段,用以警告车辆驾驶员已经进入养护维修作业路段,按交通标志调整行车状态。

2)上游过渡区

保证车辆平稳地从封闭车道的上游横向过渡到缓冲区旁边非封闭车道的路段。

3)缓冲区

上游过渡区和工作区之间的路段。

4)工作区

养护维修作业的施工操作区域。

5)下游过渡区

保证车辆平稳地从工作区旁边的车道横向过渡到正常车道的路段。

6)终止区

设置于工作区下游调整车辆行车状态的路段。

同时,根据控制养护管理成本的理念对临时和移动养护作业控制区进行了适当简化,见表 1-2-8。

不同类型公路养护作业控制区组成 表 1-2-8

类型	组成
移动养护作业	警告区、工作区
临时养护作业	警告区、上游过渡区(有保护车时可不设)、工作区、下游过渡区、终止区
短期养护作业	警告区、上游过渡区、缓冲区(含横向缓冲区)、工作区、下游过渡区、终止区
长期养护作业	警告区、上游过渡区、缓冲区(含横向缓冲区)、工作区、下游过渡区、终止区

3. 限速要求

《公路养护安全作业规程》(JTG H30—2015)提出逐级限速和重复提示限速的要求。重复提示限速主要应用于限速值较小的路段、隧道等。基于道路等级与设计速度的限速最大值应符合表 1-2-9 的规定。

基于道路等级和设计速度的限速最大值 表 1-2-9

公路等级	设计速度(km/h)	限速最大值(km/h)
高速公路、一级公路	120	80
	100	60
	80	40
	60	30
二级公路	80、60	40、30
三级公路	40、30	30、20
四级公路	20	20

4. 距离要求

1)警告区

警告区的最小长度按表 1-2-10 选取。

警告区最小长度要求 表 1-2-10

位置	公路等级	设计速度(km/h)	警告区最小长度(m)
路段	高速公路、一级公路	120、100	1600
		80、60	1000
	二、三级公路	80	1000
		60	800
		40	600
		30	400
各类平面交叉口	—		200

2)上游过渡区

当需要封闭车道或路肩(紧急停车带)时,必须设置过渡区。过渡区的设置应使车流的变化平缓。车道封闭上游过渡区的最小长度应按表 1-2-11 选取。当在隧道内时,车道封闭上游过渡区的最小长度按该表数值的 1.5 倍选取。

车道封闭上游过渡区的最小长度 表 1-2-11

限制车速(km/h) \ 封闭车道宽度(m) \ 上游过渡区最小长度(m)	3.0	3.5	3.75
60	70	90	90
40	30	40	40
20	10		

路肩封闭上游过渡区的最小长度应按表 1-2-12 选取。

路肩封闭上游过渡区的最小长度 表 1-2-12

限制车速(km/h) \ 封闭路肩宽度(m) \ 上游过渡区最小长度(m)	1.5	1.75	3.75	3.0	3.5
60	20	20	30	40	50
40	20				
20	10				

3)缓冲区

缓冲区的最小长度宜取 50m。

4)工作区

工作区的长度应根据养护维修作业的需要确定。

5)下游过渡区

下游过渡区的最小长度宜取 30m。

6)终止区

终止区的最小长度宜取 30m。

四、公路养护安全设施

在公路养护维修作业中,可用作渠化交通的安全设施有锥形交通路标、安全带、路栏、施工隔离墩和防撞桶(墙)等,见表 1-2-13。

公路养护安全设施 表 1-2-13

设施名称	标准	示意图
锥形交通路标	宜由橡胶等柔性材料制成,底部应有一定的摩阻性能。形状为圆锥形,其颜色、尺寸和形状应符合《道路交通标志和标线》(GB 5768)规定。布设间距宜为 10~20m。用于夜间作业时应有反光功能,并配施工警告灯号	

续上表

设 施 名 称	标 准	示 意 图
施工标志牌	应由刚性材料制成，用于夜间作业时应有反光功能，其颜色、尺寸和形状应符合《道路交通标志和标线》（GB 5768）规定	
限速标志牌	高强级反光膜，加高支架（限速 60km/h、40km/h 等）	
施工隔离墩	宜为由线性低密度聚乙烯等高强合成材料制成的空心半刚性装置，其上有黄、黑色和反光器，使用时内部应放置水袋或灌水，并由连杆相连接	
消能桶	应为半刚性装置，由线性低密度聚乙烯等高强合成材料制成的空心装置，其上有黄黑相间色，顶部可安装黄色施工警告灯号，使用时内部应放置水袋或灌水	
LED 双箭头灯	车载或落地式，应符合《道路交通标志和标线》（GB 5768）规定；宜与其他安全设施一起组合使用	

任务2 公路养护作业控制区布置

养护维修作业控制区布置应考虑养护维修作业的内容与要求、时间和周期、交通量、经济效益等因素，控制区内交通标志的设置必须合理、前后协调，起到引导车流平稳变化的作用。

一、高速公路、一级公路养护作业控制区布置

1. 基本要求

养护作业区布置应考虑养护作业的内容和要求、时间和周期、交通量、经济效益等因素。控制区内交通标志的布设必须合理、前后协调，起到引导车流变化的作用。

车道养护作业时，在封闭车道一侧的警告区应布设施工标志和限速标志，在非封闭车道一侧的警告区应布设施工标志，并设警示频闪灯。路肩养护作业时，在封闭路肩一侧的警告区设施工标志和限速标志，在另一侧仅在警告区起点设施工标志。

同一行车方向不同断面同时进行养护作业时，相邻两工作区净距不小于5km。封闭车道养护作业控制区与被借用车道上的养护作业净距不小于10km。

养护作业控制区应在顺行方向的下游过渡区内设置工程车流专门的出、入口。当工程车流需经上游过渡区进入时，应布设警告标志并配备交通引导人员。

2. 养护作业控制区布置

四车道公路封闭车道和封闭路肩进行的养护作业，以设计速度100km/h为例，作业控制区布置示例如图1-2-49～图1-2-51所示。

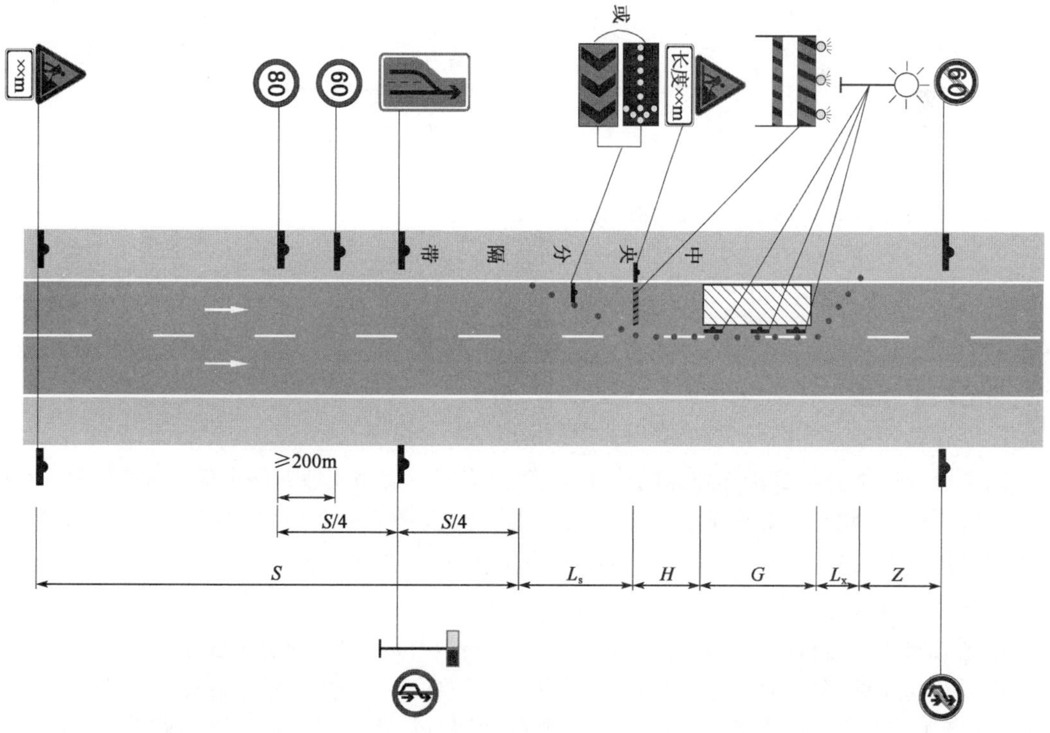

图1-2-49 四车道高速公路、一级公路封闭内侧车道养护作业

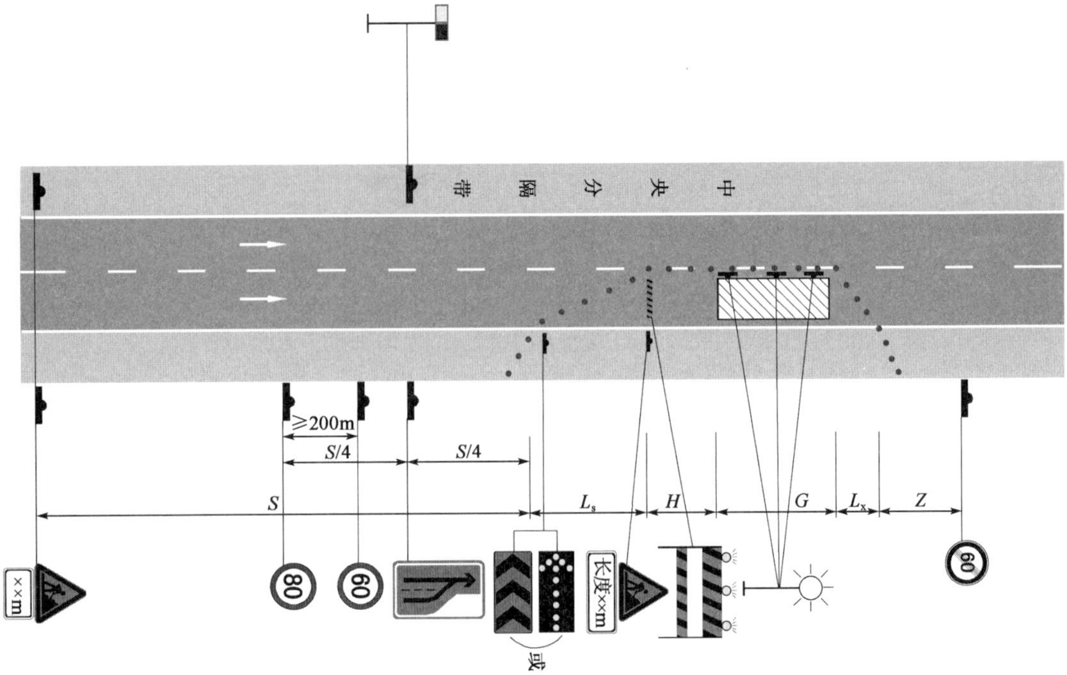

图 1-2-50　四车道高速公路、一级公路封闭外侧车道养护作业

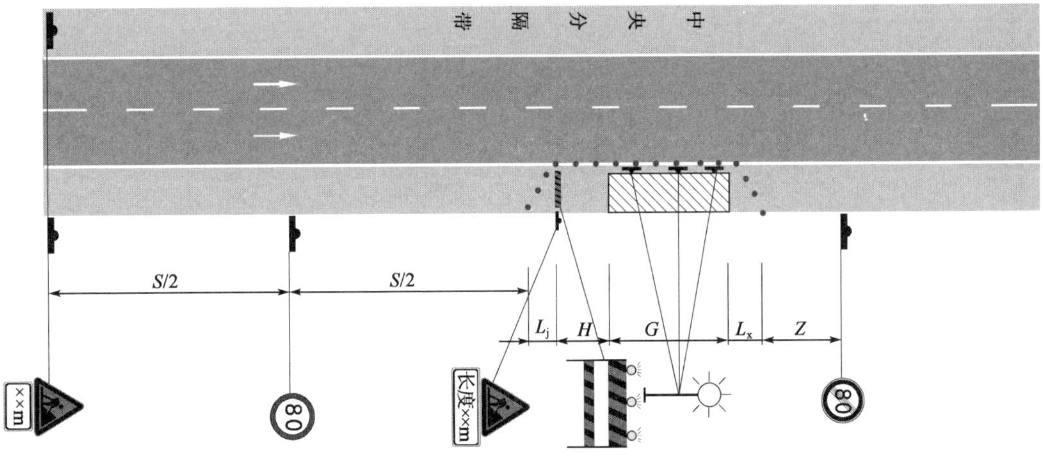

图 1-2-51　四车道高速公路、一级公路封闭路肩养护作业

六车道及以上公路养护作业封闭中间车道时，应同时封闭相邻一侧车道，并应布置两个上游过渡区，其最小间距不应小于 200m。在交通量大路段养护作业，不能同时封闭相邻车道时，应加强现场交通管控。以设计速度 120km/h 为例，作业控制区布置示例如图 1-2-52、图 1-2-53 所示。

借用对向车道通行的养护作业，应结合中央分隔带开口位置，利于靠近养护作业一侧的车道通行。双向车道都应布置作业控制区。借用车道双向通行分隔宜采用带有链接的车道渠化设施，并应在前一出口或平面交叉口布设长大车辆绕行标志。以设计速度 100km/h 为例，作业控制区布置示例如图 1-2-54 所示。

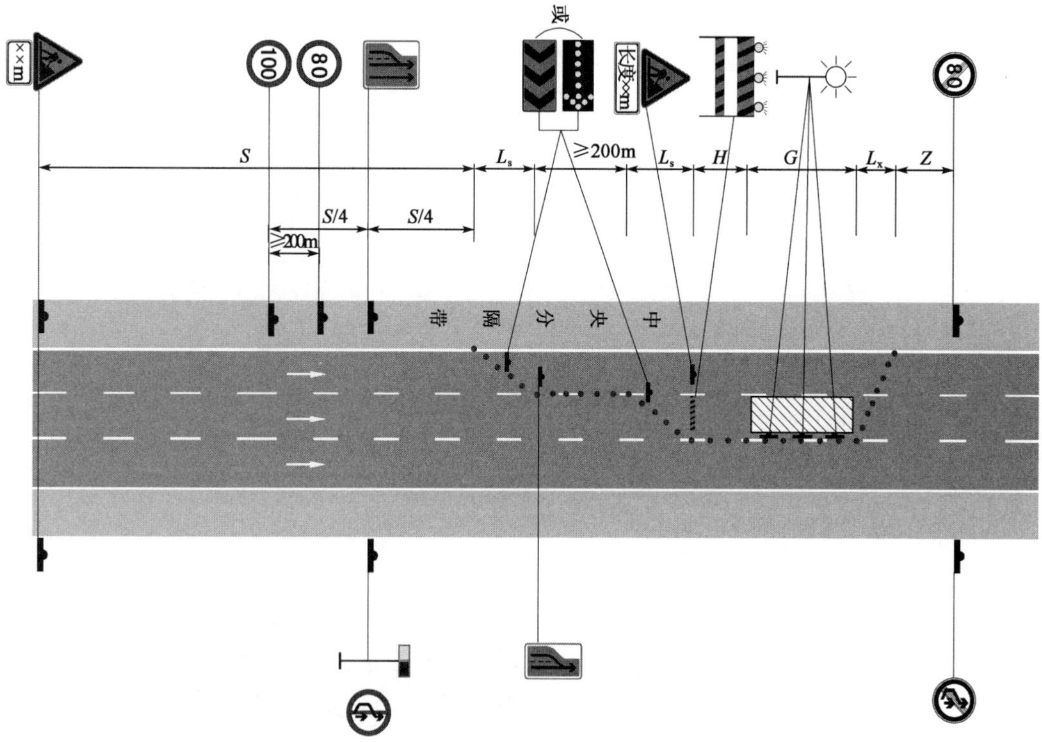

图 1-2-52　六车道高速公路、一级公路封闭内侧车道养护作业

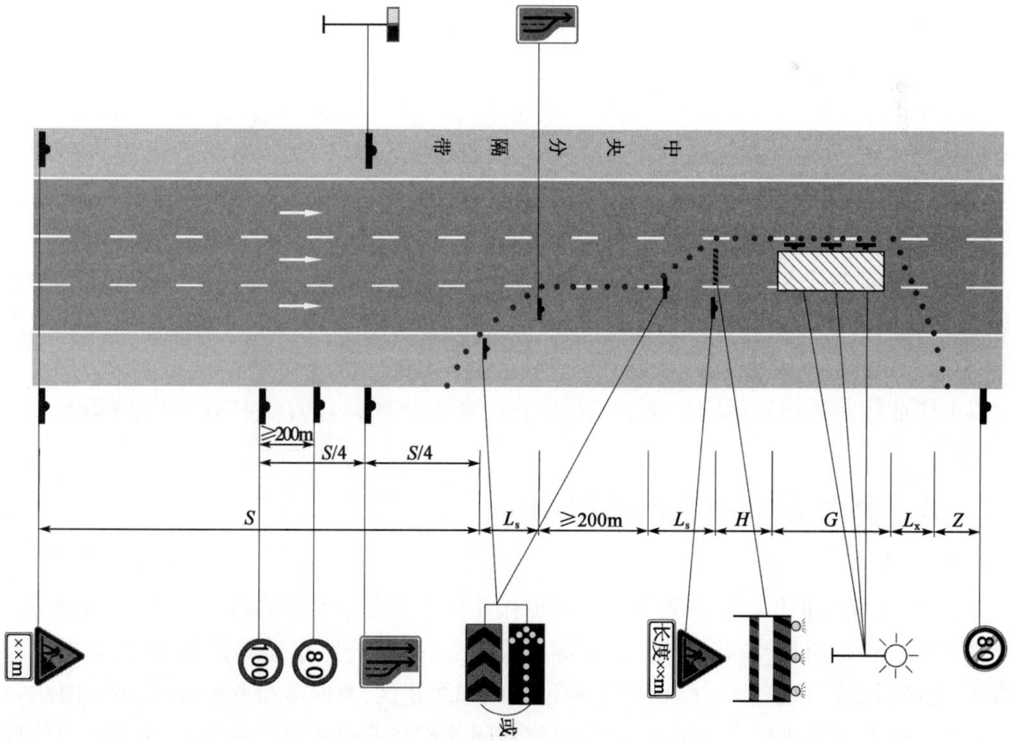

图 1-2-53　六车道高速公路、一级公路封闭外侧车道养护作业

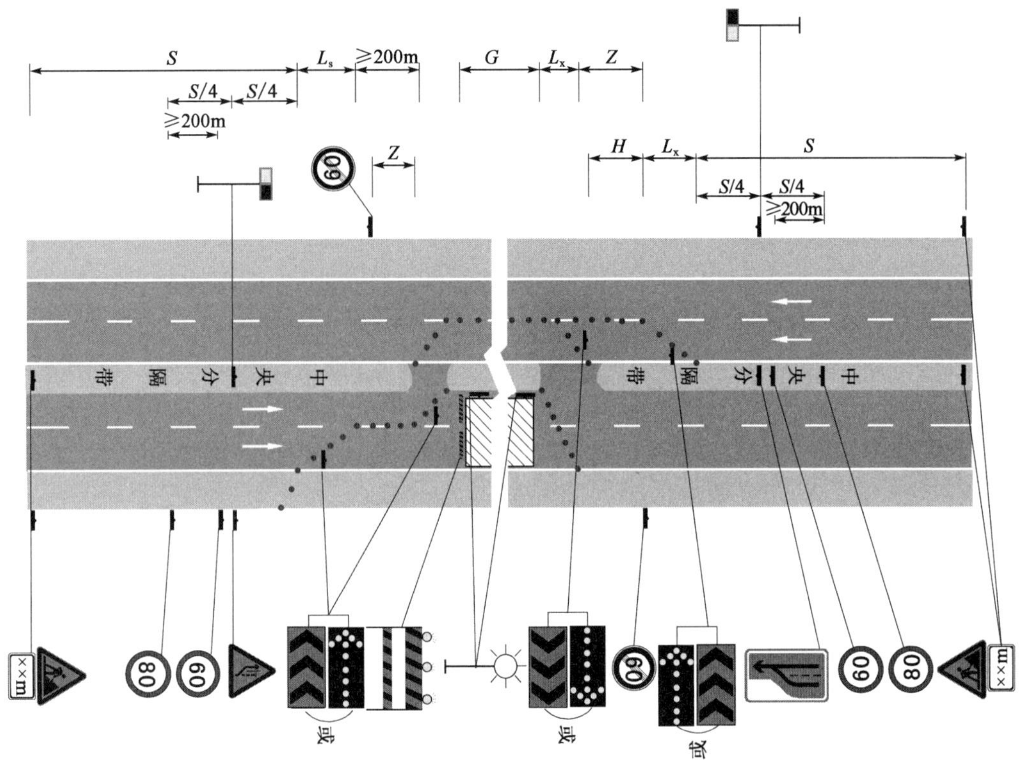

图 1-2-54　借用对向车道通行的高速公路、一级公路养护作业

立交出、入口匝道附近及匝道上养护作业控制区布置，应根据工作区在匝道上的位置而定。匝道养护作业警告区长度不宜小于 300m。当匝道长度小于警告区最小长度时，作业控制区最前端的交通标志应布设在匝道入口处。

临时养护作业控制区布置可采用单一限速控制，警告区长度宜取长期或短期养护作业警告区长度的一半，同时配备交通引导人员，当布设移动式标志车时，可不布设上游过渡区。机械移动养护作业宜布设移动式标志车，当作业机械配备闪光箭头或车辆闪光灯时，可不布设移动式标志车。

当占用路面进行人工移动养护作业时，应避开交通高峰时段，并封闭一定范围的养护作业区域，并按临时养护作业的有关规执行，布设移动式标志或锥筒，其距离养护作业区域起点不小于 150m。

以上作业控制区布置示例参见《公路养护安全作业规程》(JTG H30—2015)第 6.2.4 ~ 6.2.9条。

二、二、三级公路养护作业控制区布置

1. 基本要求

二、三级公路养护作业区布置在符合养护作业区布置基本要求的基础上，还应兼顾考虑控制区是否需要交替通行，及路段线形特征等因素。二、三级公路车道养护作业时，本向应布置警告区、上游过渡区、缓冲区、工作区、下游过渡区和终止区，对向应布置警告区和终止区。

警告区应布设施工标志和限速标志，车道封闭养护作业应布设改道标志；上游过渡区应布设锥筒、闪光箭头、交通引导人员等；上游过渡区和缓冲区交界处应布设带警示灯的路栏；终止

区应布设解除限速标志。

同一方向不同断面同时养护作业时,相邻两个工作区净距不应小于 3km。不满足超车视距的弯道或纵坡路段,养护作业控制区的布置应提前设警告区。

2. 养护作业控制区布置

双向交替通行路段养护作业,除布设必要的安全设施外,宜配备交通引导人员,或布设临时交通控制信号设施。以设计速度 80km/h 为例,作业控制区布置示例如图 1-2-55 所示。

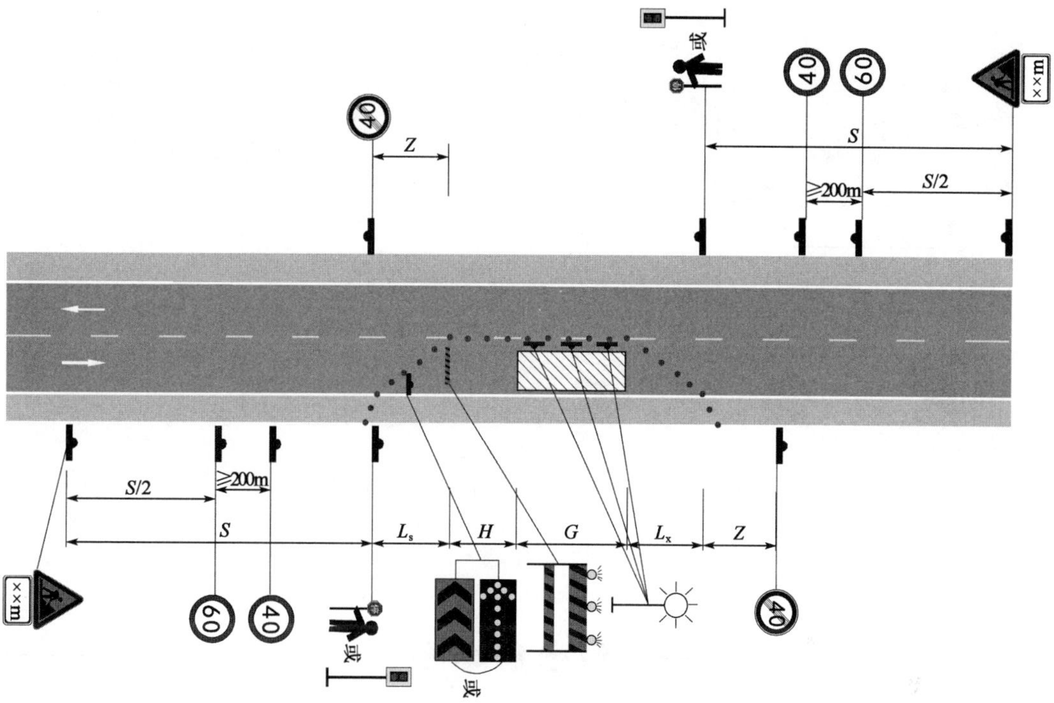

图 1-2-55　二、三级公路双向交替通行的养护作业

二、三级公路其他养护作业控制区布置示例参见《公路养护安全作业规程》(JTG H30—2015)第 7.2.2 ~ 7.2.7 条。

三、四级公路养护作业控制区布置

1. 基本要求

对于四级公路的养护作业控制区,其长期和短期养护,可仅设警告区、上游过渡区、工作区和下游过渡区;临时和移动养护,可仅设警告区和工作区。

警告区应布设施工标志和限速标志,上游过渡区、工作区、下游过渡区应布设锥筒,上游过渡区设交通引导人员。

2. 养护作业控制区布置

双车道四级公路封闭单车道的养护作业,以设计速度 30km/h 为例,作业控制区布置示例如图 1-2-56 所示。

四级公路其他养护作业控制区布置示例参见《公路养护安全作业规程》(JTG H30—2015)第 8.2.1 ~ 8.2.5 条。

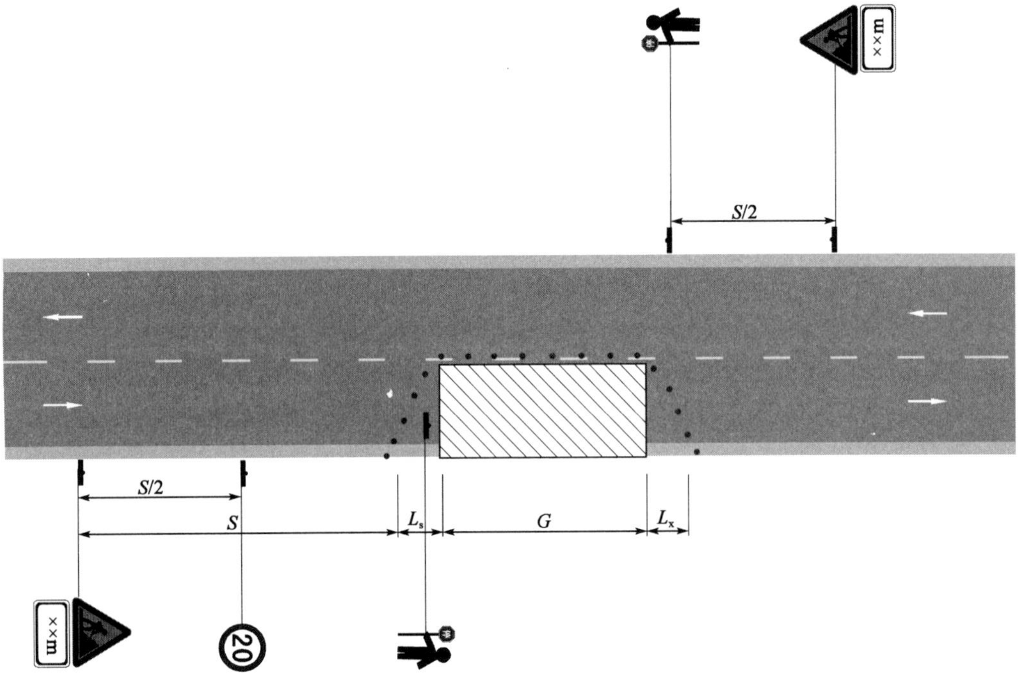

图 1-2-56　双车道四级公路封闭单车道的养护作业

复习思考题

1. 公路安全养护作业区如何划分？

2. 公路养护安全作业分为哪几种？

3. 弯道上布置养护维修作业控制区应注意哪些问题？

4.（情境题）某高速公路（双向六车道）预防性养护工程，施工路段 800m，需占用外侧两条车道，因白天交通量较大，需要夜间施工。请绘制安全作业区草图，标明各区域长度、主要标志，并说明原因。

工作情境三　桥涵、隧道养护

情境描述

情境一：以国道 G330 上的庄岩 2 号桥为例，对桥梁建档工作进行说明，供读者参考，庄岩 2 号桥全长 40.74m，于 1998 年建成。根据桥梁技术检查的有关要求，对该桥进行定期检查并建立桥梁档案。因梁体裂缝较多，裂缝深度及成因难以判断，应对该桥进行特殊检查，以确定裂缝深度及成因，并对该桥的裂缝进行修补。技师的工作任务是：对该桥进行建档，完成定期检查和特殊检查，对桥梁技术状况进行评定，并对裂缝进行修补。

情境二：对某涵洞进行经常检查时，发现该涵洞顶部路面发生沉陷，立即报告上级主管部门，上级领导指示，立即对该涵洞进行全面检查，确定涵洞病害类型及损坏程度。技师的工作任务是：对该涵洞进行定期检查，确定该涵洞病害为涵管沉陷变形，涵洞承载力不足，并组织人员进行加固处理。

项目一　桥梁检查与养护

学习建议

1. 桥梁基本状况卡片的填写方法，建议结合桥梁定期检查中的桥梁基本状况卡片进行学习；

2. 对于桥梁特殊检查，建议结合《公路桥涵养护规范》（JTG H11—2004）进行学习；

3. 对于裂缝修补工艺，建议结合本地区桥梁裂缝修补工程实例进行分析；

4. 对于桥梁技术状况评定方法，建议结合《公路桥梁技术状况评定标准》（JTG/T H21—2011）进行学习。

技能要求

1. 能针对发现的问题，提出养护建议；
2. 能承担桥梁的专门检查工作，制订检查方案；
3. 能查明钢筋混凝土梁裂缝产生的原因，并提出加固建议；
4. 能对桥梁使用情况进行评价，并提出加固、养护方案。

知识要求

1. 桥梁基本状况卡片的内容、档案建立方法；
2. 桥梁专门检查的工作流程、方法；
3. 钢筋混凝土梁裂缝产生的原因及检测、加固技术；
4. 桥梁使用状况的评价标准。

任务1 桥梁建档

桥梁建档是为了记录桥梁的行政数据、技术参数、维修记录、技术状况评定结果和图像资料,为今后的养护维修提供参考依据。

一、桥梁基本状况卡片

《公路桥涵养护规范》(JTG H11—2004)中规定,桥梁管养单位应对辖区内的所有桥梁建立如规范中附录A所示的桥梁基本状况卡片,如表1-3-1所示。

桥梁基本状况卡片

表1-3-1

A.行政识别数据								
1	路线编号		2	路线名称		3	路线等级	
4	桥梁编号		5	桥梁名称		6	桥位桩号	
7	功能类型		8	下穿通道名		9	下穿通道桩号	
10	设计荷载		11	通行载重		12	弯斜坡度	
13	桥面铺装		14	管养单位		15	建成年限	
B.结构技术数据								
16	桥长(m)		17	桥面总宽(m)		18	车行道宽(m)	
19	桥面标高(m)		20	桥下净高(m)		21	桥上净高(m)	
22	引道总宽(m)		23	引道路面宽(m)		24	引道线形	

上部结构							下部结构						
	25	孔号						29	墩台				
	26	形式						30	形式				
	27	跨径(m)						31	材料				
	28	材料						32	基础形式				

33	伸缩缝类型		34	支座形式		35	地震动峰值加速度系数	
36	桥台护坡		37	护墩体		38	调治构造物	
39	常水位		40	设计水位		41	历史洪水位	
C.档案资料(全、不全或无)								
42	设计图纸		43	设计文件		44	施工文件	
45	竣工图纸		46	验收文件		47	行政文件	
48	定期检查报告		49	特殊检查报告		50	历次维修资料	
51	档案号		52	存档案		53	建档年/月	

D.最近技术状况评定										
54	55	56	57	58	59	60	61	62	63	64
检查年月	定期或特殊检查	全桥评定等级	桥台与基础	桥墩与基础	地基冲刷	上部结构	支座	经常保养小修	处治对策	下次检查年份

(桥梁基本状况卡片正页)

<table>
<tr><td colspan="22">E. 修建工程记录</td></tr>
<tr><td>65</td><td>施工日期</td><td rowspan="2">66</td><td rowspan="2">修建类别</td><td rowspan="2">67</td><td rowspan="2">修建原因</td><td rowspan="2">68</td><td rowspan="2">工程范围</td><td rowspan="2">69</td><td rowspan="2">工程费用（万元）</td><td rowspan="2">70</td><td rowspan="2">经费来源</td><td rowspan="2">71</td><td rowspan="2">质量评定</td><td rowspan="2">72</td><td rowspan="2">建设单位</td><td rowspan="2">73</td><td rowspan="2">设计单位</td><td rowspan="2">74</td><td rowspan="2">施工单位</td><td rowspan="2">75</td><td rowspan="2">监理单位</td></tr>
<tr><td>开工</td><td>竣工</td></tr>
<tr><td></td><td></td><td colspan="2"></td><td colspan="2"></td><td colspan="2"></td><td colspan="2"></td><td colspan="2"></td><td colspan="2"></td><td colspan="2"></td><td colspan="2"></td><td colspan="2"></td><td colspan="2"></td></tr>
<tr><td></td><td></td><td colspan="2"></td><td colspan="2"></td><td colspan="2"></td><td colspan="2"></td><td colspan="2"></td><td colspan="2"></td><td colspan="2"></td><td colspan="2"></td><td colspan="2"></td><td colspan="2"></td></tr>
<tr><td></td><td></td><td colspan="2"></td><td colspan="2"></td><td colspan="2"></td><td colspan="2"></td><td colspan="2"></td><td colspan="2"></td><td colspan="2"></td><td colspan="2"></td><td colspan="2"></td><td colspan="2"></td></tr>
<tr><td></td><td></td><td colspan="2"></td><td colspan="2"></td><td colspan="2"></td><td colspan="2"></td><td colspan="2"></td><td colspan="2"></td><td colspan="2"></td><td colspan="2"></td><td colspan="2"></td><td colspan="2"></td></tr>
<tr><td></td><td></td><td colspan="2"></td><td colspan="2"></td><td colspan="2"></td><td colspan="2"></td><td colspan="2"></td><td colspan="2"></td><td colspan="2"></td><td colspan="2"></td><td colspan="2"></td><td colspan="2"></td></tr>
<tr><td>76</td><td colspan="21">备注：</td></tr>
<tr><td>F</td><td>桥梁照片</td><td>77</td><td colspan="2">立面照</td><td colspan="5"></td><td>78</td><td colspan="4">桥面正面照</td><td colspan="7"></td></tr>
<tr><td>79</td><td>主管负责人</td><td colspan="4"></td><td>80</td><td colspan="2">填卡人</td><td colspan="5"></td><td>81</td><td colspan="3">填卡日期</td><td colspan="4">年　月　日</td></tr>
</table>

（桥梁基本状况卡片背页）

二、桥梁基本状况卡片填写

桥梁基本状况卡片填写说明如下，其中术语后括号内容为对应的表格中该项的编号。

A. 行政识别数据

1）路线编号（1）

《公路路线标识规则和国道编号》（GB/T 917—2009）规定的路线编号，由1位字母标识符和1~4位数字构成。

2）路线名称（2）

上述第1项路线编号中所述国标规定的路线命名，用文字填写。

3）路线等级（3）

路线等级即公路技术等级，分为高速公路、一级公路、二级公路、三级公路和四级公路。按《公路路线标识规则和国道编号》（GB/T 917—2009）规定的路线等级编号，用1位码填写（表1-3-2）。

路线等级编号 表1-3-2

0：高速公路	2：二级公路	4：四级公路
1：一级公路	3：三级公路	9：等外公路

4）桥梁编号（4）

国标《公路路线标识规则和国道编号》（GB/T 917—2009）规定的桥梁编码，由1位标识符和4位数字组成。

5）桥梁名称（5）

即桥梁的全名，用文字填写。对既有桥梁采用原有标称的桥名，对新建桥梁按《公路路线标识规则和国道编号》（GB/T 917—2009）规定命名。

6）桥位桩号（6）

1/2桥长处的路线里程，即桥梁中心桩号，填写形式为：K×××+×××，可参考设计或竣工文件等填写。

7）功能类型（7）

采用文字方式填写，功能类型如下：

跨河桥（跨非通航河道）；

（1）跨航道桥；

（2）跨线桥（简单立交桥或分离立交）；

①互通式立交桥；

②跨山谷桥；

③高架桥；

④其他，需具体说明。

8）下穿通道名（8）

下穿通道为非通航河流、航道、铁路和山谷等时，仅填写其文字名称，不填写编号。下穿通道为公路时，按上述第1、2项路线编号和路线名称的规定填写。

9）下穿通道桩号（9）

下穿通道为公路，则填写下穿公路中心线与桥轴交点处下穿公路的里程，填写方式同第6项桥位桩号规定。非公路的下穿通道，则填写"/"。

10）设计荷载（10）

按照设计或竣工文件中的桥梁设计荷载等级标准填写设计荷载，即《公路工程技术标准》（JTG B01—2014）中的公路—Ⅰ级、公路—Ⅱ级；《公路工程技术标准》（JTJ 01—1988）中的汽车—10级、拖—60；汽车—15级、挂车—80；汽车—20级、挂车—100；汽车—超20级、挂车—120等。

11）通行载重（11）

即目前使用荷载，可以按桥上限重标志填写；若桥上无限重标志且结构状况良好时，按原设计车辆荷载等级填写；经过荷载试验的桥梁，按试验鉴定的许可荷载等级填写，如55t、30t、20t、10t等。

12）弯斜坡度（12）

桥梁中心线为曲线的弯桥或与路线呈一定夹角的斜桥，其桥梁中心线某点与路线中心线的弯曲角度或斜向夹角等为弯斜度。坡度是指桥面纵向或横向与水平面所成的夹角。

（1）弯桥采用"$+R\cdots$"或"$-R\cdots$"形式填写弯曲半径，精确至1m。其中"+"表示右弯，"-"表示左弯，所谓右弯是指弯曲中心位于桥梁右侧。

（2）斜桥采用"$+\alpha$"或"$-\alpha$"形式填写，精确至1°。其中"+"或"-"分别表示桥梁右斜或左斜，α为桥轴方向的中心线与支承线构成的锐角。自桥轴方向的中心线起，α角在右侧即为右斜桥。

（3）当桥面纵坡大于正常排水要求的2.5%时，应将其视为坡桥，填写其最大纵坡值，精确至0.5%。填写时需考虑以下几种情形。

①情形一：双向坡桥，按里程增长方向顺序填写，形式为：+×.×%，-×.×%。

②情形二：单向坡桥，若沿里程增长方向为下坡，则填写为：-×.×%；反之，则填写为+×.×%。

③情形三：桥梁一侧有纵坡而另一侧为正常排水纵坡或无纵坡，则填写为0.0%，+×.×%或-×.×%，0.0%。

13）桥面铺装（13）

常见的桥面铺装有沥青混凝土桥面铺装和混凝土桥面铺装，采用文字方式填写桥面铺装类型，如沥青处治、沥青混凝土、水泥混凝土和其他类型（需具体说明）。

14）管养单位（14）

管养单位填写县级或相当于县级的公路管养单位全称。

15）建成年限（15）

即桥梁建造竣工交付使用的年月，年用4位数字表示，月用2位数字表示，填写形式为年/月。

B. 结构技术数据

16）桥长（m）（16）

有桥台桥梁的桥长为两岸桥台侧墙或八字墙尾端间沿桥面中心线的长度，无桥台桥梁的桥长为桥面系行车道沿桥面中心线的长度，精确到0.1m。

17）桥面总宽（m）（17）

填写上部构造外缘之间垂直于桥轴线方向的宽度，按桥面全宽填写，为桥面净宽+中央分隔带宽度+两侧防撞设施宽度+人行道宽度，精确至0.1m

18）车行道宽（m）（18）

车行道宽为两侧缘石或护栏带内侧之间宽度，若桥面中央设有分隔带，该宽度应为不包括分隔带在内的有效行车宽度，包含所设置的加（减）速车道、紧急停车道、爬坡车道、慢车道或错车道的宽度，精确至0.1m。

19）桥面标高（m）（19）

填写1/2桥长处桥面纵向竖曲线顶点处行车道中心点的高程，精确至0.01m。

20）桥下净高（m）（20）

（1）跨河桥填写桥下容许泄洪的净空，精确到0.1m。

①梁式桥填写常水位至上部结构跨中下缘的实际竖向高度。

②拱式桥填写常水位至拱顶下缘以下0.5m处的实际竖向高度。

③多跨桥，仅填写跨主河槽的桥下实际竖向净空。

（2）跨航道桥仅填写主通航孔跨中的设计通航净空。

（3）跨线桥、互通式立交桥及高架桥填写下穿通道路面或轨顶至上部结构下缘的最小竖向高度。

（4）跨山谷桥、开启桥、此项填写为"/"。

21）桥上净高（m）（21）

上承式桥，桥上无竖向净空限制，此项填写"/"；中承或下承式和桥上有竖向净空限制的上承式桥，填写行车顶面上跨结构限制的实际最小竖向高度，精确至0.1m。

22）引道总宽

引道道路路基顶部的宽度。

23）引道路面宽

引道路面的宽度，不包括分隔带、路缘石、土路肩。

24）引道线形

填写直线、圆曲线、缓和曲线。

25）上部结构孔号（25）

桥跨按里程增长方向顺序编号，填写与桥梁跨数相对应的孔号，填写形式为：××（小编号）-××（大编号）或××，不同结构形式分栏填写。

26）上部结构形式（26）

按（1）、（2）、（3）先后顺序用文字方式填写下述内容，不同结构形式分栏填写。

（1）行车道位置。

①上承式，一般可不注明；

②中承式；

③下承式。

(2)截面形式。

①板式:实体板、空心板、肋板;

②肋梁式:π形、T形、矩形等;

③箱形:单箱单室、单箱多室、双箱单室、双箱多室等;

④板-梁组合:RC微弯板-I字梁组合,RC板-I字梁组合;

⑤桁架;

⑥其他,需具体说明。

(3)结构体系类型。

①梁式桥:简支梁、悬臂梁、连续梁、T形刚构、连续-刚构等;

②拱桥:实腹拱、双曲拱、桁架拱、刚架拱、系杆拱等;

③刚架桥:门式刚架、斜腿刚架、连续刚架;

④其他,需具体说明。

27)上部结构跨径(m)(27)

即《公路桥涵设计通用规范》(JTG D60—2015)规定的标准跨径,精确至0.1m。填写时应与第25项相对应,不同结构形式分栏填写。

28)上部结构材料(28)

采用文字方式(也可用代码)填写下列项目之一:

(1)钢筋混凝土(RC)。

(2)预应力混凝土。

①先张(PrePC);

②后张(PostPC)。

(3)素混凝土。

(4)石料或砖。

①干砌。

②浆砌。

(5)钢材。

①铆接;

②焊接;

③栓接;

④混合连接,如栓焊、铆焊等。

(6)木材。

(7)组合的,应注明组成材料。

(8)其他,需具体说明。

在填写(1)~(3)项时,应注明预制现浇;在填写(4)项时,应注明石料的种类,如:料石、片石或块石等。

29)下部结构墩台(29)

墩台按里程增长方向顺序编号,起始号为0。基础类型(包括桩数量)均相同的墩台数量填写一栏,否则应分栏填写。

30）下部结构形式（30）

用文字方式进行填写，不同结构形式分栏填写。

（1）桥墩形式。

①实体墩；

②空心墩；

③桩（柱）式墩：单排、多排；

④柔性墩；

⑤薄壁墩：双壁式、V 形、X 形或 Y 形墩；

⑥单向推力墩：半重力式、悬臂式、斜撑式。

（2）桥台形式。

①重力式桥台：U 形、八字式、一字式、埋置式；

②轻型桥台：薄壁式、支撑梁式；

③框架式桥台：双柱、多柱、墙式、半重力式；

④组合桥台：锚定板式、过梁式、台墙组合式；

⑤承拉桥台；

⑥齿槛式桥台。

⑦空腹式桥台，即 L 形桥台。

31）下部结构材料（31）

参照第 25）项上部结构材料填写。

32）下部结构基础形式（32）

用文字方式填写下列基础类型，不同类型分栏填写。

（1）埋置式基础或扩大基础。

（2）桩基础。

①打入桩：钢筋混凝土桩、预应力混凝土桩、钢桩、木桩；

②现浇钢筋混凝土桩：钻孔桩、挖孔桩；

③管柱。

（3）沉井。

（4）其他，需另行注明。

33）伸缩缝类型（33）

用文字方式填写下列伸缩缝类型，不同类型分栏填写。

（1）橡胶伸缩缝。

①橡胶带（板）伸缩缝；

②组合伸缩缝：橡胶与型钢组合、橡胶与钢板组合。

（2）钢制伸缩缝。

①板式：混动型、梳型；

②拼板式；

③毛勒缝。

（3）锌铁皮伸缩缝，即 U 形伸缩缝。

（4）简易接缝。

34）支座形式（34）

用文字方式填写下列支座类型：

（1）油毛毡支座；

（2）钢板支座；

（3）辊轴支座；

（4）钢铰支座；

（5）钢筋混凝土摆柱式支座

（6）钢筋混凝土铰座；

（7）板式橡胶支座；

（8）盆式橡胶支座；

（9）其他，应另行注明。

35）地震动峰值加速度系数（35）

《公路工程技术标准》（JTG B01—2014）中表征地震影响的参数采用地震动峰值加速度系数表示，原规范中按地震基本烈度表示，可参考设计或竣工文件等填写。

36）桥台护坡（36）

用文字方式填写下列桥台溜坡及锥形护坡类型。

（1）土质；

（2）植物保护；

（3）料铺砌；

（4）混合型；

（5）其他（需说明）；

（6）无桥台护坡，则填写“/”。

37）护墩体（37）

填写护墩体的材料类型，如木桩、钢筋混凝土桩等。

38）调治构造物（38）

用文字方式填写下列调治构造物类型：

（1）导流坝；

（2）闭式导流堤；

（3）形堤；

（4）顺水坝；

（5）丁坝；

（6）其他，应另行注明。

39）常水位（39）

在江河、湖泊的某一地点，经过长时期对水位的观测后得出，在一年或若干年中，有50%的水位等于或超过该水位的高程值，称为常水位，精确至0.1m。可参考设计或竣工文件等填写。

40）设计水位（40）

按设计文件的数据填写，精确至0.1m，并注明设计洪水频率。填写形式为B/A，其中A为设计洪水频率，B为设计洪水位。

41）历史洪水位（41）

通过查询有关档案资料，并根据现场调查，填写过去曾经发生的最大洪水位，精确至0.1m。

C. 档案资料

桥梁基本状况卡片中第42项～第53项，仅填写文件的“全”、“不全”、“无”3种情况。

42）设计图纸（42）

包括初步设计图纸，施工设计图纸等。

43）设计文件（43）

是指除设计图纸以外的所有设计文件，包括招标文件、设计任务书、设计计算书等。

44）施工文件（44）

是指除施工图、竣工图之外的所有施工文件，包括施工合同文件、隐蔽工程记录、材料、实验报告等。

45）竣工图纸（45）

包括施工图、竣工图等。

46）验收文件（46）

包括监理文件、竣工验收文件及承载能力试验鉴定等文件。

47）行政文件（47）

48）定期检查报告（48）

49）特殊检查报告（49）

指专项检测、应急检测等特殊检查报告，由具有资质的检测单位出具。

50）历次维修资料（50）

指中、大修及改造的设计文件和图纸。

51）档案号（51）

指一座桥梁所有档案资料的总档案号，此项数据由档案保存单位提供。

52）存档案（52）

填写档案资料保存单位的全称。

53）建档年/月（53）

最初建立桥梁档案的日期，由档案保存单位提供，填写形同第15）项。

D. 最近技术状况评定

54）检查年月（54）

填写形式同第15）项。

55）定期或特殊检查（55）

即检查类别，用文字方式填写：

（1）定期检查；

（2）特殊检查。

56）全桥评定等级（56）

根据桥梁技术状况评定结果，填写一类、二类、三类、四类、五类中的一种。

57）部件名称（57～61）

第57～61项，填写桥梁检查数据表中对应各部件的评分值。

58）经常保养小修（62）

填写“有”或“无”。

59）处治对策（63）

根据全桥梁状况评分进行填写，按下列类型进行填写：

（1）一类桥，正常保养；

（2）二类桥，小修；

（3）三类桥，中修，酌情进行交通管制；

（4）四类桥，大修或改造；

（5）五类桥，改建或重建，及时关闭交通。

60）下次检查年份（64）

按规范中对不同桥梁的检查频率的要求进行推算，填写形式同第15）项。

E. 维修工程记录

61）施工日期（65）

填写建造，改善与维修工程的开工和竣工年月，填写形式同第15）项。

62）修建类别（66）

用文字方式填写下列类别之一：

（1）中修；

（2）大修或改造；

（3）改造或重建。

63）修建原因（67）

用文字方式只填写中修、大修或改造、改建或重建的原因。

64）工程范围（68）

填写维修加固的工程范围。

65）工程费用（万元）（69）

填写维修加固工程的总费用，精确至0.1万元。

66）经费来源（70）

用文字方式填写费用来源。

67）质量评定（71）

依据工程验收文件，用文字方式填写。

68）相关参建单位（72～75）

填写建造、改善与维修工程建设单位、设计单位、施工单位和监理单位的全称。

69）附注（76）

需要进一步说明的问题。

70）立面照（77）

上游侧立面照片，尽量将上部结构和下部结构拍摄在同一张照片中。如上下游结构形式不一样，分别拍照；如加固改造后的检查，应采用加固改造后的照片。

71）主管负责人（79）

检查负责人签名。

72）填表人（80）

填表人签名。

73）填卡日期（81）

填写填卡的具体日期，填写形式为××××（年）/××（月）/××（日）。

三、桥梁基本状况卡片填写示例

下面以庄岩2号桥为例，介绍桥梁基本状况卡片的填写，如表1-3-3所示。

庄岩2号桥基本状况卡片（示例） 表1-3-3

A. 行政识别数据								
1	路线编号	G330	2	路线名称	温寿线	3	路线等级	二级公路
4	桥梁编号	G330330302L0080	5	桥梁名称	庄岩2号桥	6	桥位桩号	K24+258
7	功能类型	跨河	8	下穿通道名称	—	9	下穿通道桩号	无
10	设计荷载	汽车—20级 挂车—100	11	通行载重	30t	12	弯斜坡度	直桥
13	桥面铺装	沥青混凝土	14	管养单位	鹿城区 公路管理局	15	建成年限	1998.01
B. 结构技术数据								
16	桥长（m）	40.74	17	桥面总宽（m）	13.0	18	车行道宽（m）	12.0
19	桥面标高（m）	—	20	桥下净高（m）	—	21	桥上净高（m）	—
22	引道总宽（m）	13.0	23	引道路面宽（m）	12.0	24	引道线形	直线
上部结构	25 孔号	1号~3号	下部结构	29	墩台	0号、3号		1号~2号
	26 形式	简支空心板梁		30	形式	桩柱式台		双柱式墩
	27 跨径（m）	10		31	材料	钢筋混凝土		钢筋混凝土
	28 材料	钢筋混凝土		32	基础形式	桩基础		桩基础
33	伸缩缝类型	无	34	支座形式	板式橡胶支座	35	地震动峰值加速度系数	0.05
36	桥台护坡	无	37	护墩体	无	38	调治构造物	—
39	常水位	—	40	设计水位	—	41	历史洪水位	—
C. 档案资料（全、不全或无）								
42	设计图纸	全	43	设计文件	全	44	施工文件	全
45	竣工图纸	全	46	验收文件	全	47	行政文件	全
48	定期检查报告	全	49	特殊检查报告	全	50	历次维修记录	无
51	档案号	—	52	存档案	—	53	建档年/月	1988.01

续上表

D. 最近技术状况评定

54	55	56	57	58	59	60	61	62	63	64
检测年月	定期或特殊检测	全桥评定等级	桥台与基础	桥墩与基础	地基冲刷	上部结构	支座	经常保养小修	处治对策	下次检查年份
2010.01	定期	2	2	3	1	2	1	有	小修	2013.01
2013.01	定期	3	3	3	1	4	4	有	中修	2016.01

E. 修建工程记录

65		66	67	68	69	70	71	72	73	74	75
施工日期		修建类别	修建原因	工程范围	工程费用（万元）	经费来源	质量评定	建设单位	设计单位	施工单位	监理单位
开工	竣工										
—	1998.01.30	—	—	—	—	—	—	瓯青公路瓯海段工程建设指挥部	温州交通工程设计处	上虞市交通工程实业公司	温州交通监理咨询有限公司
76	备注：										

F. 桥梁照片

77	立面照	
78	桥面正面照	

79	主管负责人	×××	80	填卡人	×××	81	填卡日期	2013 年 1 月 10 日

任务2 桥梁特殊检查

特殊检查包括应急检查和专门检查。实施专门检查前，承担单位负责检查的桥梁工程师应充分收集资料，包括设计资料（设计文件、计算所用的程序、方法及计算结果）、竣工图、材料试验报告、施工记录、历次桥梁定期检查和特殊检查报告以及历次维修资料等。原资料如有不全或疑问时，可现场测绘构造尺寸，测试构件材料组成及性能，勘查水文地质情况等。

一、特殊检查分类

桥梁特殊检查应根据桥梁破损状况和性质，采用适当的仪器设备以及现场勘探、试验等特殊手段和科学分析方法，查明桥梁病害原因、破损程度、承载能力和防灾能力确定桥梁的技术状态，以便采取相应的维修、加固措施。

桥梁特殊检查分为应急检查和专门检查。应委托有相应资质和能力的单位承担。

1. 应急检查

桥梁遭受洪水、流冰、漂流物、船舶撞击、滑坡、地震、风灾和超重车辆自行通过之后，应立即对结构做详细检查。查明破损状况，采取应急措施，尽快恢复交通。

应急检查通常由地（市）级公路管理机构的专职桥梁养护工程师主持。

2. 专门检查

根据经常检查和定期检查的结果，对需要进一步判明损坏原因、缺损程度或使用能力的桥梁，应针对病害进行专门的现场试验检测、验算与分析等鉴定工作。

以下几种情况下应做专门检查：

（1）定期检查中难以判明损坏原因及程度的桥梁。

（2）桥梁技术状况为四、五类者。

（3）拟通过加固手段提高荷载等级的桥梁。

（4）条件许可时，特殊重要的桥梁在正常使用期间可周期性进行荷载试验。

二、特殊检查内容

特殊检查应根据桥梁的破损状况和性质，采用仪器设备进行现场测试、荷载试验及其他辅助试验，针对桥梁现状进行检算分析，形成鉴定结论。应根据需要对以下3个方面问题做出鉴定：

（1）桥梁结构材料缺损状况。包括对材料物理、化学性能退化程度及原因的测试鉴定；结构或构件开裂状态的检测及评定。

（2）桥梁结构承载能力。包括对结构强度、刚度和稳定性的检算、试验和鉴定。

（3）桥梁防灾能力。包括桥梁抵抗洪水、流冰、风、地震及其他地质灾害等能力的检测鉴定。

桥梁结构材料缺损状况鉴定，可根据鉴定要求和缺损的类型、位置，选择表面测量、无破损检测和局部取试样等有效可靠的方法。试样应在有代表性构件的次要部位获取。

桥梁结构检算及承载力试验应按国家及行业有关标准和技术规范进行。

桥梁抗灾能力鉴定一般采用现场测试与检算的方法，特别重要的桥梁可进行模拟试验。

原设计条件已经变化的，所有鉴定都应针对当时桥梁的实际状况，不能套用原设计的资料数据。

三、特殊检查报告

特殊检查报告包括下列主要内容：

(1)概述检查的一般情况。包括桥梁的基本情况、检查的组织、时间、背景和工作过程等。

(2)描述目前的桥梁技术状况。包括现场调查、试验与检测的项目及方法、检测数据与分析结果和桥梁技术状况评定等。

(3)详细叙述检查部位的损坏程度及原因,并提出结构部件和总体的维修、加固或改建的建议方案。

专门检查通常由省级公路管理机构的总工程师或授权的专职桥梁养护主管工程师主持,委托公路桥梁检测中心或具有相应能力的科研设计单位、工程咨询单位执行。

任务3　钢筋混凝土梁裂缝修补技术

一、裂缝产生原因及维修对策

钢筋混凝土梁裂缝产生的原因及维修对策见表1-3-4。

裂缝产生原因及维修对策　　表1-3-4

病害类型	主要特征和原因	维修对策
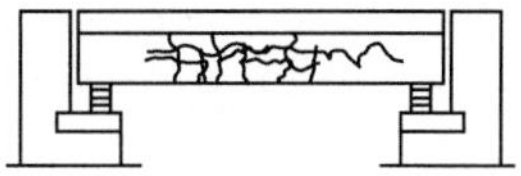 网状裂缝	(1)发生在各种跨度的梁上,裂缝细小,宽度约为0.03～0.05mm,用手触及有凸起的感觉,无固定规律; (2)多为混凝土收缩引起的表面龟裂	表面封闭 表面修补
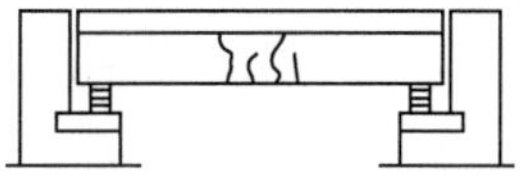 下缘受拉区裂缝	(1)多发生于梁跨中部,梁跨度越大,裂缝越多,为受力裂缝; (2)自下翼缘向上发展,至翼缘与梁肋相接处止; (3)裂缝间距约0.1～0.2m,宽度约为0.03～0.1mm; (4)当桥梁跨径<10m时,其裂缝较细小; (5)车辆超载,梁刚度不足,产生过大挠度等引起	表面封闭 灌浆 加固
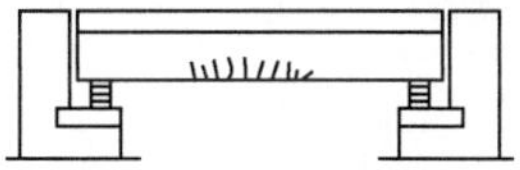 腹板上的竖向裂缝	(1)当桥梁跨径>12m时,其裂缝多处于薄腹部分,在梁的半高线附近裂缝宽度较大,一般在0.15～0.3mm; (2)当桥梁跨径<10m时,其裂缝较细小,且多数裂缝系由梁肋向上延伸,越上越细,上端未到腹板顶部; (3)设计不当,施工质量不良,温度及周围环境条件不良的所致	表面封闭 灌浆 加固
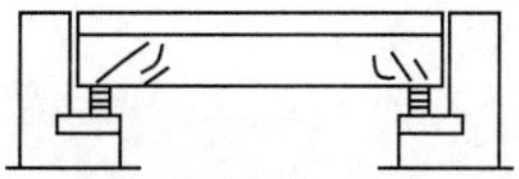 腹板上的斜向裂缝	(1)钢筋混凝土梁中出现最多的一种裂缝,且多在跨中两侧,离跨中越远倾斜角越大,反之较小,倾角约在15°～45°之间,第一道裂缝多出现在距支座0.5～1.0m处; (2)裂缝宽度一般在0.3mm以下; (3)设计不当,施工不良,主拉应力过大,混凝土不能负担而导致裂缝产生	表面封闭 灌浆 加固

续上表

病害类型	主要特征和原因	维修对策
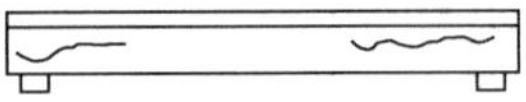 梁侧水平裂缝	(1)为近似水平方向的层裂缝; (2)施工不当引起,分层浇筑,间隔时间太长	表面封闭 灌浆 加固
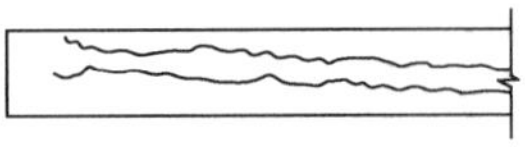 梁底纵向裂缝	(1)沿下翼缘主筋方向的裂缝; (2)混凝土保护层过薄或掺入氯盐等速凝剂造成	表面封闭 灌浆

常见桥梁裂缝如图 1-3-1 ~ 图 1-3-6 所示。

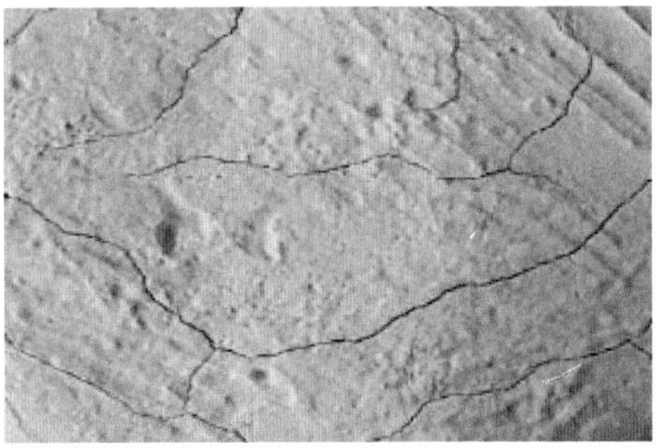

图 1-3-1　网状裂缝

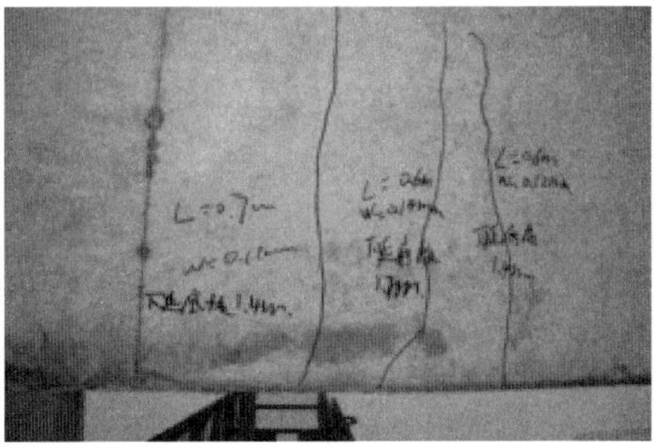

图 1-3-2　梁底受拉裂缝

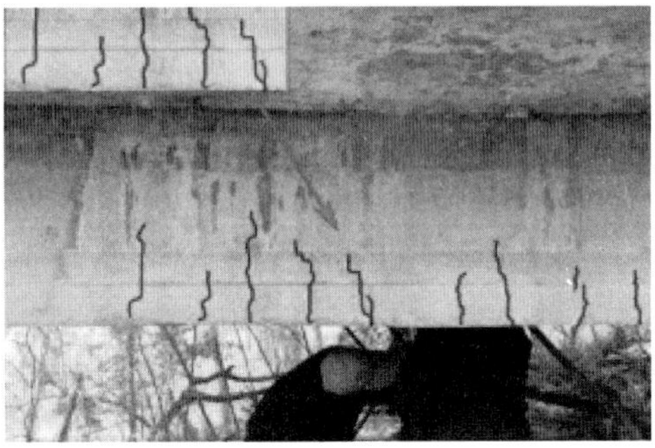

图 1-3-3　梁底竖向裂缝

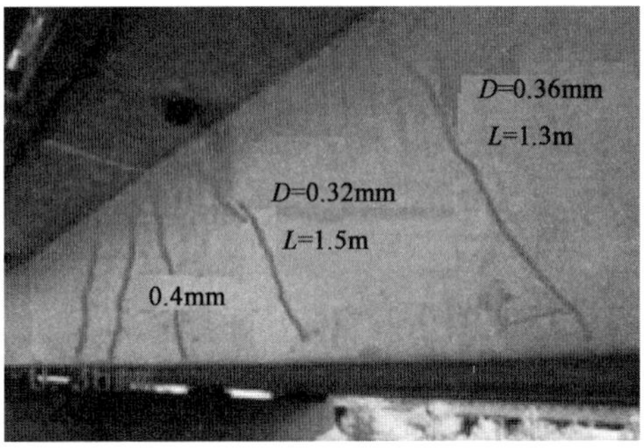

图 1-3-4　梁底斜向裂缝

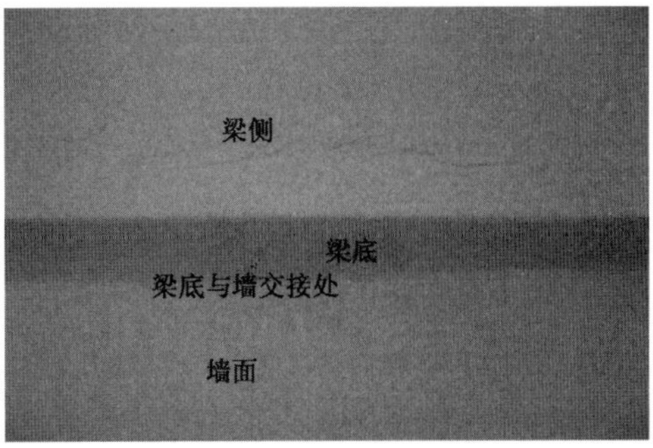

图 1-3-5　梁侧水平裂缝

图 1-3-6　梁底纵向裂缝

二、混凝土裂缝检测技术

在混凝土结构物的施工及使用过程中,往往会造成一些缺陷和损伤,其原因是多种多样的。一般而言,主要原因有4个方面:其一是施工原因,如振捣不足,钢筋过密而集料最大粒径选择不当、模板漏浆等造成的内部孔洞、不密实区、蜂窝及保护层不足、钢筋外露等;其二是混凝土由非外力作用形成的裂缝,如在大体积混凝土中因水泥水化热积蓄过多在凝固及散热过程中的不均匀收缩而造成的温度裂缝,混凝土干缩及碳化收缩所造成的裂缝;其三是长期在腐蚀介质或冻融作用下由表及里的层状疏松;其四是受外力作用所产生的裂缝,如因龄期不足就进行吊装而产生的吊装裂缝等。这些缺陷和损伤往往会严重影响结构物的承载力和耐久性。

因此,事故处理,施工验收、旧有建筑物安全性鉴定、维修和补强设计时必须进行检测,以确定混凝土内部缺陷的大小、位置和性质。目前,在诸多混凝土缺陷的无损检测方法中,应用最广泛、最有效的是超声波法。

1.超声波法检测混凝土缺陷的基本原理

采用超声波法检测混凝土缺陷的基本依据是:利用超声波在技术指标相同(指混凝土原材料、配合比、龄期和测试距离一致)的混凝土中传播的时间(或速度)、接收波的振幅和频率等声学参数的变化,来判断混凝土的缺陷。因为超声波传播速度的快慢与混凝土的密实度有直接关系,对于技术指标相同的混凝土来说,声速高则混凝土密实,相反则不密实。

当有空洞、裂缝等缺陷存在时,破坏了混凝土的整体性,因此空气的声阻率远小于混凝土的声阻抗率。超声波遇到蜂窝、空洞或裂缝等缺陷时,会在缺陷界面发生反射和散射,因此传播的路程会增大,测得的声时会延长,声速会降低。

在缺陷界面超声波的声能被衰减,其中频率较高的部分衰减更快,因此接收信号的波幅明显降低,频率明显减小或频率谱中高频成分明显减小。

经缺陷反射或绕过缺陷传播的超声波信号与直达波信号之间存在相位差,叠加后互相干扰,致使接收信号的波形发生畸变。根据上述原理,在实际测试中,可以利用混凝土声学参数测量值和相对变化综合分析,判断混凝土缺陷的位置和范围,或者估算缺陷的尺寸。

2.超声波检测混凝土缺陷的方法

超声波检测混凝土缺陷技术一般根据被测结构的形状、尺寸及所处环境,确定具体测试方法。常用的测试方法大致为以下几种。

1)平面测试(用厚振动式换能器)

(1)对测法。将一对发射(T)和接收(R)换能器分别置于被测结构相互平行的两个表面,且两个换能器的轴线位于同一直线上。

(2)斜测法。将一对发射(T)和接收(R)换能器分别置于被测结构的两表面,但两个换能器的轴线不在统一直线上。

(3)单面平测法。将一对发射(T)和接收(R)换能器分别置于被测结构的同一表面进行测试。

2)测试孔测试(采用径向振动式换能器)

(1)孔中对测。将一换能器分别置于两个对应测试孔中,位于同一高度进行测试。

(2)孔中斜测。将一换能器分别置于两个对应测试孔中,但不在同一高度,即保持一定高程差的条件下进行测试。

(3)孔中平测。将一换能器分别置于两个对应测试孔中,以一定的高程差同步移动进行测试。

3. 混凝土浅裂缝检测

所谓浅裂缝,系指局限于结构表层,开裂深度不大于500mm的裂缝。实际检测时一般可根据结构物的断面尺寸和裂缝在结构表面的宽度,大致估计被测的是浅裂缝还是深裂缝,一般工程结构中的梁、柱、板和机场跑道等出现的裂缝,都属于浅裂缝。在测试时,根据被测结构物的实际情况,浅裂缝可分为单面平测法和对测法。

1)平测法

当结构的裂缝部位只有一个表面可供检测时,可采用平测法进行裂缝深度检测,平测时应在裂缝的被测部位以不同的测距同时按跨缝和不跨缝布置测点进行声时测量。

如图1-3-7所示,首先将发射换能器和接收换能器置于被测裂缝的同一侧,并将T耦合好保持不动,以T、R两个换能器内边缘间距l'_i为100mm、150mm、200mm…,依次移动并读取相应声时值t_i。以l'_i为纵坐标、t_i为横坐标绘制l'_i-t_i(时-距)图,如图1-3-8所示。也可用统计方法求出两者的关系式。

每一个测点的超声实际传播距离为:

$$l_i = l'_i + a \tag{1-3-1}$$

式中:l_i——第i点的超声波实际传播距离(mm);

l'_i——第i点的T、R换能器内边缘距离(mm);

a——“时-距”图中轴的截距或回归所得的常数项(mm)。

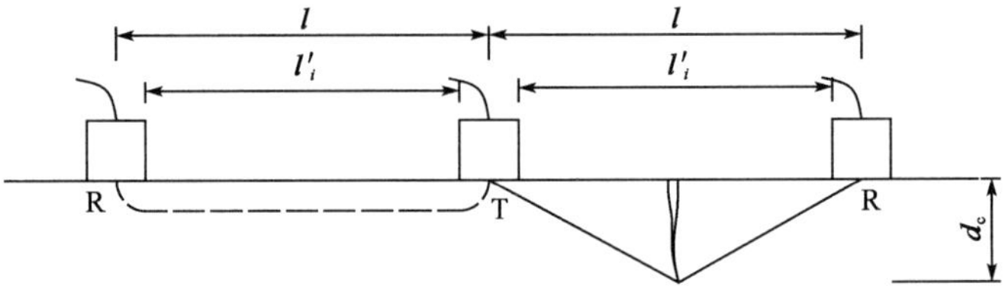

图1-3-7 平测裂缝示意图

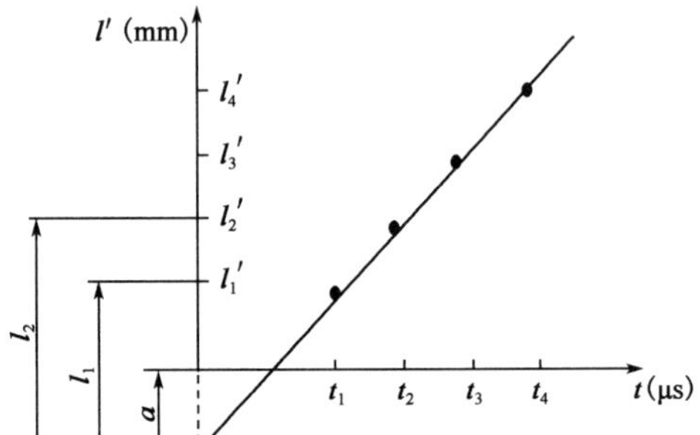

图1-3-8 平测“时-距”图

进行跨缝的声时测量,将T、R换能器分别置于以裂缝为轴线对称的两侧,两换能器中心连线垂直裂缝走向,以l'_i为100mm、150mm、200mm…分别读取声时值。该声时值便是超声波绕过裂缝末端传播的时间。根据几何关系,可推算裂缝深度,计算式为:

$$d_{ci} = \frac{l_i}{2}\sqrt{\left(\frac{t_i^0}{t_i}\right)^2 - 1} \tag{1-3-2}$$

式中:d_{ci}——裂缝深度(mm);

t_i、t_i^0——分别代表测距为 l_i 时不跨缝、跨缝平测的声时值（μs）。

以不同测距取得的 d_{ci} 的平均值作为该裂缝的深度值（d_c）。如所得的 d_c 值大于原测距中任一个 l_i，则应该把 l_i 距离的 d_{ci} 舍弃后重新计算 d_c 值。

以声时推算浅裂缝深度，是假定裂缝中充满空气，声波绕过裂缝末端传播。若裂缝中有水或泥浆，则声波经水介质耦合穿过裂缝而过，不能反映裂缝的真实深度。检测时，裂缝中不得有填充水和泥浆。当有钢筋穿过裂缝且与换能器的连线大致平行靠近时，则沿钢筋传播的超声波首先到达接收换能器，测试结果也不能反映裂缝实际的深度。因此，布置测点时应注意使换能器的连线至少与该钢筋的轴线相距 1.5 倍的裂缝预计深度，如图 1-3-9 所示，应使 $a \geq 1.5d_c$。

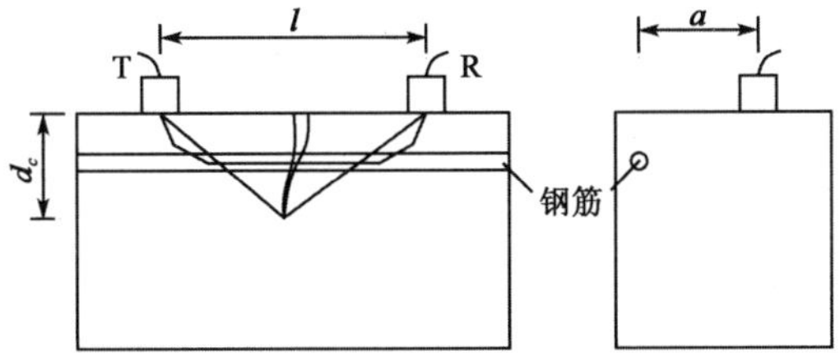

图 1-3-9　平测时避免钢筋的影响

2）斜测法

当结构物的裂缝部位具有两个相互平行的测试表面时，可采用斜测法检测。按图 1-3-10 所示方法布置换能器，保持换能器的连线和不通过缝的测试距离相等、倾斜角一致的条件下，读取相应的声时、波幅和频率值。当换能器的连线通过裂缝时，由于混凝土失去了连续性，超声波在裂缝界面上产生很大衰减，接收到的首波信号很微弱，其波幅和频率与不过裂缝的测点值比较有很大差异，据此便可判断裂缝的深度及是否在水平方向贯通。斜测法检测裂缝深度具有直观、可靠的特点，若条件许可优先采用。

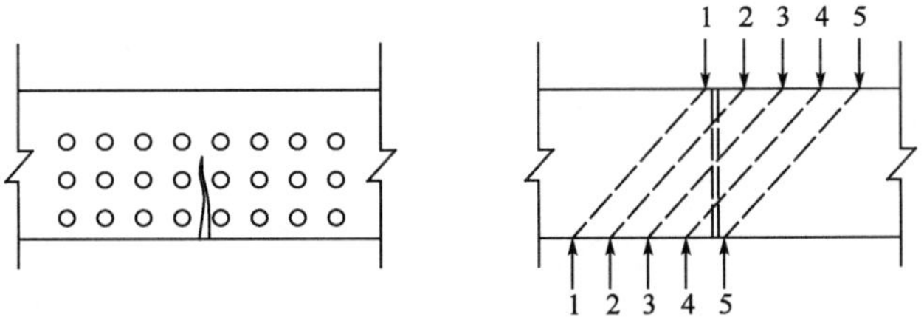

图 1-3-10　斜测裂缝深度示意图

4. 混凝土深裂缝检测

所谓深裂缝，系指混凝土结构物表面开裂深度在 500mm 以上的裂缝。对桥墩等大体积混凝土结构，在浇筑混凝土过程中，由于水泥的水化热散失较慢，混凝土内部温度比表面高，使结构断面形成较大的温差，当由此产生的拉应力大于混凝土抗拉强度时，使混凝土中产生裂缝。

1）测试方法

深裂缝的检测一般是在裂缝两侧钻测试孔，用径向振动式换能器置于测试孔中进行测试。如图 1-3-11 所示，在裂缝两侧分别钻测试孔 A、B。应在裂缝一侧多钻一个较浅的孔 C，测试无缝混凝土的声学参数，用于对比判别之用。测试孔应满足下列要求：孔径应比换能器直径大 5～10mm；孔深应至少比裂缝预计深度深 700mm，经测试，如浅于裂缝深度，则应加深测试孔；对应的两个测试孔，必须始终位于裂缝两侧，其轴线应保持平行；两个对应测试孔的间距宜为

2m，同一结构的各对应测孔间距应相同；孔中粉末碎屑应清理干净。

检测时应选用频率为 20 ~ 40kHz 的径向振动式换能器，并在其接线上做出等间距标志（一般间隔 100 ~ 500mm）。测试前要先向测试孔中注满清水作为耦合剂，然后将换能器分别置于裂缝两侧的对应孔中。以相同高程等间距从上至下移动，逐点读取声时、波幅和换能器所处的深度。

2）裂缝深度判断

以换能器所处深度与对应的波幅值 A 绘制 d-A 坐标图（图 1-3-12），随着换能器位置的下移，波幅逐渐增大，当换能器下移至某一位置后，波幅达到最大并基本稳定，该位置所对应的深度便是裂缝深度。

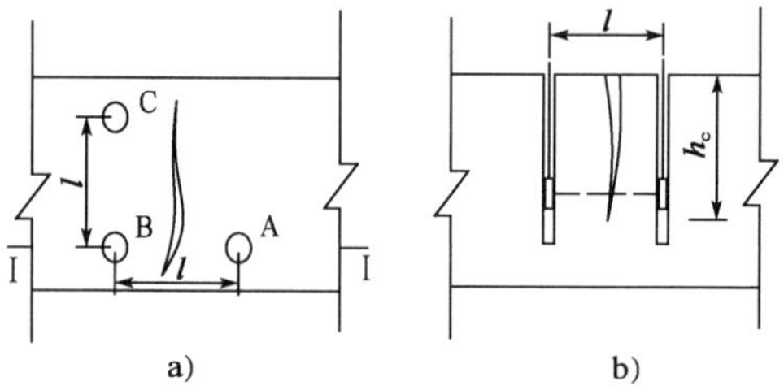

图 1-3-11　钻孔测裂缝深度示意图

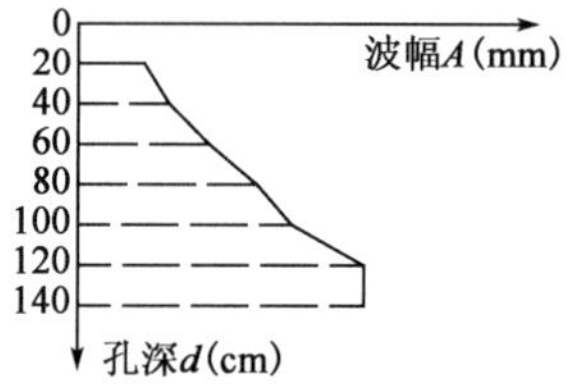

图 1-3-12　d-A 坐标图

三、混凝土裂缝修补工艺

1. 裂缝表面封闭修补工艺

1）适用范围

本工艺适用于宽度 <0.15mm 的裂缝表面封闭修补作业。

2）主要机具设备

交通导改车辆、照明设备、操作平台（升降车、活动支架或挂篮等）、发电机、角磨机、金刚石磨片、钢丝刷、吹尘设备、台秤、毛刷、刮刀等。

3）工艺流程

裂缝表面封闭法修补工艺流程如图 1-3-13 所示。

图 1-3-13　裂缝表面封闭法修补工艺流程

4）作业方法

（1）清理基面

沿裂缝两侧 50mm 范围内，用角磨机打磨裂缝表面至露出新混凝土基面，并用棉丝蘸丙酮擦净基面。

（2）封缝胶封闭

将成品封缝胶按使用说明书配比配制完成后，用刮刀沿裂缝均匀涂抹，并使其平面与原混凝土齐平。封缝胶应随用随配，配制好的胶体应及时使用。

（3）固化及修饰

封缝胶固化前不应人为扰动，固化后应对毛刺进行整平处理。

2. 裂缝灌浆修补工艺

1) 适用范围

本工艺适用于宽度≥0.15mm 的裂缝修补作业。

2) 主要机具设备

交通导改车辆、照明设备、操作平台(升降车、活动支架或挂篮等)、发电机、注射器(灌注泵)、注浆嘴、角磨机、金刚石磨片、钢丝刷、吹尘设备、搅拌器、台秤(量杯)、毛刷、刮刀等,如图 1-3-14 所示。

a) 升降车
用途：用于难以到达位置的高空作业

b) 发电机
用途：为机械设备和照明提供电能

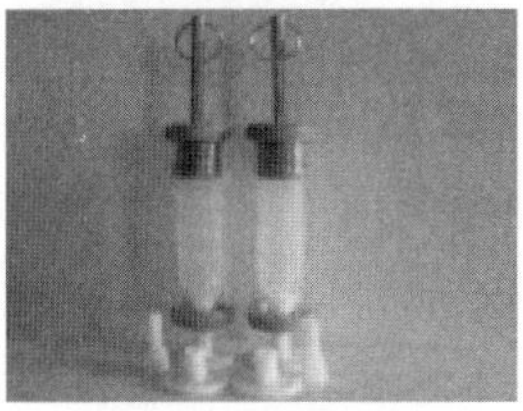

c) 注浆器
用途：用于灌注封缝材料

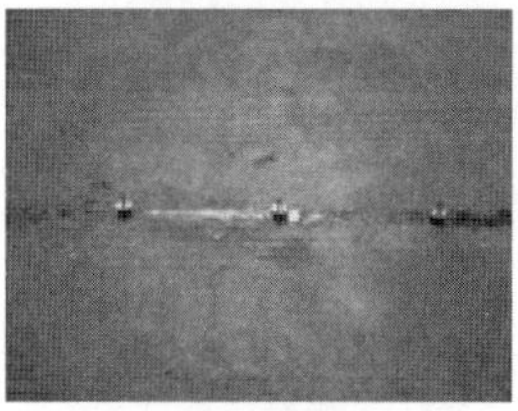

d) 注浆嘴
用途：用于灌注封缝材料

e) 角磨机
用途：用于混凝土表面打磨

f) 钢丝刷
用途：用于清理混凝土表面

g) 吹尘设备
用途：用于清除混凝土表面灰尘

h) 搅拌器
用途：灌封材料的搅拌

i) 台秤
用途：材料的称重

j) 刮刀
用途：整修封缝胶

图 1-3-14　裂缝表面修补机具设备

3)工艺流程

裂缝灌浆修补的工艺流程如图1-3-15所示。

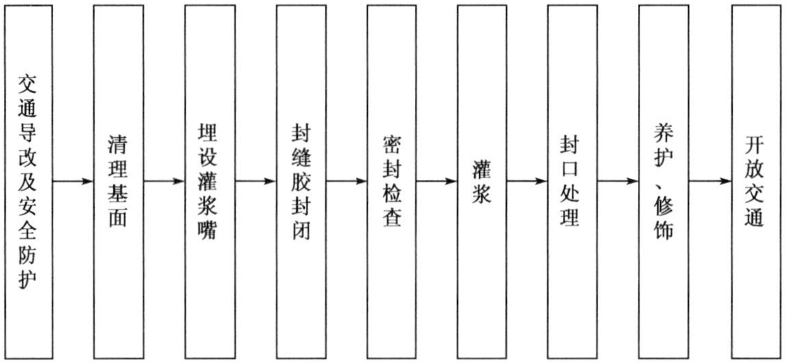

图1-3-15 裂缝灌浆修补的工艺流程

4)作业方法

(1)清理基面

沿裂缝两侧50mm范围内,用角磨机打磨裂缝表面至露出新混凝土基面,并用棉丝蘸丙酮擦净基面。

(2)埋设灌浆嘴

①灌浆嘴沿缝走向布置,间距200~400mm。窄缝应密,缝宽可稀,在裂缝交叉处、较宽处、端部、裂缝贯穿处以及钻孔内均应设置灌浆嘴。每一条裂缝至少须有一个灌浆嘴、排气嘴、出浆嘴。

②粘贴前,先把灌浆嘴底盘用丙酮擦洗干净,然后用刮刀将封缝胶抹在底盘周围,骑缝粘贴到裂缝处。操作中不得堵死嘴孔和裂缝。

(3)封缝胶封闭

将成品封缝胶按使用说明书配比配制完成后,用刮刀沿裂缝均匀涂抹,并使其平面与原混凝土齐平。封缝胶应随用随配,配制好的胶体应及时使用。

(4)密封检查

待封缝胶固化后进行压气试漏。试漏前应将所有灌浆嘴用堵头堵死,并沿裂缝涂一层肥皂水,从灌浆嘴中通入压缩空气,以检查裂缝的封闭情况。若无冒泡现象,说明密封效果良好,否则予以修补。

(5)灌浆

①压气试验合格后,将堵头卸掉并配制灌浆液。灌浆时,竖向、斜向裂缝自下而上逐个进行,同时注意排气。

②应根据浆液流动性选择灌浆压力,一般为0.1~0.4MPa。

③沿灌注方向,当相邻排气嘴溢浆时,在该处安装灌浆器继续灌浆。当最后一个排气嘴出浆时,保持恒压继续压灌,当进胶速度小于0.1L/min时,再继续灌注5min后停止灌浆。

④灌注过程中如发现局部有漏浆现象,及时用快速凝结材料封堵。

(6)封口处理

灌浆结束后,应用堵头将灌浆嘴堵死,24h内不得扰动灌浆嘴堵头。

(7)养护、修饰

检查补强效果和质量,发现缺陷应及时补修。待胶液完全固化后,将灌浆嘴拆除,用角磨机将表面修饰平整。

3. 质量控制和检查验收

1)质量控制要点

封缝胶和灌封胶材料的主要技术指标;基面清理质量;灌浆嘴埋设要求;封缝胶封缝质量;灌浆顺序和压力。

2)检查和验收

(1)表面封缝材料固化后应均匀、平整,不出现裂缝,无脱缝。

(2)当注入裂缝的修补胶达到7d固化期时,可采用取芯法对注浆效果进行检验。取芯检验应采用劈裂抗拉强度测定方法,当检验结果符合下列条件之一时为符合要求:

①沿裂缝方向施加的劈裂力,其破坏应发生在混凝土部分(即内聚破坏)。

②破坏虽有部分发生在界面上,但其破坏面积不大于破坏面总面积的15%。

任务4 桥梁技术状况评定

一、桥梁评定的一般规定

桥梁评定分为一般评定和适应性评定。

桥梁一般评定是依据桥梁定期检查资料,通过对桥梁各部件技术状况的综合评定,确定桥梁的技术状况等级,提出各类桥梁的养护措施。

桥梁适应性评定包括以下内容:依据桥梁定期及特殊检查资料,结合试验与结构受力分析,评定桥梁的实际承载能力、通行能力、抗洪能力,提出桥梁养护、改造方案。

一般评定由负责定期检查者进行,适应性评定应委托有相应资质及能力的单位进行。

二、一般评定

1. 评定方法与等级

桥梁的一般评定包括技术状况综合评定及确定桥梁分类两部分工作。

《公路桥涵养护规范》(JTG H11—2004)提供了三种评定方法,第一种方法是考虑各部件缺损程度、缺损对结构的影响、缺损发展变化的量化评定方法;第二种方法是以重要部件最差的缺损状况评定;第三种方法是按技术状况标准的描述凭经验判断。

同时,也可以根据《公路桥梁技术状况评定标准》(JTG/T H21—2011)对桥梁进行技术状况评定。该方法也是目前推荐采用的方法。下面逐一介绍以上4种方法。

2. 评定方法一

根据缺损程度(大小、多少或轻重)、缺损对结构使用功能的影响程度(无、小、大)和缺损发展变化状况(趋向稳定、发展缓慢、发展较快)等三个方面,以累加评分方法对各部件缺损状况做出等级评定。评定方法见表1-3-5。

桥梁部件缺损状况评定方法　　表 1-3-5

缺损状况及标度			组合评定标度					
缺损程度及标度		程度	小→大 少→多 轻度→严重					
		标度		0	1	2		
缺损对结构使用功能的影响程度	无、不重要	0				0	1	2
	小、次要	+1				1	2	3
	大、重要	+2				2	3	4
以上两项评定组合标度				0	1	2	3	4
缺损发展变化状况的修正	趋向稳定	−1			0	1	2	3
	发展缓慢	0			1	2	3	4
	发展较快	+1		1	2	3	4	5
最终评定结果			0	1	2	3	4	5
桥梁技术状况及分类			完好	良好	较好	较差	差的	危险
			一类		二类	三类	四类	五类

注："0"表示完好状态，或表示没有设置的构造部件。当缺损程度标度为"0"时，不再进行叠加；

"5"表示危险状态，或表示原未设置，而调查表明需要补设的部件。

根据上表确定桥梁各部件的扣分值后，再根据表 1-3-6 确定全桥的得分值，最终确定桥梁的技术状况等级。

推荐桥梁各部件权重及综合评定方法　　表 1-3-6

部件	部 件 名 称	权重 W_i	桥梁技术状况评定方法
1	翼墙、耳墙	1	(1)综合评定采用下列计算式： $D_r = 100 - \sum_{i=1}^{n} R_i W_i / 5$ 式中：R_i——按表 1-3-5 方法对各部件确定的评定标度（0～5）； W_i——各部件权重，$\sum W_i = 100$； D_r——全桥结构技术状况评分（0～100）；评分高表示结构状况好，缺损少。 (2)评定分类采用下列界限 $D_r \geq 88$　一类 $88 > D_r \geq 60$　二类 $60 > D_r \geq 40$　三类 $40 > D_r$　四类、五类 $D_r \geq 60$ 的桥梁，并不排除其中有评定标度 $R_i \geq 3$ 的部件，仍有维修的需要
2	锥坡、护坡	1	
3	桥台及基础	23	
4	桥墩及基础	24	
5	地基冲刷	8	
6	支座	3	
7	上部主要承重构件	20	
8	上部一般承重构件	5	
9	桥面铺装	1	
10	桥头与路堤连接部	3	
11	伸缩缝	3	
12	人行道	1	
13	栏杆、护栏	1	
14	灯具、标志	1	
15	排水设施	1	
16	调治构造物	3	
17	其他	1	

3. 评定方法二

该方法是以重要部件最差的缺损状况评定全桥的技术状况等级。

4. 评定方法三

该方法是对照桥梁技术状况评定标准(表1-3-7)进行评定。

桥梁技术状况评定标准　　表1-3-7

	一　类	二　类	三　类	四　类	五　类
总体评定	完好、良好状态 (1)重要部件功能与材料均良好; (2)次要部件功能良好,材料有少量(3%以内)轻度缺损或污染; (3)承载能力和桥面行车条件符合设计指标	较好状态 (1)重要部件功能良好,材料有局部(3%以内)轻度缺损或污染,裂缝宽小于限值; (2)次要部件有较多(10%以内)中等缺损或污染; (3)承载能力和桥面行车条件达到设计指标	较差状态 (1)重要部件材料有较多(10%以内)中等缺损,裂缝宽超限值,或出现轻度功能性病害,但发展缓慢,尚能维持正常使用功能; (2)次要部件有大量(10%～20%)严重缺损,功能降低,进一步恶化将不利于重要部件和影响正常交通; (3)承载能力比设计降低10%以内,桥面行车不舒适	差的状态 (1)重要部件材料有大量(10%～20%)严重缺损,裂缝宽超限值,风化、剥落、露筋、锈蚀严重,或出现轻度功能性病害,且发展较快。结构变形小于或等于规范值,功能明显降低; (2)次要部件有20%以上的严重缺损,失去应有功能,严重影响正常交通; (3)承载能力比设计降低10%～25%	危险状态 (1)重要部件出现严重的功能性病害,且有继续扩张现象,关键部位的部分材料强度达到极限,出现部分钢筋断裂、混凝土压碎或杆件失稳变形的破损现象,变形大于规范值,结构的强度、刚度、稳定性和动力响应不能达到平时交通安全通行的要求; (2)承载能力比设计降低25%以上
墩台与基础	(1)墩台各部分完好; (2)基础及地基状况良好	(1)墩台基本完好; (2)3%以内的表面有风化、麻面、短细裂缝,缝宽小于限值,砌体灰缝脱落; (3)表面长有青苔、杂草; (4)基础无冲蚀现象	(1)墩台3%～10%的表面有各种缺损,裂缝宽超限值,有风化、剥落、露筋、锈蚀现象;砌体灰缝脱落,局部变形等; (2)出现轻微的下沉、倾斜、滑动等现象,发展缓慢或趋向稳定; (3)基础有局部冲蚀现象,桩基顶段被磨损	(1)墩台10%～20%的表面有各种缺损,裂缝宽而密,剥落、露筋、锈蚀严重,砌体大面积松动、变形; (2)墩台出现下沉、倾斜、滑动、冻拔现象,变形小于或等于规范值。台背填土有沉降裂缝或挤压隆起,变形发展较快; (3)基础冲刷大于设计值,基底冲空面在10%～20%以内。桩基顶段被侵蚀、露筋、缩颈,或有环状冻裂,木桩腐蚀、蛀蚀严重	(1)墩台不稳定,下沉、倾斜、滑动、冻拔现象严重,变形大于规范值,造成上部结构和桥面变形过大,不能正常行车; (2)墩台、桩基出现结构性裂缝,裂缝宽度超过限值; (3)基底冲刷深度大于设计值,冲空面达20%以上。地基承载力降低,桥台岸坡滑移
支座	(1)各部分清洁完好,位置正确; (2)支座工作状态正常	(1)支座有尘土堆积、略有腐蚀; (2)支座滑动面干涩	(1)钢支座固定螺栓松动,锈蚀严重; (2)橡胶支座开始老化; (3)混凝土支座有剥落、露筋、锈蚀现象	(1)钢支座的组件出现断裂; (2)橡胶支座老化开裂; (3)混凝土支座碎裂; (4)活动支座坏死,不能活动; (5)支座上下错位过大,有倾倒脱落的危险	支座错位、变形、破损严重,已失去正常支承功能,使上下部结构受到异常约束,造成支承部位的缺损和桥面的不平顺

	一 类	二 类	三 类	四 类	五 类
砖、石、混凝土上部结构	(1)结构完好,无渗水,无污染; (2)次要部位有少量短细裂纹,裂纹宽度小于限值	(1)结构基本完好; (2)3%以内的表面有风化、麻面、短细裂缝,缝宽小于限值,砌体灰缝脱落; (3)上下游侧表面有水迹污染,砌体滋生杂草	(1)结构3%~10%的表面有各种缺损,裂缝宽超限值,有风化、剥落、露筋、锈蚀,桥面板裂缝渗水; (2)石砌拱桥砌体灰缝脱落,局部松动、外鼓; (3)横向连接件断裂、脱焊或松动,边梁或边拱肋有横移或外倾迹象	(1)结构10%~20%的表面有各种缺损,重点部位出现接近全截面的开裂,裂缝宽超限值,顺主筋方向有纵向裂缝,钢筋锈蚀和混凝土剥落严重,桥面开裂渗水严重,砌体有较大松动、变形; (2)结构存在明显的永久变形,变形小于或等于规范值,桥面竖向成波形	(1)结构永久变形大于规范值; (2)重点部分出现全截面开裂,裂缝宽度超过限值,部分钢筋屈服或断裂,混凝土压碎。主拱圈出现四铰,成不稳定结构; (3)受压构件有严重的横向扭曲变形; (4)承载能力比设计降低25%以上
钢结构	(1)各部件及焊缝均完好; (2)各节点铆钉、螺栓无松动; (3)各部分油漆均匀、完整,色泽鲜明	(1)各部件完好,焊缝无开焊; (2)少数节点有个别铆钉、螺栓松动变形; (3)油漆变色、起泡剥落,面积在10%以内	(1)个别次要构件有局部变形,焊缝有裂纹; (2)连接铆钉、螺栓损坏在10%以内; (3)油漆失效面积在10%~20%之间	(1)个别主要构件有扭曲变形、损伤裂纹、开焊、严重锈蚀; (2)连接铆钉、螺栓损坏在10%~20%之间; (3)油漆失效面积在20%以上	(1)主要构件有严重扭曲变形、开焊,锈蚀削弱截面10%以上,钢材变质,强度性能恶化。油漆失效面积在50%以上; (2)节点板及联结铆钉、螺栓损坏在20%以上; (3)结构永久变形大于规范值; (4)结构振动或摆动过大,行车和行人有不安全感
人行道栏杆	完整清洁,无松动,少数构件局部有细裂纹、麻面	个别构件破损、脱落,3%以内构件有松动、开裂、剥落和污染	10%以内构件有松动、开裂、剥落、露筋、锈蚀、破损、脱落	10%~20%构件严重损坏、错位、变形、脱落、残缺	
桥面铺装、伸缩缝	(1)铺装层完好、平整、清洁,或有个别细裂缝; (2)防水层完好、泄水管完好、畅通; (3)伸缩缝完好、清洁; (4)桥头平顺,无跳车现象	(1)铺装层10%以内的表面有纵横裂缝、浅坑槽、波浪; (2)防水层基本完好;泄水管堵塞,周围渗水; (3)伸缩缝局部破损; (4)桥头轻度跳车,台背路面下沉在2cm以内	(1)铺装层10%~20%的表面有严重的龟裂、深坑槽、波浪; (2)桥面板接缝处防水层断裂渗水,泄水管破损、脱落; (3)伸缩缝普遍缺损; (4)桥头跳车明显,台背路面下沉2~5cm	(1)铺装层20%以上表面有严重的破坏,桥面普遍坑洼不平、积水; (2)防水层老化失效,普遍断裂、渗水,泄水管脱落,泄水孔堵塞; (3)伸缩缝严重破损、失效,难以修补; (4)桥头跳车严重,台背路面下沉大于5cm	

续上表

	一　类	二　类	三　类	四　类	五　类
调治构造物	(1)构造设置合理,功能正常; (2)构造物完好	(1)构造功能基本正常; (2)构造物局部断裂,砌体松动、变形	(1)构造本身抗洪能力不足,基础局部冲蚀; (2)构造物20%以内出现下沉、倾斜、局部坍塌	(1)构造本身抗洪能力太低,基础冲蚀严重; (2)构造物20%以上被破坏,部分丧失功能或功能下降	
翼(耳)墙、锥(护)坡	(1)翼(耳)墙完好无损,清洁; (2)锥(护)坡完好,无垃圾堆积,无草木滋生; (3)桥头排水沟和行人台阶完好	(1)翼(耳)墙出现个别裂缝,缝宽小于限值,局部剥落,砌体灰缝脱落,面积在10%以内; (2)锥(护)坡局部塌陷,铺砌缺损,垃圾堆积,草木丛生; (3)桥头排水沟堵塞不畅通,行人台阶局部塌落	(1)翼墙断裂与桥台前墙脱开,但无明显外倾、下沉,砌体灰缝脱落、局部松动外鼓,面积小于20%; (2)锥(护)坡出现大面积塌陷,铺砌缺损,形成冲沟或积水坑,坡脚有局部冲蚀; (3)桥头排水沟和行人台阶损坏,功能降低	(1)翼墙断裂、下沉、外倾失稳,砌体变形,部分严重倒塌; (2)锥(护)坡体和坡脚冲蚀严重,有滑移、坍塌,坡顶下降较大,作用明显减小; (3)桥头排水沟和行人台阶全部损坏,几乎消失	
附属设施照明、标志、	完好无缺,布置合理	照明灯泡坏,灯柱锈蚀,标志不正、脱落,附属设施基本完好	灯柱歪斜不正,灯具损坏,标志倾斜损坏,附属设施需保养维修	照明线老化破断或短路,灯柱、灯具残缺不齐,标志损失严重,附属设施需维修与更换	

5. 评定方法四

1)桥梁技术状况评定方法

该方法是根据《公路桥梁技术状况评定标准》(JTG/T H21—2011)中的规定进行技术状况评定。该标准规定公路桥梁技术状况评定包括桥梁构件、部件、桥面系、上部结构、下部结构和全桥评定。公路桥梁技术状况评定应采用分层综合评定与5类桥梁单项控制指标相结合的方法,先对桥梁各构件进行评定,然后对桥梁各部件进行评定,再对桥面系、上部结构和下部结构分别进行评定,最后进行桥梁总体技术状况的评定,如图1-3-16所示。

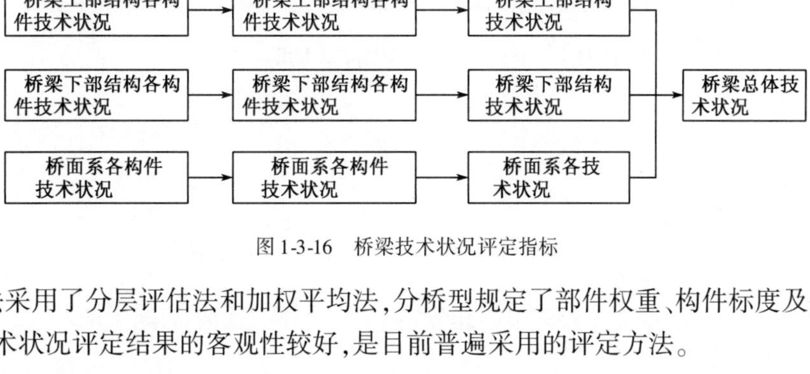

图1-3-16　桥梁技术状况评定指标

该方法采用了分层评估法和加权平均法,分桥型规定了部件权重、构件标度及分级评定标准,桥梁技术状况评定结果的客观性较好,是目前普遍采用的评定方法。

2)桥梁技术状况等级分类

桥梁总体技术状况评定等级分为1类、2类、3类、4类、5类,见表1-3-8。

桥梁总体技术状况评定等级 表 1-3-8

技术状况评定等级	桥梁技术状况描述
1 类	全新状态，功能完好
2 类	有轻微缺损，对桥梁使用功能无影响
3 类	有中等缺损，尚能维持正常使用功能
4 类	主要构件有大的缺损，严重影响桥梁使用功能；或影响承载能力，不能保证正常使用
5 类	主要构件存在严重缺损，不能正常使用，危及桥梁安全，桥梁处于危险状态

桥梁主要部件技术状况评定标度分为 1 类、2 类、3 类、4 类、5 类，见表 1-3-9。

桥梁主要部件技术状况评定标度 表 1-3-9

技术评定标度	桥梁技术状况描述
1 类	全新状态，功能完好
2 类	功能良好，材料有局部轻度缺损或污染
3 类	材料有中等缺损；或出现轻度功能性病害，但发展缓慢，尚能维持正常使用功能
4 类	材料有严重缺损，或出现中等功能性病害，且发展较快；结构变形小于或等于规范值，功能明显降低
5 类	材料严重缺损，出现严重的功能性病害，且有继续扩展迹象；关键部位的部分材料强度达到极限，变形大于规范值，结构的强度、刚度、稳定性不能达到安全通行的要求

桥梁次要部件技术状况评定标度分为 1 类、2 类、3 类、4 类，见表 1-3-10。

桥梁次要部件技术状况评定标度 表 1-3-10

技术评定标度	桥梁技术状况描述
1 类	全新状态，功能完好；或功能良好，材料有轻度缺损、污染等
2 类	有中等缺损或污染
3 类	材料有严重缺损，出现功能降低，进一步恶化将不利于主要部件，影响正常交通
4 类	材料有严重缺损，失去应有功能，严重影响正常交通；或原无设置，而调查需要补设

3）桥梁技术状况评定工作流程

桥梁技术状况评定工作流程如图 1-3-17 所示。

4）桥梁技术状况评定计算

（1）桥梁构件的技术状况评分，按式（1-3-3）计算：

$$\mathrm{PMCI}_l(\mathrm{BMCI}_l \text{ 或 } \mathrm{DMCI}_l) = 100 - \sum_{x=1}^{k} U_x \tag{1-3-3}$$

当 $x = 1$ 时

$$U_1 = \mathrm{DP}_{i1}$$

当 $x \geqslant 2$ 时

$$U_x = \frac{\mathrm{DP}_{ij}}{100 \times \sqrt{x}} \times \left(100 - \sum_{y=1}^{x-1} U_y\right) \qquad (\text{其中 } j = x, x \text{ 取 } 2, 3, \cdots, k)$$

当 $k \geqslant 2$ 时，$U_1, \cdots, U_x$ 计算公式中的扣分值 DP_{ij} 按照从大到小的顺序排列。

当 $\mathrm{DP}_{ij} = 100$ 时

$$\mathrm{PMCI}_l(\mathrm{BMCI}_l \text{ 或 } \mathrm{DMCI}_l) = 0$$

式中：PMCI_l——上部结构第 i 类部件 l 构件的得分，值域为 0 ~ 100 分；

$BMCI_l$——下部结构第 i 类部件 l 构件的得分，值域为 0～100 分；

$DMCI_l$——桥面系第 i 类部件 l 构件的得分，值域为 0～100 分；

k——第 i 类部件 l 构件出现扣分的指标的种类数；

U、x、y——引入的中间变量；

i——部件类别，例如 i 表示上部承重构件、支座、桥墩等；

j——第 i 类部件 l 构件的第 j 类检测指标；

DP_{ij}——第 i 类部件 l 构件的第 j 类检测指标的扣分值；根据构件各种检测指标扣分值进行计算，扣分值按表 1-3-11 规定取值。

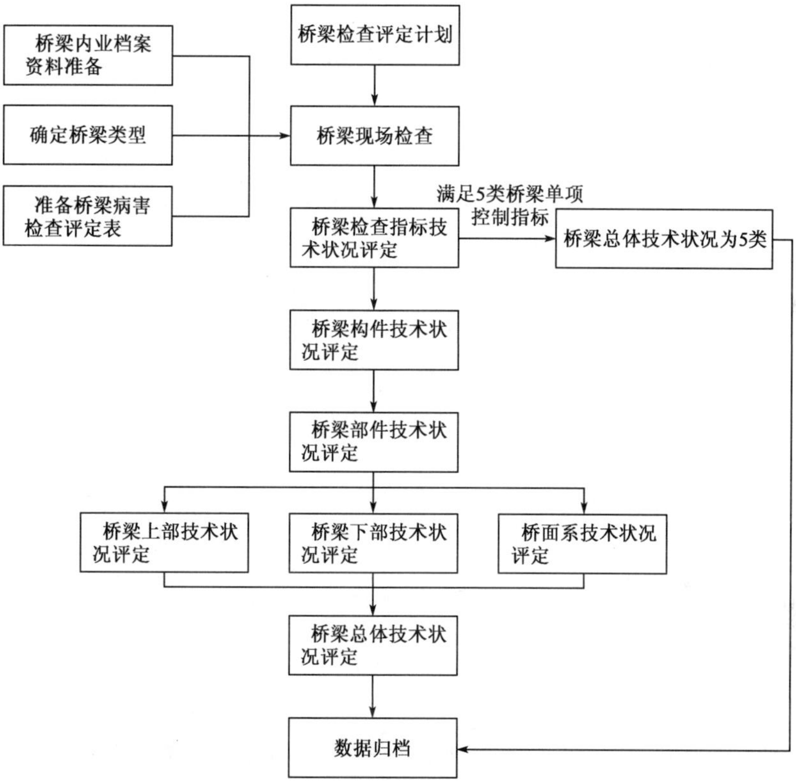

图 1-3-17　桥梁技术状况评定工作流程

构件各检测指标扣分值　　　表 1-3-11

检测指标所能达到的最高标度类别	指标标度				
	1 类	2 类	3 类	4 类	5 类
3 类	0	20	35	—	—
4 类	0	25	40	50	—
5 类	0	35	45	60	100

(2)桥梁部件的技术状况评分，按式(1-3-4)计算：

$$PCCI_i = \overline{PMCI} - (100 - PMCI_{min})/t \tag{1-3-4}$$

或

$$BCCI_i = \overline{BMCI} - (100 - BMCI_{min})/t$$

或

$$DCCI_i = \overline{DMCI} - (100 - DMCI_{min})/t$$

式中：$PCCI_i$——上部结构第 i 类部件的得分，值域为 0～100 分；当上部结构中的主要部件某

一构件评分值 $PMCI_l$ 在[0,40)区间时，其相应的部件评分值 $PCCI_i = PMCI_l$；

$\overline{PMCI}$——上部结构第 i 类部件各构件的得分平均值，值域为 0 ~ 100 分；

$BCCI_i$——下部结构第 i 类部件的得分，值域为 0 ~ 100 分；当下部结构中的主要部件某一构件评分值 $BMCI_l$ 在[0,40)区间时，其相应的部件评分值 $BCCI_i = BMCI_l$；

$\overline{BMCI}$——下部结构第 i 类部件各构件的得分平均值，值域为 0 ~ 100 分；

$DCCI_i$——桥面系第 i 类部件的得分，值域为 0 ~ 100 分；

$\overline{DMCI}$——桥面系第 i 类部件各构件的得分平均值，值域为 0 ~ 100 分；

$PMCI_{min}$——上部结构第 i 类部件中分值最低的构件得分值；

$BMCI_{min}$——下部结构第 i 类部件中分值最低的构件得分值；

$DMCI_{min}$——桥面系第 i 类部件分值最低的构件得分值；

t——随构件的数量而变的系数，见表 1-3-12。

t 值 表 1-3-12

n(构件数)	t	n(构件数)	t
1	∞	20	6.6
2	10	21	6.48
3	9.7	22	6.36
4	9.5	23	6.24
5	9.2	24	6.12
6	8.9	25	6.00
7	8.7	26	5.88
8	8.5	27	5.76
9	8.3	28	5.64
10	8.1	29	5.52
11	7.9	30	5.4
12	7.7	40	4.9
13	7.5	50	4.4
14	7.3	60	4.0
15	7.2	70	3.6
16	7.08	80	3.2
17	6.96	90	2.8
18	6.84	100	2.5
19	6.72	≥200	2.3

注：1. n 为第 i 类部件的构件总数。

2. 表中未列出的 t 值采用内插法计算。

桥梁上部结构、下部结构、桥面系的技术状况评分，按式(1-3-5)计算：

$$SPCI(SBCI 或 BDCI) = \sum_{i=1}^{m} PCCI_i(BCCI_i 或 DCCI_i) \times W_i \quad (1\text{-}3\text{-}5)$$

式中：SPCI——桥梁上部结构技术状况评分，值域为 0 ~ 100 分；

SBCI——桥梁下部结构技术状况评分，值域为 0 ~ 100 分；

BDCI——桥面系技术状况评分，值域为 0 ~ 100 分；

m——上部结构(下部结构或桥面系)的部件种类数;

W_i——第 i 类部件的权重,按《公路桥梁技术状况评定标准》(JTG/T H21—2011)中规定进行取值,对于桥梁中未设置的部件,应根据此部件的隶属关系,将其权重值分配给各既有部件,分配原则按照各既有部件权重在全部既有部件权重中所占比例进行分配。

(3)桥梁总体的技术状况评分,按式(1-3-6)计算:

$$D_r = \text{BDCI} \times W_D + \text{SPCI} \times W_{SP} + \text{SBCI} \times W_{SB} \qquad (1\text{-}3\text{-}6)$$

式中:D_r——桥梁总体技术状况评分,值域为 0 ~ 100 分;

W_D——桥面系在全桥中的权重,按《公路桥梁技术状况评定标准》(JTG/T H21—2011)规定取值;

W_{SP}——上部结构在全桥中的权重,按《公路桥梁技术状况评定标准》(JTG/T H21—2011)规定取值;

W_{SB}——下部结构在全桥中的权重,按《公路桥梁技术状况评定标准》(JTG/T H21—2011)规定取值。

桥梁技术状况分类界限按表 1-3-13 规定执行。

桥梁技术状况分类界限表 表 1-3-13

技术状况评分	技术状况等级 D_j				
	1 类	2 类	3 类	4 类	5 类
D_r (SPCI、SBCI、BDCI) (PCCI、BCCI、DCCI)	[95,100]	[80,95)	[60,80)	[40,60)	[0,40)

5)5 类桥梁单项控制指标

在桥梁技术状况评定时,当满足下列规定的任一情况时,桥梁总体技术状况应评为 5 类。

(1)上部结构有落梁;或有梁、板断裂现象。

(2)梁式桥上部承重构件控制截面出现全截面开裂;或组合结构上部承重构件结合面开裂贯通,造成截面组合作用严重降低。

(3)梁式桥上部承重构件有严重的异常位移,存在失稳现象。

(4)结构出现明显的永久变形,变形大于规范值。

(5)关键部位混凝土出现压碎或杆件失稳倾向;或桥面板出现严重塌陷。

(6)拱式桥拱脚严重错台、位移,造成拱顶挠度大于限值;或拱圈严重变形。

(7)圬工拱桥拱圈大范围砌体断裂,脱落现象严重。

(8)腹拱、侧墙、立墙或立柱产生破坏造成桥面板严重塌落。

(9)系杆或吊杆出现严重锈蚀或断裂现象。

(10)悬索桥主缆或多根吊索出现严重锈蚀、断丝。

(11)斜拉桥拉索钢丝出现严重锈蚀、断丝,主梁出现严重变形。

(12)扩大基础冲刷深度大于设计值,冲空面积达 20% 以上。

(13)桥墩(桥台或基础)不稳定,出现严重滑动、下沉、位移、倾斜等现象。

(14)悬索桥、斜拉桥索塔基础出现严重沉降或位移;或悬索桥锚碇有水平位移或沉降。

当上部结构和下部结构技术状况等级为 3 类、桥面系技术状况等级为 4 类,且桥梁总体技术状况评分为 $40 \leqslant D_r < 60$ 时,桥梁总体技术状况等级可评定为 3 类。

全桥总体技术状况等级评定时，当主要部件评分达到4类或5类且影响桥梁安全时，可按照桥梁主要部件最差的缺损状况评定。

三、桥梁评定案例

依据《公路桥梁技术状况评定标准》(JTG/T H21—2011)中的分层综合评定法进行评定，××大桥技术状况等级为3类、得分为64.8分。目前桥梁各部件病因分析及处治建议如下：

1. 桥面系主要病害分析及处治建议

(1)桥面铺装开裂破损

病因分析：由于沥青材料低温抗裂性能不足，导致铺装开裂；重车反复碾压进而导致桥面铺装破损坑槽。

处治建议：封闭裂缝，破损坑槽处进行局部修补。

(2)伸缩缝锚固端破损

病因分析：受车辆冲击碾压引起锚固端混凝土破损。

处治建议：清理杂物，重新浇注锚固端混凝土。

(3)人行道开裂、破损和坑槽

病因分析：事故中车辆撞击，施工缺陷。

处治建议：封闭裂缝，修补破损混凝土，现浇混凝土、维修浆砌块石。

(4)泄水孔堵塞

病因分析：杂物堵塞。

处治建议：清理泄水孔杂物。

2. 上部结构主要病害分析及处治建议

(1)空心板和箱拱开裂、破损、空洞

病因分析：由于空心板施工时振捣不到位，导致空洞；安装泄水孔导致破损；在恒载和活载的共同作用下导致开裂；箱拱跨度大，加上过桥重车较多，导致箱拱拱背纵向开裂。

处治建议：对未超限的裂缝涂刷环氧树脂胶封闭处理，超限的裂缝采用压力灌浆法灌注环氧树脂胶；同时修补破损和空洞混凝土。

(2)铰缝填料脱落

病因分析：施工不到位。

处治建议：填补铰缝。

(3)腹拱和立墙开裂、破损

病因分析：腹拱圈和立墙配筋较少，加上运营时重车碾压容易造成开裂。

处治建议：对未超限的裂缝涂刷环氧树脂胶封闭处理，超限的裂缝采用压力灌浆法灌注环氧树脂胶，修补破损混凝土。

(4)侧墙开裂、植物生长

病因分析：主拱圈在活载作用下的变形，导致侧墙开裂；存在渗水，环境适宜植物生长。

处治建议：用砂浆封闭裂缝，清除植被。

(5)上部结构的渗水、泛碱、水蚀

病因分析：桥面铺装开裂和泄水孔堵塞，桥面排水系统不灵，导致桥面积水下渗。

处治建议：疏通泄水孔，做好桥面排水。

3. 下部结构主要病害分析及处治建议

(1)台帽、台身、墩身开裂破损

原因分析:结构配筋少,上部结构传递下来的荷载和基础的不均匀沉降是导致开裂的主要原因。

处治建议:对未超限的裂缝涂刷环氧树脂胶封闭处理,超限的裂缝采用压力灌浆法灌注环氧树脂胶;同时修补破损混凝土。

(2)下部结构的渗水、泛碱、水蚀

病因分析:桥面铺装开裂和泄水孔堵塞,桥面排水系统不灵,导致桥面积水下渗。

处治建议:疏通泄水孔,做好桥面排水。

复习思考题

1. 桥梁基本状况卡片中包含哪些内容? 该如何填写?
2. 什么情况下需要对桥梁做专门检查? 哪些情况需要对桥梁进行应急检查?
3. 特殊检查的内容有哪些?
4. 钢筋混凝土梁常见裂缝类型有哪些,各有什么特征? 应如何处理?
5. 如何检测钢筋混凝土结构的裂缝深度?
6. 桥梁技术状况评定方法有哪几种? 各自有什么特点?

项目二　涵 洞 养 护

学习建议

1. 对于涵洞检查,建议结合《公路桥涵养护规范》(JTG H11—2004)进行学习;
2. 对于涵洞的检查与加固技术,建议结合涵洞加固的工程实例进行分析研究。

技能要求

1. 能使用涵洞养护数据库,判断涵洞保养情况;
2. 能根据涵洞损坏情况,制订涵洞的加固方案;
3. 能检查压力涵、倒虹吸管破裂、漏水等病害;
4. 能组织进行压力式涵洞的加固施工。

知识要求

1. 涵洞破坏类型及加固方法;
2. 压力式涵洞的检查方法、加固技术。

任务1　涵洞检查

一、涵洞检查的一般规定

涵洞检查分为经常检查和定期检查。

1．经常检查

（1）经常检查的频率：经常检查每月至少进行两次，在洪水、冰雪前后及行洪期间应加强检查。

（2）经常检查内容包括：进水口是否堵塞、沉砂井有无淤积、洞内有无淤塞及排水不畅；洞口周围是否有杂物堆积，涵洞是否清洁、漏水；周围路基填土是否稳定和完整；涵洞结构是否有损坏。

（3）经常检查中发现有排水堵塞或有较大损坏需要进行维修的，应做好记录并及时报告。

2．定期检查

（1）定期检查的频率：定期检查每年至少进行1次，在接到较大损坏情况的报告后应增加检查。

（2）定期检查内容包括：

①检查涵洞的过水能力，包括涵洞的位置是否适当，孔径是否足够，涵底纵坡是否合适。若过水能力明显不足，经常造成内涝及路基损毁的，应考虑改造。

②进水口铺砌、翼墙、护坡、挡水墙、沉砂井等是否完整，洞口连接是否平整顺适。

③出水口铺砌、挡水墙、翼墙、护坡等是否完整，排水是否顺畅。

④涵体侧墙是否渗漏水、开裂、变形或倾斜，墙身砌体砂浆是否脱落、石块是否松动，基础是否冲刷淘空。

⑤涵身顶部盖板或拱顶是否开裂、漏水、变形下挠，拱顶砌块是否松动脱落。

⑥涵底是否淤塞阻水，涵底铺砌是否完整。

⑦洞口附近填土是否有渗水、冲刷、空洞，填土是否稳定。

⑧涵洞顶路面是否开裂、下沉。行车是否安全。

定期检查中，检查人员应当场填写“涵洞定期检查表”（表1-3-14）；实地查明损坏情况，根据涵洞的技术状况及排水适应状况，参照桥梁技术状况评定标准相关结构类型，对涵洞的技术状况综合做出好、较好、较差、差、危险等5个级别的评定，提出日常养护、维修、加固、改建等建议。

涵洞定期检查记录表　　表1-3-14

<table>
<tr><td>1. 路线编码</td><td colspan="2"></td><td>2. 路线名称</td><td colspan="2"></td><td>3. 涵洞桩号</td><td></td></tr>
<tr><td>4. 管养单位</td><td colspan="2"></td><td>5. 涵洞类型</td><td colspan="2"></td><td>6. 检查时间</td><td></td></tr>
<tr><td>7. 序号</td><td>8. 部件名称</td><td colspan="3">9. 损坏或需维修情况描述</td><td colspan="3">10. 维修建议（方式、范围、时间）</td></tr>
<tr><td>1</td><td>进水口</td><td colspan="3"></td><td colspan="3"></td></tr>
<tr><td>2</td><td>出水口</td><td colspan="3"></td><td colspan="3"></td></tr>
<tr><td>3</td><td>涵身两侧</td><td colspan="3"></td><td colspan="3"></td></tr>
<tr><td>4</td><td>涵身顶部</td><td colspan="3"></td><td colspan="3"></td></tr>
<tr><td>5</td><td>涵底铺砌</td><td colspan="3"></td><td colspan="3"></td></tr>
<tr><td>6</td><td>涵附近填土</td><td colspan="3"></td><td colspan="3"></td></tr>
<tr><td colspan="3">11. 涵洞技术状况总评</td><td>好</td><td>较好</td><td>较差</td><td>差</td><td>危险</td></tr>
<tr><td>12. 养护方案</td><td>日常养护</td><td>维修</td><td>加固</td><td>改建</td><td colspan="2">13. 下次检查时间</td><td>年　月</td></tr>
<tr><td colspan="8">14. 备注</td></tr>
<tr><td>主管负责人</td><td colspan="2"></td><td>检查人</td><td colspan="2"></td><td>检查时间</td><td>年　月</td></tr>
</table>

任务2 涵洞的病害类型及加固方法

涵洞的病害类型及加固方法见表1-3-15。

涵洞的病害类型及加固方法 表1-3-15

病害类型	加固方法
涵洞进、出水口处严重冲刷	(1)位于陡坡上的涵洞或直接受水流冲击的涵洞,其入口处应采取适当的防护措施; (2)用浆砌块石铺底,并用水泥砂浆勾缝。铺砌长度视土质和流速而定,铺砌的末端应设置混凝土或浆砌块石抑水墙
涵洞流速特别大	应在出水口加设消力设施,如消力槛、消力池等。消力槛的末端应设置混凝土或浆砌块石抑水墙,或设置三级挑槛
涵洞经常发生泥砂淤积	可在进水口设沉砂井,以沉淀泥砂、杂物
管涵的管节因基础沉陷而发生严重错裂	应挖开填土处理地基,重建地基可直接采用对地基及基础压浆的方法处理。有铰涵管如变形大于直径的1/20时,应查明原因进行处理
波纹管涵发生涵管沉陷、变形	应挖开填土进行修理。管底应按土质情况做好垫层,管上加铺一层防水层,并注意对回填土分层夯实
涵洞的侧墙和翼墙,发生倾斜变形	应查明原因后加以处理,如因填土未夯实发生沉落,或填土中水分过多土压力增大而引起的,应更换透水性好的填土并夯实;如属基础变形引起的,则需要修理或加固基础
因加宽或加高路基导致涵洞长度不足	应接长处理。一般可将原涵洞洞身接长,两端新建洞口端墙和路基护坡;当路基加高、加宽不多时,也可采用只加高两端洞口端墙或加高加长洞口翼墙的方法
承载力不足的涵洞应进行加固或改建	(1)挖开填土,用混凝土或钢筋混凝土加大原涵洞断面; (2)涵内用混凝土或钢筋混凝土预制块衬砌加固或用现浇衬砌进行加固; (3)挖开填土,用新构件分段进行更换改建
涵洞位置不当,过水能力不足	应进行改建。改建施工宜分段进行,并做好接缝的防水处理

任务3 压力式涵洞的检查方法、加固技术

压力式涵洞进水口周围路堤发现渗流、空洞、缺口或冲刷现象时,应及时进行修补处理。洞口周围路基可用不透水黏性土封堵,洞前做铺砌或修挡水墙。

压力式涵洞或倒虹吸管的涵顶路面出现浸渍,应及时处理。可采用对涵内顶部表面抹浆、喷浆或衬砌的方法处理。下面以倒虹吸为例介绍压力式涵洞的病害类型及处治措施。

一、病害类型及产生原因

倒虹吸的病害类型及产生原因见表 1-3-16。

倒虹吸的病害类型及产生原因　　表 1-3-16

病害类型	病害产生原因
管身环向裂缝	主要是由于管身分节过长，温度降低时引起纵向收缩变形造成管身脱节，当基础约束过大时造成拉裂甚至断裂
管身纵向裂缝	主要是由于现浇管顶施工质量差，同时外漏的管顶受到阳光直射，管身顶部内外温差大，管身内外变形不一致
管身龟裂	严寒地区，当冬季没有排完管内积水或没有采取保温措施时，也将发生冻害而造成管身龟裂
接头漏水	接头止水材料老化或接头脱节将止水材料拉裂会引起漏水
边墙失稳	进口处地基沉陷或顶部超载会导致进口处挡土墙或挡水墙失稳
混凝土表面剥落	冻融作用或钢筋锈蚀会使混凝土表面剥落
管内堵塞	未及时清污，杂物堵塞进口或沉积物堆积管中
钢筋锈蚀	主要原因是管身裂缝处或缺陷处，钢筋裸露失去混凝土保护层，引起钢筋锈蚀

二、倒虹吸病害维修

1. 裂缝的处理

由于裂缝的产生，使裂缝处钢筋处于高应力状态，同时裂缝的存在降低了倒虹吸管的抗渗性和抗冻性，加速混凝土表面的剥落，因而将缩短管道的寿命。裂缝的处理方案有：

(1)对于既没有考虑运营期温度应力，又未采取隔温措施的管道要采取填土隔温措施。该方法能降低管道运营期的温度应力，并防止混凝土冻融，施工方便，节省材料，降低效果明显。

(2)对安全因素太低的管道采用全面加固方法。当管道强度安全因素太低，可采用内衬钢板的全面加固方案。该方法优点是能有效地提高安全因素，加固后安全可靠，并能长期正常运行；缺点是造价高，用钢量大，施工比较困难。

(3)防渗方案。防渗方案适用于管道强度安全系数较高，仅在管道裂缝两侧进行局部补强，以起到裂缝处防止渗水的作用。

2. 渗漏处理

(1)对因裂缝引起的渗漏可按裂缝处理方法进行。

(2)管壁成股渗漏的处理。可在管内壁刷 2 ~ 3 层环氧基液或橡胶液。若为局部漏水孔或气蚀破坏，可涂抹环氧砂浆封堵。

(3)接头漏水的处理。对于受温度变化影响大的，仍需保持柔性接头的管道，可在接缝处允填沥青麻丝，然后在内壁表面用环氧砂浆帖橡皮。对于已做腹裹处理受温度影响显著减小的管道,可改用刚性接头,并隔一定距离设一柔性接头。

3. 淤积处理

在进口处设置拦污栅隔离漂浮物以防止堵塞;在进口上游一定距离设置沉砂池和冲砂孔防止杂物的堆积;控制过水流量和流速防止悬浮物的沉积。当出现堵塞,应先排除管内积水,再用人工挖出。

4. 冲磨的处理

设置拦沙槽拦截沙石减轻对管壁的磨损。对已发生气蚀与冲磨的管壁可进行凿除并重新涂抹耐磨材料。

复习思考题

1. 涵洞经常检查和定期检查的内容有哪些?
2. 涵洞定期检查记录表该如何填写?
3. 涵洞常见的病害类型有哪些?该如何处理?
4. 压力式涵洞常见的病害有哪些?

项目三 隧道养护

学习建议

1. 建议结合《公路隧道养护技术规范》(JTG H12—2015)进行学习;
2. 对于隧道养护内容应先了解隧道日常养护的一般规定和养护重点,再对隧道的防护、排水及附属设施等养护要点进行了解。

技能要求

1. 能组织进行隧道的日常养护;
2. 能制订隧道冻害的防治方案;
3. 能组织进行隧道通风、照明、监控和消防等附属设施的日常检查。

知识要求

1. 隧道日常养护重点;
2. 隧道防护与排水设施的检查要求;
3. 隧道附属设施的养护要点。

任务1 隧道日常养护

公路隧道养护工作的内容包括:隧道结构、防排水设施、附属设施的检查和保养、维修、加固,以及隧道安全管理等。

一、隧道养护的一般规定

公路隧道养护应符合下列要求:

(1)保持隧道外观整洁、隧道内路面平整、衬砌完整无明显开裂和剥落。

(2)标志标线清晰醒目,排水系统良好。

(3)对结构物及其附属设施(照明、通风、监控等)进行预防性维护和修复,保持良好的技术状况。

同时应加强隧道的日常巡查。隧道日常巡查是隧道日常养护工作的重要内容之一,应予以充分重视,发现隐患及病害应及时处治。隧道病害处治应根据检查结果,针对病害产生的原因,按照安全、经济、合理的原则确定方案。

二、隧道日常养护

隧道日常养护主要包括经常性和预防性养护及对破损的维修等。

1. 养护重点

隧道日常养护应保持和恢复隧道良好的技术状况,保持隧道外观整洁;隧道内路面平整,衬砌无损坏;交通标志标线应保持完整、清晰、醒目、交通信息无误;洞口、洞身无松动岩石和危石;人行和车行横洞清洁畅通;隧道内外排水设施保持良好;人行道或检修道畅通;斜(竖)井和风道保持良好。

2. 隧道衬砌养护

在养护过程中,对有衬砌隧道和无衬砌隧道应有不同的侧重面。当隧道衬砌(洞壁)或洞内路面结构发生病害时,应视病害类型、危害程度,采取注浆、挂网、喷混凝土、增设锚杆、增设仰拱、灌浆、修补或更换衬砌和路面等措施进行处治。修补或更换村砌(洞壁)、路面时,不得侵占隧道的建筑限界。

3. 水下隧道养护

水下隧道的巡查和检查工作应根据水下隧道的特点,对下列各部位作重点检查:伸缩缝、施工缝和裂缝的渗、漏水状况,洞口及洞内铁件有无锈蚀,各种排水设备的运行状况。

水下隧道必须定期进行渗漏水检查。一般应每季度检查一次,并做好检查记录。当隧道内的渗漏水明显时,应定期测量渗漏水的数量,一般每月测量一次,做好记录,并采取相应措施。水下隧道内部金属构件设施应定期进行除锈、防腐工作。

4. 明洞与半山洞养护

明洞与半山洞的养护应符合下列要求:

(1)当明洞上边坡出现危石或有崩塌可能时,应及时清除或加固,也可进行保护性开挖或采取打抗滑桩等抗滑措施。

(2)明洞顶的填土厚度和地表线,应保持原设计状态。当遇边坡塌方形成局部堆积,或遇暴雨、洪水原填土大量流失时,应及时采取措施调整到原有状态,以免产生严重偏压导致明洞结构变形、损坏。

(3)明洞的防水层失效或损坏时,应及时修复。

(4)半山洞因部分外露,对飘落的雨雪、泥草杂物以及洞顶坠落的矿石块,应及时清除,并保持边沟畅通。

(5)半山洞应及时修复、添补缺损的护栏、护墙。

(6)适时检查半山洞周围山体、洞顶围岩及外侧挡墙、边坡的稳定性。

(7)半山洞围岩破碎和危石等病害,应本着“少清除、多稳固”的原则进行处治。

任务 2 隧道防护与排水设施养护

一、隧道防护设施

加强和完善隧道的防护设施。如遇山体滑动可能引起隧道破坏和洞口处的边、仰坡坡率与石(土)质不相适应导致坍塌时,应采取相应的工程技术措施,并定期检查其工作状态,发现病害及早处治;隧道处山坡岩石如节理发育、风化严重或有坑穴、溶洞、裂缝时,应对地表采取防护性封闭措施。

二、隧道排水设施

隧道内渗漏水的处治应贯彻"预防为主,防、排、截、堵相结合"的综合治理原则。对防水层,纵、横、竖向渗沟,明暗边沟、截水沟、排水横坡、泄水孔等应及时维修,必要时增设和完善隧道内外的排水设施,保持隧道内外排水畅通。

水下隧道的排水泵房内应配各备用水泵,并作定期检查和保养、维修保持其良好状态。

三、隧道冻害的防治

(1)高寒地区隧道应注意洞口构造物的防冻保温。防冻层损坏时,可用同样的轻质膨胀珍珠岩混凝土或浮石混凝土修补,必要时应进行改造。无防冻层的,应设法加筑。

(2)高寒地区隧道的防冻保温设施应做好保养措施,如有损坏及时维修,保持其使用功能。洞口设有防雪设施的隧道,应做好防雪设施的保养维护,并在大雪降临前完成设施的维修加固。冬季应及时清除洞口处积雪。防冻保温设施的维修保养应不少于 1 次/年。在北方寒冷地区,应在每次大雪后,对防冻保温设施进行一次检查,发现损坏及时维修。

(3)路面出现渗漏水时,应及时处治,将水引入边沟排出,防止结冰。对局部易冻结路段的路面,应适时撒布防冻材料。

任务 3 隧道附属设施养护

一、隧道通风养护

1. CO、烟雾浓度要求

隧道应保持良好的通风,保持 CO、烟雾浓度小于规定的容许值。

(1)隧道 CO 容许浓度应按表 1-3-17 取值;当为人车混合通行隧道时,应按表 1-3-18 取值。

隧道 CO 容许浓度 δ 表 1-3-17

隧道长度(m)	≤1000	≥3000
δ(cm^3/m^3)	250	200

人车混合通行隧道 CO 容许浓度 δ 表 1-3-18

隧道长度(m)	≤1000	≥2000
δ(cm^3/m^3)	150	100

(2)隧道烟雾容许浓度应按表 1-3-19 取值。

烟雾容许浓度 表 1-3-19

设计速度(km/h)	100	80	60	40
烟雾容许浓度 $K(m^{-1})$	0.0065	0.0070	0.0075	0.0090

2. 通风设施

隧道通风设施主要包括：轴流风机、离心风机、射流风机及其配套设施。通风设施的日常检查主要是通过观察设备运转有无异常，确定设备是否存在隐患，并及时排除故障。高速公路隧道日常检查不小于 1 次/d，其他公路可按 1 次/(1 ~3)d 进行。必要时应进行应急检查。通风设备的完好率不应低于 98%。

通风设施在养护中应注意：

(1)通风设施应按各种设备的相关操作规程和养护要求进行操作和养护，并使其主要性能指标，如风速、风力、功率、噪声及防护等级等符合产品说明书的要求。

(2)选用的风机，在环境温度为 250℃ 情况下，其可靠运转时间不应低于 60min。

(3)通风设施养护应配备专用电工工具和机修工具，必要时配备风压计、风速计、声级计等。

(4)进行通风设施养护维修时，应根据隧道交通流量和通风能力，对交通进行必要的组织和管制。

二、隧道照明设施养护

隧道内照明亮度应满足设计要求。明灯具的防护等级应不低于 IP65。照明设施的养护应符合以下要求：

(1)100m 的高速公路、一级公路隧道应设置照明设施。

(2)三、四级公路的长、特长隧道应设置照明设施；中隧道可根据需要进行设置；交通量较小的短隧道可不设照明设施。

(3)未设照明设施的隧道，应在隧道洞门外设置限速标志及减速设施。

(4)照明设施养护工具除必备的电工工具、高空作业车、清洁卫生用具外，还应配备照度仪等相关设备。

(5)高速公路隧道照明设施的完好率应不低于 95%，其他公路隧道应不低于 90%。当照明光源达到其额定寿命的 90% 时，应进行成批更换，并选用节能光源。

(6)照明设施日常检查主要是对设施的使用及损坏情况进行巡检登记。当中间段连续损坏 2 盏以上灯、洞口加强段连续损坏 3 盏以上灯时，应及时进行更换或维修。

(7)照明设施的经常性检修、定期检修应按《公路隧道养护技术规范》(JTG H12—2015)的有关要求进行。

三、监控和消防设施养护

1. 监控设施

监控设施养护主要指标应按相应设备的产品说明要求进行，高速公路隧道监控设施设备完好率应不低于 98%，其他各级公路隧道应不低于 95%。隧道内监控设施的日常检查主要包括：对隧道内各种监控传感器、信息板及信号标识、监控室的各种监视设备进行外观巡检，发现异常及时处治。对监控设施的经常检修、定期检修可按《公路隧道养护技术规范》(JTG H12—2015)的有关要求进行。

高速公路、一级公路的长隧道和特长隧道，其他公路的特长隧道监控系统的软件维护每年应不少于两次，公路隧道监控系统的软件系统维护每年应不少于1次。维护时应注意软件的修改完善，保障联运运行功能的实现和软件可靠性各项技术措施的落实，严格按操作规程或使用说明进行。

2. 消防设施

高速公路、一级公路的长隧道和特长隧道，应根据需要设置紧急电话、报警装置、排烟设备、消防给水管网及消防器材库等消防与救援设施。高速公路、一级公路的中、长隧道和特长隧道应单独设置存放专用消防器材的洞室，并设置明显标志，对存放的消防器材应定期进行补充、更换；其他公路的长隧道和特长隧道可视具体情况，简化设置，但应在适当位置设置消防器材库。各种消防与救援设施的标志应保持完好、醒目。

对消防设备、报警设备和海内外消防设施应加强日常巡视检查，及时处治设施的异常情况。各类消防与救援设备必须保持完好状态。消防设施的设备完好率应达到100%，救援设施的设备完好率应不低于98%。

隧道内不准存放汽油、柴油等易燃易爆物品。严禁明火作业与取暖。隧道内的紧急停车带、行车(人)横洞、避车洞或错车道不准堆放杂物。

高速公路、一级公路的长隧道和特长隧道，其他公路的特长隧道应针对隧道内可能出现的火灾及交通事故，制订周密的救援计划，并按计划进行不少于1次/年的针对性的实地救援及防灾演习，其他各种设施应与消防救援设施紧密配合。

四、隧道消声设施养护

隧道消声设施设置与养护应符合下列要求：

(1)高速公路、一级公路的长隧道和特长隧道，其他公路的特长隧道原未设置消声设施的，随着交通量增长引起噪声增大，影响正常通行管理时，可根据实测的噪声值，增设消声设施。增设的消音设施，不得侵入隧道建筑限界。

(2)消声设施应每月清洁一次，如有损坏应及时修复或更换。

复习思考题

1. 公路隧道日常养护工作的重点有哪些？
2. 隧道冻害防治的要求是什么？
3. 隧道中的CO和烟雾容许浓度是多少？
4. 请读者结合本人工作地区的某一隧道制订日常养护计划。

工作情境四 养护管理与培训

情境描述

情境一:某公路养护企业公路养护段,按照业主要求定期汇报养护质量情况,组织养护人员和养护设备,核算养护成本,并且定期组织养护人员进行技术培训。技师的工作任务是:在养护作业前协调做好准备工作,对养护路段的养护质量进行检查评定,并提出改进措施。

情境二:某二级公路路段,长度为1.1km,现需要进行小修,负责该路段养护管理的单位要对该大修工程进行概预算。

项目一 养护质量管理

学习建议

1. 通过对本项目的学习,能够掌握材料和燃料采备、施工机具组织相关知识,进行施工前的物资、场所、人员准备工作;
2. 学习养护施工作业的方式方法,编制公路养护作业方案,选择合理的公路养护施工技术方案,并组织实施;
3. 学习公路技术状况评定的相关知识,进行公路养护质量检查和竣工验收。

技能要求

1. 能进行施工前的物资、场所、人员准备工作;
2. 能选择合理的公路养护施工技术方案,并组织实施;
3. 能进行公路技术状况评定;
4. 能进行公路养护质量检查和竣工验收。

知识要求

1. 材料和燃料采备,施工机具组织相关知识;
2. 养护施工作业的方式方法;
3. 编制公路养护作业方案步骤;
4. 公路技术状况的评定。

任务1 日常养护施工组织设计

一、施工组织设计的作用

(1)施工组织设计是投标人对拟建工程组织实施的总纲,它阐述了投标人对拟建工程的施工方法规划、时间规划、资源规划、空间规划和资金规划。

(2)施工组织设计是业主全面了解投标人怎样进行生产组织、质量、进度、成本控制的重要技术文件,也是评标的重要内容之一。

(3)施工组织设计是中标后,编制实施性施工组织设计的重要依据。

二、施工组织设计的内容

(1)编制依据、工程概况。

(2)工程实施目标、难特点分析。

(3)施工部署。

(4)施工准备、现场平面布置。

(5)施工进度计划。

(6)分部分项工程施工方法。

(7)各项技术保证措施。

案例:公路日常养护施工组织设计

1. 施工总体计划及安排

1.1　养护期限

根据招标文件要求,×××养护工程总养护期限为3年。×××养护工程02合同段暂定养护开始日期为2011年5月1日,养护终止日期到2014年4月30日止,养护期限为3年,计1095个日历天。

1.2　养护工作内容

×××养护工程养护工作量较大,其工作内容主要包括:公路用地范围内的路基、路面、交通安全设施、桥涵(桥面、伸缩缝,不含结构及环氧沥青桥面)的中修、小修保养工程的实施、完成及缺陷修复。

1.3　施工养护总体进度计划表

项　目	具体工作内容与要求	总体养护进度控制计划
路基	路基边坡	2011年5月1日~2014年4月30日
	挡土墙护坡	2011年9月1日~2014年2月5日
	急流槽、边沟、排水物、集水井、涵管,截水沟	2011年5月1日~2014年4月30日
路面	水泥混凝土路面	2011年5月1日~2013年10月30日
	沥青混凝土路面	2011年10月18日~2014年2月10日
	人工清扫、清理路面	2011年5月1日~2014年4月10日
桥涵	桥梁维修养护	2011年8月10日~2013年11月2日
	涵洞维修养护	2011年6月30日~2013年10月20日
交通安全设施	日常巡视、定期调查	2011年5月1日~2014年4月30日

2. 对本项目重点、难点工程的理解

(1)养护路线长,施工调度难。

本标段为02合同段,合同段范围为鹦鹉立交(K3+886)(顺时针含白沙洲大桥)至和平立交(K51+322),养护路线长,养护期间,人、材、机等资源的调配是否及时、合理,对市政道路设施养护效果及道路交通的正常运行会有很大影响。

(2)养护质量要求高。

我公司将严格按照国家、省、市有关技术规程、规范及甲方制定的技术条件等进行施工和质量验收，以确保各分部、分项工程的养护质量达到优良标准，工程总体质量达到良好。

(3)养护工期周期较长。

养护进度安排合理与否，是保证圆满完成养护任务的关键因素，根据招标文件要求，本养护工程总养护期为3年，约1095个日历天。

(4)安全文明施工很重要。

严格和遵守和执行《建筑施工安全检查标准》(JGJ 59—2011)及国家、省、市颁布的安全生产有关规定，加强安全管理与教育。专门成立安全监察小组，制订安全计划，按施工阶段、施工进度情况详细制订不同工况下的安全管理措施，严格按施工规范及操作规程施工，不得有任何人为的安全事故，并采取严密的监控措施。

(5)本工程沿线交通繁忙，现场交通疏导工作重。

武汉市三环路沿线来往车辆多，道路设施保养期间，须采取切实可行的交通组织措施方案，确保市政道路设施保养施工的顺利进行。在进行养护施工时，应对养护路段加设施工围栏，同时施工围蔽周围应按有关规定张贴安全标志牌及安全指示灯等。

3. 质量目标、工期目标、安全目标、环保目标

3.1 质量目标

严格执行合同条款，按照招标文件、技术规范和监理工程师的指令施工，制订落实各项质量管理和保证措施，确保各项工程质量达到技术规范和设计要求。

3.2 工期目标

根据招标文件要求，×××养护工程总养护承包期为3年，在业主规定的养护期内高质、高效、圆满地完成武汉市三环路道路日常养护工作。

3.3 安全目标

杜绝重大安全事故发生，轻伤事故发生率控制于千分之一，实现施工全过程安全生产。

3.4 环保目标

坚持“保护和改善环境”的方针，坚决执行国家环境保护的三大基本政策：预防为主、谁污染谁治理、强化环境管理。

4. 工程保证措施

4.1 质量保证体系及措施

4.1.1 建立健全项目的质量保证体系

本工程实施项目法人管理。组织一个懂技术，懂管理，团结协作的项目经理部，组建一只技术水平高，质量意识强，整体素质好，遵章守纪的施工队伍。项目经理部建立“横向到边，纵向到底，控制有效”的质量自检体系，实施全面质量管理。本项目我们将采用ISO9002国际质量体系和全面质量管理，严格控制施工质量，百分之百满足业主的要求。

4.1.2 确保工程质量的措施

(1)制定各项质量管理指标，层层分解，层层落实，保证工程质量总目标的实现。

(2)质量监控程序化、规范化。质量监控贯穿于施工的全过程，在施工的各个环节上严把质量关，特别要加强对关键部位的质量控制。做好质量管理的“事先预控，事中控制，事后检查”。

(3)现场质量监控记录,要做到真实、准确、具有追溯性。

(4)做好各种原材料的试验抽检工作,积极配合监理工程师做好见证取样工作,保证各种原材料的质量。

4.2　工期保证措施

(1)加强领导,健全机构。

(2)精心组织,目标与网络管理,紧密流水,有序可控。

(3)职能部门超前运作,高效服务,严细管理,发挥保障作用。

(4)各级主管领导及业务骨干坚守岗位,加强现场调度指挥与内部协调工作。

(5)突击完成施工准备工作,上足劳力和配足专业技工,合理调配施工机械设备,上足配套的施工与机修专业机械是保工期的关键措施,依据施工组织计划进度安排和结合施工进度实况进行动态调配,确保完成月、季、年度施工计划。

4.3　人员安排及保证措施

本工程具体养护施工时,由于养护路程较长,为便于施工组织与管理,拟分为2个管养队和1个机动维修队,并根据养护工作量大小,各自安排施工力量进行日常养护作业及局部路段的修复更新工程的施工。劳动力需用量计划如下表所列。

序　号	工　种	小计(名)	序　号	工　种	小计(名)
1	发电机司机	4	10	疏通、清理工	36
2	土方机械司机	8	11	抹灰工	18
3	自卸汽车司机	8	12	交通疏导员	7
4	汽车起重机司机	8	13	机修工、板钳子	4
5	其他汽车司机	9	14	油漆工	12
6	混凝土(砂浆)机械司机	10	15	电工	6
7	抽水机司机	6	16	管道工	6
8	混凝土工	42	17	沥青混凝土摊铺工	45
9	钢筋工	34	合　计		263

4.4　安全保证措施

(1)作业现场设立明显警示,隔离墩柱按规范要求进行摆放,并设专人指挥交通,避免发生交通事故。

(2)在施工前对施工员、职工作好详细的安全交底,加强对现场人员的安全教育和督促检查。

(3)现场施工人员统一着装,佩戴统一的胸卡及规定颜色的安全帽。着装、安全帽贴红色反光膜。

(4)施工现场用电及各种电器设备的安装使用,必须按供电部门的安全用电要求及有关规定执行,严禁违章用电。

(5)合理安排各工程机械设备、车辆等的行走路线,避免交通事故的发生。

(6)对机械设备进行安全检查,不开带病车。

(7)全体施工人员必须遵守国家法律法规,遵守当地政府各种管理条例,遵守单位规章制度，确保安全。

(8)所有施工车辆严禁在市区道路上随意掉头、逆行，确需掉头、逆行时应安排一名专职安全员指挥，并设置专门的安全标志。

(9)当遇到大雾、大雨、冰雪天气时，应暂停养护作业。

(10)运输、机械操作的安全管理。

4.5 施工协调、协作的保证措施

施工配合协调是工程管理的一个重要内容，是决定工程顺利进行和确保工期的关键因素之一，同时也是确保工程施工质量的重要环节。施工配合协调涉及各方面，重点要做好下面几项工作：

(1)加强与业主、监理的协调，“质量第一、用户至上”是我们的施工宗旨，24 小时随叫随到、提供优质服务是我们的行动，理顺与业主、监理等各方面的关系。

(2)本工程施工期间，应与施工沿线有关单位进行协调，将市政道路养护施工对沿线施工单位造成的影响降低到最小。施工过程中对其他单位造成的损失应及时赔偿。

(3)取得政府有关部门的支持配合，本工程的施工将涉及公安消防、供电供水、技监质监、市政城管、劳动局等政府行政部门。

4.6 支付保证措施

工程施工前，公司将投入一定数量的自有资金，保证工程前期所需人员、材料、设备及时到位，确保工作的顺利开展、对施工过程中业主支付的工程进度款，实行专款专用，合理安排资金，及时支付农民工工资、劳务分包、材料采购、设备租赁等费用，确保工程的顺利进行。根据工程的实际需要增派人员和设备。

任务2 养护施工作业方式、方法

一、公路养护生产的组织方式

公路改善与大中修工程，其生产组织方式与公路基本建设工程相似，采取内部竞标或对外公开招标的方式进行。

小修保养工程，由于有点多、面广、线长、作业分散等特点，一般采用包干负责制组织施工，把养路责任与个人利益相结合。有条件的地区应采取公开招标或内部竞标的方式选择养护生产企业。对养护单位的管理实现合同管理。

二、包干负责制

包干负责制一般有两种形式：全面包干负责制和局部包干负责制。

1.全面包干负责制

以一个行政区域某—干线公路范围为单位，组织相应的养护机构，对所辖范围的公路养护工作负全部责任。具体做法是，省公路局对地市公路局、地市公路局对县公路局、县公路局对道班定里程、定养护等级、定人员编制、定材料消耗、定使用经费、定生产任务指标、定奖励的办法、定检查评比。

2.局部包干负责制

这是对某一单项工作进行包干负责的制度。范围一般较小，可以落实到人，制订养护定额，养护投资实行计量支付。目前一般有：

(1)负责人分片包干制；

(2)养路队(道班)分段保养负责制,如路面、桥涵专业队等形式;
(3)养路队(道班)分工负责制,如路基分段包给个人等形式;
(4)绿化管理负责制;
(5)主要养护机械单项核算制;
(6)县公路管理站(公路段)对养路队(道班)实行合同制。

包干负责制在实施过程中必须建立和执行"小修保养工程保修制度",明确规定保修期限、责任、处理方法。

任务3 公路养护作业方案的编制

一、组织保证体系

养护企业一般按照项目管理模式,成立"中心"公路养护项目部,组织架构如图1-4-1。

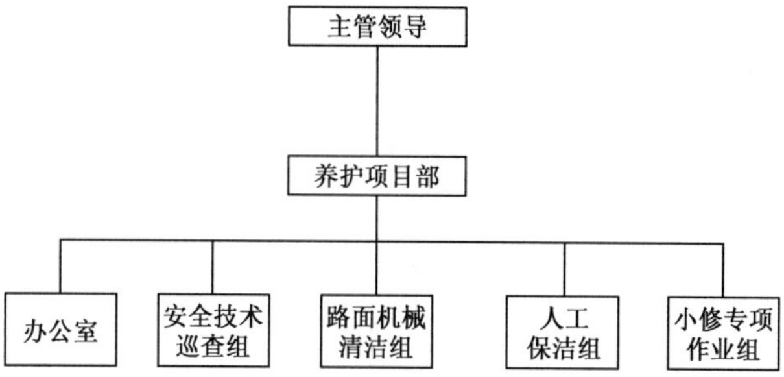

图1-4-1 养护项目部组织机构图

各部室职能划分详见表1-4-1。

养护项目部室职能 表1-4-1

序号	部　室	职责内容
1	办公室	制订生产计划,编制生产计划执行情况及生产成本绩效管理,后勤管理
2	安全技术巡查组	建立养护档案资料,日常路面状况、桥涵状况、标志标线、安全设施、路牌等巡查工作,内业资料整理归档
3	财务部	制订资金使用计划,财务管理制度
4	路面机械清洁组	机械化养护发展规划,机械成本核算、台账管理,路面保洁安全作业管理
5	人工保洁组	非机动车道、路肩、绿化带的垃圾、尘土清理,路基杂草清除、绿化草修剪,交通设施清洁、保养等
6	小修专项作业组	针对各项目不良状况进行维护、加固、修复等

二、人员及机械设备

包括养护项目部人员数量,机械设备类型和数量等。

如:扫路车×台:各负责××区域;

洒水车×台:各负责××区域;

管理车×台:各负责××区域;
养护机具×套:各负责××区域。

任务4　公路技术状况评定

一、公路技术状况

(1)公路技术状况用公路技术状况指数MQI(Maintenance Quality Indicator)和相应分项指标表示,MQI和相应分项指标的值域为0~100。

(2)公路技术状况分为优、良、中、次、差五个等级。公路技术状况等级按表1-4-2规定的标准确定。

公路技术状况等级　　表1-4-2

评价等级	优	良	中	次	差
MQI及各级分项指标	≥90	≥80,<90	≥70,<80	≥60,<70	<60

二、公路技术状况评价指标

公路技术状况评价包含路面、路基、桥隧构造物和沿线设施四部分内容。评价指标如下,各指标值域均为0~100。

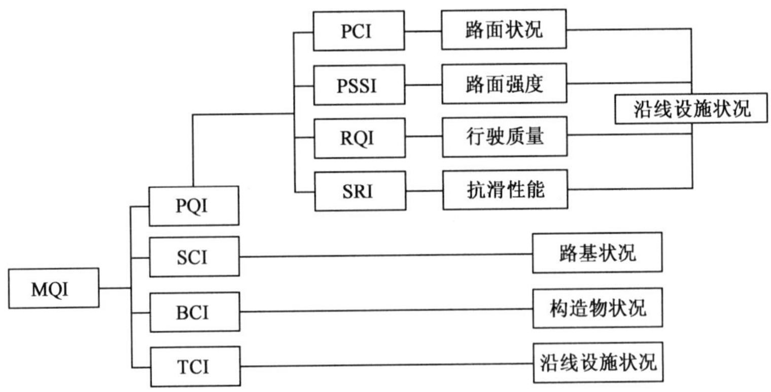

MQI——公路技术状况指数;
PQI——路面使用性能指数(Pavement Quality or Performance Index);
SCI——路基技术状况指数(Subgrade Condition Index);
BCI——桥隧构造物技术状况指数(Bridge,Tunnel and Culvert Condition Index);
TCI——沿线设施技术状况指数(Traffic-facility Condition Index);
PCI——路面损坏状况指数(Pavement Surface Condition Index);
RQI——路面行驶质量指数(Riding Quality Index);
RDI——路面车辙深度指数(Rutting Depth Index);
SRI——路面抗滑性能指数(Skidding Resistance Index);
PSSI——路面结构强度指数(Pavement Structure Strength Index)。

三、公路技术状况评定

1.评定要求

公路技术状况评定以1000m路段长度为基本评定单元。

2. MQI 确定

公路技术状况指数 MQI 按式(1-4-1)计算。

$$MQI = \omega_{PQI}PQI + \omega_{SCI}SCI + \omega_{BCI}BCI + \omega_{TCI}TCI \quad (1\text{-}4\text{-}1)$$

式中:ω_{PQI}——在 MQI 中的权重,取值为 0.70;

ω_{SCI}——在 MQI 中的权重,取值为 0.08;

ω_{BCI}——在 MQI 中的权重,取值为 0.12;

ω_{TCI}——在 MQI 中的权重,取值为 0.100。

(1)路面使用性能(PQI)

路面使用性能评价包括路面损坏、平整度、车辙、抗滑性能和结构强度五项技术内容。其中,路面结构强度为抽样评定指标,单独计算与评定,评定范围根据路面大中修养护需求、路基的地质条件等自行确定。

水泥混凝土路面使用性能评价包含路面损坏、平整度和抗滑性能三项技术内容;砂石路面使用性能评价只包含路面损坏一项技术内容。

路面使用性能指数 PQI 按式(1-4-2)计算。

$$PQI = \omega_{PCI}PCI + \omega_{PQI}\ PQI + \omega_{RDI}\ RDI + \omega_{SRI}\ SRI \quad (1\text{-}4\text{-}2)$$

式中:ω_{PCI}——在 PQI 中的权重,按表 1-4-3 取值;

ω_{PQI}——在 PQI 中的权重,按表 1-4-3 取值;

ω_{RDI}——在 PQI 中的权重,按表 1-4-3 取值;

ω_{SRI}——在 PQI 中的权重,按表 1-4-3 取值。

PQI 分项指标权重 表 1-4-3

路面类型	权重	高速、一级公路	二、三、四级公路
沥青路面	ω_{PCI}	0.35	0.60
	ω_{PQI}	0.40	0.40
	ω_{RDI}	0.15	—
	ω_{SRI}	0.10	—
水泥混凝土路面	ω_{PCI}	0.50	0.60
	ω_{PQI}	0.40	0.40
	ω_{SRI}	0.10	—

①路面损坏(PCI)。

路面损坏用路面损坏状况指数(PCI)评价,PCI 按式(1-4-3)、式(1-4-4)计算。

$$PCI = 100 - a_0 DR^{a_1} \quad (1\text{-}4\text{-}3)$$

$$DR = 100 \times \frac{\sum_{i=1}^{i_0} \omega_i A_i}{A} \quad (1\text{-}4\text{-}4)$$

式中:DR——路面破损率(Pavement Distress Ratio),为各种损坏的折合损坏面积之和与路面调查面积之百分比(%);

A_i——第 i 类路面损坏的面积(m^2);

A——调查的路面面积(调查长度与有效路面宽度之积,m^2);

ω_i——第 i 类路面损坏的权重,沥青路面按表 1-4-4 取值,水泥混凝土路面按表 1-4-5 取值,砂石路面按表 1-4-5 取值,砂石路面按表 1-4-6 取值;

a_0——沥青路面采用 15.00,水泥混凝土路面采用 10.66,砂石路面采用 10.10;

a_1——沥青路面采用 0.412,水泥混凝土路面采用 0.461,砂石路面采用 0.487;

i——考虑损坏程度(轻、中、重)的第 i 项路面损坏类型;

i_0——包含损坏程度(轻、中、重)的损坏类型总数,沥青路面取 21,水泥混凝土路面取 20,砂石路面取 6。

沥青路面损坏类型和权重 表 1-4-4

类型(i)	损坏名称	损坏程度	权重(ω_i)	计量单位
1	龟裂	轻	0.6	面积,m^2
2		中	0.8	
3		重	1	
4	块状裂缝	轻	0.6	面积,m^2
5		重	0.8	
6	纵向裂缝	轻	0.6	长度,m(影响宽度:0.2m)
7		重	1	
8	横向裂缝	轻	0.6	长度,m(影响宽度:0.2m)
9		重	1	
10	坑槽	轻	0.8	面积,m^2
11		重	1	
12	松散	轻	0.6	面积,m^2
13		重	1	
14	沉陷	轻	0.6	面积,m^2
15		重	1	
16	车辙	轻	0.6	长度,m(影响宽度:0.4m)
17		重	1	
18	波浪拥包	轻	0.6	面积,m^2
19		重	1	
20	泛油		0.2	面积,m^2
21	修补		0.1	面积,m^2

水泥混凝土路面损坏类型和权重 表 1-4-5

类型(i)	损坏名称	损坏程度	权重(ω_i)	计量单位
1	破碎板	轻	0.8	面积,m^2
2		重	1.0	
3	裂缝	轻	0.6	长度,m(影响宽度:1.0m)
4		中	0.8	
5		重	1.0	

续上表

类型(i)	损坏名称	损坏程度	权重(ω_i)	计量单位
6	板角断裂	轻	0.6	面积,m^2
7		中	0.8	
8		重	1.0	
9	错台	轻	0.6	长度,m (影响宽度:1.0m)
10		重	1.0	
11	唧泥		1.0	长度,m (影响宽度:1.0m)
12	边角剥落	重	0.6	长度,m (影响宽度:1.0m)
13		轻	0.8	
14		中	1.0	
15	接缝料损坏	轻	0.4	长度,m (影响宽度:1.0m)
16		重	0.6	
17	坑洞		1.0	面积,m^2
18	拱起		1.0	面积,m^2
19	露骨		0.3	面积,m^2
20	修补		0.1	面积,m^2

砂石路面损坏类型和权重 表 1-4-6

类型(i)	损坏名称	权重(ω_i)	计量单位
1	路拱不适	0.1	长度,m (影响宽度:3.0m)
2	沉陷	0.8	面积,m^2
3	波浪搓板	1.0	面积,m^2
4	车辙	1.0	长度,m (影响宽度:0.4m)
5	坑槽	1.0	面积,m^2
6	露骨	0.8	面积,m^2

②路面行使质量(RQI)。

路面平整度用路面行使质量指数(RQI)评价,按式(1-4-5)计算。

$$RQI = \frac{100}{1 + a_0 e^{a_1 \cdot IRI}} \tag{1-4-5}$$

式中:IRI——国际平整度指数(International Roughness Index,m/km);

a_0——高速公路和一级公路采用0.026,其他等级公路采用0.0185;

a_1——高速公路和一级公路采用0.65,其他等级公路采用0.58。

③路面车辙(RDI)。

路面车辙用路面车辙深度指数(RDI)评价,按式(1-4-6)计算。

$$RDI = \begin{cases} 100 - a_0 RD & (RD \leqslant RD_a) \\ 60 - a_1(RD - RD_a) & (RD_a < RD \leqslant RD_b) \\ 0 & (RD > RD_b) \end{cases} \tag{1-4-6}$$

式中：RD——车辙深度（Rutting Depth，mm）；

RD_a——车辙深度参数，采用20mm；

RD_b——车辙深度限值，采用35mm；

a_0——模型参数，采用2.0；

a_1——模型参数，采用4.0。

④路面抗滑性能（SRI）。

路面抗滑性能用抗滑性能指数（SRI）评价，按式（1-4-7）计算。

$$SPI = \frac{100 - SPI_{min}}{1 + a_0 e^{a_1 \cdot SFC}} + SPI_{min} \tag{1-4-7}$$

式中：SFC——横向力系数（Side-way Force Coefficienf）；

SRI_{min}——标定参数，采用35.0；

a_0——模型参数，采用28.6；

a_1——模型参数，采用-0.105。

⑤路面结构强度（PSSI）。

路面结构强度用路面结构强度指数（PSSI）评价，按式（1-4-8）、式（1-4-9）计算。

$$PSSI = \frac{100}{1 + a_0 e^{a_1 \cdot SSI}} \tag{1-4-8}$$

$$SSI = \frac{l_d}{l_0} \tag{1-4-9}$$

式中：SSI——路面结构强度系数（Structure Strength Coefficient），为路面设计弯沉与实测代表弯沉比；

l_d——路面设计弯沉（mm）；

l_0——实测代表弯沉（mm）；

a_0——模型参数，采用15.71；

a_1——模型参数，采用-5.19。

（2）路面技术状况（SCI）

路面技术状况用路面技术状况指数（SCI）评价，按式（1-4-10）计算。

$$SCI = \sum_{i=1}^{8} \omega_i (100 - GD_{iSCI}) \tag{1-4-10}$$

式中：GD_{iSCI}——第 i 类路基损坏的总扣分（Global Deduction），最高分值为100，按表1-4-7的规定计算；

ω_i——第 i 类路基损坏的权重，按表1-4-7取值；

i——路基损坏类型。

路基损坏扣分标准 表1-4-7

类型（i）	损坏名称	损坏程度	计量单位	单位扣分	权重（ω_i）
1	路肩边沟不洁		m	0.5	0.05
2	路肩损坏	轻	m^2	1	0.10
		重		2	
3	边坡坍塌	轻	处	20	0.25
		中		30	
		重		50	

续上表

类型(i)	损坏名称	损坏程度	计量单位	单位扣分	权重(ω_i)
4	水毁冲沟	轻	处	20	0.25
		中		30	
		重		50	
5	路基构造物损坏	轻	处	20	0.10
		中		30	
		重		50	
6	路缘石缺损		m	4	0.05
7	路基沉降	轻	处	20	0.10
		中		30	
		重		50	
8	排水系统淤塞	轻	m	1	0.10
		重	处	20	

项目二　技术经济管理

学习建议

通过对本项目的学习,能够掌握公路养护人工定员知识,养护定额内容,编制小修保养计划,并进行公路养护定额管理;能够掌握公路养护成本核算知识,进行公路养护成本核算。

技能要求

1. 能编制小修保养计划;
2. 能进行公路养护成本核算;
3. 能进行公路养护定额管理。

知识要求

1. 公路养护人工定员知识;
2. 养护定额内容;
3. 公路养护成本核算。

任务1　人工定员

一、公路养护定员标准

参见中华人民共和国交通部、劳动部文件〔91〕交人劳字945号《公路养护定员标准》。

二、公路养护定员计算参考公式

根据《公路养护定员标准》,养路工人每公里定员按式(1-4-11)计算得出。

$$\text{养路工人定员} = \frac{\text{全年计划用工工日数}}{25.5 \times 12 \times \text{平均出勤率} \times \text{平均出工率} / \text{调查里程数}} \quad (1\text{-}4\text{-}11)$$

任务2 养护定额

一、定额及定额管理的定义

定额是指物质生产部门在生产经营活动中,根据一定的技术组织条件在一定的时间内,为完成一定数量的合格产品所规定的人力、物力和财力消耗的标准额度。定额是根据技术测定法取得资料,经过加工、整理,通过数据(指标)加以规定的。它反映了在物质资料生产过程中,在现有生产力水平条件下的产品生产和生产消费之间的数量关系。

定额管理是指如何利用定额来合理安排和使用人力、物力和财力,以最小的活劳动和物化劳动消耗,取得最大的经济效益。定额管理有两层含义:首先对企业来说,是指按照国家(或主管部、委)或企业内部规定的定额指标,在组织施工生产与经营活动时,运用定额指标来计划、组织、协调和监督所需活劳动和物化劳动的消耗数量,达到以最小的消耗获得最大经济效益的目的。其次,对制定各类定额的主管部门来说,是指对各类定额的测定、编制、贯彻执行与定额信息反馈,以及定额解释、补充与修订等方面的组织与管理。

二、养护定额定义、作用及组成

1. 养护定额的定义

公路养护工程预算定额(简称养护定额)是指在一定的施工技术和施工组织的条件下,规定养护工人或班组为完成单位合格养护产品所消耗的人工、材料和机械台班的数量标准。养护定额所规定的人工、材料和机械台班消耗的数量标准,一方面反映养护管理部门对施工班组和工人在施工活动中,为完成一定量符合质量要求的产品所必需遵守和达到的活劳动和物化劳动消耗限额;另一方面也是反映施工班组和工人按照完成任务的优劣,衡量应该取得多少劳动报酬的主要尺度。

养护定额属于地方定额,它是根据统一领导、分级管理的原则,由各省、自治区和直辖市,在考虑本地区施工生产的物资供应、资源条件、交通、气候等施工技术和管理水平条件编制的。公路养护定额一般是由各省交通运输厅根据国家公路养护运行机制改革、费税体制改革的要求,结合地区实际来完成公路养护工程预算定额的具体编制。各省编制方式与核算因素不同,一般须完成人工、材料、机械台班耗用量等因素的计算、复核和测算等环节,经过相关专题讨论后确定。

2. 养护定额的作用

养护定额和其他工程定额一样,具有科学性、系统性、法规性、统一性、稳定性、时效性和群众性,养护定额在公路养护投资控制中起着十分重要的作用。

(1)养护定额是合理确定公路养护费用的投资及有效控制造价的基础;

(2)养护定额是确定养护工程的工、料、机实物消耗量的基础;

(3)养护定额是编制养护计划的重要依据;

(4)养护定额是编制养护施工组织设计的依据;

(5)养护定额是养护施工企业或管理部门量化考核、产值计酬的依据;

(6)预算定额是养护企业进行经济分析的依据;

(7)养护定额是编制标底,进行投标报价的基础。

3. 养护定额的组成

养护定额是由劳动消耗定额,材料消耗定额和机械台班使用定额三部分组成。

(1)劳动消耗定额(工时定额)

劳动定额是在一定的施工技术和组织条件,完成符合质量标准的单位产品所必需的劳动消耗量标准。劳动定额体现着劳动产品数量与劳动消耗量之间的内在联系,有时间定额和产量定额两种基本表现形式。

时间定额是指在合理的劳动组织和合理使用材料、施工工具的条件下,劳动者为完成单位合格产品所必须消耗的工作时间。时间定额以工日或工时为计算单位,每工日按8小时计算。

产量定额是指在合理的劳动组织和合理使用材料、施工工具的条件下,劳动者在单位时间所完成合格产品的数量。产量定额以产品的数量为计量单位,如米(m)、平方米(m^2)、吨(t)等。时间定额与产量定额二者互为倒数。通常劳动定额以时间定额为准。

劳动消耗定额是合理组织劳动的有力工具,为企业编制生产经营计划、劳动力计划、财务成本等提供依据。是控制生产进度、控制生产成本的有效措施,可以推动劳动人员进行技术创新、改进操作方法、提高工作效率。

(2)材料消耗定额

材料消耗定额是指在节约和合理使用材料的条件下,生产单位合格产品所必须消耗的一定品种规格的材料、燃料、半成品、构(配)件的数量标准。

对材料消耗实行定额管理,是工程建设中不可忽视的环节。建筑材料是构成工程实体的重要物质基础,材料消耗定额在很大程度上决定着材料的合理供应和使用。在工程建设中材料供应量与使用量的多少,主要取决于材料消耗定额。材料消耗定额是节约和合理使用材料的前提条件。先进合理的材料定额对提高企业效益,实现增产节约起重要作用。

材料消耗定额作用如下:

是编制物资供应计划的重要依据;

是科学组织物资发放的基础;

是控制合理使用物资的有力手段;

促进企业不断改进设计和工艺,改善生产和劳动组织,提高工人操作技术水平。

(3)机械台班使用定额

机械台班使用定额是指在正常的施工条件下,规定利用某种施工机械为生产某一单位合格产品所必须消耗的人、机工作时间,或者规定在单位时间内,人、机必须完成的合格产品数量标准。机械台班定额按其内涵,有机械时间定额和机械产量定额两种表现形式。

机械时间定额,是指技术条件正常和人机劳动组织合理的条件下,使用某施工机械为完成质量合格的单位产品,所消耗的人机工作时间。机械时间定额的计量单位,通常是以一台施工机械的一个工作班为单位,故称机械台班定额。有时也可以台时(即1小时)为单位。

机械产量定额,是指技术条件正常和人机劳动组织合理的条件下,利用某种施工机械在单位时间内(台班或台时)所应完成的质量合格的产品数量。

任务3 养护工程的成本核算

由于公路养护点多、线长、高度分散,加上行业内长期“重事后,轻事前”,忽视事前成本计划,存在成本信息披露失真,内容不全面、不科学,成本核算方式落后等现象,造成成本核算不准确,乱挤、乱列、乱摊工程成本现象时有发生。因此组织好成本核算,对全面提高公路养护项目成本管理水平,落实项目责任制,增强成本控制力度有很大的推动作用。

一、公路养护工程项目加强成本核算的目的

1. 加强成本核算是准确计算公路养护成本的前提

公路养护工程项目具有数量较小、线长且分散,设备及人工不能连续作业,需经常变换工程地点等特点。因此,无形中增加人工、材料以及施工维护设备的耗用,增加了单位工程支出,非正常支出远大于公路施工项目,因此,对公路养护项目进行准确的成本核算有利于分析公路养护成本,为找出成本差异及成本动因提供必要前提。

2. 加强成本核算是成本预测、成本计划的重要数据来源

成本预测与成本计划的编制都需要养护项目历史数据,因此,对公路养护项目采用科学的成本核算方法不仅能计算公路养护成本,更能为下一年的成本预测以及成本计划提供重要的数据来源,从而使养护项目组更清楚了解成本变化情况,及时做出调整,进行成本控制。

3. 加强成本核算是成本绩效考核的依据

通过成本核算可以清楚了解到公路养护项目各部分的成本支出。不仅如此,通过核算单位的缩小,还可以准确计算各施工队的成本计划执行情况,为项目决策层、中级管理层以及劳务层的成本考核提供可靠依据。

二、公路养护工程成本核算原则

为了提高公路养护项目管理水平,控制公路养护成本,对公路养护成本进行核算显得尤为重要。成本核算的质量直接决定成本控制的有效性,因此,在进行成本核算时应当遵循以下几点原则:

1. 确认原则

确认原则是指对公路养护过程中发生的成本要按照一定的标准加以认定。只要是以工程施工为目的发生的支出,都应当确认为成本,如工程施工的直接、间接费用。一般来说,公路施工遵循企业会计准则进行确认。在确定一项支出是否属于养护工程成本时,要与成本核算对象相联系。

2. 分期核算原则

公路养护项目并不同于公路建设项目,其周期较长,因此,在计算公路养护成本时应当将工期分为若干时期,在固定时期内核算养护工程成本。值得注意的是在进行成本核算时,各个期间所采用的确认原则应当一致,便于养护工程总成本的确定。

3. 及时性原则

及时性原则是指公路养护工程进行成本核算时应当保证核算的及时性。通常来讲,在一个工期结束后,应当尽快进行成本核算,从而确定此期间的成本支出,成本核算如果延误将无法为下一期成本计划的制订提供参考,影响到下一工期的成本计划科学性。然而成本核算也并非越快越好,应当建立在准确以及深入分析的基础上,对完成项目在一定时期发生的成本在规定时间完成核算。

三、公路养护工程成本核算过程

公路养护项目进行核算,按照确定成本核算对象、划清各项费用开支界限、建立目标成本考核体系、计算成本的过程进行。

1. 确定成本核算对象

在进行公路养护工程成本核算时需要确定成本核算对象,对于一些日常养护工程来说,可

以将一定时期作为成本核算对象，对于公路大修工程，则可以整个大修项目为养护对象。成本核算的对象不仅包括实际发生的成本，还应包括其预算成本以及计划成本。

2. 划清各项费用开支界限

划清各项费用开支界限，严格遵守成本开支范围。在确定了成本核算对象后，应当划清各项费用的开支界限，在实际核算过程中，应当严格遵守国家企业会计准则的相关规定，对项目发生成本按照一定原则进行归集，控制不合理的费用支出。

3. 建立目标成本考核体系

目标成本的确立对于成本考核以及施工队绩效考核具有重要意义，因此，在进行成本核算的同时应当确立目标成本，将其目标分解落实到项目班子中的各有关负责人，包括管理决策层、中级管理层以及劳务作业层。在施工过程中，要建立目标成本完成考核信息，并及时反馈到项目班子中各有关人员，及时做出决策，提出措施，更好地控制成本。

4. 计算成本

(1)按照费用的用途和发生的地点，把本期发生和支付的各项生产费用，汇集到有关生产费用科目中。

(2)月末将归集在“辅助生产”账户的辅助生产费用，按照各受益对象的受益数量，分配并转入“工程施工”账户中。

(3)月末各个工程项目凡使用自有施工机械的，应由本月成本负担的施工机械使用费用转入成本。

(4)月末将由本月成本负担的待摊费用和预提费用转入工程成本。

(5)月末将归集在“间接费用”中的间接费用，按一定的方法分配并转入工程项目成本。

(6)工程竣工后，结算竣工工程的实际成本转入“工程结算”科目借方，以资与“工程结算”科目的贷方差额结算工程成本降低额或亏损额。

项目三　培　　训

学习建议

通过对本项目的学习，能够掌握材料和燃料采备，施工机具组织相关知识，进行施工前的物资、场所、人员准备工作；能够掌握养护施工作业的方式方法，编制公路养护作业方案，选择合理的公路养护施工技术方案，并组织实施；能够掌握公路状况的技术评定相关知识，进行公路养护质量检查和竣工验收。

技能要求

1. 能进行施工前的物资、场所、人员准备工作；
2. 能选择合理的公路养护施工技术方案，并组织实施；
3. 能进行公路状况技术评定；
4. 能进行公路养护质量检查和竣工验收。

知识要求

1. 材料和燃料采备，施工机具组织相关知识；
2. 养护施工作业的方式方法；
3. 编制公路养护作业方案步骤；

4. 公路状况的技术评定。

任务1　培训计划的编制

培训计划是指按照一定的逻辑顺序排列的记录,它是从组织的战略出发,在全面、客观的培训需求分析基础上做出的对培训时间、培训地点、培训者、培训对象、培训方式和培训内容等的预先系统设定。

培训计划必须满足组织及员工两方面的需求,兼顾组织资源条件及员工素质基础,并充分考虑人才培养的超前性及培训结果的不确定性。培训计划制订之前有许多需要考虑的因素,这些因素直接影响培训计划的质量和效果。

一、培训计划的编制原则

1. 可行性原则

培训计划应根据本企业生产经营状况、员工实际状况、员工培训的需求、培训经费等情况统筹兼顾,制订切实可行的培训计划。只有这样才能保证计划有条不紊地实施,达到培训的目的。

2. 重点与全面相结合的原则

在制订计划时,要保证特种作业人员、新员工、五新(新材料、新设备、新工艺、新技术、新产品)教育、转岗换岗教育等重点人员或岗位优先进行培训。同时,要兼顾全员教育,保证企业所有员工都能及时地受到最新的培训。

3. 系统性原则

培训计划要根据企业的实际情况,对企业的全体员工进行全面的、有条理的、有连续性的培训。同时,教育的内容要有系统性,要对广大员工进行系统的养护管理理论知识、安全与环境保护知识、安全操作技能等方面的教育。

4. 针对性原则

培训计划要体现出将培训与企业的日常管理和生产过程有机地结合,与系统性原则的侧重点不同,重点是就生产过程中暴露出来的问题对员工进行有针对性的培训。

二、培训计划编制步骤

根据培训计划制订的原则,一般按照以下的步骤来制订计划:

(1)对培训进行需求分析,确定所要培训的对象和教育培训应达到的效果、目标。

(2)确定培训的内容、方法、组织实施方案。

(3)明确所需培训经费、培训的教材、师资、地点及管理措施。

(4)明确各相关部门在培训中的职责和义务。

(5)培训计划的实施安排。

(6)编制出培训计划,并报主管领导审批。

三、培训计划的主要内容

(1)明确培训的性质。即全员培训,还是特种作业人员培训;是资格教育培训,还是继续教育培训。

(2)明确培训的人数、办班期数、办班时间及人员分布安排,即要明确本类型培训的计划人数、参加培训的人员及参加教育培训的时间，以保证培训的正常进行和生产任务的完成。

(3)明确培训班各负责人，以保证各项工作的顺利进行。

(4)明确培训的组织管理，即各类培训的组织者、管理者，教师是内聘还是外聘，由哪些部门负责等。

(5)明确各级管理部门或人员的职责，即组织者、管理者、教师在培训过程中的责任和义务。

(6)培训考核要求和培训考核的目的和作用。

(7)培训经费安排，即培训所需的各类型经费。

四、培训计划的组织实施与管理

根据制订、批准的培训计划，还应制订出具体的实施方案，包括具体培训人员姓名、单位、培训教材确定、讲课教师确定、讲课地点落实等。具体组织实施方案及所拟采取的管理措施是培训计划有效实施的重要保证。

(1)落实各项培训措施。

培训前应通知培训人员，使其能合理安排工作与培训时间，然后反馈到安全管理部门，进行最终培训人员、时间、地点的确定。

(2)培训方式、教学方法的确定。

如采用脱产培训还是非脱产培训，采用授课方式还是示范教学方式，主讲老师是外聘还是本单位选聘，培训时间与其本职工作的协调安排、培训内容的准备等。

(3)培训视听教具、设备的确定。

使用的教材、授课教室或教学现场、教学投影设备、示范教学模型等。

(4)具体培训过程的管理。

培训班开班后，要加强管理，确保教育培训的质量，管理责任人及具体职责，具体承办部门及协办部门，承办者或协办者的职责分工等。

(5)考核、存档管理。

为考查教育培训效果，必须对培训对象进行考核，考核可采取面试、笔试、实际操作等形式。特种作业人员必须通过法定部门的考试，合格者可取得上岗证。存档内容包括培训人员信息、培训时间、地点、考核结果等，应按档案的建档要求进行归档。

任务2 培训教案的编写

教案是教师把备课内容用书面形式固定下来的具体的教学方案。写好教案是教好课的重要保证，是教师施教的蓝本，它反映着一名教师的教学思想、知识水平、课堂教学艺术，是检查教学工作的重要依据，是培训工作是否到位的依据之一，同时也是教师积累教学经验的主要方式，所以教师要认真写好教案。

一、教案的主要内容和要求

1.课题

本课所讲的题目，一般要写在一页的首行中间，要醒目。

2.教学目的

备课前要研读培训大纲、选择优秀教材或参考资料、了解学员情况，以此为依据来确定培训教学目的。教学目的定位要准，书写时要具体、准确、有指导作用。防止笼统或琐碎现象。

讲课过程要紧紧围绕实现培训教学目的进行。

3. 重点和难点

教学重点是培训大纲中要求和养护生产实践中学员必须熟练掌握的内容。教学难点是对于学员来说不易理解的内容。要注意,重点和难点的确定,一定要站在学员的角度去考虑。

4. 课时安排

课时安排要根据培训大纲或培训教学内容的相对独立性和学员的接受能力而定。一般不超过2课时,每课时授课内容要很清晰地反映出来。

5. 教学内容

教学内容一定要紧紧围绕养护工培训大纲所要求掌握的知识点和技能要求来确定,不能不经整理提炼,就将教材中的部分章节内容照搬过来。教案中要写明复习思考题,复习思考题应突出学员重点掌握的知识。

6. 教法与教具

在教学过程中哪些环节讲案例、与学员互动、使用教具,这些教学方法编写教案时要写明。

7. 板书(课件)设计和课后分析

教案中对板书(课件)设计的要求是:

(1)板书的内容正确,布局合理,具有美感;

(2)内容完整,简明凝练,是教案的缩影;

(3)要点醒目、重点突出。

教师还要注意坚持写课后分析,及时总结每节课的成败优劣,为以后的教学总结经验,积累资料,这是提高教学水平的有效措施。

二、写好教案需注意的问题

1. 切忌照搬优秀教案和参考资料

因为各人的特点、思路不同,他人优秀的、成功的案例,对己不一定完全适用。

2. 教案要常教常新

因为人们的认识是随着实践的深入而不断提高的,科学知识也是随着时代的发展而发展的。尽管教材依旧,但由于时代的需要,学员的变化,对知识理解认识的变化,自身业务素质、教学经验等因素的变化,必须更新旧教案,重推敲,细修改,使之更完善。

3. 以实用为宗旨

勿流于形式、应付检查,要实事求是。

第二部分　高级技级(一级)

工作情境一　路基养护

情境描述

情境一：某高速公路，沿线地质条件较复杂，经过多年使用后，出现了一些重度病害，需对沉陷、翻浆、泥石流、软土和雪崩等各种病害进行处理，高级技师的工作任务是：按照病害处理的相关施工工艺进行处治。

情境二：某公路宽7m，长8km，要求养护段对路况进行检查和数据处理，评定出养护等级，并制订出相应的施工方案。高级技师工作任务是：根据道路实际，进行路基养护的技术管理。

项目一　路基重度病害处治

学习建议

1. 路基病害相关基础知识内容可参阅《公路养护工（初级·中级·高级）》教材；

2. 严格依据《公路养护技术规范》（JTG H10—2009）、《公路工程质量检验评定标准》（JTG F80/1—2004）等行业技术标准、技术规范进行学习和实践。

3. 关注行业发展，了解公路养护的新技术、新工艺、新设备、新材料。

4. 学习过程中，应注重加强实际操作能力的培养。在课堂理论培训完成之后，通过工程实际项目进行综合训练，具备路基养护高级技师的相关职业能力。

技能要求

1. 能治理泥沼和软土地基病害；
2. 能治理泥石流对道路的损害；
3. 能对雪崩防治设施进行设置并养护；
4. 能治理路基翻浆；
5. 能对路基沉陷进行处置。

知识要求

1. 掌握预防和治理软土地基病害的方法；
2. 掌握预防和治理泥石流对道路损害的方法；
3. 掌握雪崩防治原则，掌握雪崩防治设施的设置及养护要点；
4. 掌握路基翻浆的原理和治理方法；
5. 掌握路基沉陷的原理和处置方法。

任务1 泥沼、软土地基病害防治

一、泥沼、软土地基病害成因

软土是指以水下沉积的饱水软弱黏性土或淤泥为主的地层，有时也夹有少量的腐泥或泥炭层。泥沼比软土具有更大的压缩性和更高的有机质含量，但它的渗透性强，受荷后能够迅速固结。

泥沼和软土具有含水丰富、透水性小、压缩性大、抗剪强度低、承载能力差等特性。泥沼软土地带的路基容易出现路基基底土被压缩而产生较大的沉降，基底土被挤压塑流，向两侧或下坡一侧隆起使路堤下陷、滑动以及冰冻膨胀而产生弹簧、翻浆等病害。在荷载作用下造成公路变形，功能受到影响或破坏，同时还危害到通道、桥台等横向构造物和挡土墙等纵向构造物的安全使用。

二、泥沼、软土地基病害防治方法

泥沼和软土地区路基应加强排水，改善排水条件，采取适当的技术措施稳固路基。泥沼和软土地带路基的病害，应根据不同情况采取下列防治措施，见表2-1-1。

泥沼、软土地基病害防治方法　　表2-1-1

序号	方法	简　介
1	降低水位	当在路基两侧开挖沟渠的工程量不大时，可加深路堤两侧边沟，以降低水位，促进路基土渗透固结，达到稳固路基的效果
2	反压护道	当路堤下沉，向两侧或路堤下坡一侧隆起时，可采取在路堤两侧或一侧填筑适当高度与宽度的护道，在护道重力作用下，使路堤两侧或单侧有被挤出隆起的趋势得以平衡，保证路堤稳定
3	换土	将病害处路堤下软土全部挖出，换填强度较高、渗透性较好的砂砾石、碎石
4	抛石挤淤	抛石挤淤为强迫换土的一种形式，适用于软土液性指数大，层厚较薄，片石能沉达下卧硬层者。采用较大的片(块)石，直径一般不小于30cm。先将病害路段路堤挖到软土层，抛石自路堤中部开始，逐步向两侧展开，使淤泥挤出，在片(块)石抛至一定高度后(一般应露出淹没水面)，用压路机碾压，然后在其上铺设反滤层，再填土至路基原有高度
5	侧向压缩	在路堤坡脚砌筑纵向结构，限制软土侧向挤出，可采用板桩、木排桩、钢筋混凝土桩、片石齿墙等
6	砂井(桩)、石灰桩	在软土路基中采取冲击或振动等方法形成一定直径的钻孔，在孔中灌以砂、石、灰土或石灰等材料，捣实而成直径较大的桩体，利用横向挤紧作用，使路基土粒彼此靠紧，孔隙减小，而且钻孔被填满和压紧，形成桩体。桩体具有较高的承载能力，群桩的面积约占松散加固面积的20%，以致桩和原土组成复合地基，达到加固的作用
7	化学加固法	利用化学溶液(如水玻璃溶液、丙烯酸氨溶液、水泥浆液、纸浆溶液等)或胶结剂采用压力灌注或搅拌混合等措施，使土颗粒胶结起来，达到对土基加固的目的
8	塑料排水板法	塑料排水板是一种利用塑料板排水，以达到加固软土地基和防止公路翻浆的新型材料
9	土工布	土工布在高压下具有较大的孔隙率，透水性能好，有优越的垂直、水平排水能力，很高的抗拉强度及隔水作用，能提高路基整体强度，重新分布土基压力，增强路基稳定性

下面重点介绍表2-1-1中第7、8、9三种防治方法，其余方法详见培训教材《公路养护工(初级·中级·高级)》部分及本册技师部分介绍。

1.化学加固法

化学加固法常用的四种材料中，以水泥浆液使用较多，本节重点介绍利用水泥作为主要材料的加固方法。

“水泥土搅拌桩”是利用水泥作为固化剂，通过特制的搅拌机械，在地基深处将软土和固化剂(浆体或粉体)强制搅拌,利用固化剂和软土之间所产生的一系列物理化学反应,使软土硬结成具有整体性、水稳定性和一定强度的复合地基。

1)施工工艺流程

施工工艺流程如图 2-1-1 所示。

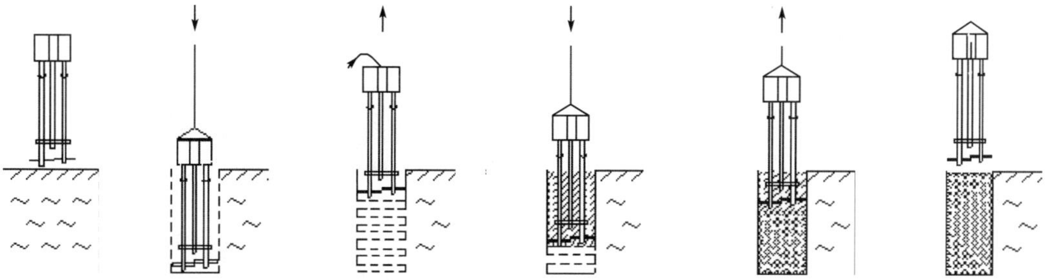

a)定位　b)预搅下沉　c)喷浆(粉)搅拌提升　d)重复搅拌下沉　e)重复喷粉(粉)搅拌提升　f)关闭搅拌机械

图 2-1-1　水泥搅拌桩施工工艺流程

2)施工工艺

"水泥土搅拌桩"施工工艺见表 2-1-2。

"水泥土搅拌桩"施工工艺　表 2-1-2

工艺要点	示例
(1)搅拌机械就位、调平。施工中应保持搅拌桩机底盘的水平和导向架的竖直,搅拌桩的垂直偏差不得超过1%;桩位的偏差不得大于50mm	
(2)预搅下沉至设计加固深度	
(3)边喷浆(粉)、边搅拌提升直至预定的停浆(灰)面。搅拌机喷浆提升的速度和次数必须符合施工工艺的要求,并应有专人记录	

续上表

工 艺 要 点	示　例
(4)重复搅拌下沉至设计加固深度	
(5)根据设计要求,喷浆(粉)或仅搅拌提升直至预定的停浆(灰)面	
(6)关闭搅拌机械	

2. 塑料排水板法

塑料排水板法可以代替常用的砂井法,采用插板机将塑料排水板插入土中,然后在上面加载预压,土中水即可沿塑料排水板通道逸出,地基得以加固。排水板具有一定的强度和延伸度,适应地基变形的能力强,材料截面尺寸不大,插放时对路基扰动小,并能保持排水板条竖立,施工效率高,材料质量轻,运输方便,插板质量也容易控制和检查。

1)施工工艺流程

施工工艺流程如图 2-1-2 所示。

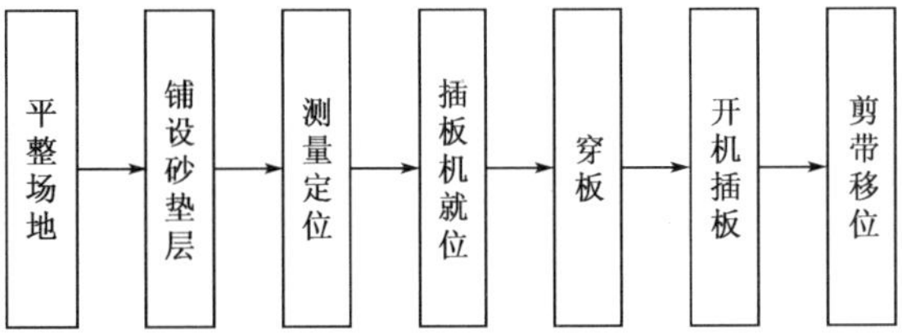

图 2-1-2　塑料排水板施工工艺流程

2)施工工艺

塑料排水板法施工工艺见表2-1-3。

塑料排水板法施工工艺 表2-1-3

工艺要点	示例
(1)平整场地。塑料排水板施工前,要对场地进行清表、整平和初步碾压	
(2)铺设砂垫层。采用机械配合人工摊铺,在施工过程中要避免对软土表层的扰动过大,以免造成砂、土、泥混合,影响排水效果	
(3)测量定位。用全站仪、钢尺确定打设区域,放出每个塑料排水板的打设点位置,并用竹签、白灰等做好标记	
(4)插板机就位。将配备好的竖向排水板施工机械就位,根据打设板位标记进行插板机定位	
(5)穿板。将塑料排水板穿过插板机的套管,从套管下端穿出,与专用管靴连接,连接后拉紧,使桩尖与管靴贴紧	

续上表

工艺要点	示例
(6)开机插板。插板机就位后,通过振动锤驱动套管对准孔位下沉,排水板从套管内穿过,与端头管靴相连并顶住排水板插到设计深度	
(7)剪带移位。排水板外露长度不小于250mm,埋入砂垫层中并做出标记,以防止塑料板随地基沉降而降至砂垫层以下,形成排水系统的脱节,同时也便于检查打设的数量和间距	

3. 土工布法

土工布作为一种补强材料用于加固地基已在我国广泛推广使用。软弱地基处理时一般土工布是铺设在路堤底部,在路基自重压力作用下,土工布受拉,并产生抗滑作用,从而提高了路基的稳定性。

1)土工布的作用

(1)排水作用。在饱水的松软地基或翻浆路段敷设土工布夹层后,在上部填土及行车荷载的作用下,可将土中多余的水挤出,通过土工布的垂直透水性和平面透水性沿设计的底坡迅速排出。

(2)过滤作用。土工布在排除路基水的同时,可以阻止细粒土的流失,使土体保持稳定,加速固结,减小土的孔隙比,使土基趋于密实。

(3)隔离作用。在饱水的松软地基上填筑路基时,为增强地基的承载力,防止毛细水对土基强度的影响,一般多采用水稳性好的碎石、砾石、砂砾等透水性集料作基层的铺筑料。在地基与填料之间敷设土工布夹层,既可有效地防止集料下陷,又可阻止淤泥软土在荷载作用下上翻。

(4)加筋作用。土工布夹层与土基及填料之间产生较大的内摩擦力,使填料—土工布—地基形成一个连续的整体,它能在纵向、横向均匀地传递并快速消散荷载,改善土基的受力状态。起到稳定填料,增强土基承载力的作用。

(5)防护作用。用于边坡的防护,防止坡面在水流冲刷下的坍塌、淘刷和失稳。

2)施工工艺

土工布法施工工艺见表2-1-4。

土工布法施工工艺 表 2-1-4

工 艺 要 点	示 例
(1)开挖排水沟。当施工路段有积水时,根据设计要求在路基边缘先开挖排水沟,排除淤泥软土层的积水	
(2)清理场地。待积水排除后,人工清除淤泥软土层上的石块、树枝等杂物,并将场地整平,做好不小于 2% 的横坡度	
(3)铺设土工布。在整平好的松软地面上,人工把土工布卷材按需要长度从路基的一侧逐渐滚动摊铺向路基的另一侧并拉平,不能有皱折。然后视不同土基强度,采用搭接、缝合或用黏合剂黏合连接的方式,将不同幅土工布拼接在一起,使土工布在整个覆盖区内形成一个整体	
(4)固定土工布。将大块土工布的四周用片石压在已挖好的路基排水沟内,填压片石时要注意轻放,并使片石的大面与土工布接触,以防止土工布撕裂或被顶破,如有破损,应及时修补	
(5)按设计要求填筑路堤。填筑路堤时,为隔断可能上升的毛细水,一般在土工布上层先铺筑一层透水性好的砂砾层。土工布与砂砾层在路基与排水沟之间形成一个统一的排水系统,有利于将固结水顺利地排出路基之外。填筑路基时,应分层填筑,每层填筑长度应小于 20m,先用轻型压路机碾压,然后用重型压路机碾压成型	

任务 2 泥石流对道路损害的预防及治理

泥石流是指带有大量泥沙、石块的间歇性洪流,多发于山岭地区暴雨或融雪季节,破坏性较强。泥石流对路基的危害主要通过堵塞、淤埋、冲刷、撞击等造成;也可以通过压缩、堵塞河道使水位壅升，以致淹没上游沿河路基，或迫使主河槽改道、冲刷，造成间接水毁。

一、泥石流的形成条件

泥石流的形成条件见表 2-1-5。

泥石流的形成条件　　表 2-1-5

地形条件	区域地形条件是滑坡泥石流能否形成的重要能量条件因素之一。它是上游和山坡坡面松散固体物质所具有势能的体现，是物质能否启动的先决条件
物质条件	松散碎屑物质、水分的储量和来源情况是滑坡泥石流发生的物质条件。其中松散固体碎屑物质受地层条件、土壤条件、植被条件等多因素影响
触发条件	水流激发是泥石流灾害中最常见的触发因素。由绵雨、暴雨、融雪、江河溃决等水流持续作用，使基本条件中的某一条件超过稳定强度，激发泥石流

二、泥石流防治的基本原则

(1)发生频率高的黏性泥石流及规模较大的稀性泥石流路段，经技术经济比较宜改线绕避；无法绕避时应避重就轻选择线路。

(2)布设调治构造物，应根据路段和桥梁所在位置，结合地形、沟槽宽度、可能发生泥石流的性质、流势及其发展变化规律，综合考虑确定。

(3)对于危害性大、涉及面广的泥石流，若当地人类活动、经济建设有可能促使泥石流发育，宜与有关部门协商，进行工程和生物水土保持相结合的综合治理。

(4)在泥石流易形成区，应采取平整山坡、堵塞沟缝、修建阶梯和土埂等措施控制水土流失和滑坍的发展。

(5)泥石流流通区，在地形、地质及储淤条件较好处，可修建拦挡或停淤场。

三、泥石流防治的方法

泥石流的防治首先应开展调查，通过访问、测绘、观测等获得第一手资料，掌握其活动规律，采取预防为主、综合治理的措施减轻泥石流的危害。泥石流频发的地区，养护部门应加强巡查，观察周围环境及设施的变化动态，及早发现问题采取防治措施。泥石流防治的具体措施可从以下几方面着手，见表 2-1-6。

泥石流防治措施　　表 2-1-6

绿化措施	对可能发生泥石流的山坡、沟谷，在春秋两季应大量进行植树造林，铺植草皮。铺草皮前应先修整边坡，铺时要接缝紧密，用捶拍紧拍平。正在滑动的边坡，不宜种植。植树应选用生长速度快，根系多的树种，如柳树等
跨越措施	修建桥梁、涵洞，从泥石流沟的上方跨越通过，让泥石流在其下方排泄，用以避防泥石流。适用于跨越流通区的泥石流或者洪积扇区的稳定自然沟槽
穿过措施	修隧道或渡槽，从泥石流的下方通过，而让泥石流从其上方排泄。适用于路线穿过规模大、危害严重的大型或多条泥石流沟
排导措施	其作用是改善泥石流流势，增大桥梁等建筑物的排泄能力，使泥石流按设计意图顺利排泄。排导工程包括排导沟、渡槽、导流堤等
拦挡措施	主要是修建谷坊坝、拦渣坝和停淤场。用以控制泥石流的固体物质和暴雨、洪水径流，削弱泥石流的流量、下泄量和能量；固定泥石流河床，防止沟床下切和谷坡坍塌；减缓河床纵坡，降低流速；防止或减轻泥石流对路基及其附属构造物的破坏

1. 常用排导措施

泥石流防治常用排导措施见表 2-1-7。

泥石流防治常用排导措施 表 2-1-7

类型	简　介	示　例
排导沟	排导沟适用于有排沙地形条件的路段。出口应与主河道衔接,出口高程应高出主河道 20 年一遇的洪水水位。排导沟纵坡宜与地面坡一致。排导沟的横断面应根据流量计算确定,排导沟应进行防护	
渡槽	渡槽适用于排泄流量小于 30m/s 的泥石流,且地形条件应能满足渡槽设计纵坡及行车净空要求,路基下方有停淤场地。渡槽应与原沟顺直平滑衔接, 纵坡不小于原沟纵坡,出口应满足排泄泥石流的需要	
导流堤	当在堆积扇的某一区间内,需要控制泥石流的走向或限制其影响范围时,可设置导流堤,以防上游泥石流直接冲击路堤或壅塞桥涵	

2. 常用拦挡措施

泥石流防治常用拦挡措施见表 2-1-8。

泥石流防治常用拦挡措施 表 2-1-8

类型	简　介	示　例
谷坊坝	山区沟道内拦截泥沙的小坝。谷坊的高度一般不超过 5m。一条沟道内往往需节节修筑多座谷坊,形成谷坊群,方能达到预期效果	
拦渣坝	泥石流形成区的地质、地形条件较好时,可分级修建砌石或混凝土拦渣坝。拦渣坝通常是一沟一坝,将泥石流全部拦截在坝后,只许清水过坝。修筑时注意坝址应选在有充分停淤的河谷狭窄处,基础应设在可靠的地基上。沉积在坝后的泥石应随时清除,以便充分起到沉积和拦阻泥石的作用	

续上表

类型	简　　介	示　　例
停淤场	当路线在小型泥石流洪积扇的下缘通过,路线下侧离大河较远、沟床纵坡平缓、无法将泥沙石块输入大河时,可考虑利用沟口与路线之间的开阔有利地形设置停淤场,将泥石流中的固体物质导入停淤场沉积下来,余水由桥孔排泄出去。这种措施只适用于泥石流物质储量有限的流域	

任务3　雪崩对道路损害的预防和治理

一、雪崩的定义

雪害有积雪和雪崩两种形式。积雪对公路的危害主要是影响行车安全,严重的则会阻断交通。山上大量的积雪突然沿山坡或山沟崩落下来,就会发生雪崩,在我国新疆及西藏的山区多有发生。大量的雪崩不仅能掩埋路基、阻断交通,还能击毁路上的行车及建筑物,如图2-1-3所示。

图2-1-3　雪崩

对雪害的防治,应通过全面的调查研究,摸清雪害的成因与基本规律,了解现有防雪设施工作效果,保持防雪设施的完好,增添必要的防雪设施,减少雪害对公路及交通的危害程度。

二、雪崩的防治原则

(1)原公路(特别是盘山公路)多次通过同一道雪崩地带时,应该尽量将公路移出。

(2)对危害公路的雪崩生成区,应该于雪季前和雪季后对防雪崩工程,如水平台阶、稳雪栅栏等进行维修,保护森林、植被,以充分发挥稳定雪体的作用。

(3)对雪崩运动区和堆积区,应该保持防雪崩工程,如防雪走廊、导雪槽或将雪崩体引向预定堆雪场地的导雪堤等的完好。

(4)对雪崩运动区,应保持防雪崩工程,如土丘、楔、铅丝网和排桩等的完好,以减缓和拦阻雪崩体的运动。

(5)在大的雪崩发生前,制造一些小规模的"人工雪崩",化整为零,以减轻雪崩对公路的危害。

(6)各种防治雪崩的工程措施,都应注意保持原有植被和山体的稳定,避免造成人为的滑坡、泥石流和塌方。

(7)在山坡面上植树造林,对雪体滑移能起阻滞作用,是防治雪崩的有效措施,对山坡上树木,应注意加强管理和抚育。

三、雪崩防治设施的设置及养护要点

1. 水平台阶

水平台阶是在公路侧面山坡上稳定积雪并阻拦短距离滑雪的工程设施,如图2-1-4所示。养护应符合下列要求:

(1)水平台阶养护时,要经常整修台阶和坡面,并种植草植树,保持其良好的稳雪能力;

(2)台阶平面宽度应保持在2m左右。

2.稳雪栅栏

稳雪栅栏是为防止山坡上积雪的蠕动而沿等高线设置的防雪措施,如图2-1-5、图2-1-6所示。设置应符合下列要求:

(1)露出地面部分的高度 H 应保持大于该处的积雪深度;

(2)栅板宽与栅板间距均宜保持在10m左右;

(3)立柱的间距为2m左右;

(4)栅板宽与坡面角度宜保持105°,斜支柱与坡面角度宜保持在35°~40°之间,支撑点应位于立柱高的2/3处;

(5)最高的一排栅栏应尽可能接近雪崩的裂点及雪檐下方。

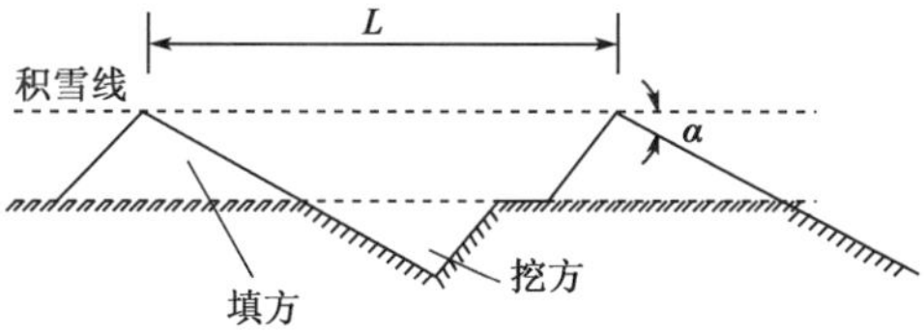

图2-1-4　水平台阶

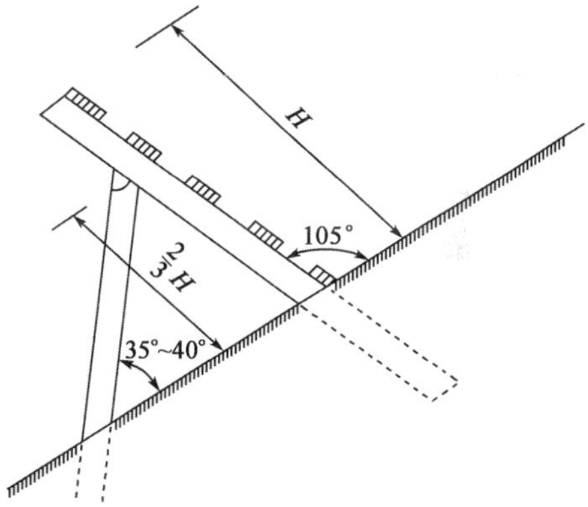

图2-1-5　积雪栅栏

图2-1-6　稳雪栅栏

3.导雪堤

导雪堤是为改变雪崩运动方向,使雪崩堆积到指定地点的防雪设施。导雪堤有土堤、浆砌石堤、铅丝笼石堤等结构形式,可根据当地沟槽坡度及施工条件选择使用,如图2-1-7所示。设置应符合下列要求:

(1)与雪崩运动方向的夹角宜小于30°;

(2)堤体应及时进行维修,保持其原设计的抗冲击与摩阻力;

(3)导雪堤末端应保持有足够的堆雪场地,雪季前应进行检查并进行必要清理。

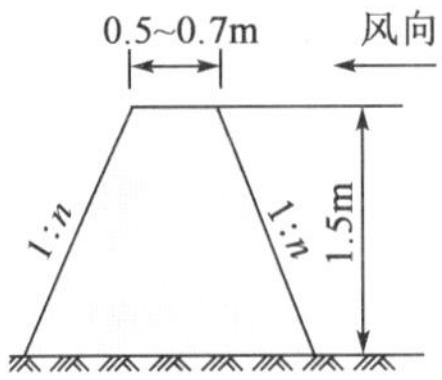

a)土堤

b)铅丝笼石堤

图 2-1-7　导雪堤

4. 防雪走廊

防雪走廊是在公路上修筑的构造物,形式与明洞相似,能使雪崩雪从其顶上越过;也可防止风吹雪堆积,如图 2-1-8 所示。养护应符合下列要求:

(1)必须保持工程各部结构完好。

(2)防雪走廊与公路及内侧的山坡应紧密联结。如有空隙,可用土石分层回填并夯实。

(3)保持防雪走廊上部沟槽中设置的各种防治发生雪崩的辅助设施及山坡植被的完好。

(4)走廊的顶盖倾角应尽量与山坡坡度一致,两者之间的夹角一般不宜超过 15°。

5. 导雪槽

导雪槽是在公路上修筑的构造物,内侧与山坡紧密联结,外侧以柱支撑,可使雪崩雪从其顶上越过的工程设施。适用于防治靠近公路一侧上方的小雪崩。根据实际情况可做成临时性或永久性。设置和养护应符合下列要求:

(1)必须保持工程各部结构牢固完好;

(2)槽下净空应满足有关规定;

(3)导雪堤宜做成从内向外略倾斜。

6. 阻雪土丘

在雪崩运动区的沟槽内,用土堆筑而成,如图 2-1-9 所示,养护应符合下列要求:

(1)保持宽为 10 ~ 12m,长为 15 ~ 20m,高于沟内最大雪崩峰面高度。有损坏或几何尺寸不足时,应及时修补。

(2)修补时不得在土丘下部或两侧取土。

图 2-1-8　防雪走廊

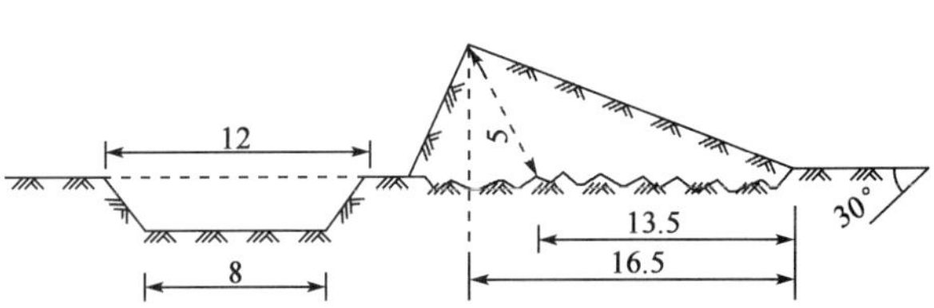

图 2-1-9　阻雪土丘(尺寸单位:m)

7. 楔

楔是在雪崩运动区下部和堆积区上部设置的楔状构造物群。其主要作用是分割、阻挡、滞留雪崩体。其高度应大于雪崩体峰面高度，可用木、石、水泥混凝土、金属等制成，养护应符合下列要求：

(1)保持构造物完好；

(2)保证其高度大于雪崩峰面高度，不足时应及时加固。

8. 铅丝网

铅丝网是设在沟槽雪崩运动区的狭窄通道内，阻拦雪崩继续向下运动的设施。设置和养护应符合下列要求：

(1)铅丝网宽度与沟槽同宽，但不宜超过10m，高度应大于雪崩峰面高度，支柱埋置深度不应小于1m；

(2)网眼铅丝不得小于8号，网孔不得小于6cm，支柱宜用型钢；

(3)雪季后应及时检修。

9. 排桩

排桩作用同铅丝网，设置在较大的沟槽雪崩支沟口处或规模不大的雪崩沟槽内。养护应符合下列要求：

(1)保持所有柱体完好；

(2)高度应大于雪崩峰面高度。

四、减缓或阻止雪崩体崩落措施

在雪崩体崩落前，可采取以下措施减缓或阻止其发生崩落：

(1)在雪崩生成区的积雪体上撒钠盐，以促使崩雪融化后形成整体，增加雪体强度，减轻雪崩的危害。

(2)用炮轰或人工爆破以损坏雪檐、雪屋的稳定性。也可在雪崩体坡面从两端用拉紧的绳索将下部的积雪刮去，使其上部失去支撑，制造小规模的“人工雪崩”，以减轻雪崩的危害程度。

(3)阻止风雪流向雪崩生成区聚集。

任务4 路基翻浆防治

一、路基翻浆产生的过程

路基翻浆产生过程见表2-1-9。

路基翻浆产生过程 表2-1-9

入冬前	冬季由于降水或灌溉的影响，地面水下渗、地下水位升高，使路基水分增多，为水分积聚提供了必要条件
冬季	进入冬季，气温下降，路基上部的土开始冻结。路基下部的水分包括路肩、边坡下尚未冻结的土中的水分都向路面下已冻结区土中聚集，在路面下聚集较多水分，形成一定厚度的聚冰层
春季	春季化冻时，由于路面吸热和导温性较强，其下部的路基土先于路肩下的融化，化冻后的水分被路基下部未融化的冻土包裹，难以排出路基，导致路基上部处于过湿状态。路基的强度随着冻土的不断融化逐渐降低，以至丧失承载能力，在行车荷载作用下发生弹簧、开裂、鼓包、车辙等病害，严重时泥浆外冒，路面大面积破坏，形成翻浆

二、路基翻浆的影响因素

影响路基翻浆的因素既有土质、温度、水等自然因素，又有路面、行车荷载、设计、施工、养护等非自然因素，见表 2-1-10。

路基翻浆影响因素　　表 2-1-10

土质	粉性土是最容易翻浆的土，当粉性土和黏性土含有大量腐殖质和易溶盐时，则更易形成翻浆，砂性土在一般情况下不易发生翻浆
温度	入冬时气温较高或冷暖交替出现，温度在 $-3\sim0$℃之间停留时间较长；入春时天气骤暖，土基急速融化，易发生翻浆
水	路基附近的地表积水、浅层的地下水、秋雨及农田灌溉等为形成翻浆提供了水源
路面	当路面结构透气性较差时，路基土中的水分不能快速地从面层蒸发，使水分滞积于土基顶部与基层，易出现翻浆
行车荷载	翻浆在行车荷载的作用下最终形成。因此，交通量越大，车辆轴载越重，则翻浆越为严重
设计	路线没有避开不利的水文地质地带，路基设计高度不够，路面结构不当、厚度偏薄等因素为日后产生翻浆埋下隐患
施工	填筑方案不合理，填筑材料不符合要求，分层填筑时压实度不足等施工质量问题会加速翻浆的出现
养护	排水设施堵塞，路面、路肩积水未及时排除会加剧翻浆的形成

三、翻浆的处治

路基翻浆主要发生在季节性冰冻地区的春融时节，以及盐渍土、泥沼、软土等地区。路基翻浆根据导致其发生的水类来源和翻浆时路面的变形破坏程度，可分为五种类型和三个等级，见表 2-1-11、表 2-1-12。

翻 浆 分 类　　表 2-1-11

序号	翻浆类型	状 态 描 述
1	地下水类	受地下水的影响，土基经常处于潮湿状态，导致翻浆。地下水包括上层滞水、潜水、层间水、裂隙水、泉水、管道漏水等。潜水多见于平原区，层间水、裂隙水、泉水多见于山区
2	地表水类	受地表水的影响，土基潮湿，导致翻浆。地表水主要指季节性积水，也包括路基、路面排水不良而造成的路旁积水和路面积水
3	土体水类	因施工遇雨或用过湿的土填筑路堤，造成土基原始含水率过大，在负温度作用下上部含水率显著增加导致翻浆
4	气态水类	在冬季强烈的温差作用下，土中水主要以气态形式向上运动，聚积于土基顶部和路面结构层内，导致翻浆
5	混合水类	受地下水、地表水、土体水或气态水等两种以上水类综合作用产生的翻浆。此类翻浆需根据水源主次定名

翻 浆 分 级　　表 2-1-12

翻浆等级	状 态 描 述
轻	路面龟裂、潮湿、车辆行驶时有轻微弹簧
中	大片裂纹、路面松散、局部鼓包、车辙较浅
重	严重变形、翻浆冒泥、车辙很深

路基发生翻浆病害时，应根据翻浆的类型和级别(翻浆程度)采取相应的防治措施。防治翻浆的基本途径是：防止地面水、地下水或其他水分在冻结前或冻结过程中进入路基上部，可将聚冰层中的水分及时排出或暂时蓄积在透水性好的路面结构层中；改善土基及路面结构；采用综合措施防治。各种防治翻浆的措施见表 2-1-13。

防治翻浆的措施 表 2-1-13

编号	措施种类	适用翻浆类型	翻浆等级	适用地区或条件	使用说明
1	路基排水	1、2、5	轻、中、重	平原区、丘陵区、山区	适用于一切新、旧道路
2	加高路基	1、2、5	轻、中、重	平原、洼地、平地	新、旧路均可使用，必要时也可与 3、4、5、6、7、8、9 任何一类组合应用
3	砂桩、砂砾、垫层	1、2、3、5	中、重	产砂、砾地区	新、旧路均可用，主要做垫层或与 2、4 类组合应用
4	石灰土结构层	1～5	中、重	缺少砂、石地区	新、旧路均可用，主要做基层或垫层，或与 3、5 类措施组合应用
5	煤渣、石灰土结构层	1～5	中、重	缺少砂、石地区，煤渣供应有保证	新、旧路均可用，主要做基层或垫层，或与 4 类措施组合应用
6	透水性隔离层	1、5	中、重	产砂、石地区	适用于新路
7	不透水隔离层	1、2、4、5	中、重	沥青、油毡、塑料薄膜供应有保证	多用于新路
8	盲沟	1、5	轻、中、重	坡腰或横向地下水出露地段、地下水位高的地段	新、旧路均可使用
9	换土	1、2、3、5	中、重	产砂砾或水稳定性好的材料地区	适用于新、旧路

下面重点介绍表 2-1-13 中第 4、5、8 三种防治方法，其余方法详见培训教材《公路养护工(初级・中级・高级)》及本册技师部分介绍。

1. 铺设石灰稳定类或石灰工业废渣稳定类基(垫)层

用以增强路面的板体性、水稳性和冻稳定性，提高路面的力学强度，起到减缓和防止路基冻胀和翻浆的作用，具体可按照《公路路面基层施工技术细则》(JTG/T F20—2015)中基层的施工方法操作。

2. 设置路肩盲沟或渗沟

(1)路肩盲沟

为及时排除春融期间路基中的自由水，达到疏干路基上部土体的目的，可在路肩上设置横向盲沟。适合于路基土透水性较好的地下水类翻浆路段。盲沟应用渗水性良好的碎(砾)石填充，沟底宜做成 4%～5% 的坡度。盲沟出水口高出边沟水面 30cm，出口按一般盲沟处理。设置要点见表 2-1-14。

(2)排水渗沟

为了降低路基的地下水位，可在边沟下设置盲沟或有管渗沟。为了拦截并排除流向路基的层间水，可采用截水渗沟。设置要点见表 2-1-14。

路肩盲沟及渗沟设置要点　　表 2-1-14

工 艺 要 点	示　　例
盲沟布置应与路中心线垂直。如路段纵坡大于 1% 时，则宜与路的中心线成 60° ~ 75° 的交角（顺下坡方向），两边交错排列，一般 5 ~ 6m 设置一道，深为 20 ~ 40cm，宽为 40cm 左右	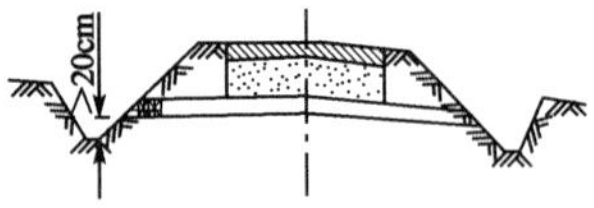
渗沟的埋置深度按地下水位的高程、地下水位需下降的深度以及含水层介质的渗透系数等因素考虑确定。渗沟断面尺寸，应根据构造类型、埋设位置、渗水量、施工和维修条件等确定。渗沟侧壁及顶部应设置反滤层，底部应设置封闭层	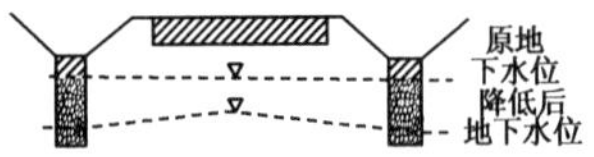

任务 5　路基沉陷防治

一、沉陷定义

沉陷是由于路基的竖向变形而导致路面下沉的现象，如图 2-1-10 所示。

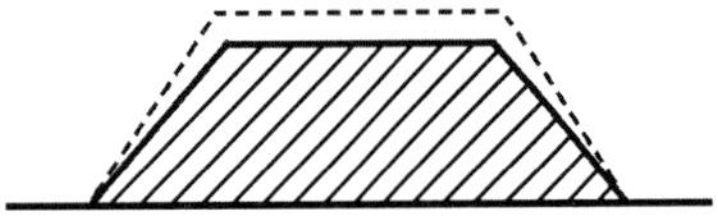

图 2-1-10　路基沉陷

路基裸露在大气中，经受着土体自重、行车荷载和各种自然因素的作用，路基的各个部位将产生变形。路基的变形分为可恢复的变形和不可恢复的变形，路基的不可恢复变形将引起路基高程和边坡坡度、形状的改变。严重时造成土体移位，危及路基的整体性和稳定性，造成路基各种破坏。

二、沉陷成因分析

根据对路面的影响，路基沉陷可划分为不均匀下沉、局部沉陷、整体下沉三种类型。根据路基沉陷产生的部位，可分为由路基原因引起和地基原因引起的两类沉陷，见表 2-1-15。

沉陷原因分析　　表 2-1-15

种类	原 因 分 析	图　　例
路基原因	路堤填料选择不当，填料中混进了种植土、腐殖土或泥沼等劣质土，由于这类土中有机质含量多、抗水性差、强度低等特性，路堤将出现塑性变形或沉陷破坏	
	路基填筑时未按规范要求的压实工艺进行碾压，压实度达不到规定要求，在重复荷载与填料自重作用下产生沉降变形	
	路基排水不良，土基含水率过大，导致路基强度降低，路基沉陷	
地基原因	原天然地面有软土、泥沼或不密实的松土存在，承载能力极低，路基修筑前地基未经处理，在路基自重作用下，地基下沉或向两侧挤出，引起路基下陷	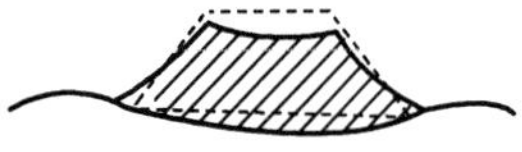

三、处治方法

沉陷处治方法见表 2-1-16。

沉陷处治方法 表 2-1-16

处治方法	示例
(1)原地面为软弱土层,路堤高度较低时,应挖除软弱土层换上良好的填料,按原高度填平夯实;路基高度较高的,可采用打砂桩、木桩、石灰桩等处治	
(2)选用渗水良好的填料,不得使用腐殖土或带草、树根的土,铺筑时应分层填筑、夯实,并及时排除流向路基的地面水	
(3)因填料和铺筑方法不当而引起的沉陷,应及时清除原有填料,按规定重新铺筑、压实,同时要做好清沟沥水,降低地下水位	
(4)填石路堤应从下而上,用从大到小的石块填筑,并用石渣或石屑及天然砂砾石填满空隙	

复习思考题

1. 简述采用水泥土搅拌桩治理泥沼和软土地基病害的施工工艺流程。
2. 简述塑料排水板法治理泥沼和软土地基病害的施工工艺流程。
3. 泥石流防治常用的排导措施和拦挡措施分别有哪些?
4. 雪崩防治设施有哪些? 分别介绍其养护要点。
5. 防治路基翻浆的措施有哪些?
6. 分析路基沉陷的成因,并介绍如何进行处治?
7. 江苏境内某一级公路路基为冬季施工,公路使用十多年来发生不均匀沉降,导致路面不平整,纵横向裂缝交叉,影响公路正常运行。根据勘探资料,经分析产生路基病害的主要原因是存在软土地基、地基强度不足以及填方路基压实度达不到设计要求。针对不同路段的病害特征,思考可以采用哪些措施进行处治?

项目二　路基养护技术管理

学习建议

1. 结合现行《公路养护技术规范》学习任务1和任务2；

2. 结合现行《公路技术状况评定标准》学习路基防护设施评价方法；

3. 收集本地区各种防护工程的施工方案；

4. 路基防护设施加固、更换方面新技术，建议参考相关的工程案例和文献。

技能要求

1. 能对路况检查情况进行登记，并对数据进行信息化管理；

2. 能建立公路养护科技档案并进行管理；

3. 能对路基防护设施使用情况进行评价，提出加固或更换方案；能制订防护工程的施工方案；

4. 能完成路基养护操作。

知识要求

1. 掌握公路路况检查登记方法和数据信息化管理技术；

2. 掌握建立和管理公路养护科技档案的技术和方法；

3. 掌握路基防护设施评价方法、加固或更换技术；掌握防护工程的施工方案；

4. 掌握路基养护操作技术和工艺。

任务1　计算机处理公路路况检查的数据

一、公路路况登记

公路路况登记是养护工作的重要组成部分，其资料是公路技术档案的主要部分，它反映各条公路路线及沿线构造物的全面技术状况，是制订公路规划、安排改建项目、编制养护年度计划等的重要基础资料，也是路产管理、资产评估的重要凭据，对实现公路科学化管理、提高养护质量具有重要作用。

1. 路况登记

路况登记的内容见表2-1-17。

路况登记内容　　表2-1-17

种　类	包括内容	备　注
路线平面图	比例尺一般采用1/10万或1/20万，图上注明公路里程及沿线城镇、村庄、境界、山丘、河流、湖泊、水库、铁路、大中桥梁、渡口、隧道、垭口、养路机构及其他交叉线路等	
公路基本资料	公路里程表、沿线地形、公路修建简史、交通量统计资料及沿线生产的筑路材料等	

续上表

种　类	包括内容	备　注
路况示意图	是路况登记的主要部分，该图采用路中线示意图，长度比例尺规定为1:20000，图中记录内容主要有里程、两侧地形、纵坡及平曲线、路基土质类别、路面结构与厚度、桥涵、渡口、隧道、过水路面、病害路段、挡土墙、护栏、管理界限等	
构造物卡片	桥涵、隧道、渡口、过水路面、公路养护管理房屋等	
登记表	对公路、桥梁、涵洞、绿化、交通设施等主要基础设施的基础数据进行科学整理后填写《登记表》，存入档案	

上述各项图表，可参见现行《公路养护技术规范》有关规定。

2.路况登记资料要求

(1)进行路况登记时，应以公路现况调查资料、设计、施工、竣工资料、技术总结等为依据，资料不全的应补充进行调查和测绘工作。对表、卡所列内容应逐项认真填写。

(2)进行登记的路线，应在每年年终将变更部分进行修改、补充，作为当年年末的公路路况。变更登记的范围包括公路被毁、修复、大修、改建等。变更登记应根据工程竣工验收文件、图表和实地测量的结果进行。

(3)路况登记的资料应按公路性质(即行政等级)实行分级管理，并按规定时间完成资料的登记、修改与整理汇总。地(市)级和县(市)级公路管理机构保管所管辖公路的全部资料；省级公路管理部门保管全省县级以上公路的资料、卡片，并将国道部分资料报交通部备案。

(4)县级以上公路都要建立分级登记图表。乡级公路可只填写公路技术状况汇总表，供各级公路部门存查。

二、信息化管理

(1)公路养护技术管理应建立公路数据库作为基础平台，所有公路基本信息采用计算机进行储存和管理，各地公路管理机构应根据现行有关公路数据库标准的要求，逐步建立完善省、市、县各级公路数据库系统。

(2)在采用计算机建立数据库时，所有数据应按现行《公路路况数据处理系统编目编码规范》执行。编目名称包括公路路线、公路路基、公路路面、公路桥梁、公路涵洞、公路渡口、公路道班房屋、公路隧道、综合部分和图例式样10个部分。

(3)公路数据库的内容应包括公路几何数据、路面结构数据、公路养护历史数据、交通量和轴载数据、桥涵及路基防护构造物数据、安全保障工程设施数据、绿化植物数据、路域环境数据等基本数据资料，以及路面结构强度、路面破损、路面平整度和路面抗滑等路面数据和交通事故数据。

(4)公路基本数据采集以公路竣工文件为主要依据，并结合现状调查进行。当公路大修或改建后，数据应及时进行更新。路面状况数据应现场采集，并应尽量采用高效检测仪器进行数据采集。

(5)公路数据信息包括：文字信息、数字信息和图片信息、数据的采集和整理以路段(一般为1km)为单位。路域环境信息除文字和数字信息外，宜每百米拍摄一张全景式数码照片作为图片信息存入数据库。路域环境图片信息也可用前方图像系统采集的连续录像信息代替。

(6)各地应创造条件在公路数据库的基础平台上,根据需要建立起地理信息系统(GIS)以及路面管理系统、桥梁管理系统、隧道管理系统、公共信息服务系统等应用系统。

各级公路管理机构应定期组织对公路路况进行调查,正确评价和掌握公路技术状况,并通过动态分析各种病害产生的原因、机理和变化规律,科学预测路况发展趋势,为养护工程决策提供科学依据。

任务2 公路养护科技档案的建立与管理

一、建立技术档案的意义

各级公路管理部门和较大的工程项目都应建立技术档案。技术档案是公路技术历史记录的汇总,是以路线为单元的全部技术变更过程的资料。应分别建立专案存档并装订成册,实现"一路一档"、"一桥一档",以便查阅。

要加强公路技术档案的管理,使之达到"齐全、系统、条理、正确"的标准。

二、保管技术档案的要求

(1)加强公路科技档案的管理,是公路养护生产技术管理的重要环节,必须按照集中统一管理的原则,不得由单位或个人分散保存;各级公路管理机构必须配备专职人员,建立健全规范化的管理制度,明确岗位责任制。

(2)养护资料归档及时,重要图纸和绝密资料尤其要妥善保管。

(3)做好防火、防盗、防光、防潮、防尘、防污染、防虫蛀等工作。

(4)定期对资料进行检查,对破损、变质或字迹模糊的资料应及时修补或复制,资料内容不准确应及时修订。

(5)利用桥梁大修时机储备原结构有代表性的材料,为结构测试与评定提供样本。

三、技术档案的主要内容

(1)公路路况调查登记:它反映路线和结构物技术经济状况,并为改善路况决策提供依据。这些技术资料应按现行《公路养护技术规范》的规定进行办理。

(2)改建和大、中修工程的技术档案,其主要内容包括:

①每个工程的设计文件及施工图纸、预算及原始资料;

②图纸会审记录;

③材料、构建、仪器的质量出厂证明及试验资料;

④各项工程原始施工记录;

⑤质量与事故及处理情况有关资料;

⑥竣工图表、决算及竣工验收文件;

⑦施工总结等。

(3)养路技术管理资料:主要包括公路养护远景规划,年度计划,改革成果,养路机械效果,相关的各种报表、统计资料及其他有关资料。

(4)科学试验的有关技术资料:主要有科研计划、科研方案、试验资料、试验报告等。

(5)公路交通情况观测:现行《公路养护技术规范》中所规定的各项资料。

(6)有关图片、照片和实物。

任务3 路基防护设施评价方法与加固、更换技术

一、路基防护设施的定义

路基防护设施按作用不同分为三类，包括植物防护、坡面处治、护面墙等坡面防护设施；砌石防护、抛石防护、石笼防护等冲刷防护设施；挡土墙等支挡设施。

二、路基防护设施评价方法

对路基防护设施采用路基技术状况指数（SCI）进行评价，按式（2-1-1）计算：

$$SCI = \sum_{i=1}^{8} \omega_i (100 - GD_{iSCI}) \tag{2-1-1}$$

式中：GD_{iSCI}——第 i 类路基损坏的总扣分（Global Deduction），最高分值为100；

ω_i——第 i 类路基损坏的权重。

路基构造物损坏为表2-1-18中第5类，包括挡墙等圬工体断裂、沉陷、倾斜、局部坍塌、松动和较大面积勾缝脱落。损坏按处和长度（m）计算。长度小于或等于5m为轻度损坏，5～10m之间为中度损坏，大于10m为重度损坏。

路基损坏扣分标准 表2-1-18

类型（i）	损坏名称	损坏程度	计量单位	单位扣分	权重（ω_i）
1	路肩边沟不洁	—	m	0.5	0.05
2	路肩损坏	轻	m	1	0.1
		重		2	
3	边坡坍塌	轻	处	20	0.25
		中		30	
		重		50	
4	水毁冲沟	轻	处	20	0.25
		中		30	
		重		50	
5	路基构造物损坏	轻	处	20	0.1
		中		30	
		重		50	
6	路缘石缺损	—	m	4	0.05
7	路基沉降	轻	处	20	0.1
		中		30	
		重		50	
8	排水系统淤塞	轻	m	1	0.1
		重	处	20	

三、路基防护设施加固、更换技术

1. 基本要求

（1）防护工程的日常养护除经常检查其是否损坏外，每年春秋两季各应进行一次定期检查，主要检查防护工程在冰冻融化后墙身及基础的变化情况，以及冰冻前所采取的防护措施的

效果。另外在反常气候、地震或重型车辆通过等特殊情况后应进行及时检查,发现裂缝、断缝、倾斜、滑动、下沉或表面风化、泄水孔堵塞、墙后积水、周围地基错台、空隙等情况,应查明原因,并观察其发展情况,采取相应的修理、加固措施。对检查和修理加固情况,应做好工作记录,建立技术档案备查。

(2)防护工程的泄水孔应保持畅通。如有堵塞,应及时疏通;如无法疏通,应另行选择适当位置增设泄水孔。防护设施表面出现风化剥落时,应将风化表层凿除,喷涂水泥砂浆保护层。当风化剥落严重时,应将风化部分拆除重砌。

2. 支挡结构物加固技术

坡面防护及冲刷防护两大类路基防护设施在培训教材《公路养护工(初级·中级·高级)》部分及本册技师部分已有介绍,此处重点介绍支挡结构物加固技术。支挡结构物加固常用技术主要有:锚固技术、坡间挡土墙"双锚"加固技术、分层多次高压注浆预应力锚固技术、微型锚杆桩技术和一杆三用技术等。其中锚固技术在培训教材《公路养护工(初级·中级·高级)》部分已有介绍,本部分主要介绍其余四种技术,见表2-1-19。

支挡结构物加固技术 表2-1-19

方法	原理	示例
分层多次高压注浆预应力锚固技术	在注浆孔的轴线方向,根据不同的承压条件,让浆液在不同的特定部位扩散	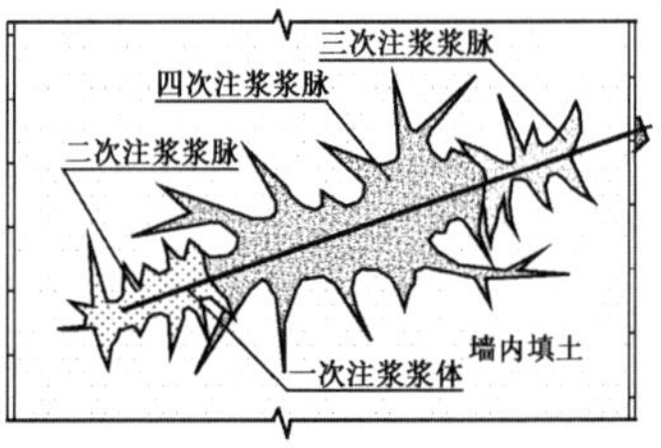
微型锚杆桩技术	利用"微型抗滑锚固桩"内注浆管实施中高压注浆,通过注浆的充填、渗透、压密及劈裂作用,提高边坡岩土体的内摩擦角和黏聚力,达到岩土体改性的目的	
一杆三用技术	将锚固、护坡、注浆三种技术巧妙组合而开发的一种新技术,即用钢管代替锚杆,在钢管中注浆,起到锚杆、护坡土钉、注浆管三者作用,具有节省投资、简化施工、保护环境等优点。该技术适用于矮挡墙加固	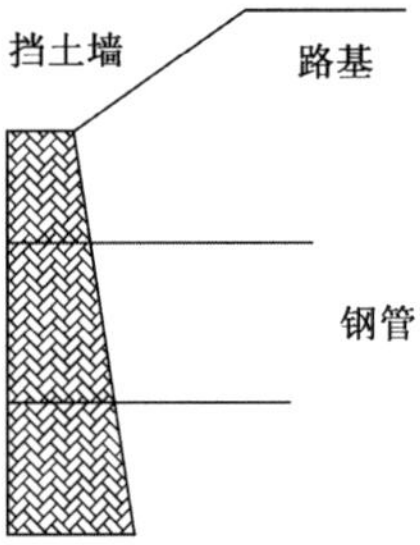
坡间挡土墙"双锚"加固技术	将锚定板、预应力锚杆等已在岩土工程界广泛应用的成熟技术及工艺进行科学的组合,将边坡加固与挡土墙的建设融为一体	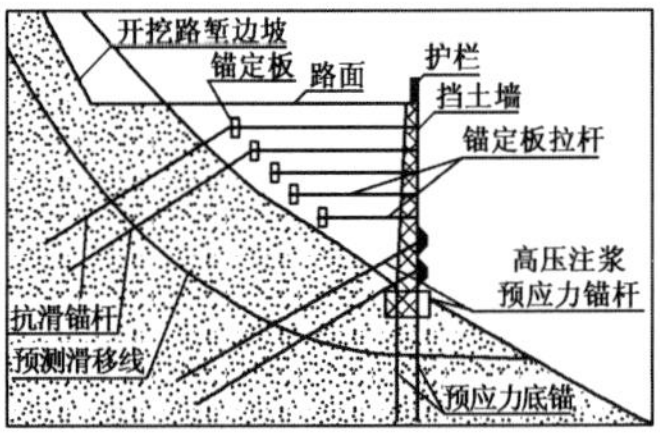

3. 分层多次高压注浆预应力锚固技术介绍

1）实施要点

（1）安装锚杆时，同时安装4根以上的注浆管；

（2）分层即在注浆孔的轴线方向，根据不同的承压条件，让浆液在不同的特定部位扩散；

（3）多次即每一根注浆管注一次浆，有几根注几次。

2）实施过程

（1）注浆管加工

一次注浆管与锚杆长度相同，不需要加工；二次注浆管与锚杆长度相同，内端口封住，在内端2m范围内，每隔0.4m，用手电钻对穿打孔，用胶带封孔；三次注浆管，长度为4m，内端口封住，在内端2m范围内每隔0.4m，对穿打孔，胶带封孔；四次注浆，注浆管比锚杆长度短2m，在内端至离外端4m的范围内，每隔0.4m对穿打孔，胶带封孔，锚杆与注浆管绑扎在一起，同时送入锚杆孔。

（2）注浆

①一次注浆：利用第一次注浆管将浆液直接注入孔底，至孔口溢浆为止，随即将注浆管抽出。

②二次注浆：在一次注浆结束18h后，开始进行二次注浆，注浆压力为1 MPa，同时派专人监测对侧墙面，发现跑浆或墙体变形，则立即停注。

③三次注浆：在二次注浆结束3h后进行，注浆压力为1.2MPa，同时密切观察本侧墙面变化情况，如孔口或墙面变形或跑浆，立即停注。

④四次注浆：在三次注浆结束8h后进行，注浆压力最高为4MPa，注浆时要密切注意墙面和路面的情况，如有异常立即停注。

上述四次注浆是施工初期必须完成的注浆过程，随着工程的进行，可逐渐地减成三次或两次注浆：当对侧墙面已加固完成，可省略第二次注浆；当对侧及本侧周围相邻锚杆孔注浆完毕，则第二次及第三次注浆均省略，亦可达到同样的注浆效果。

（3）注浆效果

经一次、二次和三次注浆以后，第四次即可实施高压注浆，最高注浆压力可达到4MPa，全部达到设计要求。

4. 坡间挡土墙“双锚”加固技术介绍

1）加固原理

当边坡坡体不稳定时，可采用边坡加固与挡土墙建造相结合的方案。该方法的要点是在墙体的中下部，运用墙体作为承载体，打下预应力锚杆，使其起到稳定墙体本身和加固边坡的双重作用。墙体上部一般根据墙体内侧面离边坡坡面的距离不同，分别采用不同规格的锚定板作为支挡手段以稳定墙体本身。

此方法将边坡加固与墙体结构的支挡结合成一个整体，将墙体作为预应力锚杆的承载结构，挡土墙成为边坡加固支挡结构的组成部分，二者紧密结合，互为整体。

2）实施过程

（1）凡墙体内壁与原坡面（清表压实后）相距小于4m或者坡面倾角大于20°，预打（也可事后打）下向斜孔，安装预应力锚杆，在墙体外侧肋柱上张拉锁定。所有预应力锚杆深度应超过计算滑移面 5m。

(2)凡墙体内壁与原坡面(清表压实后)相距大于 4m 或者坡面倾角小于 20°,采用锚定板方案,拉杆延至肋柱上锁定(锁定方式根据实际情况确定),其基本设计参数可参照规范。

(3)特殊情况下,在挡墙的基础部位打下向垂直孔,安装预应力底锚以将基础锁定,锚固深度应超过计算滑移面 6m,既可稳定挡土墙基础,又加固了边坡。

(4)根据需要采用不同的注浆方式,利用锚定板和锚杆孔预埋注浆管,分别对坡体和填方体进行注浆加固,进一步提高其稳定性和承载能力。

任务 4 某国道防护工程施工方案(案例)

一、工程概况

某国道扩建工程,全长 10km,属丘陵地段,地形比较复杂,山体多为风化石,路基多为风化石和风化砂填筑,稳定性差。为保证路基安全,项目部对路堤段的防护工程进行施工,为加快工程进度及保证工程质量,就防护工程制定施工方案。

二、施工前的准备工作

(1)技术标准:以现行《公路路基施工技术规范》《公路桥涵施工技术规范》《公路工程质量检验评定标准》及招标文件相关内容作为施工依据,指导现场施工,确保工程质量。

(2)原材料的质量控制:安排专人负责本工程的试验检测工作,对砂石、水泥等原材料按要求频次抽检,按规范要求进行质量评定,符合要求进场使用,不符合要求清理出场,严禁使用。

(3)配合比:机制混凝土配合比经试配确定。

三、施工方法及质量要求

1. 预制块施工

(1)混凝土拌和:施工前对磅秤进行校检,保证称量准确。对砂子、石子的含水率经常检测,雨天施工应增加测定次数,用以调整骨料和水的用量,配料时各种材料的允许偏差控制如下:水泥:±1%;砂子、石子:±2%;水:±1%。施工拌和时采用砂浆拌和机,搅拌时拌和时间要大于 5min,对拌和好的混合料要检查其均匀性,要求颜色一致,不离析。

(2)混凝土块挤压成型:对模具定期检查,对模内偏差较大、棱边变形、板面局部不平的模具及时修复。混凝土入模时,先投入细面料,用刮板刮平,控制厚度在 1cm 以内。然后投入混凝土,混凝土用量应计算准确,一次投料挤压成型,禁止补料二次挤压。压制时经试验确定控制压力,避免超压损坏模具,欠压预制块不密实。脱模后,预制块放在托板上摆放整齐,避免松散、变形。准确控制各类预制块数量。

(3)养生:成型后的预制块用麻袋覆盖,洒水养生两天,去掉木托板,重新堆放整齐,洒水养生 5 天,保证混凝土早期强度形成。

(4)检查验收:对强度合格的预制块进行验收,按每工作班产量的 20% 进行抽检,做好原始记录,进行质量评定。

外观要求如下:①表面平整;②轮廓清晰,线条直顺;③无蜂窝、麻面。对验收合格批次,做出明显标记、备用。

2. 预制块安装

(1)施工放样:根据设计图纸,用全站仪在直线段每 20m,曲线段每 10m,确定边沟中线位置;用水准仪测量高程,确定开挖深度。

(2)挖土沟:碟形水沟因不能调节边沟深度,须通过培土或挖土满足断面尺寸和纵坡。对培土采用措施夯实,对挖方部分应严格控制尺寸,禁止超挖回填,成型土沟应线形顺滑,无松散土及杂物。

(3)浇筑 C15 垫层混凝土:对整形后的土沟洒水湿润,全断面铺筑小石子混凝土,浇筑厚度 5cm。小石子混凝土采用拌和机集中拌和,小型自卸车运输,人工全断面铺设。铺筑长度应大于 50cm 且小于 55cm 以便于预制块安装。

(4)预制块铺设:用小型车辆运输边沟混凝土板,以便装卸。在运输过程中,预制板之间夹木条或毡片,装卸应小心谨慎,避免棱角互相碰撞而损坏。在刚浇筑完垫层混凝土的断面上及时铺设预制块,用砂浆填缝,缝宽 1cm,密实并成顺滑凹缝。

(5)养生:砌筑好的水沟须保持表面湿润,养生 7 天。

3. 浆砌片石边沟、截水沟、急流槽

(1)施工放样:用全站仪在直线段每 20m 恢复中线,在曲线段每 10m 恢复中线,按图纸要求准确确定位置。

(2)挖土沟:确定位置后,定出开挖边线,控制开挖,对超挖部分土质路段须回填夯实后重新开挖,保证水沟边部密实,石质地段在砌筑时用片石进行找补。(质量标准同碟形边沟)

(3)石料运输:一般路段,用汽车运输;对于过高边坡上的截水沟,修筑便道用小型车辆运输,如果便道无法开通,人工背运。

(4)浆砌片石:在施工过程中,选择符合要求的石料砌筑,石料应卧放,不应立放,以免形成薄层,稳定性差。石料应错缝砌筑,石料缝隙之间应用砂浆填满并捣实,保证其整体性,避免不均匀沉降。

(5)养生:对砌筑好的水沟,要充分养生,每天至少补洒两次。

4. 砌拱施工

(1)测量放样:首先定出每段衬砌拱的起始桩号,按设计间距 3m 定每个勺形基础轴线处桩号,根据对应桩号中线处高程得到基础高程,确定基础外缘距中线平距。直线段每间距 15m 用全站仪按坐标放出基础位置,中间拉线(或用经纬仪)配合钢尺确定位置。对应桩号路基中线同样准确测设。曲线段按每间距 6m 测设。

(2)基坑开挖:按设计尺寸开挖坑槽,地面松软的个别地方应先夯实再开挖,保证挖好的坑槽四周密实无散土。对基础顶面以下 10cm 应用木板做成简易模板,牢固定位,保证混凝土浇筑后外露部分线形顺直。

(3)混凝土的拌和、运输、浇筑、养护:基础混凝土采用集中搅拌,但对拌和好的混凝土要进行和易性测定,确保混凝土的正常使用。混凝土的拌和点放在距工作面距离不大于 3km 的位置,以缩短运输时间。运输采用小型自卸车运输。箱底铺设彩条布或加厚塑料布,防止漏浆。箱顶用彩条布或塑料布制成简单、易操作的顶盖遮挡,减少运输过程中的水分损失,避免影响混凝土和易性。混凝土运输到施工现场后,倾倒在湿润的铁皮上,经快速的人工二次翻拌,人工运送至基坑处入模,基坑内提前洒水湿润。现浇基础混凝土因体积小、厚度小,采用人工捣实的方法进行。混凝土从加水搅拌至捣实时间间隔应小于 30min。浇筑完的混凝土及时用麻布覆盖，洒水保持湿润，养生7天。

(4)边坡修整：按步骤(1)确定的平面位置及高程，挂线进行边坡修整，在砌块位置应修成沿垂直于标准边坡线方向低于边坡线10cm的凹槽，便于砌块施工。修坡土方及时清运出场。

(5)预制块砌筑：在修整好的边坡上定出拱脚及拱顶位置，由基础开始砌筑5号预制块，靠近拱脚时若不能放置整块5号预制块，则应适当对其进行切割，保证拱脚位置准确，然后依次砌筑4号、3号、2号、1号、9号及7号、6号、8号预制块。砌筑时要求集中拌和砂浆，拌和时采用磅秤称量投料，搅拌机拌和，小型自卸车运输。运输时采取适当措施防止漏浆及水分损失。砌缝要求砂浆饱满密实，表面用高标号砂浆勾成光滑的凹缝，完成的衬砌拱洒水养生7天。每工作班按规范要求制作砂浆试件。

5. 浆砌挡土墙

(1)测量放样：按设计图纸所示位置进行准确放样。直线段每隔10m、曲线段每隔5m用全站仪放出挡土墙、护面墙基础中线位置，用钢尺进行细部放样，定出开口线。水准仪测量高程，确定开挖深度。

(2)基础开挖：按开口线及测量确定的开挖深度进行基础开挖，有条件的使用挖掘机进行开挖至基底以上20cm，然后人工整平至基底。开挖时用水准仪配合控制开挖，禁止出现超挖回填现象。

(3)砌筑：严格按设计配合比制备砂浆，保证砂浆强度满足设计要求。选用石质均匀、无风化、无裂纹、强度符合设计要求的石料，片石最小尺寸不小于150mm，禁止使用卵形和薄片状石料砌筑。块石厚度应为200~300mm，宽度应为200~450 mm，长度应为300~800 mm。砌筑前对石块浇水湿润，并将砌块表面泥土清理干净。对石质基底要清洗、湿润，然后坐浆砌筑，按设计坡度，隔适当间距挂坡度线，砌筑时分段分层砌筑，每层砌筑先砌每段外侧两端，确定分层高度，并在坡度线间挂水平线，控制每段中部层高。相邻段落水平缝应一致，上下层竖缝应相互错开，不得贯通。砌块要求安放稳固，砌块间砂浆饱满，结合牢固，不得出现砂浆不满、空洞现象。要求块石镶面的挡土墙，先要砌筑面层，石块平砌，一丁一顺砌筑，每层高度基本一致，砌缝宽不大于30mm，上下层错缝不小于80mm，面层砌筑完毕即进行里层砌筑，里层高度应略低于面层。砌筑好的墙体应清扫墙面，清除缝内松散砂浆，洒水湿润后进行勾缝，要求成光滑、密实的凹缝。

(4)挡土墙的墙背回填：挡土墙砂浆强度达到设计强度70%以上方可进行墙背回填，回填采用透水性材料水平分层填筑，厚度不大于30cm，压实度大于90%。

(5)养生：完工砌体及时进行洒水养生，保证表面湿润。

复习思考题

1. 路况登记资料有哪些要求？

2. 请完成一条道路的路况检查登记，并按照养护技术档案的要求采用计算机存档。

3. 公路养护科技档案应包含哪些内容？

4. 路基防护设施中支挡结构物的加固技术有哪些？分别简述其加固原理。

5. 路基养护有哪些工作内容和要求？

6. 根据你所在地区的实际情况设计一张公路路况登记表。

7. 下图为一坡间挡土墙，由于建成初期墙体内的填土以及边坡岩土体本身强度很低，建成之时存在着初始塑形变形区，随着交通量的增大，挡土墙竖向变形比较严重，墙顶部分明显外移，裂缝较多，试制订加固治理方案并画出方案示意图。

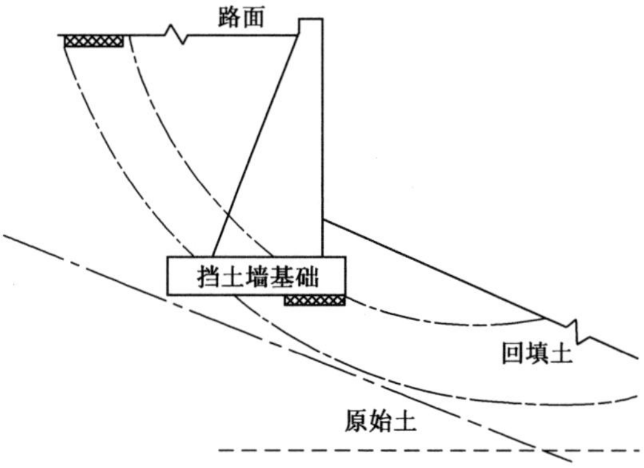

工作情境二　路面养护

情境描述

情境一：某一级公路通车3年后，沥青路面表面陆续出现裂缝、坑槽和车辙等病害问题，其中一段长约9.8km的路段病害较为严重，考虑对该路段进行专项维修。针对该工程的实际情况。高级技师的主要工作是：能在掌握沥青路面的养护理论的基础上，根据相关规范的要求对沥青路面病害情况进行调查分析，综合评定路面当前的使用品质，并制定适宜的路面养护方案。

情境二：某国道作为该地区重要的交通干道，与高速公路、一级公路及其他各类公路相连，道路上有大量的轿车、货车、非机动车运行，在长期的使用后，沥青路面表面陆续出现裂缝、坑槽和车辙等病害，需要对沥青路面进行专项维修。采用视频采集技术对该段道路的交通流量进行调查，调查结果表明该路段的交通流量较大，属于重交通。不同等级道路的养护要求不同。高级技师的主要工作是：能根据相关规范的要求对沥青路面病害情况进行调查分析，并结合该路段重交通的实际情况，制定适宜的路面养护方案。

情境三：广东省某市环城高速公路B匝道水泥混凝土路面，重车、超载车辆比例较大。通过现场路况调查发现，面层破损严重，多数水泥混凝土板块严重碎裂，唧泥、错台现象也较普遍。需进行路面养护、修补。个别损坏严重的路段可进行再生施工。高级技师工作的主要内容是进行重交通下的路面养护及处治工作。

项目一　沥青路面养护

学习建议

1. 本项目重点介绍沥青路面养护理论，重交通下的养护重点，沥青再生技术等新工艺；

2. 对于沥青路面养护内容，建议结合现行《公路沥青路面施工技术规范》和《公路沥青路面养护技术规范》的相关知识进行学习；

3. 建议结合本地区实际气候条件，选择相应的沥青路面养护方法。

技能要求

1. 能判别重交通下沥青路面破坏形式；

2. 能采取相应的整治措施对重交通下沥青路面病害进行修复；

3. 能应用沥青路面再生技术进行路面修复。

知识要求

1. 掌握重交通沥青路面的破坏形式和原因；

2. 掌握重交通沥青路面养护的施工工艺；

3. 掌握沥青路面再生技术的施工工艺。

任务1 沥青路面养护理论

一、沥青路面使用品质的评价指标与评价方法

沥青路面在使用过程中,在行车荷载和自然因素的反复作用下,路面将产生各种各样的破损。近年来,道路交通量日益增大,运输车辆呈现大型化、重载的发展趋势,而且还存在着严重超载的问题,许多高等级公路沥青路面均发生较为严重的早期破损问题。对沥青路面进行预防性的、经常性的、及时性的、周期性的保养和维修,可使其达到公路路面养护的质量标准。

为制定科学、合理的沥青路面养护方案,应首先对道路现有使用品质进行评定。沥青路面使用质量评价的内容包括路面破损状况、行驶质量、强度及抗滑性能等。为保证评定结果的准确性,必须按照《公路沥青路面养护技术规范》(JTJ 073.2—2001)的相关要求进行路面病害情况调查分析,从而综合评定路面当前的使用品质。沥青路面使用质量评价的具体流程和方法详见技师部分的相关章节。

二、维修养护对策

沥青路面的养护对策应根据公路等级、交通量、分项路况评价结果等共同确定。分项路况评价包括路面破损状况、行驶质量、路面强度和抗滑性能等方面。路面综合评价指标仅用于对路面质量的总体评价。各地公路养护管理部门应结合路面管理系统的使用,根据路面分项评价结果和养护资金的情况,统筹安排本地区公路网的资金需求计划和资金分配方案,确定公路养护的优先次序。

若道路不适应现有交通量或载重的需要,应通过提高现有路面的等级,或通过加宽等改建措施提高道路的通行能力和服务质量。大、中修及改建工程的结构类型和厚度,可根据公路等级、交通量、当地经济条件和已有经验,通过设计确定,具体要求应符合有关规定。具体道路养护项目的养护维修对策,可根据公路网的资金分配情况和养护工作计划安排,结合各路况分项评价结果和本地区成熟的养护经验,选择具体的养护维修措施。

任务2 重交通下沥青路面养护要点

一、重交通的概念

《公路沥青路面设计规范》(JTG D50—2006)根据累计当量轴次或者每车道每日平均大型客车及中型以上的各类货车交通量将沥青路面分为轻交通、中等交通、重交通和特重交通等四个等级(表2-2-1),其中重交通是指BZZ-100累计标准轴次为$1.2\times10^7 \sim 2.5\times10^7$(次/车道)或者大型客车及中型以上的各类货车交通量在1500~3000辆/(d·车道)。

交通等级划分 表2-2-1

交通等级	BZZ-100累计标准轴次N_e(次/车道)	大型客车及中型以上的各类货车交通量[辆/(d·车道)]
轻交通	$<3\times10^6$	<600
中等交通	$3\times10^6 \sim 1.2\times10^7$	600~1500
重交通	$1.2\times10^7 \sim 2.5\times10^7$	1500~3000
特重交通	$>2.5\times10^7$	>3000

发达国家的重交通一般以临界累计当量轴次或日均重型汽车数进行界定，通常也称重载交通，是指道路通车后交通量与累计当量标准轴次的比值(ESALs)大大超过一般水平，路面性能衰减超常规发展的现象。

二、重交通下沥青路面破坏形式

高等级公路沥青路面在重载交通条件下出现的早期病害和破损类型几乎包含了沥青路面所有的破损类型，包括横向裂缝、纵向裂缝、块状裂缝、龟裂、车辙、波浪(搓板)、沉陷、隆起、松散、坑槽等，具体情况见表2-2-2。

重交通下沥青路面破坏形式　　表2-2-2

类型	病害描述	照　片
裂缝	行车荷载应力大于基层材料的抗拉强度会导致基层开裂，重交通下基层裂缝会快速扩展到沥青面层引起开裂	
坑槽	重交通大量、快速行车荷载的反复作用促使沥青从集料表面脱落，集料被车轮带出，路面形成坑槽	
松散	沥青路面的老化会引起结合料黏性的降低，在重交通车辆轮胎反复的负压作用下会加速集料与黏结料的剥离，导致沥青混合料的松散	
泛油	高温使沥青路面变软，重交通下沥青混合料不断地被压密，矿料间隙率逐渐减小以致无法容纳原来的沥青量，致使沥青从沥青混合料中溢出到路表	
车辙	交通量过大会引起沥青路面产生较大的变形，从而引起较大的车辙破坏	

续上表

类型	病害描述	照片
隆起	重交通下沥青路面的抗剪性能下降，高温环境使得沥青混合料变形加剧，在车辆轮胎的推移下形成隆起（拥包）	

车辙、坑槽、隆起等问题在高等级公路重载交通沥青路面表现得尤为突出，具体病害表现见表 2-2-3。

重交通下沥青路面的病害表现 表 2-2-3

病害类型	病害常见部位	病害表现
车辙	行车道、交叉口	形成轮迹带凹陷，局部路段车辙边缘伴有推移和拥包
坑槽	面层混合料	层间分离、面层坑洞
隆起	上下坡、转弯、交叉口	沥青路面出现推移、拥包等病害

三、重交通下沥青路面病害的养护措施

重交通沥青路面的裂缝、拥包、泛油、松散等病害的处治方法在培训教材《公路养护工（初级·中级·高级）》部分已经介绍过，在此不再赘述。沥青路面的坑槽、沉陷、严重龟裂等病害与交通荷载、沥青混合料级配、沥青材料等密切相关，而在重交通条件下，沥青路面的这些病害问题会提前产生并迅速发展。此外，基层是沥青路面的重要结构层，重载交通下沥青路面的许多病害问题是由基层病害引发的。本章节重点就重交通沥青路面的局部坑槽类、车辙病害和基层处治方法进行介绍。

1. 重交通下沥青路面的局部坑槽、沉陷、严重龟裂等病害维修

对于沥青路面的坑槽、沉陷、严重龟裂等病害，目前主要采取路面修补车机械化维修、路面冷铣刨—热摊铺机械化修补和人工—小型机具的坑槽维修等三种方法，其具体应用要点见表 2-2-4。

坑槽、沉陷、严重龟裂等病害的修补方法 表 2-2-4

项目	路面修补车机械化维修	路面冷铣刨—热摊铺机械化修补	人工—小型机具的坑槽维修
适用范围	沥青路面修补车仅适用于处治出现于沥青面层 4～5cm 的坑槽、沉陷及龟裂病害	路面较大的龟裂、密集的坑槽、沉陷、车辙、桥头涵顶跳车、桥面脱落或局部路面翻修等修补	沥青混凝土路面局部小面积的坑槽、沉陷、网裂维修
修补时间	一般在每年的雨季前(4～5 月)和雨季过去之后(9～10 月)集中处治		
主要材料	成品料（热拌沥青混合料）、乳化沥青、石屑或细砂	沥青、乳化沥青、集料、填料、废旧混合料	成品料（热拌沥青混合料）、乳化沥青、石屑或细砂、冷补料
机械设备	综合养护车、压实机械、切割机、石屑撒布装置	切割机、铣刨机、液压镐（风镐）、乳化沥青撒布车、自卸汽车、沥青拌和机、摊铺机、光轮胶轮压路机、平板车、画线车	液压镐或风镐、切割机、平板夯或压实机械（激振力不小于 18kN）、小型运输机械

(1)路面修补车机械化维修施工的流程与要点

①施工流程

对于沥青路面坑槽、松散修补施工可采用路面修补车进行机械化维修，其施工流程如图 2-2-1所示。

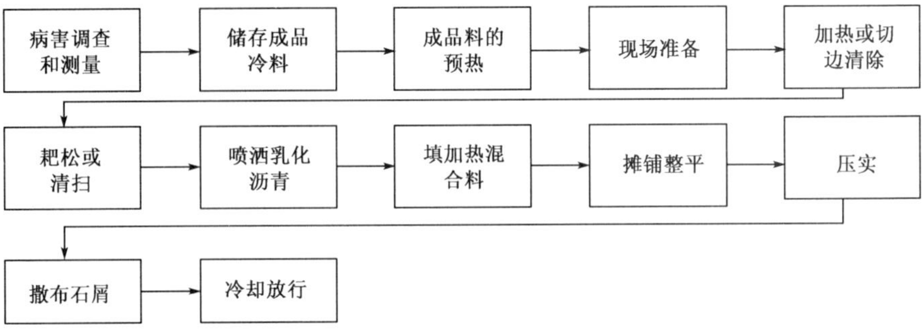

图 2-2-1　沥青路面坑槽、松散的路面修补车施工工艺流程图

②施工要点

为保证沥青路面坑槽、松散等病害的修复效果，在路面坑槽、松散等病害修补施工中应严格遵守相关的技术要点，具体要求见表 2-2-5。

路面修补车机械化维修施工的技术要点　　表 2-2-5

工艺流程	施工要点	示例
病害调查和测量	认真记录病害的位置(桩号)、类型、长度、宽度、深度、形成原因以及对周围路面的影响	
储存成品料	若采用预先准备的沥青混合料，可分解为较小的冷料块，施工前放入养护车加热即可；若采用拌和厂生产的热混合料，可直接将拌好的热混合料装入修补车预热料仓中进行施工	
加热或切边清除	修补形状按照“小洞大补、圆洞方补”的原则确定修补范围，同时清除废旧混合料，要确保清除坑内所有松散物质(包括水、杂质等)，到达坚硬的基础	

工艺流程	施 工 要 点	示　　例
喷洒乳化沥青	在开挖好的坑槽表面及侧壁喷洒乳化沥青	
填加热拌混合料	从沥青混合料预热料仓中通过螺旋输料器、斜槽将热拌混合料送入坑槽内，混合料的数量要相对准确，以免造成浪费	
整平与压实	填入坑内的混合料通过人工将其摊铺开，并用直尺将其找平，人工摊铺整平要充分考虑松铺系数（1.1～1.2），确保既要使沥青混合料得以充分压实，又能使新路面正好与原路面保持高度一致	
石屑封边	若压实的沥青混合料与原路面有明显的接缝，需采用石屑和细砂进行封边	
质量验收	通过对坑槽的修补，路面总体要达到平整密实、路拱适度、线条顺直、排水良好	

（2）路面冷铣刨—热摊铺机械化修补施工的流程与要点

①施工流程

沥青路面坑槽、松散修补施工可采用冷铣刨—热摊铺技术进行施工，其施工流程如图2-2-2所示。

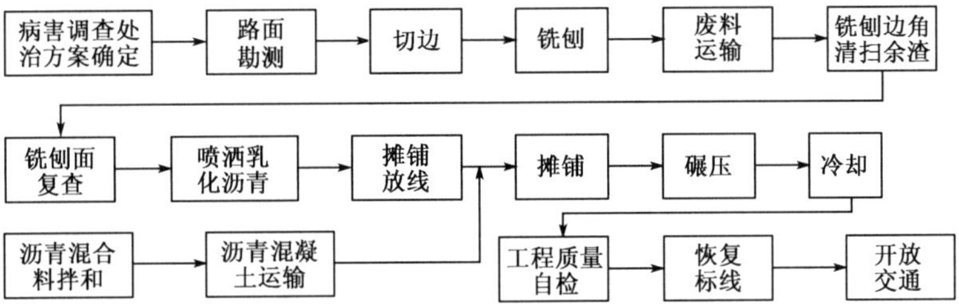

图 2-2-2　冷铣刨—热摊铺修补施工工艺流程

②施工要点

为保证沥青路面坑槽、松散等病害的修复效果，在路面坑槽、松散等病害的冷铣刨－热摊铺修补施工中应严格遵守相关的要点，部分作业流程与路面修补车机械化维修施工的施工一致，冷铣刨—热摊铺修补施工关键环节的技术要求见表 2-2-6。

路面冷铣刨—热摊铺机械化修补施工的技术要点　　　　表 2-2-6

工艺流程	施 工 要 点	示　　例
铣刨作业	路面铣刨作业包括：切边、铣刨、铣刨废料运输、刨边角、清扫余渣、铣刨面复查等几道工序	
喷洒乳化沥青	用沥青洒布车将乳化沥青喷洒于整个摊铺面和槽壁接口上，乳化沥青选用快裂式阳离子乳化沥青（PC-3），乳化沥青破乳后即可进行摊铺作业	
摊铺作业	沥青混合料摊铺作业是整个补修过程中保证施工质量的关键一环，包括摊铺前测量和摊铺施工作业两道工序。而摊铺机的调整和合理操作是确保施工质量的关键，摊铺机的结构参数有：摊铺宽度、拱度、摊铺厚度等；运动参数有：工作速度、振动频率、振动幅值等	
碾压作业	碾压采用钢轮振动压路机及胶轮压路机，分初压、复压、终压三道工序，把握好碾压速度、碾压温度、碾压遍数三个重点	

续上表

工艺流程	施 工 要 点	示　　例
温度控制	随时测试沥青混合料摊铺、压实的温度	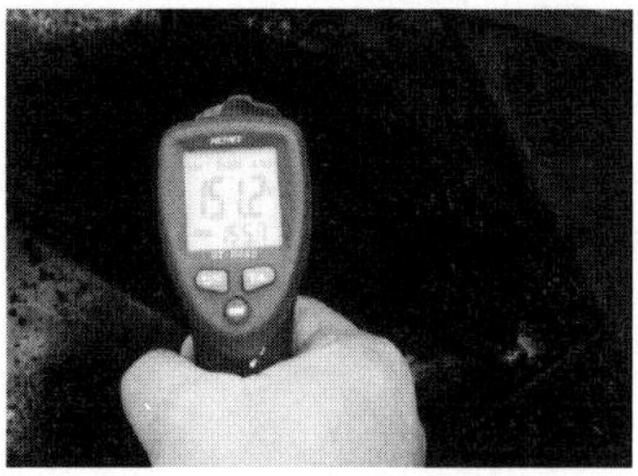

(3)人工—小型机具坑槽维修施工的流程与要点

沥青路面局部出现的坑槽、松散病害,通常采用人工—小型机具方法进行施工,人工—小型机具方法在培训教材《公路养护工(初级·中级·高级)》部分已经介绍过,在此不再赘述。

2. 车辙病害维修

沥青路面的车辙病害根据其严重程度可以选择不同的处治方法,如薄层罩面、微表处、铣刨摊铺、路面热再生等多种方法,下面介绍铣刨摊铺施工方法。

(1)铣刨摊铺施工工艺流程

铣刨摊铺方法是将车辙严重的路面采用铣刨机清除表层一定厚度后,重新摊铺热沥青混合料的方法,其施工流程如图 2-2-3 所示。

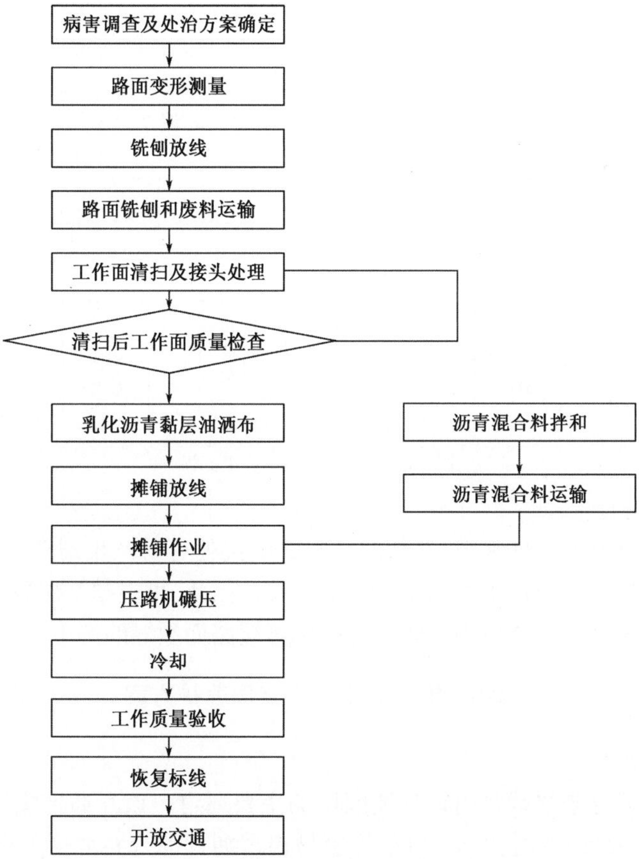

图 2-2-3　沥青路面车辙的铣刨摊铺施工工艺流程

(2)施工要点

在开始施工之前要对路面病害路段、桩号、部位、路面高程、宽度及严重程度、转弯半径、超高超宽、纵坡横坡、路面结构、沥青混凝土级配、原材料产地和型号规格等作全面的了解和详细的记录,并要严格依照这些数据指导施工。

为保证沥青路面车辙病害的修复效果,在路面病害修补施工中应严格遵循相关的要点,部分作业流程与路面坑槽修补的铣刨—热沥青混合填补施工一致。

3. 基层的处治

(1)基层换填

沥青路面的许多病害问题是由基层病害引发的,为保证沥青路面养护施工的质量要求,必须对存在病害的基层进行处治,通常可采用水稳碎石换填基层、沥青混合料修补基层、二灰碎石等其他无机结合料稳定材料修补基层等施工方法,其具体应用要点见表 2-2-7。

沥青路面基层修补技术的应用要点 表 2-2-7

项目	水稳碎石换填	沥青混合料修补	二灰碎石等稳定材料
材料准备	32.5 级水泥、碎石、瓜子片、中(粗)砂、水	沥青、碎石或沥青混合料	石灰、粉煤灰、碎石、中(粗)砂、水
机具设备	12t 以上(振动)压路机,稳定土拌和机	沥青混合料拌和设备、压路机或手扶振动压路机	12t 以上(振动)压路机,稳定土拌和机
技术要点	挖除已沉陷、翻浆、松散的基层结构,直到坚实的结构层,清运废料。根据道路原基层情况,确定水泥稳定碎石混合料组成。按照现行《公路路面基层施工技术规范》的技术要求进行施工	挖除已沉陷、翻浆、松散的基层结构,直到坚实的结构层,清除废料。直接采用热拌沥青混合料修补基层,具体作业方法与沥青路面车辙的铣刨摊铺施工养护方法类似	挖除已沉陷、翻浆、松散的基层结构,直到坚实的结构层,清运废料。根据不同的无机结合料稳定材料类型进行混合料的组成设计,其施工方法与步骤同水泥稳定碎石

不同的沥青路面基层换填施工方法,最大的区别是换填材料不同,其施工流程基本相同,具体可见图 2-2-4。

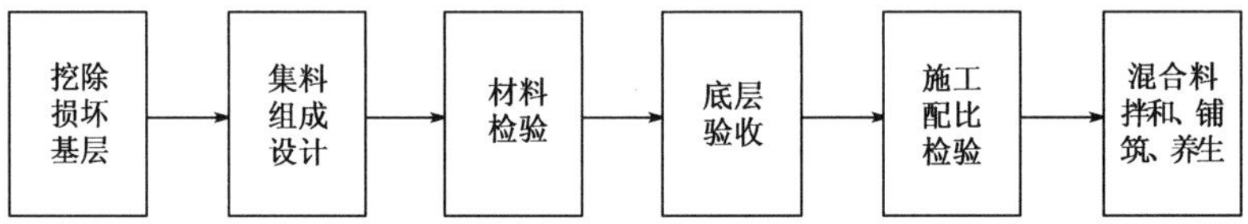

图 2-2-4 基层换填的施工流程

(2)基层裂缝的处治

沥青路面养护涉及基层的换填,在新旧基层的衔接处容易产生裂缝。若路面基层产生裂缝,裂缝会向面层扩展,导致沥青路面出现反射裂缝。因此,可根据基层裂缝的严重程度,采取聚酯玻纤布、抗裂贴、橡胶沥青应力吸收层等措施延缓路面裂缝的产生。

案例:重交通下沥青路面养护方案

1. 项目背景说明

某高速公路某互通连接线是附近物流园区的主要通道。该互通连接线全长 6.016km,最大坡度 6%。重载、慢行、减速、停车、启动等容易出现沥青混合料剪应力破坏的特征均具备。经过长期使用,沥青路面出现了较为严重的车辙病害,特别是在长大纵坡路段的车辙尤为严重

(图 2-2-5),需要对该路段进行大修。

在沥青路面养护方案中,将原路面设计方案中上坡段 SBS 改性沥青方案变更为抗车辙沥青混凝土方案,主要是采用 70 号沥青 + 高低温性能兼顾的 NS 型 RA 抗车辙剂的改性沥青替代 SBS 改性沥青,通过高新材料及配套技术的应用来防治各种不利因素可能诱发的车辙病害,避免目前市场上常规的抗车辙剂类材料存在的低温易开裂缺陷。

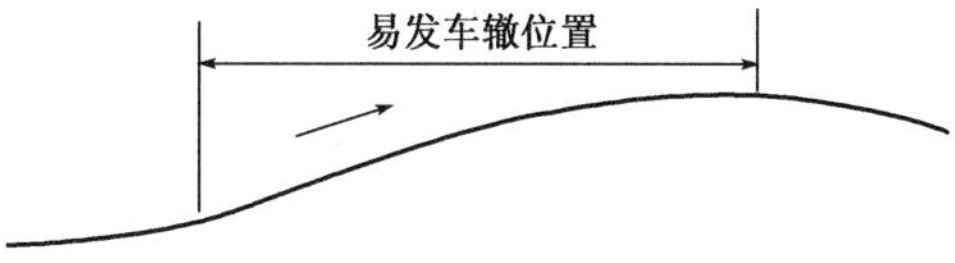

图 2-2-5　易发生车辙位置图

上坡路段是路面结构中的薄弱环节,由于在上坡路段车速较慢、轮载作用时间较长,同时由于重载交通的影响,使得长上坡路段更容易出现车辙,在对沥青混合料抗车辙能力的研究中,很多研究成果表明,骨架密实型级配具有良好的抗车辙能力,也是现行《公路沥青路面施工技术规范》(JTG F40—2004)推荐的级配形式。因此,对于长上坡路段沥青混合料设计,推荐采用骨架密实型混合料级配,并必须保证和确认形成了真正的骨架密实型结构。

2. RA 抗车辙剂试验路的施工

(1)施工前准备工作

①施工下面层前,应检查下封层的完整性与基层表面的黏结性,对局部基层外露和下封层两侧宽度不足部分应按下封层施工要求进行补铺。

②施工上面层前应检查下一结构层的工程质量情况,对下一结构层局部质量缺陷(例如严重离析和开裂以及油污造成松散等)应按规定进行修复。

③对下面层须喷洒黏层油,下面层表面清扫干净、冲洗的水迹晾干后喷洒黏层沥青。

(2)抗车辙沥青混凝土的配合比设计

①用马歇尔试验检验,并进行浸水马歇尔试验残留稳定度检验。用生产配合比进行试拌,沥青混合料的技术指标合格后方可铺筑。

②沥青混合料应严格按照目标配合比、生产配合比、生产配合比验证三个设计阶段确定合适的矿料级配、最佳沥青用量。

(3)抗车辙沥青混合料的拌和

RA 抗车辙剂混合料的拌制采用 LB-400 型拌和机,沥青用量要求控制在最佳沥青用量的 ±0.2% 范围之内,一般在拌和锅设投料口,在干拌结束喷入沥青前,人工将 NS 型 RA 抗车辙剂投入拌和锅。RA 改性剂“干拌”时间控制在 8 ~ 10s,在改性剂“干拌”完成后放入沥青进行“湿拌”45s。为保证 RA 抗车辙剂沥青混合料的质量,应严格按照表 2-2-8 的要求控制混合料的生产温度。

RA 抗车辙剂沥青混合料生产温度控制　　表 2-2-8

类　型	沥青加热温度(℃)	矿料温度(℃)	混合料出料温度(℃)
RA + 70 号	150 ~ 160	180 ~ 190	175 ~ 185

(4)抗车辙沥青混凝土的运输

RA 抗车辙剂沥青混合料的运输和其他沥青混合料的运输一样,在运输中应采取保温、防雨、防污染措施,以保证混合料的质量。

(5)抗车辙沥青混凝土的摊铺

沥青各面层施工开工前,要通过合格的沥青混合料组成设计,拟定试铺段的施工方案。在试铺段完成后，可以基本确定沥青路面的施工方案。

添加RA抗车辙剂沥青混合料的摊铺温度比普通沥青混合料的摊铺温度要高5～10℃，混合料温度在卡车卸料到摊铺机上时测量。

(6)RA抗车辙沥青混合料的压实成型

压实工艺是试验路施工中最关键的工艺之一，添加RA抗车辙剂沥青混合料的碾压和普通沥青混合料的碾压一样，都采用初压、复压和终压的碾压方式。

由于抗车辙剂沥青混合料中添加了RA抗车辙剂，混合料的初压温度要比普通沥青混合料的初压温度高5～10℃，控制在150～165℃才能确保压实效果。添加RA抗车辙剂沥青混合料的初压采用钢轮静压二遍，复压采用钢轮振动两遍、胶轮搓揉3～4遍，终压采用钢轮静压二遍。RA抗车辙剂沥青混合料拌和、施工、摊铺及碾压温度均需进行严格控制，必须按照表2-2-9的要求进行施工。

RA沥青混合料拌和、施工、摊铺及碾压温度汇总 表2-2-9

施工工序		控制标准(℃)
沥青加热温度		150～160
矿料加热温度		175～185
沥青混合料出料温度		170～180
混合料废弃温度，高于		195
运输到现场温度，不低于		165
混合料摊铺温度，不低于	正常施工	155
	低温施工	160
开始碾压的混合料内部温度，不低于	正常施工	150
	低温施工	160
碾压终了的表面温度，不低于		70
开放交通的路表温度，不高于		50

(7)施工接缝处理

①横向施工缝全部采用平接缝。

②在施工缝及构造物两端连接处必须仔细操作保持紧密、平顺。

③沥青面层应待摊铺层完全自然冷却到周围地面温度时，隔夜开放。

任务3 沥青路面再生施工技术

一、沥青路面再生概念

随着沥青路面通车里程的迅速增长，沥青路面的养护工作量剧增。为适应当前路面养护工作的需要，许多新型沥青路面养护技术应运而生，其中沥青路面再生技术得到越来越多的应用。旧沥青路面的再生利用，就是将旧沥青路面经过路面再生专用设备的翻挖、回收、加热、破碎、筛分后，与再生剂、新沥青、新集料等按一定比例重新拌和成混合料，满足一定的路用性能并重新铺筑于路面的一整套工艺。再生技术按温度要求可分为冷再生和热再生，热再生又可分为就地热再生、厂拌热再生，冷再生又可分为厂拌冷再生、就地冷再生、全深式再生，具体分类见图2-2-6。

1. 厂拌热再生

厂拌热再生技术是将旧沥青混凝土路面铣刨后运到沥青混合料拌和场(厂),通过破碎、筛分(必要时),并根据旧料中沥青含量、沥青老化程度、集料级配等情况,掺入一定数量的新集料、新沥青、再生剂(必要时)等进行热态拌和,使混合料各项指标达到规定,并按热拌沥青混合料的施工工艺重新铺筑路面。

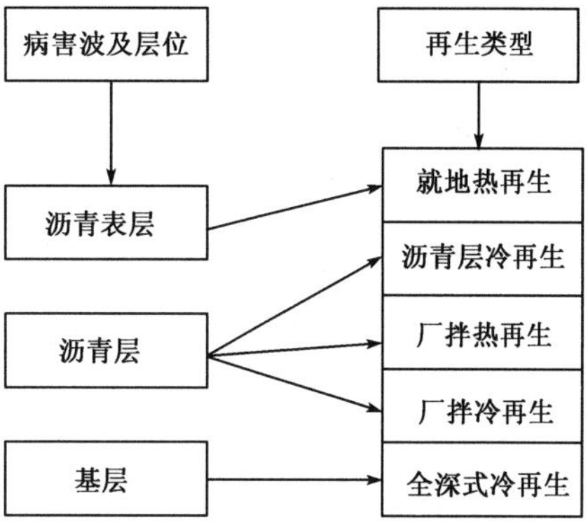

图 2-2-6　沥青路面再生技术的分类

2. 就地热再生

就地热再生技术(就地热再生)是指利用专用的就地热再生设备,对沥青路面进行现场加热、翻松,掺入一定数量的新集料、新沥青、再生剂等,经混拌、摊铺、碾压等工序,一次性实现对表面一定深度范围内(一般不超过 6cm)的旧沥青混凝土路面再生的一种技术。

3. 厂拌冷再生

厂拌冷再生技术是将旧沥青路面铣刨后运到沥青混合料拌和场(厂),通过破碎、筛分(必要时),并根据旧料中沥青含量、沥青老化度、集料级配等指标,掺入一定数量的新集料、再生结合料(乳化沥青、泡沫沥青等)、再生剂(必要时)进行常温拌和,使混合料达到规定的各项指标,按常温沥青混凝土的施工工艺重新铺筑,形成路面基层或者下面层的一种技术。

4. 就地冷再生

就地冷再生技术是指利用专用的就地冷再生设备,对沥青路面进行现场冷铣刨,掺入一定数量的新集料、再生结合料(乳化沥青、泡沫沥青、水泥、消石灰等)、再生剂(必要时),经混拌、摊铺、碾压等工序,一次性实现对表面一定深度范围内的旧沥青路面再生,形成路面基层或下面层的一种技术。

5. 全深式再生

全深式再生是将沥青层和部分基层材料同时进行就地冷再生,形成路面基层的一种技术。全深式再生实际上是就地冷再生的一种,只不过是再生厚度范围内包含了部分基层。国内全深式再生工程的再生结合料绝大部分采用水泥,个别采用乳化沥青和泡沫沥青。

二、沥青路面再生的施工方法

相对热再生技术而言,冷再生技术修筑的路面质量和耐久性方面还存在一定的差距,以下主要介绍沥青路面养护工作中常用的厂拌热再生和就地热再生技术。

1. 沥青路面厂拌热再生

(1)适用范围

适用于对各等级公路回收沥青路面材料(RAP)进行热拌再生利用,再生后的沥青混合料根据其性能和工程情况,可用于各等级公路的沥青面层及柔性基层。

(2)材料要求

应选择符合要求的回收沥青路面材料(RAP)和适宜的回收沥青路面材料(RAP)掺配比例,混合料应满足现行《公路沥青路面施工技术规范》中热拌沥青混合料的相关技术要求。

(3)机械设备

沥青混合料拌和设备、自卸汽车、摊铺机、光轮胶轮压路机及其他辅助设备。

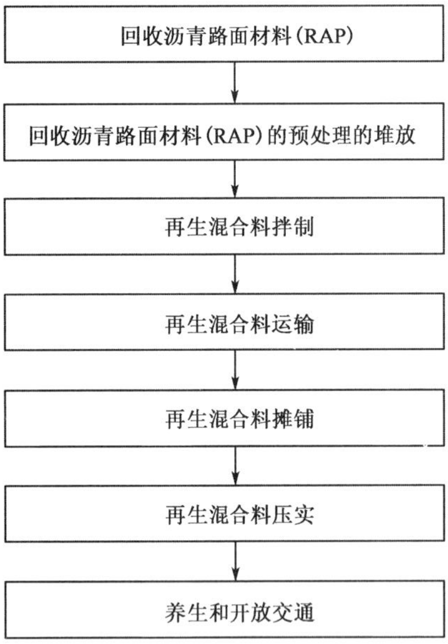

图 2-2-7　厂拌热再生工艺流程图

(4)工艺特点

对回收的沥青路面材料(RAP)进行加热,使旧沥青裹覆在新、旧集料表面的薄膜趋于均匀。按预定比例加入新沥青(或新沥青与再生剂),使新沥青(或新沥青与再生剂)均匀地裹覆到新、旧集料的表面,同时与原有的旧沥青紧密结合,最终得到与新沥青混合料品质相当的再生混合料。

(5)厂拌热再生的工艺流程

从沥青混合料的拌和效果及路面性能指标来看,厂拌热再生技术较其他路面再生技术有一定的优势,在沥青路面养护中得到广泛应用,其施工工艺流程如图 2-2-7 所示。

(6)旧沥青路面材料的回收要点

为保证厂拌热再生沥青路面的施工质量,在工程施工中应严格遵守《公路沥青路面再生技术规范》(JTG F41—2008)的技术要求,再生混合料的运输、摊铺、压实、养生等与新拌热沥青混合料的要求基本相同,旧沥青路面材料的回收要点见表 2-2-10。

旧沥青路面材料的回收要点　　表 2-2-10

项　目	应用要点	示　例
回收沥青路面材料	回收沥青路面材料(RAP)回收可选用冷铣刨或机械开挖的方式,应减少对路面集料的破碎	
回收沥青路面材料(RAP)的预处理和堆放	回收沥青路面材料(RAP)必须进行二次破碎处理。回收沥青路面材料(RAP)在转运、堆放、使用时应避免离析,使用时,应从料堆的一端开始在全高度范围内铲料	
再生混合料拌制	再生混合料的生产有两种方式:在旧沥青混合料中掺加再生剂和掺加新沥青混合料	

(7)厂拌热再生的施工要点

厂拌热再生施工中涉及的路面铣刨、铣刨料的破碎、再生沥青混合料的运输、摊铺、压实等工艺在培训教材《公路养护工(初级·中级·高级)》部分已经介绍过,在此不再赘述。本章节重点就再生沥青混合料的拌制进行介绍。

①再生沥青混合料的性能要求

厂拌再生混合料的拌制材料包括回收沥青路面材料(RAP)、新沥青、新集料和再生剂,拌和时应以室内配合比试验报告所提供的掺配比例进行拌和,并根据试验路混合料性能的检测结果进行适当调整,以达到满足《公路沥青路面施工技术规范》(JTG F40—2004)中所要求的相应混合料性能。

②再生沥青混合料的设备要求

厂拌再生混合料可以选用间歇式拌和设备或连续式拌和设备进行拌和,拌和设备必须具备回收沥青路面材料(RAP)的配料装置和计量装置。使用间歇式拌和设备,当回收沥青路面材料(RAP)掺量大于10%,宜增加回收沥青路面材料(RAP)烘干加热系统。回收沥青路面材料(RAP)料仓数量应不少于两个,料仓内的回收沥青路面材料(RAP)含水率不应大于3%。

厂拌热再生混合料的生产温度和加热时间应根据拌和设备的加热干燥能力、回收沥青路面材料(RAP)的含水率、再生混合料的级配,新沥青的黏温曲线等综合确定,以不加剧回收沥青路面材料(RAP)的再老化,提高生产能力,降低能耗并生产出均匀稳定的混合料为原则。

③再生沥青混合料的温度要求

使用间歇式拌和楼时,应适当提高新集料的加热温度,但最高温度不宜超过200℃,加热过程中回收沥青路面材料(RAP)不得直接与明火接触,以防止回收沥青路面材料(RAP)表面沥青老化。干拌时间比普通混合料延长5~10s,总拌和时间比普通混合料延长15s左右。再生混合料的出料温度比普通混合料高5~10℃。

2. 沥青路面就地热再生

(1)沥青路面就地热再生的特点

沥青路面就地热再生是以改善已产生裂缝、坑槽、车辙的沥青路面的形状和混合料性质为目的,一般是在路面的损坏程度还没波及基层时采用的维修方法。将旧路面混合料就地再生利用,不需要搬运废料过程及废弃物堆放场地,而且旧路面混合料100%再利用,经济效益显著。与以前的维修方法相比,影响交通及沿途居民的程度小,施工结束就可以开放交通。由于使用专用机组进行连续机械化施工,此方法不适用于小型维修工程及难以确保连续机械化施工的工程。但由于该方法是在路上加热旧路面,较易受特殊气温的影响,寒冷季节一般不宜施工;当损坏波及基层以下时,原则上也不适用。

(2)应用要点

沥青路面就地热再生技术的应用要点见表2-2-11。

沥青路面就地热再生技术的应用要点　　表2-2-11

项　　目	应用要点
适用范围	①沥青路面出现一定数量的坑槽、网裂等病害,但仅出现于沥青表层4cm深度以内;②由于低温收缩,路面出现许多裂缝,但面层材料并未老化,而下层还仍然坚实完好,没有必要将路面面层进行大修,而只要在表面加以修整,就能恢复路面的使用性能;③沥青混凝土路面抗滑性能不足;④沥青混凝土混合料中含油较多,出现了并不十分严重的车辙
机械设备	①沥青路面热补板;②热再生料箱;③振动压路机;④配套设施:3t双排座车、皮卡工具车各一辆,小型提升机一台,防雨棚、挡水板一套,移动式电子指路牌及安全设施一套

(3)沥青路面表面热再生的分类

就地热再生施工技术也称表面热再生，主要是指加热旧路面面层至要求的深度(一般不超过3cm)，翻松旧路面，添加还原剂或再生剂，重新铺筑成型的施工方法，表面热再生大体有加热—整形—压入碎石工艺、加热—整形—罩面工艺和加热—翻松—复拌铺装工艺等三种施工工艺，应用要点见表2-2-12。

沥青路面就地热再生施工的工艺要点 表2-2-12

项 目	技术要点
加热—整形—压入碎石工艺	先用加热器将路面加热，加热深度约为2.5~3cm；接着用加热耙松机边加热边翻松，再摊铺整平；然后用少量沥青处治过的5~10mm的沥青碎石，均匀地撒布在整平过的路面上，随即用钢轮压路机压入。所用碎石应坚硬而富有棱角，以提高路面的粗糙度
加热—整形—罩面工艺	加热软化路面：翻修再生机利用机器内的红外线加热器加热路面，使路面软化，根据气温、风速、风向、路表的温度以及混合料的含水率，调整工作状态，保证路面的加热温度。 翻松路面：当面层经加热软化后，镶有硬质合金尖齿的翻松带就压入路面中，机器在行走过程中将路面翻松。翻松的路面材料由装在刮刀前面的螺旋式推进器收集到路面中间。 拌和整形：翻松的路面材料集中到路中后，由旋转式乳化沥青洒布机洒布一层乳化沥青，接着由拌和机进行拌和，并由刮平板刮平。 摊铺碾压：由输送机将新混合料运送到下面的摊铺整平板，根据所需要的路拱、摊铺宽度和摊铺厚度(考虑松铺系数)，把新混合料摊铺在经过整平的旧料上，之后碾压成平整、密实的路面
加热—翻松—复拌铺装工艺	该表面再生工艺使用的机械与上述翻修摊铺机有些相似，不同的是它除能够将旧路面材料加热、翻松、添加再生剂拌和再生外，还能和来自集料斗中的新混合料按比例混合，然后再进行摊铺整平，压实成路面

若原沥青混凝土路面基本平整，但经长期行车，路面磨损，附着系数降低，影响行车安全，应采取加热—整形—压入碎石工艺的表面修整方法，以恢复路面的粗糙度。当旧沥青路面具有足够厚度，可供进一步利用，为恢复其平整度和断面形状，可采用加热—整形—罩面工艺或者加热—翻松—复拌铺装工艺的修整方法，翻修再生机在一次行程内就可完成路面修复。

三、案例——沥青路面厂拌热再生技术的工程应用

S239常州某路段的交通量较大，达到重交通的要求，而且路面病害较为严重，车辙病害特别严重，经过病害调查分析，决定对原沥青路面的中上面层进行铣刨，并重新铺设SMA13(4cm)+Sup-20(6cm)的沥青路面层。为此，在S239常州段的养护改善工程中进行了沥青路面温拌再生技术的应用。

1. 配合比设计

(1)目标配合比设计结论

按照Superpave设计方法，对Sup-20进行生产配合比设计，并进行了各项性能试验的验证。

(2)生产配合比级配调试

拌和楼型号为LB3000型强制间歇式沥青混合料拌和楼，在生产配合比设计过程中，为保证二次筛分试样的代表性和真实性，拌和楼上料速度与正常生产时上料速度相一致。各个热料仓单独放料，各热料仓前面料放掉，待稳定后从热料仓放料取样，施工单位选取代表性的热料仓试样，对所送样品采用四分法进行密度试验、热料仓料筛分和级配调试工作。

2. 厂拌热再生沥青路面的施工

(1)拌和楼控制

从拌和楼生产情况看,拌和楼热再生加热设备系统中冷料输送过程不稳定,偶尔会出现细铣刨料堵料现象,导致拌和楼生产过程中出现溢料现象。

从混合料出料情况看,拌和楼出料正常,沥青裹覆均匀,未发现花白料情况。沥青混合料的出场温度满足添加温拌剂后的厂拌热再生沥青混合料出料温度要求。

试验路施工所用拌和楼为西筑3000型间歇式拌和楼,再生系统采用福建铁拓,产量约为150t/h,拌和楼生产由计算机全程自动控制,拌和楼计量准确。施工时拌和楼各项设置见表2-2-13,每盘料的生产周期约为60s,从拌和楼打印记录显示的单盘料生产周期来看,拌和楼生产比较稳定。

拌和楼参数设置 表2-2-13

拌和楼	温度设置(℃)			拌和时间(s)		生产能力		
	骨料加热	沥青加热	铣刨料加热	干拌	湿拌	单盘料质量(kg)	单盘料生产周期(s)	拌和楼产量(t/h)
西筑3000	185	170	100	15	27	2500	60	150

(2)混合料运输

混合料运输采用大吨位自卸汽车,运料车前后移动,分前、后、中三次堆料,以减少集料离析现象。在运输前,检查出料温度,满足要求后用篷布覆盖并扣牢后运输。

(3)现场摊铺

摊铺机就位后,按计算的松铺厚度调整熨平板高度,将熨平板预热至100℃以上。摊铺采用两台ABG-423型摊铺机进行梯队作业,靠近中分带一侧ABG423摊铺机在前,采用非接触式平衡梁的自动找平方式控制厚度、高程;另一台摊铺机在后相距约10m,一侧采用非接触式平衡梁自动找平方式控制厚度、高程,另一侧采用在摊铺层上走雪撬的自动找平方式,两台摊铺机搭接宽度约为5cm。摊铺速度控制均设定在2.0m/min左右。摊铺机熨平板振动频率4.0级,振捣频率4.0级。

从摊铺现场看,铺面整体均匀性良好,碾压时混合料无推移,在施工现场随机抽查了温拌沥青混合料的摊铺温度,所抽检点的摊铺温度控制在155~165℃,满足温拌沥青路面施工技术要求。

(4)碾压

温拌沥青试验路采用的碾压组合方式见表2-2-14,试铺段的碾压温度见表2-2-15,现场碾压如图2-2-8所示。

碾压组合方式 表2-2-14

碾压阶段	压路机类型	碾压遍数	碾压速度
初压	BW202AHD-2(1台)	前静后振2遍	2~4km/h
复压	XP261(1台) XP301(1台)	全幅共碾压6遍	4km/h
终压	2BW202AHD-2(1台)	静压2遍光面	4km/h

沥青混合料碾压温度检测　　表 2-2-15

时间(min)	5	13	16	20	30	37
工序	摊铺	初压一遍	初压二遍	复压一遍	复压四遍	复压五遍
温度(℃)	160	152	140	130	116	100

图 2-2-8　试铺段现场碾压

从现场碾压情况看,现场施工组织较合理,两台钢轮和胶轮均能按设定速度和碾压遍数重复碾压,确保了温拌沥青路面压实度。

复习思考题

1. 以实际道路的调查数据对沥青路面使用品质进行评定。
2. 通过交通量调查评定道路的交通等级,并提出该道路的路面病害的修复方案。
3. 简述沥青路面坑槽修补技术及使用情况。
4. 简述路面基层处治的方法及要点。
5. 简述沥青路面再生技术的区别和工程应用中的注意事项。

项目二　水泥混凝土路面养护

学习建议

1. 本项目重点介绍重交通下水泥混凝土路面养护的相关知识。未涉及内容可参阅《公路养护工(初级·中级·高级)》教材;

2. 对于混凝土路面养护内容,建议结合现行《公路水泥混凝土路面施工技术规范》和《公路水泥混凝土路面养护技术规范》的相关知识进行学习;

3. 建议结合本地区实际气候条件,选择相应的水泥混凝土路面养护方法。

技能要求

1. 能判断重交通下水泥混凝土路面破坏的各种形式;
2. 能撰写重交通下水泥混凝土路面养护方案;
3. 能对旧水泥混凝土路面快速修补;
4. 能对旧水泥混凝土路面进行再生施工。

知识要求

1. 了解重交通下水泥混凝土路面破坏形式；
2. 掌握重交通下水泥混凝土路面的养护措施；
3. 掌握水泥混凝土路面的快速修补方法；
4. 掌握旧水泥混凝土路面的再生施工技术。

任务1 重交通下水泥混凝土路面的养护

随着我国交通建设的快速发展，重载以及大流量交通日益普遍，尤其是重型货车的增长速率较快，且车辆超载现象严重，造成水泥混凝土铺筑路面越来越多的过早损坏，致使很多地区的路面远远达不到设计使用年限，在路面使用初期就产生了严重的裂缝、断裂板、错台、沉陷等病害，见图2-2-9，严重影响道路的服务水平及行车安全，造成严重的经济损失。因此，我们在这里来学习了解重交通下水泥混凝土路面典型破坏形式，并掌握如何对旧路面进行大修改造的方法。

图2-2-9 水泥混凝土板块严重碎裂

一、重交通下水泥混凝土路面典型破坏形式

重交通下水泥混凝土路面典型破坏形式见表2-2-16。

重交通下水泥混凝土路面典型破坏形式 表2-2-16

破坏类型	实 例 图 片	破 坏 机 理
唧泥、脱空	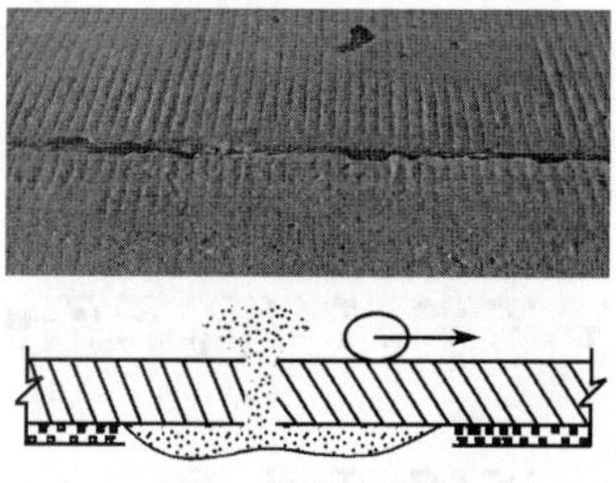 唧泥、脱空示意图	在重载作用下，路面板下基层的较细粒径材料自裂缝或接缝处同自由水一起喷出，形成**唧泥**。由于**唧泥**的作用，板体与基础之间的材料逐渐被带走，最终导致板体支承结构被不断**脱空**

续上表

破坏类型		实 例 图 片	破 坏 机 理
错台			**错台**现象的出现往往与其他病害密切相关,如唧泥、填料消耗、路基沉降不均匀等,而重交通会加剧错台的程度
沉陷			**沉陷**主要是因为支撑路面结构的路基发生沉降引发的。超重载往往会导致路基承受的压应力增大,一方面加快了路基沉降,另一方面也使路面板自身产生疲劳应力,从而间接引发路面板沉陷
露骨			路面材料由于不断地经受重载车辆轮胎的磨耗,导致路面表层产生麻面,形成路面表层**露骨**病害。露骨并不会影响路面板的结构功能,但集料暴露在自然环境下,要不断地经受重载车辆轮胎的磨耗,以及雨水的冲刷,逐渐减小板的厚度,降低面板强度,最终导致路面板丧失结构功能
坑洞			**坑洞**是指路面板表面出现局部集料脱落后形成的局部凹坑。重交通行车情况下,车辆轮胎压过坑洞时,会加剧其边缘料被剥蚀的程度,坑洞增大,对路面的使用寿命和行车舒适性产生更大的影响
裂缝	纵向裂缝		重交通行车情况下,产生**纵向裂缝**的原因主要是路基填料不均匀、含水率不均匀、施工方法不当等,导致路基不均匀沉降,在重载和板块自重的双重作用下,路面板块就会出现纵向断裂

破坏类型		实例图片	破坏机理
裂缝	横向裂缝		产生**横向裂缝**的原因主要是由于混凝土本身抗拉强度太低，在重交通行车情况下，导致水泥混凝土路面在垂直道路纵轴线方向上发生贯穿板厚的裂缝
	交叉裂缝	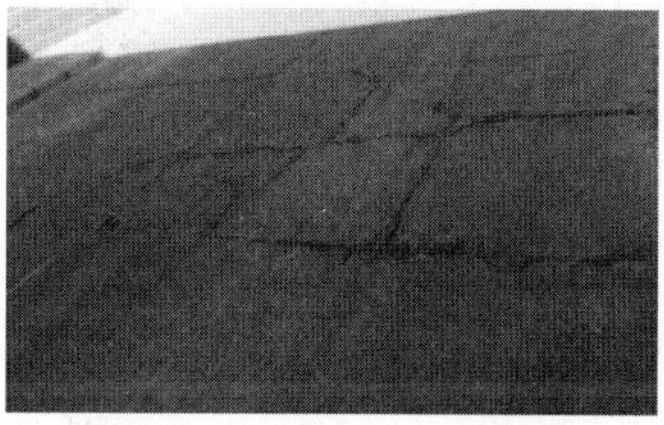	在重载交通作用下产生**交叉裂缝**的主要原因有：水泥混凝土路面自身强度不足；路基和路面基层的强度和水稳定性差
	板角断裂		在重交通作用下，路面板块下面的路基出现了局部沉降，引起板面竖向变形过大，造成其上表面产生过大的拉应力，在达到疲劳极限时就会造成开裂，形成**板角断裂**病害
	面板破碎		引起**面板破碎**的主要原因是荷载过大、温度变化过快且幅度大、板体强度不足等。在重载车辆不断作用下，路面结构内部形成的应力将会大于其结构抗力，使得路面材料出现疲劳破坏，进而造成面板断裂

重载交通下的水泥混凝土路面与普通交通下的水泥混凝土路面相比，产生的病害类型是一样的。但通过病害成因的分析，可以发现，有很多病害的产生、发展、扩大等都与荷载的作用有关，这就说明超重载的交通条件能使水泥混凝土路面病害发生并加剧其扩展。

二、重交通下水泥混凝土路面的养护措施

在超重载交通条件下，水泥混凝土路面病害的发生率比普通公路大很多，在制定养护方案时，不能仅仅依靠主观臆断，盲目选择路段或病害类型进行，而应该有针对性、有相应依据地去制定。目前超重载交通下水泥混凝土路面病害常采用旧路面的加铺改造来解决，主要方法有：

一是加铺新水泥混凝土面层，二是加铺沥青混凝土面层，三是旧水泥混凝土路面翻修。常采用的维修改造方案有以下几种：

(1)挖除原有路面结构，对破损的基层换填补强，然后在处治后的基层上加铺连续配筋混凝土路面。

(2)充分利用旧路面结构，在旧路面上覆盖沥青罩面结构。

(3)将旧水泥路面破碎成块状后拆除丢弃，或将拆除块破碎重新利用，制作底基层，然后重新加铺面层。

以下对上述维修改造旧水泥混凝土路面的方法逐一进行介绍。

1.加铺连续配筋混凝土路面

在一些重车比例大、超载严重的水泥混凝土路面段，各种接缝成为路面的薄弱位置，易产生行车跳动引起板角断裂，路表水沿接缝进入结构层后，进而产生唧泥、错台、拱起等严重病害，危及行车安全。因此可以通过加铺连续配筋混凝土路面的方法，来提高路面结构的承载能力，以适应该路段大交通量的需要。

1)加铺连续配筋混凝土路面的概念、作用

连续配筋混凝土路面(CRCP)是指沿纵向配置连续的钢筋，除了在与其他路面交接处或邻近构造物处设置胀缝以及视施工需要设置施工缝外，不设横向缩缝的水泥混凝土路面。CRCP在路面纵向配有足够数量的钢筋，以控制混凝土路面板纵向收缩产生的开裂，因此，连续配筋混凝土路面除施工缝及构造需要的胀缝以外，不需设置缩缝，形成一个完整而平坦的行车表面，从而改善了汽车行驶的稳定性，避免了普通混凝土路面的接缝破坏，同时也增加了路面板的整体刚度，提高了路面板的承载能力、抗雨水损坏的能力。连续配筋混凝土路面钢筋网见图2-2-10。

图2-2-10 连续配筋混凝土路面钢筋网

2)处治措施

(1)加铺前原基层处治

挖除原混凝土破碎板块之后，应对原路面基层存在的病害进行彻底处治。

①板底脱空、基层强度不足类处治。对加铺路段采用板底压注水泥浆加固的措施进行处治。

②严重破碎伴有错台和唧泥等处的处治。

以上病害的处治方法在培训教材《公路养护工(初级·中级·高级)》部分已经介绍过，在此不再赘述。

(2)CRCP 板厚和配筋设计

①板厚设计。板厚设计根据现行《水泥混凝土路面设计规范》提供的计算流程进行。

②配筋设计。连续配筋混凝土路面的钢筋是依据混凝土收缩及温度变形来计算的。

(3)CRCP 端部锚固设计。连续配筋混凝土取消了横向接缝,因此在与其他路面相接处会因混凝土的热胀冷缩形成纵向位移,为阻止由此产生的巨大水平推力造成路面的损坏,必须采取措施约束、消除或调节纵向位移。根据现行《公路水泥混凝土路面设计规范》(JTG D40—2011)对于连续配筋混凝土端部锚固的说明,可采用钢筋混凝土梁或宽翼缘工字钢梁接缝等形式来锚固。

(4)施工流程

CRCP 施工流程见图 2-2-11。

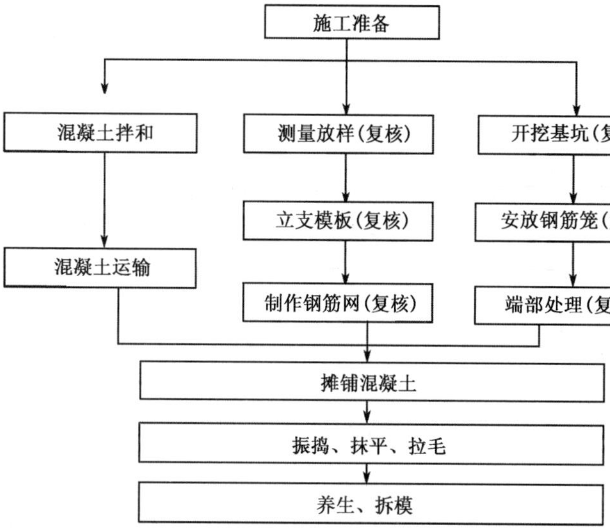

图 2-2-11 CRCP 施工流程

3)注意事项

(1)钢筋安装

CRCP 施工中的关键技术是钢筋网的制作、安装和定位,CRCP 的路面使用性能与钢筋网的质量有着非常密切的关系,直接影响到 CRCP 面板裂缝的数量和间距,所以钢筋网安装一定要牢固,定位一定要准确。浇筑前应检验绑扎或焊接安装好的钢筋骨架,不得有贴地、变形、移位、松脱和开焊现象。钢筋用支架来固定高程,钢筋支架不仅要能够保证钢筋网的稳固,其自身也要足够稳定,以防止在摊铺混凝土时被推倒。

(2)端部处理

端部处理是指将 CRCP 路面端部采取锚固措施,目的是为了约束或减小 CRCP 面板纵向位移,避免 CRCP 出现损坏或较大裂缝,并保证路面和与其相接的构造物正常工作。如果端部施工质量较好,能够达到设计的约束效果,则 CRCP 面板的位移就较小,微裂缝的宽度和密度也都很小,有利于保证 CRCP 路面的使用性能。

2. 水泥混凝土路面沥青罩面技术

1)技术特性

旧水泥混凝土路面加铺沥青罩面的施工见图 2-2-12。旧水泥混凝土路面沥青加铺改造具有以下几方面突出的特性：

(1)在表面破损较严重,但仍具有足够强度的旧水泥混凝土路面上铺筑一层高质量沥青面层的复合式路面,不仅可恢复其使用功能并可显著地延长路面使用寿命；

图 2-2-12　旧水泥混凝土路面沥青罩面施工

(2)显著改善水泥混凝土特别是碾压混凝土路面的平整度,尤其是接缝处的平整度,有利于提高行车速度、改善行车舒适性和安全性；

(3)由于下层是高强度的水泥混凝土板,提高了沥青加铺层的刚度,可以承受重交通的作用而减少车辙；

(4)减少路面病害处治工程量,降低大修对交通和沿线居民的干扰；

(5)可大大降低水泥混凝土路面的噪声和扬尘,改善道路的环境状况。

2)处治措施

(1)加铺沥青罩面前旧路面的病害处治措施

为了充分利用旧路面结构,为沥青罩面结构提供一个稳定的基层,应在罩面加铺之前对旧水泥混凝土路面制订合理的病害处治措施。根据旧路破损状况调查结果,主要采取换板、灌缝、注浆等病害处治措施。

①换板处治。换板处治的判断标准为：

a. 贯通裂缝数量大于 2 条的混凝土板块；

b. 裂缝宽度大于 15mm 的板块；

c. 裂缝宽度大于 3mm,且基层强度不足,混凝土板底承载状况较差时。

换板处治工艺就是挖除旧混凝土板块,并浇筑与旧路面同等级的混凝土。

②灌缝封堵。该措施适用于路面裂缝数量少于 2 条、宽度小于 3mm 且基层强度较好的路段。灌缝材料和工艺应严格按现行规范的要求执行。灌缝封堵工艺见图 2-2-13。

图 2-2-13　灌缝封堵

③注浆处治。对于接缝传荷能力不足及板底脱空的板块采取注浆处治。钻孔压浆工艺是处治旧路面病害的关键技术,建议配备专业队伍进行施工,并通过试验路确定压浆处治相关工艺参数。

(2)沥青罩面结构设计

沥青罩面结构设计主要依据对现有路面使用性能的调查结果,调查工作是保证旧水泥混凝土路面沥青罩面结构设计技术可行、性能耐久、经济合理的前提。

在进行沥青罩面设计时,主要考虑满足两方面的指标要求:一是旧水泥混凝土路面结构经过加铺后达到强度要求;二是沥青加铺层能够满足防止产生荷载型及温度型反射裂缝的要求。

在旧混凝土板上加铺沥青罩面时,应选择抗车辙、抗裂缝、抗磨耗能力强及稳定、耐久、密水、粗糙抗滑的沥青混合料类型。在确定加铺层厚度时,除考虑提高路面结构承载能力和抵抗混凝土板反射裂缝外,还应考虑加铺层施工难易程度和经济性等。

(3)注意事项

反射裂缝的处治是水泥混凝土路面沥青加铺设计的关键和难点,实践证明,沥青层加铺后产生反射裂缝是难以完全避免的,只能在混凝土板病害处治较好的基础上,采用优质沥青混合料,并在加铺层结构设计中采取一定的反裂措施,以减少和延缓反射裂缝的产生。目前,主要的防治措施有:在沥青加铺层上锯切横缝;采用厚加铺层;加铺裂缝缓解层;设置各种夹层。

3. 旧水泥混凝土路面就地利用的碎石化再生利用技术

1)旧水泥混凝土路面碎石化再生利用技术的概念、意义

碎石化再生利用技术就是将原有的旧水泥板彻底打碎,将毁损废旧的水泥混凝土破碎为集料,重新配合,制备稳定材料或再生混凝土,可以作为基层或者面层重新利用。

旧水泥混凝土路面碎石化再生利用有两种方法:一是旧水泥混凝土路面就地利用的破碎处治方法,将旧的路面破碎后及时地进行压实,并作为新路面或者底层再生利用;二是水泥混凝土路面工厂破碎再利用技术,工厂式破碎首先将旧路面破碎成可以搬运的小块,集中运往料场进行加工,经过破碎处理、剔筋、筛分得到再生集料。在此介绍旧水泥混凝土路面就地利用的破碎再生利用方法。

2)处治措施

(1)破碎后的路面要满足一定的要求:

①旧水泥混凝土板破碎后要在平面上保持强度均匀;

②破碎后的路面进行压实时要加强施工工艺;

③破碎的路面要粒径级配良好,不能有应力集中的现象发生;

④结构镶嵌要合理,具有一定的强度。

(2)处治方法介绍

①就地利用的主要方式

a. 压浆稳固后作为中下基层,加铺基层后再重新铺筑面层;

b. 压浆稳固后作为基层,加铺防止反射裂缝的土工材料后再重新铺筑面层;

c. 破碎后作为中下基层,加铺基层后再重新铺筑面层;

d. 破碎后作为基层,直接加铺路面。

②破碎再生处治技术方法

旧水泥混凝土路面就地利用的破碎再生处治技术主要包括:就地打(断)裂压稳、破(打)碎压稳(碎石化)。

通常,对于断板率低于10%的水泥路面,采取打裂压稳技术直接加铺沥青混凝土罩面;对于断板率介于0% ~15%的水泥路面,在打裂压稳之后铺设防反射裂缝材料后加铺沥青混凝土罩面层;而对于断板率超过15%且有明显结构性破坏或相邻板的位移(沉降差)大于4mm的水泥路面,宜采用碎石化技术。在对路基及基层有病害处进行局部处理后,将混凝土面板进行破碎压实作为基层,保证新罩面结构有一均匀稳定的承重层,然后视交通需要,并且结合基

层处理后的状况重建路面结构。

a. 原地打(断)裂压稳

处治原理:在旧水泥混凝土路面上施加高能量低频冲击外力,使旧水泥混凝土路面板开裂而丧失板体性后,再用压实机械进行碾压,从而形成稳定均匀的结构层。

机械设备:门(铡)刀式冲击破碎机,见图 2-2-14。该设备利用重达 5 ~ 7t 的铡刀下落形成的线状冲击力冲切旧水泥混凝土路面板,从而使旧水泥混凝土路面出现断裂。

冲击式压路机,见图 2-2-15。冲击压路机是通过三边、四边、五边或六边形压实轮的滚动对旧水泥混凝土路面板形成间歇而周期性的冲击作用,从而使其破裂。冲击压路机在打裂旧水泥混凝土路面时,能有效地消除旧水泥混凝土路面板的脱空,并起到加固地基的作用。

图 2-2-14　门(铡)刀式冲击破碎机

图 2-2-15　冲击式压路机

b. 破(打)碎压稳(碎石化)

处治原理:采用低频振动等方式使旧水泥混凝土路面碎裂,进而用专用压实机械碾压形成下粗上细的碎石结构层的一种处理方式,有时也被称为路面碎石化。

机械设备:多锤头破碎机,见图 2-2-16。多锤头破碎机的工作装置由中间 2 排各 3 对锤头,2 侧各 1 对翼锤构成,液压缸的往复运动带动各锤头交替地锤击水泥板块并使其破碎。工作流程详见后文中"3. HB 碎石化施工工艺流程介绍"。

共振破碎机,见图 2-2-17。共振破碎机是由凸轮旋转产生的偏心力使振动梁带动工作锤头振动,频率约 44Hz、振幅 20mm。锤头与水泥板接触,振动能量大部分被水泥混凝土板吸收,通过调节锤头的振动频率使其与水泥板块的固有频率成整数倍时,激发其共振,水泥板块因内部颗粒间的内摩擦阻力迅速减小而崩溃。共振式破碎机可控制水泥板块的碎块粒径和破碎深度。

图 2-2-16　多锤头破碎机

图 2-2-17　共振破碎机

(3)加铺罩面

原路面破碎压稳后加铺层的路面结构组合可采取“白＋黑”和“白＋白”结构，即加铺层可以为沥青混凝土路面，也可以选择水泥混凝土路面。

①“白＋黑”结构

加铺沥青层时可将碎石化层作为基层和底基层，可采用的加铺方式有 4 种：直接加铺上、中、下面层的密级配沥青混凝土；加铺沥青稳定碎石基层（主要是开级配沥青碎石基层），然后采用 2 层面层的形式；加铺抗疲劳层后，再加铺沥青面层；加铺无机结合料稳定类基层，然后再加铺沥青面层。无论何种结构，与碎石化层相接的结构层底面的拉应力或拉应变都是关键的控制因素。

采用冲击压稳或打裂压稳技术，高能量低频冲击外力的作用使旧水泥混凝土路面板裂缝不规则且较细微，使开裂的旧水泥混凝土路面层仍有较高的整体刚性，但均匀性稍差，如直接加铺薄层沥青混凝土，仍有出现反射裂缝的可能。一般还要先加铺 20～25cm 半刚性基层，再加上 10～13cm 沥青面层，故高程抬高达 30～38cm，影响原地面排水系统。

打碎压稳施工形成的结构层均匀性优于打裂压稳形成的结构层的均匀性，但整体刚度明显低于后者。混凝土板块经碎石化后，水泥面板的破碎程度比较彻底，水泥碎块的最大粒径在 20～30cm，经专用压路机压实稳固后混凝土面板表面碎块最大尺寸范围为 5～10cm，再经洒布乳化沥青稳定，在结构上不再是刚性板块，而成为类似沥青稳定碎石的一种柔性基层。水泥混凝土路面碎石化后，在铺设沥青面层之前，通常采用乳化沥青灌入再生集料技术，以增强碎石化基层与面层的黏结，提高路面整体强度。

②“白＋白”结构

旧水泥混凝土路面碎石化后直接加铺水泥混凝土路面相对来说是不利的，其抗水损害的能力相对较低，因此，当回弹模量小于 150MPa 时，需要加铺适当的无机结合料稳定基层；当回弹模量大于 150MPa 时，需要加铺沥青防水封层。水泥混凝土路面的加铺厚度应不低于规范规定的最小厚度，碎石化防水封层应不小于 1cm。

4. *HB 碎石化施工工艺流程介绍*

在此主要介绍破（打）碎压稳（碎石化）方法中“锤式破碎法”的施工工艺流程，见图 2-2-18。

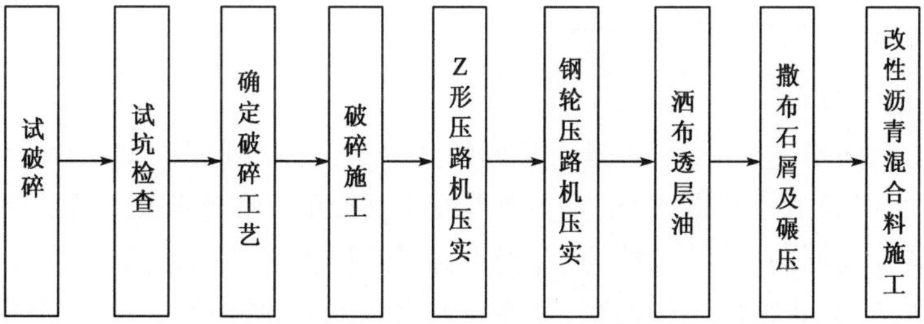

图 2-2-18　HB 碎石化施工工艺流程图

锤式破碎法（HAMMER BROKEN），也叫多锤头碎石化技术，它是采用多个重锤反复冲击打碎面板，从而将路面分层打裂成大小均匀的块径。这种技术破碎后的路面，可形成上面层较小，中面层稍粗，底层粒径较大的嵌挤结构。就地破碎，工艺简单，一次成型。完成破碎后，再通过“Z”形压路机（图 2-2-19）压稳，形成平整、稳固的基层结构。路面通过破碎和冲击压实后既能满足基层强度要求，又可消除反射裂缝，为新铺面层提供理想的基层结构。

图 2-2-19 “Z”形压路机

采用多锤头破碎机设备的碎石化工艺：

(1)在旧路面破碎之前设置好排水设施，并且不得少于2 周时间，然后采用 HB4000-2 设备破碎一遍；

(2)切割移除暴露的加强钢筋后，采用“Z”形压路机碾压 2 ~ 3 遍。“Z”形压路机的作用是保证轮下颗粒不外挤、大小均匀、效果好；

(3)对破碎后的水泥混凝土路面进行检验性碾压，对软弱区域进行移除替换后再用钢轮压路机振动压实 3 遍；

(4)洒布、灌入改性乳化沥青，其用量为 2.5 ~ 3.5kg/m^2；

(5)洒布热的乳化沥青作防水黏结层，其用量为 1.0kg/m^2；

(6)撒布一层粒径为 3 ~ 5mm 的石屑，用 16t 钢轮压路机碾压 2 遍；

(7)封闭交通 8 ~ 12h 后，检测路面弯沉值；摊铺热拌沥青混合料调平层和面层，或者铺筑水泥混凝土。

三、重交通下水泥混凝土路面的日常养护

重交通下水泥混凝土路面的日常养护与普通水泥混凝土路面的相似，详见《公路水泥混凝土路面养护技术规范》(JTJ 073.1—2001)。

任务 2　水泥混凝土路面养护的其他方法

随着我国公路交通的不断发展，水泥混凝土路面以其强度高、承载力大，对路面基层和底基层强度要求低，在公路建设中得到广泛应用。然而，由于水泥混凝土路面需设置各种接缝，路面一旦开始出现局部损坏，若维修不及时或养护不当，就会进一步加剧水泥混凝土路面的破坏。同时我国公路超载情况比较严重，使得水泥路面过早的出现破坏，并且损坏后修复十分困难。目前，国内水泥混凝土路面的修复大都采用普通水泥混凝土进行修复，但是这种方法养生期长、对日常交通影响大。因此，我们在这里给大家介绍水泥混凝土路面快速修复技术，以及对水泥混凝土路面断板采用钢纤维混凝土进行快速修复的方法。

一、水泥混凝土路面的快速修补

1. 快速修复的目的

水泥混凝土路面早期、局部病害最常见的形式为裂缝、孔洞坑槽、接缝附近混凝土局部损坏、边角断裂及表层脱落等。据调查，大多数混凝土路面的严重破损最初都表现为路面局部病害，这些小范围的、局部的、非结构性的、混凝土材料的损害若得不到及时、有效的修复，将导致破损范围进一步扩大、病害进一步加剧，最终导致大范围的、结构性的整板损坏，造成更大的经济损失。即由最初的小范围局部材料破损发展到后期的大范围结构破损。“及时发现、尽早修复”是混凝土路面病害最科学、最经济的处理措施。

2. 快速修复材料的技术要求

我国现阶段混凝土路面日常养护水平较低，对于局部缺陷的快速修复还没有很好的对策，常用的水泥基材料局部修复技术不仅工艺较复杂、开放交通时间长，而且修补界面黏结差，效果很不理想；而这些局部缺陷若采用整板修复技术，不仅修复工期长而且很不经济。

用于水泥混凝土路面板局部缺陷修补的材料必须满足下列技术及施工要求：

(1)快硬、早强，以满足公路修补后快速开放交通的要求；

(2)黏结力强、韧性好，修补界面黏结强度不低于旧混凝土，以保证局部修补的效果；

(3)施工后不需养护或只需稍加养护即可开放交通；

(4)施工快速、简单、方便，不需使用大型机具；

(5)收缩小，后期性能稳定；

(6)耐磨性高，耐久性好；

(7)平整度好，修补材料的颜色与旧混凝土基本一致，无明显差异。

3. 破损快速修复方法分类

由于混凝土路面病害种类较多，出现的原因也较为复杂，目前为止仍处于研究阶段。不同种类的病害其出现的原因不同，即使是同一类病害(如路面板开裂)，其出现的时间及原因也存在差异，因此在进行路面病害修补前，应清楚了解病害出现的原因，有针对性地采取相应的措施，才能得到较好的修复效果。

(1)局部修补

局部修补旨在消除混凝土路面表面局部的病害，可分为表面薄层(麻面、骨料外露等)修复、坑洞(接缝及边角处)局部修复、裂缝注(渗)胶修复、裂缝表面封闭止水修复。局部修补技术在根治剥落、坑洞、初期微细裂缝和板上端1/3板厚之内的其他病害方面十分有效。如果病害延伸深度超过面板厚度的1/3，那么就应改用全厚修补。局部修补技术的应用要合理，它仅仅用于更换破损混凝土，一般仅能修复路面非结构性损害，即它仅能修补或更换已经破损的混凝土材料，而不能修复已损坏的路面结构。不应使用局部修补技术去根除全厚病害，否则应使用全厚修补或荷载传递修复技术根除全厚病害。因此，在确定修补方案前，应对混凝土病害产生的原因进行充分调查。

(2)全厚度修补(或更换面板)

全厚度修补(或更换面板)不仅可修补或更换破损的材料，而且能恢复路面原有结构，在修复路面结构性损坏(如板面破碎)方面相当有效，但其修补工期较长。一般在修复前尚需对损坏的基层、接缝及传力装置进行处理，见图2-2-20。

图2-2-20　全厚度修补

旧水泥混凝土面板全厚度修补时要注意以下几个方面：

①旧板凿除应注意对相邻板块的影响，尽可能保留原有拉杆。宜用液压镐凿除破碎混凝土板，并及时清运混凝土碎块。

②基层损坏部分应予清除,并将基层整平、压实。个别板块基层宜用 C15 贫混凝土将路面基层补强,其补强混凝土顶面高程应与旧路面基层顶面高程相同。宜在混凝土路面板接缝处的基层上涂刷一道宽 20cm 沥青带。

③在对路面排水不良地带进行路面板翻修时,路面板边缘及路肩应设置路基纵、横向排水系统。一边板块翻修时应在路面板接缝处设置横向盲沟;较长路段翻修时宜设纵横向盲沟,并应在纵坡底部设置横向盲沟。

二、钢纤维混凝土用于路面断板的快速修复

1. 钢纤维混凝土的概念及特点

钢纤维混凝土是在普通混凝土中掺入乱向分布的短钢纤维所形成的一种新型的多相复合材料。这些乱向分布的钢纤维能够有效地阻碍混凝土内部微裂缝的扩展及宏观裂缝的形成,显著地改善了混凝土的抗拉、抗弯、抗冲击及抗疲劳性能,具有较好的延性。

目前水泥混凝土路面断板的处理方法一般情况下是将破碎严重路段的旧混凝土板挖除,再铺上与原设计强度等级相同或者比原设计强度等级高的混凝土。但是新旧水泥混凝土结合强度低,强度发展缓慢,很难在短期内开放交通。这给交通和经济的发展造成了极大的不便。钢纤维混凝土具有高抗折强度、良好的抗冲击性和抗裂性,并且能大大缩短路面快速修复的时间,因此,钢纤维混凝土可以应用于水泥路面的新建和快速修复项目中。

2. 钢纤维的种类

常用的钢纤维外形主要有圆直形、扭曲形、长直形、墩头形、端钩形、波浪形等,见图 2-2-21。其中,端钩纤维对混凝土增强、增韧与阻裂效果最好,端钩不仅增进了锚固作用,也提高了界面黏结,得到了广泛应用。

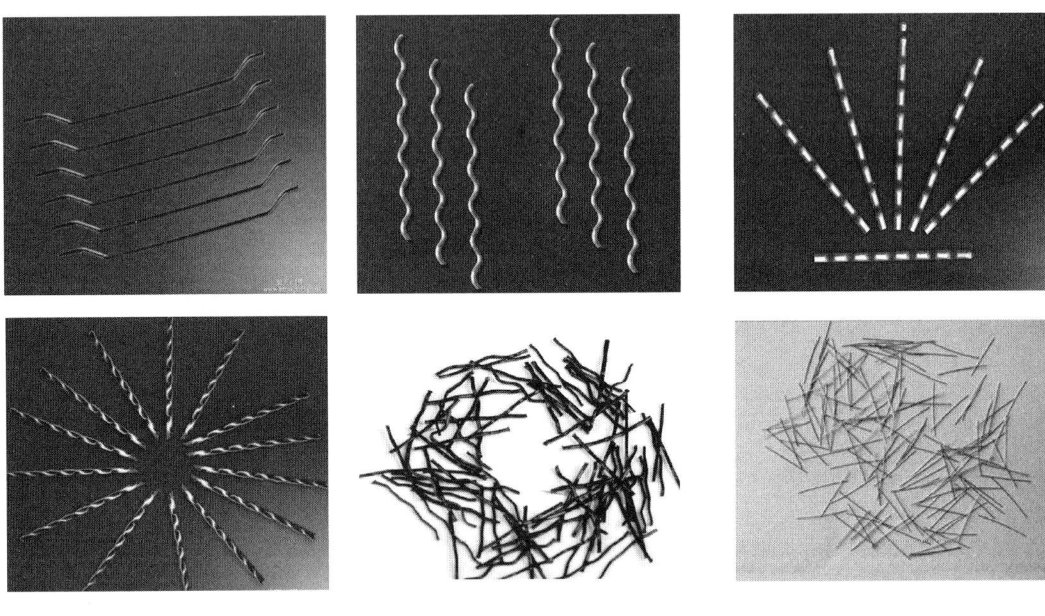

图 2-2-21　常用钢纤维的形状

钢纤维的品种及其性能对钢纤维混凝土的质量和施工都有很大的影响。按生产工艺分有切断钢纤维、剪切钢纤维、熔抽钢纤维和切削钢纤维四种,见表 2-2-17。

钢纤维品种分类　　表 2-2-17

钢纤维种类	特　　点	抗 拉 强 度
切断钢纤维	用切断机将冷拔钢丝按需要的长度切断而成。切断钢纤维的横截面有圆形或长方形,表面平直光滑,常通过变形处理以增强其表面的机械咬合力,提高黏结强度	由于钢丝经过多次冷拔,材料经受了强烈的塑性变形,抗拉强度大大提高,一般为 600 ~ 3000MPa
剪切钢纤维	使用旋转切削的刀具将一定厚度的冷轧带钢剪切扭曲成矩形断面而形成	由于截面被扭曲成矩形,增强了钢纤维与混凝土基体的黏结力,其抗拉强度在 380 ~ 800MPa
熔抽钢纤维	将碳钢熔化成钢液,经由一个带有刻痕且能高速旋转的熔抽轮的高速旋转,将钢液甩出,快速冷却而成	抗拉强度为 380 ~ 800MPa。这种钢纤维原料来源广泛,制造工序简单,价格较便宜
切削钢纤维	又称铣削型钢纤维。钢纤维的原材料是钢锭或低碳钢厚钢板,用旋转的平铣刀铣削而成,钢纤维的长度为钢板的宽度	钢纤维在切削过程中受到极大的塑性变形和加工硬化,抗拉强度为 380 ~ 800MPa

3. 钢纤维混凝土的施工工艺

为了使确定的钢纤维配合比能达到最佳的性能,在施工时应尽量按照以下工艺进行控制,见表 2-2-18。

钢纤维混凝土的施工工艺流程　　表 2-2-18

<table>
<tr><th>工 艺 要 点</th><th>示　　例</th></tr>
<tr><td>

搅拌:

(1)搅拌楼一次拌和量不宜大于其额定搅拌量的 80%;

(2)投料顺序和方法以搅拌过程中钢纤维不结团和保证生产率为原则,通过试拌或根据经验确定;

(3)为了保证钢纤维在混凝土中的分散性和均匀性,钢纤维混凝土应比普通混凝土规定的纯拌和时间延长 20 ~ 30s

</td><td></td></tr>
<tr><td>

钢纤维混凝土拌和物从出料到运输、铺筑完毕允许时间:

<table>
<tr><th>施工时间的日间平均温度(℃)</th><th>到运输完毕允许最长时间(h)</th><th>到铺筑完毕允许最长时间(h)</th></tr>
<tr><td>5 ~ 9</td><td>1.00</td><td>1.25</td></tr>
<tr><td>10 ~ 19</td><td>0.50</td><td>0.75</td></tr>
<tr><td>20 ~ 29</td><td>0.35</td><td>0.50</td></tr>
<tr><td>30 ~ 35</td><td>0.25</td><td>0.35</td></tr>
</table>

</td><td></td></tr>
</table>

工 艺 要 点	示 例
铺筑： (1)钢纤维混凝土必须尽量加快施工速度，否则，很快会凝结导致难以摊铺； (2)为保证面板中钢纤维分布的均匀性及结构的连续性，在一块板内的浇筑施工过程不得中断； (3)由于钢纤维的顶托，钢纤维混凝土布料松铺高度宜比普通混凝土略高10mm左右； (4)在浇筑和摊铺过程中，严禁因拌和物干涩而加水，但可喷雾防止表面水分蒸发	
振捣： (1)钢纤维混凝土拌和物布料长度大于10m时，可开始振捣作业； (2)为确保钢纤维分布的均匀性，应采用大功率平板式振捣器振捣密实，再采用振动梁压实整平； (3)振动器在每一位置的振动时间一般为15～20s，不得过久，应以振至钢纤维混凝土混合料泛浆，不明显下降、不冒气泡，表面均匀为度； (4)在模板边缘、传力杆等平板式振捣器不易振到的地方，可用高频率插入式振捣棒顺路线方向插入，使钢纤维成纵向条状集束； (5)面板振实后，随即安装纵缝拉杆	
整平与饰面： (1)三辊轴整平机按作业单元分段整平，作业单元长度宜为20～30m。振捣与整平两道工序时间间隔不宜超过15min； (2)在一个作业单元长度内，三辊轴整平机应采用前进振动、后退静滚方式作业，宜分别作业2～3遍； (3)滚压完成后，将振动辊轴抬离模板，用整平轴前后静滚整平，直到平整度符合要求、表面砂浆厚度均匀为止； (4)饰面的最迟时间不得迟于铺筑完毕允许的最长时间。用3m以上刮尺、刮板或抹刀纵横向精平表面，每个方向不少于两遍。精平后的表面不得裸露钢纤维，也不应留浮浆	
抗滑构造： (1)钢纤维混凝土路面必须使用硬刻槽方式制作抗滑构造。硬刻槽应在抗压强度达到40%后开始，并宜在两周内完成； (2)硬刻槽后应随即将路面冲洗干净，并恢复路面的养生	
养生： (1)钢纤维混凝土路面铺筑完成后立即开始养生。宜采用喷洒养生剂同时保湿覆盖的方式养生，也可采用覆盖塑料薄膜、土工布等洒水湿养方式 (2)日平均温度小于等于5℃施工的钢纤维混凝土路面应采取保温保湿养生措施； (3)养生时间根据混凝土弯拉强度增长情况而定，一般养生天数宜为14～21d，高温天不宜少于14d，低温天不宜少于21d	

复习思考题

1. (情境题)通过实地调查,描述重交通下水泥混凝土路面主要典型破坏形式。

2. 简述目前旧水泥混凝土路面加铺改造的措施方法。

3. 旧水泥混凝土路面就地利用的破碎再生处治技术有哪些?

4. 简述水泥混凝土路面快速修复材料的技术要求。

5. 简述钢纤维混凝土的概念及其特点。

6. 简述钢纤维混凝土的施工工艺流程。

7. (情境题)某段水泥混凝土路面全长7.92km,由于经常有超重载车辆行驶,导致沿线板碎裂现象严重,请你制订出路面养护技术方案。

工作情境三　桥涵、隧道养护

情境描述

情境一：江苏省某二级公路一座简支梁桥，在公路站桥梁检查人员的现场检查（经常检查）中发现重要构件存在严重缺损，桥梁检查人员担心该桥梁的正常使用功能已经受到影响，随即向上级领导报告。上级领导安排技师对该桥进行了一次定期检查，检查结果显示该桥梁缺损较严重已影响桥梁使用功能，需立即进行加固处理。上级领导于是对高级技师（桥梁养护工程师）下达了工作任务：提出该桥加固方案，组织人员进行加固处理，同时对加固工程质量进行检查与评定验收。

情境描述二：安徽省某二级公路一座小桥，由于特殊情况需通行一辆重型货车，货车轴重明显超出小桥的设计荷载。由于建成年代久远，小桥的基础技术资料缺失，该二级公路主管部门对高级技师（桥梁养护工程师）下达的工作任务如下：①立即组织对该桥进行荷载试验，确定该小桥的技术状况及承载能力；②根据荷载试验及重型货车实际通行情况，制订小桥加固方案并组织实施。

情境三：南方某盖板涵，在雨季汛期遭受暴雨冲刷，导致下游洞口破坏，涵内大量泥沙杂物淤积。高级技师的工作任务是：组织人员进行抢修，编制涵洞抢修施工组织设计，确定工程数量和工程概算。

项目一　桥梁检查与养护

学习建议

1. 严格依据行业技术标准、技术规范进行学习。具体的技术标准、规范有《公路隧道养护技术规范》（JTG H12—2015）、《公路桥涵养护规范》（JTG H11—2004）、《公路桥梁技术状况评定标准》（JTG/T H21—2011）、《公路工程质量检验评定标准》（JTG F80/1—2004）、《公路桥梁加固施工技术规范》（JTG/T J23—2008）。

2. 紧密结合工程实际及各种案例以加深对教材的理解。在学习中多处理一些实际问题，用解决案例的方法来掌握教材知识。

技能要求

1. 能进行桥梁技术状况评定；

2. 能用粘贴钢板、粘贴碳纤维或特种玻璃纤维、更换主梁等方法进行钢筋混凝土梁桥上部结构的加固；

3. 能用加大拱圈截面、粘贴钢板或复合纤维片材等方法进行拱桥上部结构的加固；

4. 能对墩台及墩台基础进行加固；
5. 能对梁桥、拱桥上部结构进行抗震加固；
6. 能对桥台进行抗震加固；
7. 能进行桥梁分项工程的质量评定。

知识要求

1. 掌握桥梁技术状况评定方法；
2. 掌握粘贴钢板、粘贴碳纤维或特种玻璃纤维、更换主梁的施工工艺；
3. 掌握加大拱圈截面、粘贴钢或复合纤维片材的施工工艺；
4. 掌握墩台及墩台基础加固常用方法；
5. 掌握桥梁抗震加固常用方法；
6. 了解公路养护大中修工程竣(交)工验收办法及评定办法；
7. 了解桥梁动、静载试验方法；
8. 了解超重车辆过桥的桥梁加固措施。

任务1 桥梁维修加固技术及方法

一、钢筋混凝土梁桥上部结构加固方法

1. 粘贴钢板加固法

1)适用范围

粘贴钢板加固法是普遍采用的方法，钢板与原结构构件必须可靠连接，并做防锈处理。采用环氧树脂系列黏结剂将钢板粘贴在钢筋混凝土结构物的受拉缘或薄弱部位，使之与原结构物形成整体共同受力，以提高其刚度，改善原结构的钢筋及混凝土的应力状态，限制裂缝的进一步发展，从而达到加固补强、提高桥梁承载能力的目的。

2)材料要求与构造要求

粘贴钢板加固法的材料、构造及安全措施要求如表2-3-1所示。

粘贴钢板加固法基本要求 表2-3-1

材料要求	加固所用的黏结剂，必须黏结强度高、耐久性好、具有一定弹性
	加固使用的钢板，一般以Q235钢或Q345钢为宜；钢板、连接螺栓及焊缝的强度设计值，应按现行国家标准《钢结构设计规范》规定采用
	粘贴钢板加固，其基层的混凝土强度等级不应低于C15
构造要求	对于受压区粘贴钢板加固，当采用梁侧粘贴钢板时，钢板宽度不宜大于梁高的1/3
	粘贴钢板在加固点外的锚固长度，尚应保证一定的构造要求：对于受拉区，不得小于200t(t为钢板厚度)，亦不得小于600mm；对于受压区，不得小于160t，亦不得小于480mm；同时，锚固区尚宜增设U形箍板或螺栓等附加锚固措施
	为防止钢板锈蚀，延缓黏结剂的老化，钢板表面应做密封防水防腐处理

3)施工工序及工艺要点

粘贴钢板加固法的施工工序及工艺要点如表2-3-2所示。

粘贴钢板加固法施工工序及工艺要点

表 2-3-2

施工工序及工艺要点	示例	
混凝土表面清理： 混凝土表面凿毛，使骨料露出，清除破碎部分和浮尘		
钢结构表面处理： 钢板除锈要彻底，且表面应有一定的粗糙度		
配制建筑结构胶： ①慎重选择胶黏材料，配胶要精确； ②施工时开始固化的胶不得再用； ③安装钢板时结构胶要饱满，一般在混凝土表面及钢板表面分别涂刷一层均匀的环氧砂浆薄层，合计层厚 2mm	 方法1：压力注浆法（上图） （钢板厚度>5mm）	 方法2：涂抹挤压法（上图） （钢板厚度≤5mm）
放样钻孔： ①植筋处若存在钢筋，则适当调整钻孔位置； ②钻孔施工遇到钢筋或预埋件时应停钻，并适当移动孔位；若移动值过大，应及时通知设计单位予以处理	—	
安装锚固螺栓并加压： ①埋设牢固，具有可靠的抗拔力； ②保证粘贴钢板时有效的加压		

施工工序及工艺要点	示　　例
常温固化： 结构胶完全固化前，不得振动已植钢筋，以免影响其黏结性能	—
切除锚固螺栓头： ①必须采用冷切工艺，不得采用氧割或气割，不得敲击螺栓头； ②必须在钢板粘贴检查合格后进行	 
钢板防腐处理： 先清除钢板外面污物和锈蚀，涂一层树脂薄浆，再涂两层防锈漆	 

4）工程质量及验收

（1）拆除临时固定设备后，应用小锤轻轻敲击钢板，从音响判断黏结效果或用超声波法探测黏结密实度。如锚固区黏结面积少于90%，非锚固区黏结面积少于70%，则此黏结件无效，应剥下重新黏结。

（2）对于重大工程，为真实检验其加固效果，尚需抽样进行荷载试验，一般仅做标准使用荷载试验，即将卸去的荷载重新全部加上，其结构的变形和裂缝开展应满足设计使用要求。

5）施工安全措施

（1）配制黏结剂用的原料应密封储存，远离火源，避免阳光直接照射。

（2）配制和使用场所，必须保持通风良好。

（3）操作人员应穿工作服，戴防护口罩和手套。

（4）工作场所应配备各种必要的灭火器以备救护。

（5）施工脚手架搭设方案应经计算确定，并布设安全防护网。

（6）对不中断交通的桥梁加固施工，必须按《公路桥梁加固施工技术规范》（JTG/T J23—2008）第3.3.5条采取相应的安全措施。

2. 粘贴碳纤维、特种玻璃纤维加固法

1）适用范围

粘贴碳纤维、特种玻璃纤维加固法主要用于提高构件抗弯承载力、抗剪承载力及受压构件的轴向抗压承载力，也能用于控制裂缝发展。

2)施工工序及工艺要点

粘贴碳纤维、特种玻璃纤维加固法的施工工序及工艺要点如表 2-3-3 所示。

粘贴碳纤维(特种玻璃纤维)加固法施工工序及工艺要点 表 2-3-3

施工工序及工艺要点	示　　例
基面处理： ①混凝土表面的劣化层(如浮浆、风化层等)要用砂轮机进行清除和打磨； ②基面的错位与凸出部分要磨平，转角部位要进行倒角处理； ③裂缝部分要注入环氧树脂浆进行修补	 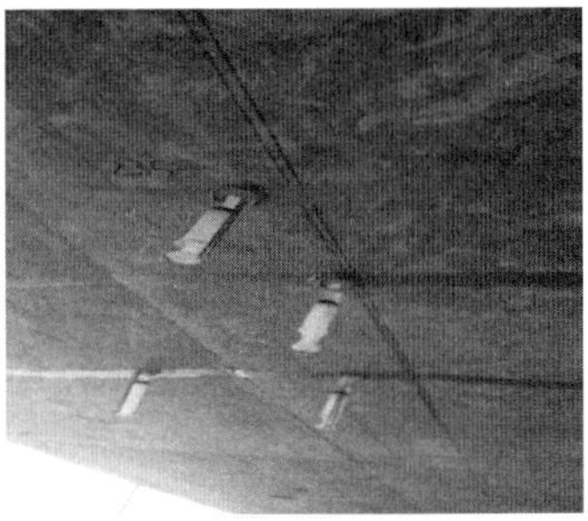
基面清洗： ①先用钢丝刷将表面松散浮渣刷去，然后用压缩空气除去粉尘； ②用丙酮或无水酒精擦拭表面，也可用清水冲洗，但必须保证其充分干燥后才能进行下一道工序的施工	 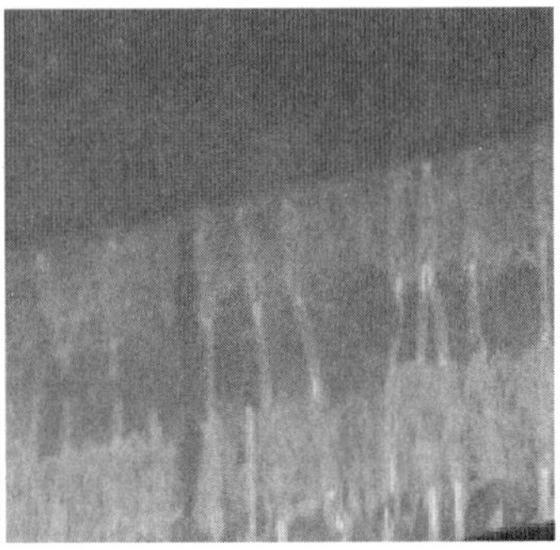
涂刷底胶： ①按比例准确配制好底胶并搅拌均匀，注意一次调和量应在可使用时间内用完，超过时间的绝对不能使用； ②用滚筒或刷子均匀地涂抹在基面上，注意直横均匀涂抹，自然风干；如在冬季施工，胶的黏度较高，不能涂得太厚； ③底胶硬化后，在表面有凸起部分时，要用磨光机或砂纸打光； ④待底胶指触干燥后，进入下道工序	 
粘贴面修补： ①若发现粘贴面上有凹入部位，应用找平胶进行修补，保证粘贴面的平整，以确保加固效果； ②待找平胶指触干燥后进入下一道工序	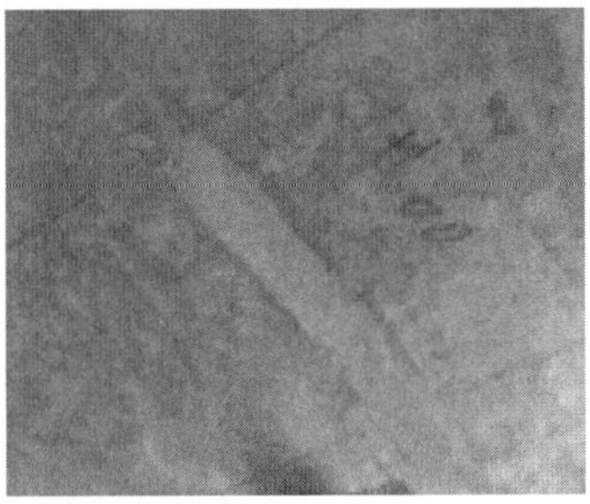 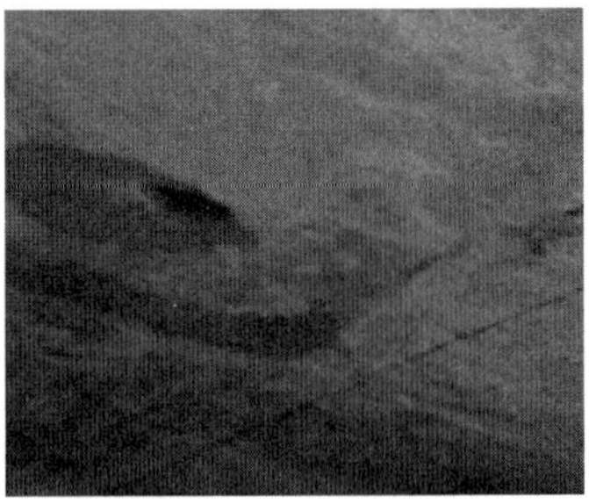

施工工序及工艺要点	示　　例
粘贴碳纤维布： ①在待粘贴面上画出各层位置； ②依设计尺寸裁剪碳纤维布，应根据现场施工经验和作业空间确定下料长度，若需要进行接长时，接头的长度应根据实际情况而定，一般不得小于15cm； ③下料数量应以当天能用完为准； ④粘贴碳纤维布时，应依设计位置由上而下，由左至右按顺序粘贴，并以滚筒压挤贴片，使碳纤维布与浸渍树脂充分结合，同时以压板去除气泡； ⑤及时观察贴片是否粘贴密实，若发现有间隙或气泡，应及时处理	 
罩面防护处理： ①粘贴完碳纤维布后，及时在其表面再直横均匀涂抹一层浸渍树脂，自然风干； ②确保贴片表面已充分风干结合后，在其表面涂抹罩面胶或采取其他措施处理，以保证各层胶的耐久性	 

3）粘贴施工要求

（1）对被加固构件的基面要求

基面的混凝土强度等级不低于C15；基面平整且具有一定强度。当构件有剥落、起皮、腐蚀、裂缝及严重碳化等表面缺损时，必须先进行修复，并应将粘贴基面打磨平整、清理干净，且不应存在尖锐楞角和浮灰粉尘，防止碳纤维布的局部剥断破坏和粘贴失效。

（2）碳纤维布的粘贴

用碳纤维布加固混凝土构件宜采用薄布多层的粘贴方法，使其与黏结材料充分浸润，确保黏结效率。对于受弯构件，宜在受拉区沿轴向平直粘贴碳纤维布进行加固补强，并在主纤维方向的断面端部进行附加锚固处理。

（3）碳纤维布的搭接与截断

碳纤维布确需搭接时，其搭接部位应避开构件应力最大区段，搭接长度不应小于100mm，且搭接端部应平整无翘曲。多层搭接的各层接口位置不应在同一截面，每层接口位置的净距宜大于200mm。

（4）现场气温低于5℃及雨天或可能结露时，应停止施工。

（5）加固所用的碳纤维布及其配套黏结材料均应有厂家所提供的材料检验证明和合格证。

4)施工质量检测

粘贴施工的质量检测方法、检测标准及处理方法如表2-3-4所示。

粘贴施工质量检测方法汇总表 表2-3-4

检测方法	检测标准	处理方法
目视检测	对粘贴后不久的碳纤维布进行目视检查,要求不能有间隙、缺脂区及皱纹产生	对存在间隙或缺脂的部位应加补浸渍树脂,对存在皱纹的碳纤维布应切除后重新粘贴
金属锤测试	完工后3d,用金属锤轻敲,以检测碳纤维布补强面是否有空隙或含浸不良现象,要求空隙率在5%以下	大面积空隙或含浸不良的区域,以切割机切除,重新粘贴,并注意搭接长度不少于15cm。当空隙直径小于2cm时,可用注射器注入树脂补强
现场拉拔试验	拉拔结果破坏面必须为混凝土破坏或拉拔强度大于2.5MPa视为合格(测试频率:视作业区域面积,原则上$500m^2$测试一次,不足$500m^2$仍需测试一次)	不合格区域则在原测试位置30cm范围内再取样测试,直到测试通过。仍不合格,则该不合格施工面须切除,重新粘贴

5)施工安全措施

(1)配制黏结剂用的原料应密封储存,远离火源,避免阳光直接照射。

(2)配制和使用场所,必须保护通风良好。

(3)操作人员应穿工作服,戴防护口罩和手套。

(4)工作场所应配备各种必要的灭火器以备救护。

(5)施工脚手架搭设方案应经计算确定,并布设安全防护网。

(6)对不中断交通的桥梁加固施工,必须按《公路桥梁加固施工技术规范》(JTG/T J23—2008)第3.3.5条采取相应安全措施。

3.更换主梁加固法

1)适用范围

更换主梁加固法适用于主梁已严重缺损、承载力降低很多的情况,或者需加大边梁截面及配筋的情况。将旧梁部分或全部拆除,再部分或全部更换上荷载等级较高的新梁。

2)施工工序及工艺要点

更换主梁加固法的施工工序及工艺要点如表2-3-5所示。

更换主梁加固法施工工序及工艺要点 表2-3-5

施工工序及工艺要点	示例
梁板拆除: ①桥面铺装层拆除。拆除时由桥梁中部向两端进行;用小型挖机、风镐等工具凿除并装车运走。 ②铰缝钢筋分离。 ③梁板拆除。全桥按受力体系对称拆除;吊点设置应保证起吊过程中梁板稳定	 

续上表

施工工序及工艺要点	示　例
梁板吊装： ①梁板构件运至施工现场。运输前检查混凝土强度报告，达到设计强度方可运输。保证运输道路通畅，施工便道压实。 ②支座安装就位，保证支座和支承垫石中心线重合。 ③梁板吊装就位、临时固定。吊装前机械试运行，确保正常工作后方可吊装。吊装时确保梁板就位准确并与支座密贴，不得用撬棍移动梁板。 ④浇筑铰缝混凝土，振捣密实	 
桥面系恢复： ①桥面凿毛，露出骨料，清除表面破碎和浮尘。 ②立模并铺设钢筋，设置垫块，控制保护层厚度。 ③浇筑混凝土。浇筑前测量高程，浇筑时控制初凝和终凝时间，收面后及时横向拉毛。 ④养生。洒水养护不少于14d，养生期间禁止车辆通行	 

3）施工安全措施

（1）施工前编制梁板拆除施工方案和安全预案。

（2）开工前现场工作人员进行技术交底和安全审查。

（3）现场布置安全警示标志。

（4）吊机按其起重性能控制好回转半径及工作高度，切勿超载和带病作业。现场为多机作业施工，所有现场人员必须统一服从指挥及调度。

（5）特种作业人员（起重、登高架设作业、电焊、电工等）必须经过培训，考试合格持证上岗。

（6）六级以上大风和雷雨天气，应暂停吊装作业。

（7）夜间施工时必须在灯光充足情况下方可进行施工。

二、拱桥上部结构加固方法

1. 加大拱圈截面法

1）适用范围

加大拱圈截面的方法分为从腹面加固和从腹背加固两大类。腹面加固的前提是拱下有施工条件，虽然工作条件差，但不需要拆除和重建拱上建筑，中断交通时间短，故从腹面加固较多。

2)腹面加大拱圈截面法

在桥下净空允许,或根据水文资料桥下泄水面积允许缩小时,可在原有拱圈下部增设拱圈,即紧贴原拱圈下面,喷射钢丝网水泥拱圈或浇筑钢筋混凝土新拱圈。

拱桥腹面加大拱圈截面法施工工序及工艺要点如表 2-3-6 所示。

拱桥腹面加大拱圈截面法施工工序及工艺要点 表 2-3-6

施工工序及工艺要点	示例
表面凿毛并清理: ①加固构件表面凿毛,露出骨料; ②清除表面破碎和浮尘	 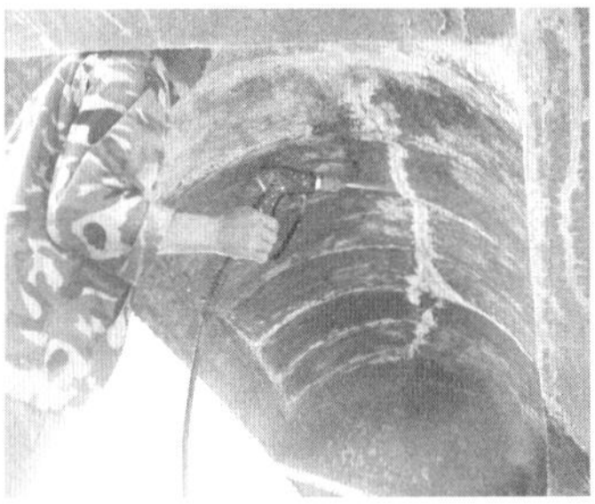
安设锚固钢筋: ①放样钻孔。植筋处若存在钢筋,则适当调整钻孔位置; 钻孔施工遇到钢筋或预埋件时应停钻,并适当移动孔位;若移动值过大,应及时通知设计单位予以处理; ②埋设牢固,具有可靠的抗拔力; ③旋入植筋后结构胶完全固化前,不得振动已植钢筋	 
挂设补强钢筋网: 钢筋网牢固绑扎或点焊在锚固钢筋上,避免喷射混凝土时位置发生偏移	 
喷射混凝土: ①喷嘴与构件表面最佳距离为 0.8~1.5m; ②喷嘴与构件表面尽量垂直	 

续上表

施工工序及工艺要点	示　例
受喷面整修： 在喷射混凝土初凝后（15～20min）用刮刀将设计线以外的多余材料刮掉，再喷一层砂浆	 
养生： 在混凝土终凝 2h 后采用洒水或喷洒养生剂进行养生	 

3）腹背加大拱圈截面法

从拱圈上面加一层新拱圈，施工顺序为：开挖至原拱背→拱背修补→拱背凿毛→浇筑新拱圈，如图 2-3-1 所示。加固时原拱圈如有损坏，应先用喷注高标号水泥砂浆等方法修理后再浇筑新拱圈。在考虑加厚拱圈时，应同时考虑墩台受力是否安全可靠等因素。

4）施工要求

（1）结合面处理：应凿除原构件混凝土缺陷部分，构件结合面凿毛凹凸差不宜小于 6mm，并露出骨料。

（2）对原有钢筋应除锈，当受力钢筋需焊接时，施焊前应采取措施避免烧伤混凝土。

（3）在原结构上植筋，其方法和技术要求应符合《公路桥梁加固施工技术规范》（JTG/T J23—2008）附录 A 的规定，新增钢筋骨架与锚筋连成整体。

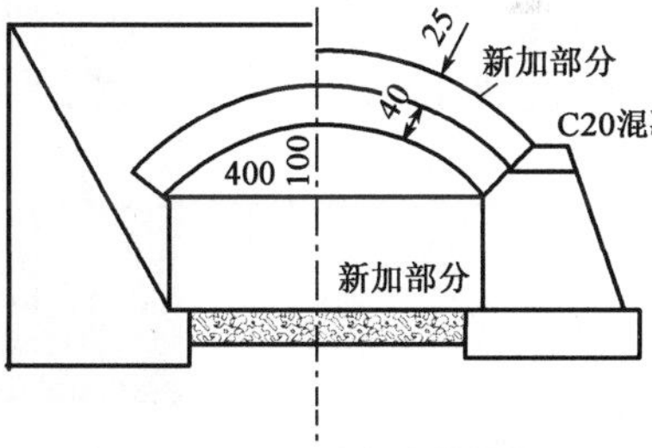

图 2-3-1　腹背加大拱圈截面法
（尺寸单位：cm）

（4）在浇筑混凝土前，原混凝土表面应清洗干净并保持清洁湿润。

（5）外包混凝土的支架、模板应满足强度、刚度、稳定性的要求。当外包混凝土体积较大时，应对支架预压，浇筑过程中逐步卸载。外包混凝土施工技术要求按现行《公路桥涵施工技术规范》执行。

5）施工安全措施

（1）开工前现场工作人员进行技术交底和安全审查。

（2）现场布置安全警示标志。

（3）特种作业人员（起重，登高架设作业、电焊、电工等）必须经过培训，考试合格持证上岗。

(4)进入施工区域的人员必须按工种规定配发和正确穿戴安全防护用品。

(5)对不中断交通桥梁的加固施工,必须按《公路桥梁加固施工技术规范》(JTG/T J23—2008)第3.3.5条采取相应安全措施。

2. 粘贴钢板或复合纤维片材加固

主拱肋粘贴钢板加固法与粘贴钢板法加固钢筋混凝土梁桥上部结构类似,施工工序及工艺要点如表2-3-7所示。

主拱肋粘贴钢板加固法施工工序及工艺要点　　表2-3-7

施工工序及工艺要点	示　例
混凝土表面清理: 混凝土表面凿毛,使骨料露出,清除破碎部分和浮尘	 
钢结构表面处理: 钢板除锈要彻底,且表面应有一定的粗糙度	 
配制建筑结构胶: ①慎重选择胶黏材料,配胶要精确; ②施工时开始固化的胶不得再用; ③安装钢板时结构胶要饱满,一般在混凝土表面及钢板表面分别涂刷一层均匀的环氧砂浆薄层,合计层厚2mm	 

施工工序及工艺要点	示　例
放样钻孔： ①植筋处若存在钢筋，则适当调整钻孔位置； ②钻孔施工遇到钢筋或预埋件时应停钻，并适当移动孔位；若移动值过大，应及时通知设计单位予以处理	 
安装锚固螺栓并加压： ①埋设牢固，具有可靠的抗拔力； ②保证粘贴钢板时有效的加压	 
常温固化： 结构胶完全固化前，不得振动已植钢筋，以免影响其黏结性能	
切除锚固螺栓头： ①必须采用冷切工艺，不得采用氧割或气割，不得敲击螺栓头； ②必须在钢板粘贴检查合格后进行	
钢板防腐处理： 可先清除钢板外面污物和锈蚀，涂一层树脂薄浆，再涂两层防锈漆	

施工安全措施要点如下：

(1)开工前现场工作人员进行技术交底和安全审查。

(2)现场布置安全警示标志。

(3)特种作业人员(起重,登高架设作业、电焊、电工等)必须经过培训,考试合格持证上岗。

(4)进入施工区域的人员必须按工种规定配发和正确穿戴安全防护用品。

(5)对不中断交通的桥梁加固施工,必须按《公路桥梁加固施工技术规范》(JTG/T J23—2008)第3.3.5条采取相应安全措施。

三、墩台基础加固方法

1.墩台基础的允许沉降

简支梁桥墩台基础的沉降和位移,超过以下容许限值或通过观察裂缝持续发展时,应采取相应措施予以加固：

(1)墩台均匀总沉降值(不包括施工中的沉降)：2.0/L；

(2)相邻墩台总沉降值(不包括施工中的沉降)：1.0/L；

(3)墩台顶面水平位移值：1.0/L。

注：①L为相邻墩台间最小跨径,以m计,跨径小于25m时仍以25m计算。

②桩、柱式柔性墩台的沉降,以及桩基承台上墩台顶面的水平位移值,可视具体情况确定,以保证正常使用原则。

当墩台变位所产生的附加内力影响到桥梁的正常使用和安全时,或桥梁墩台基础自身出现大的缺损使承载力不够时,必须加固处理。

2.加固方法

(1)地基承载力不足时,采用方法如表2-3-8所示。

地基承载力不足的墩台基础加固方法 表2-3-8

方法	简图		说明
墩台扩大基础加固	桥台基础	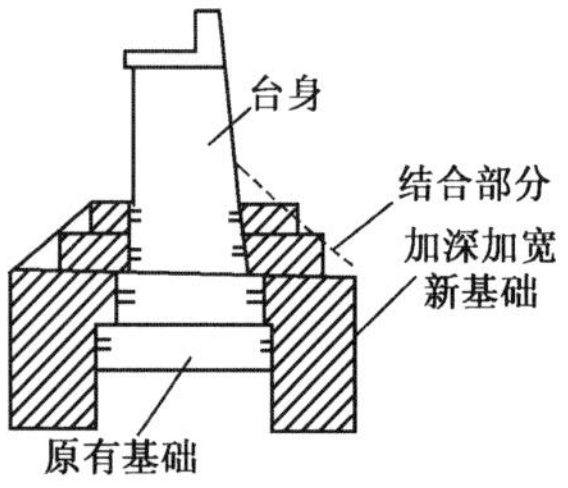	当地基承载力不够时,可采用扩大刚性基底承压面的方法,在刚性实体基础周围加砌圬工或混凝土,并以钢筋锚接新旧基础,使之结合牢固。 施工顺序如下： (1)通常先在必须加宽的范围内打板桩围堰,如墩台基础土壤不好时,应做必要的加固； (2)挖出堰内土壤,直挖至必要的深度(注意墩台的安全)； (3)在堰内把水抽干后,铺砌石块(浆砌),或做混凝土基础； (4)新旧基础要注意结合牢固,施工时,可加设联系(锚固)钢筋或插入钢销,以使加固扩大基础和旧基础牢固地结合成一整体
	桥墩基础	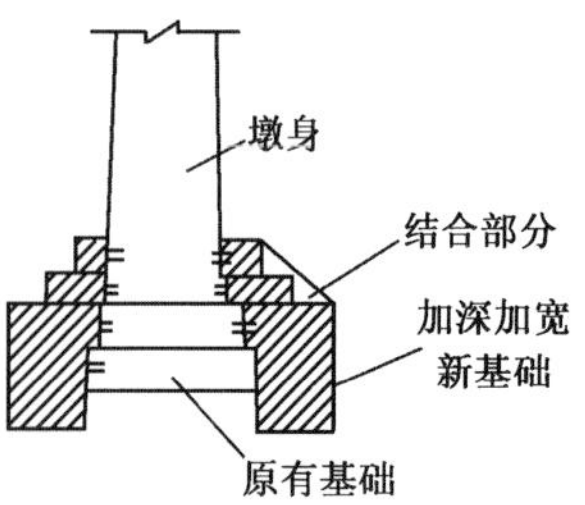	

方法	简图		说明
增补桩基加固	新加打入桩	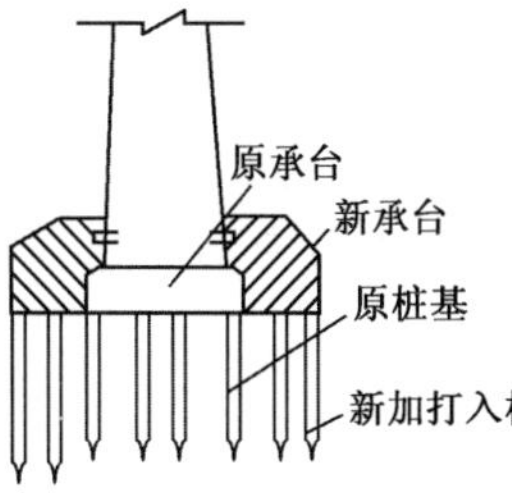	当地基承载力不够，为提高地基承载力，对桩式基础可增加基桩并扩大原承台。 对单排架桩式桥墩采用打桩（或灌注桩）加固时，如原有桩距较大（4～5倍桩径时），可在桩间插桩。如原有桩距较小且通航净跨允许缩小时，可在原排架两侧增加桩数，成为三排式的墩桩。 当桥台垂直承载力不足时，一般可在台前增加一排桩并浇筑盖梁，以分担上部结构传来的压力
	新加钻孔桩	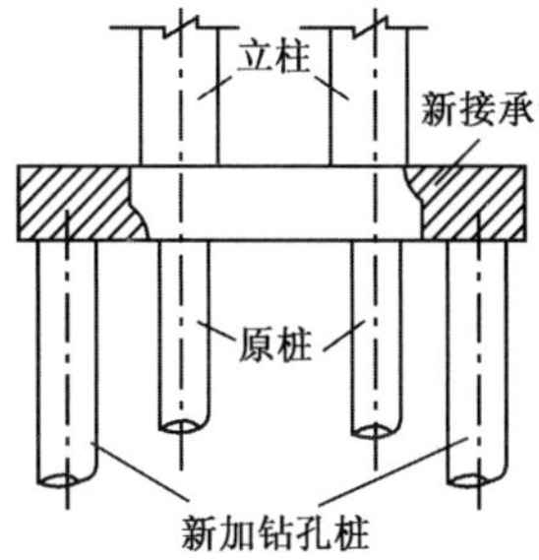	
注浆地基加固			在墩台基础下，向墩台中心斜向钻孔或打入钻管，通过孔眼及管孔压注水泥砂浆、沸腾沥青、土的固结剂等提高地基承载力

（2）墩台基础局部被冲空时，加固方法如表2-3-9所示。

局部冲空时的墩台基础加固方法 表2-3-9

加固方法	示例
抽水后修补法： 水深在3m以下时，可筑草袋围堰，然后将水抽干。当水难以抽干时，则可浇注水下混凝土封底后再抽，抽水后以砌石或混凝土填补冲空部位。此种情况的修补，亦可不抽水而将钢筋混凝土薄壁套箱围堰下沉到损坏处附近河底，在套箱与桥墩间浇注水下混凝土以包裹损坏或冲空部位	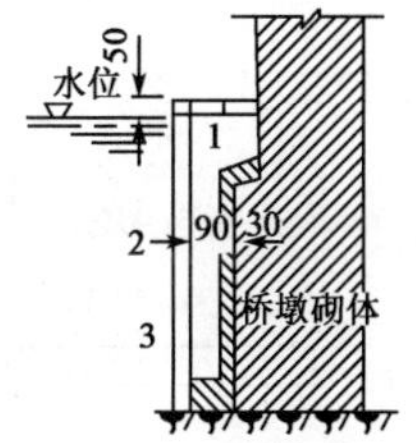 1-支撑； 2-板桩围堰； 3-钢筋混凝土护套
不抽水修补法： 水深在3m以上时，以麻袋盛装干硬性混凝土，然后通过潜水作业将袋装混凝土分层填塞冲空部位，并应注意要比原基础宽出0.4m以上	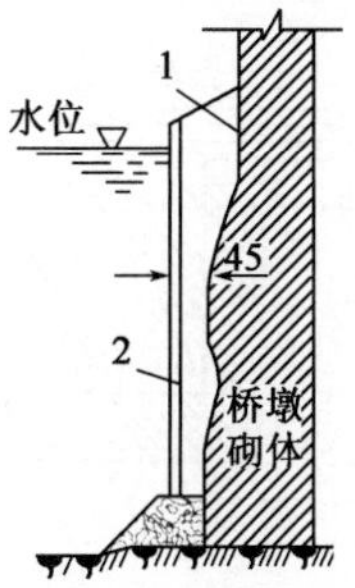 1-用水下泥混凝土填充； 2-钢筋混凝土护套

(3)墩台基础沉降时,除按前述方法加固墩台外,还可以采用下列方法使上部结构复位。

①梁式桥上部结构状况基本完好,桥面没有损坏,下部地基较好时,可对上部结构整体或单孔顶升,然后加设垫块,调整支座。

②梁式桥上部结构状况基本完好,但桥面损坏严重时,可凿除桥面及主梁间的连接,将主梁逐一移位,加厚盖梁,重新安装主梁,并重新铺装桥面。

③拱桥桥台发生位移,使拱轴线变形较大,承载力不足时,可采用顶推方法调整拱轴线,恢复其承载力。

3.施工安全措施

(1)开工前现场工作人员进行技术交底和安全审查。

(2)现场布置安全警示标志。

(3)起重机械设备设专人操作并配指挥人员,经培训考试合格后持证上岗。

(4)进入施工区域的人员必须按工种规定配发和正确穿戴安全防护用品。

(5)施工时设置安全爬梯和安全网。

四、墩台加固方法

1.桥台加固方法

常用桥台加固方法如表2-3-10所示。

常用桥台加固方法　　表2-3-10

方法	简　图	说　明
减轻荷载法	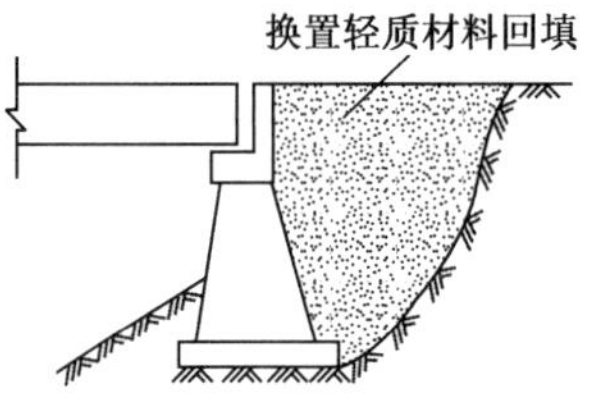	当台背土压力大,桥台有向桥孔方向位移的趋势时,可在挖出台背填土后,改换轻质材料回填,减轻桥台对土压力的负荷,以使桥台稳定
增厚台身加固	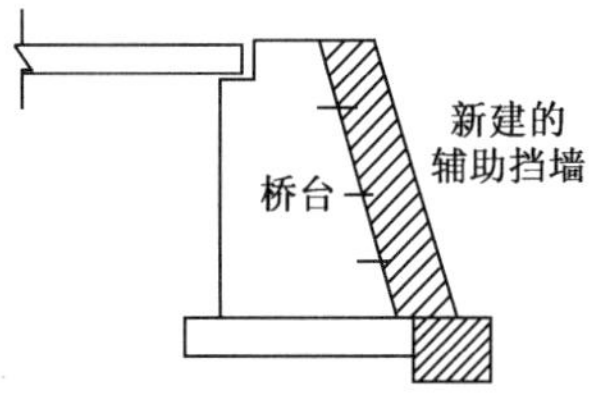	当梁式桥台背土压力大,有形成桥台向桥孔方向位移的趋势时,可挖去台背填土,加厚台身(桥台胸墙),并注意新旧混凝土结合牢固
更换台后填土并加便梁加固	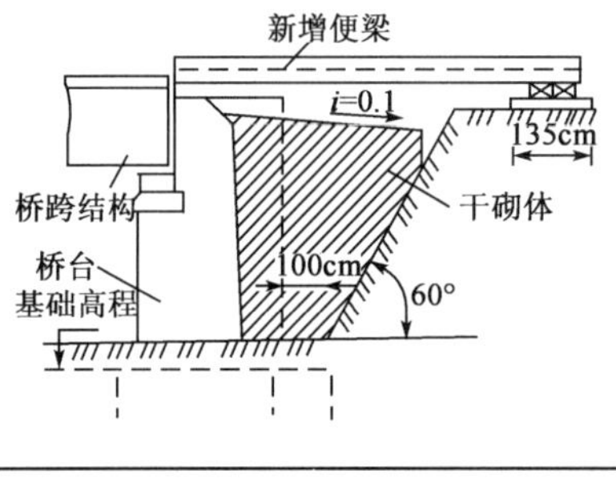	为减轻路基对桥台的水平压力,需用具有大的内摩擦角的大颗粒土壤或干砌片石、砖等更换桥台后面填土,同时在台后新增架设便梁

续上表

方法	简图	说明
支撑过梁加固	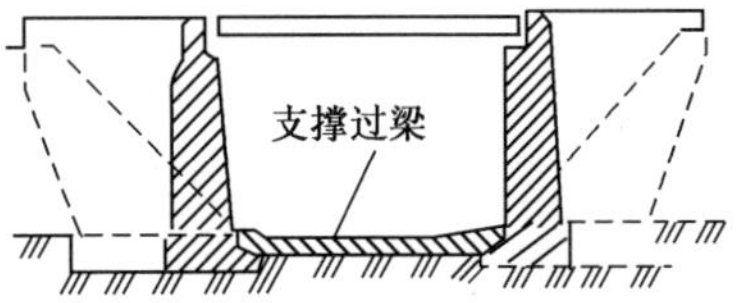	对于单跨的小跨径桥梁，可在两桥台基础之间建造支撑过梁，以防桥台向跨中移位。如采用钢筋混凝土支撑梁或浆砌片石撑板加固，支撑应不高于河床
挡墙、支撑杆或挡块加固	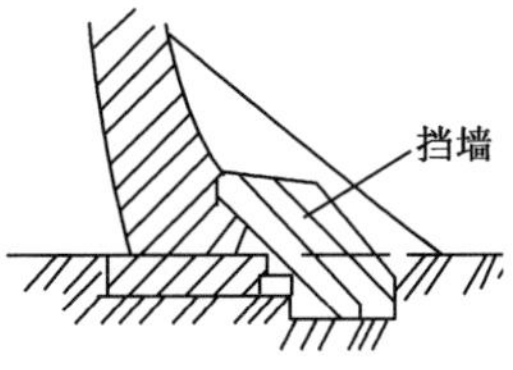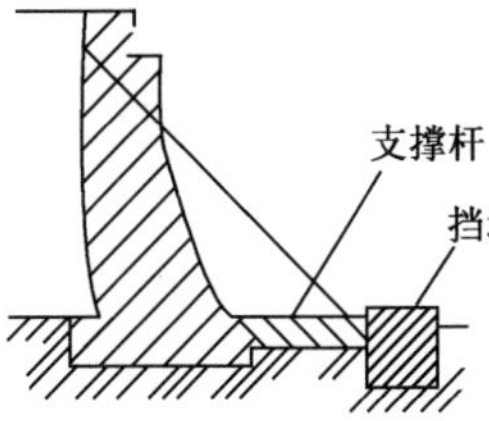	对于因尺寸不足，难以承受台背土压力而向桥孔方向倾斜或滑移的埋置式桥台，可采用挡墙、支撑杆或挡块等形式进行加固。临时抢修亦可用土袋
加桩加固	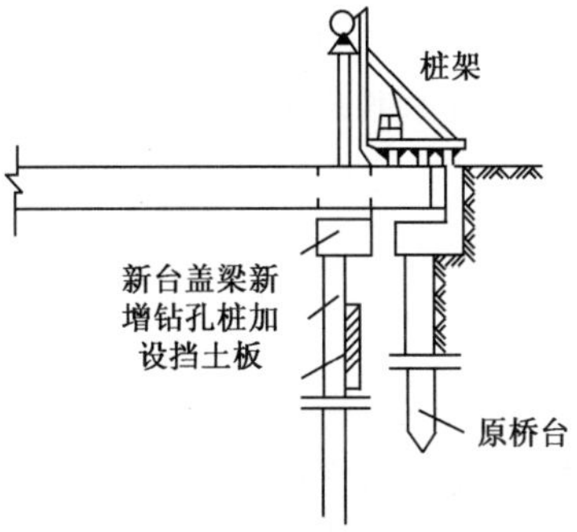	当原桥竖向承载力不足，一般可在台前增加一排桩，并浇筑盖梁，以分担上部结构传来的压力。打桩或钻孔桩时可利用原桥面作脚手，在桥面开洞、插桩。盖梁可单独受力，并可联结旧盖梁、旧桩共同受力

2. 桥墩加固方法

常用桥墩加固方法如表2-3-11所示。

常用桥墩加固方法 表2-3-11

方法	简图	说明
墩身混凝土缺损修补	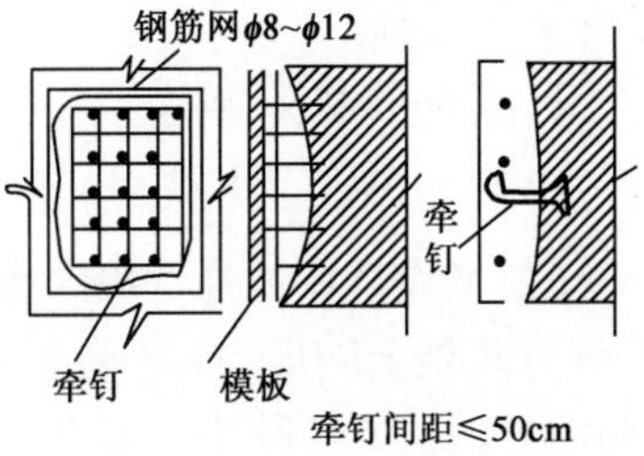	墩身圬工砌体损坏面积较大，深度超过3cm时，不得用砂浆喷涂或抹面修补，而须浇筑混凝土修复。为使新旧混凝土结合牢固，松浮部分应先予清除，用水冲洗干净，并采用牵钉加强

续上表

方　法	简　　图	说　　明
围带加固	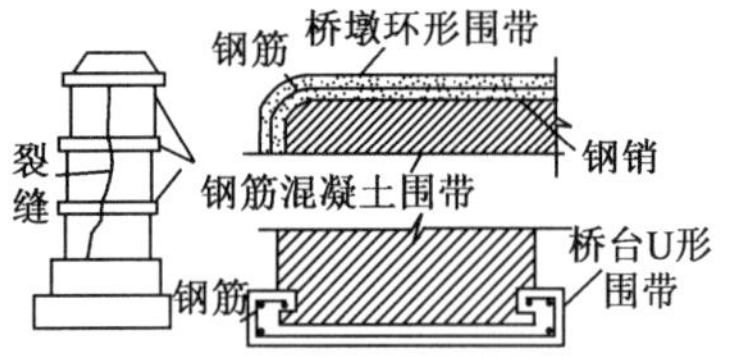	墩身发生纵向裂缝贯通，可用钢筋混凝土围带或钢箍进行加固。如因基础不均匀下沉引起自下而上的裂缝，则应先加固基础，后再确定采用灌缝或加箍的方法进行加固
用钢筋混凝土箍套加固桥墩	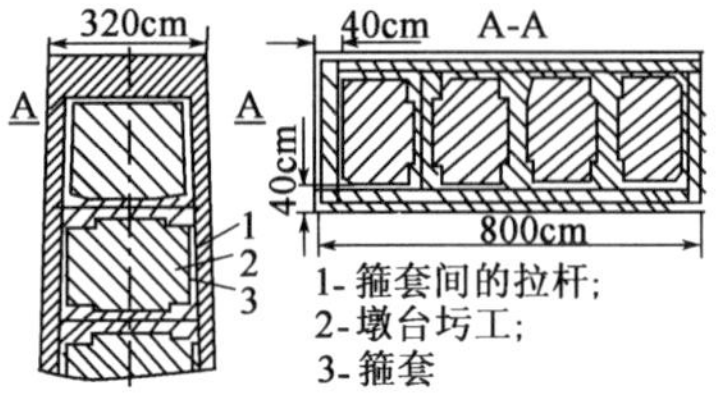	当墩台损坏严重，如大面积裂缝、破损、风化、剥落等情况，或由粗石圬工及砌石圬工的旧墩台，一般可用钢筋混凝土"箍套"加固，其尺寸应能满足通过箍套传递所有荷载或大部分荷载的需要。同时，再改造墩台顶部，灌筑支承于箍套上新的、强大的钢筋混凝土板代替旧的支承垫石，以使箍套参加工作

3. 施工安全措施

(1)开工前现场工作人员进行技术交底和安全审查。

(2)现场布置安全警示标志。

(3)起重机械设备设专人操作并配指挥人员，经培训考试合格后持证上岗。

(4)进入施工区域的人员必须按工种规定配发和正确穿戴安全防护用品。

(5)施工时设置安全爬梯和安全网。

五、桥梁抗震加固

1. 桥梁抗震加固原则

地震基本烈度为7度或7度以上地区的桥梁，应按现行《公路工程抗震规范》的要求进行验算，采取相应的挡、联、固等抗震加固措施。基本烈度小于7度地区的桥梁，除特殊规定外，可采取简易设防。桥梁抗震加固措施一般应遵循以下原则：

(1)加固后的桥梁必须满足桥梁正常运营和正常情况下使用的要求。

(2)桥梁抗震加固的重点为桥梁的顺桥方向。

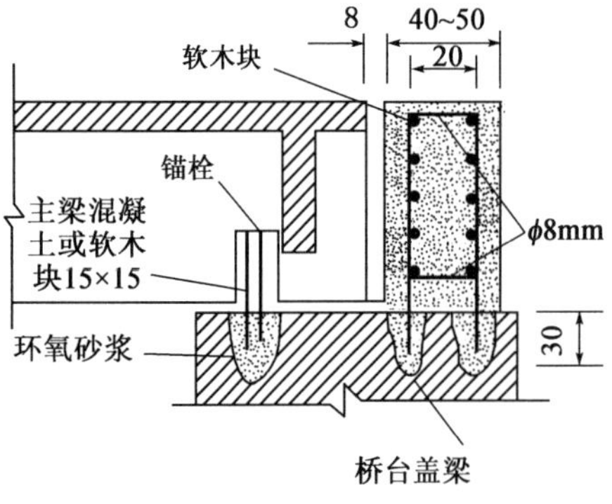

图2-3-2　增设挡块加强背墙(尺寸单位:cm)

(3)加固处理时桥梁引道要尽量与邻近公路连通，确保震后的交通不致中断。

(4)对重点桥梁应作好震后抢修准备，争取震后尽快恢复交通。

2. 梁桥的抗震加固

1)防止顺桥向(纵向)落梁的主要方法

(1)增设挡块加强背墙。将原桥台胸墙拆除，重做钢筋混凝土胸墙，在梁端和胸墙间填充缓冲材料(如沥青油毡或橡胶垫)，并在台帽外侧加做挡块，卡住横隔板，见图2-3-2。

(2)板梁与墩台间的螺栓连接加固:用螺栓加固板梁与墩(台)之间的固定连接,把梁或板固定于桥墩上以防止落梁,见图2-3-3。板梁采用油毛毡支座的,可将每片梁板钻孔深入至墩台内,放入螺栓,填以环氧砂浆,上紧螺帽。固定端钻孔填砂浆,活动端应扩孔并填弹性材料,以适应温差伸缩的纵向加固,在梁端隔板之间中性轴线上钻孔,用螺栓连接。

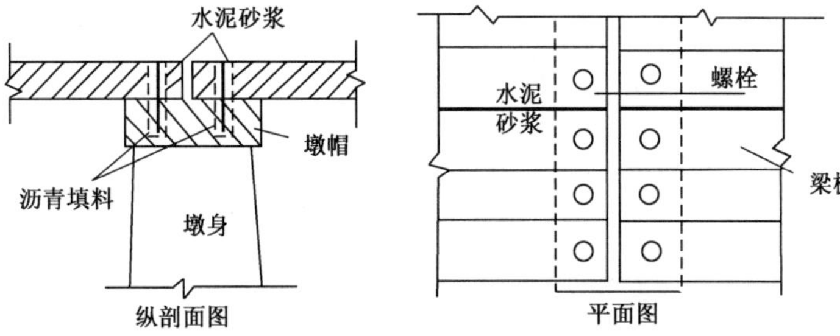

图2-3-3　板梁与墩台间的螺栓连接

(3)梁端横隔板之间用螺栓连接:此法为纵向加固,在梁端隔板之间中性轴线上钻孔,用螺栓连接,见图2-3-4。

(4)梁间连接:利用梁端钢板铰接的连接法,在梁侧钻孔安装。

2)防止横桥向落梁的方法

(1)当边主梁外侧盖梁较短,无条件钻孔设置横向挡块时,可用钢丝绳将主梁和边桩横向连接在一起,要注意钢丝绳与绳夹的规格大小及连接方法应符合要求,桩顶的合箍内应衬橡胶垫,并用螺栓将合箍拧紧。

(2)当边主梁外侧盖梁上有条件钻孔时,可设钢筋混凝土横向抗震挡块(纵向挡块对防止横向落梁也有一定作用),见图2-3-5。

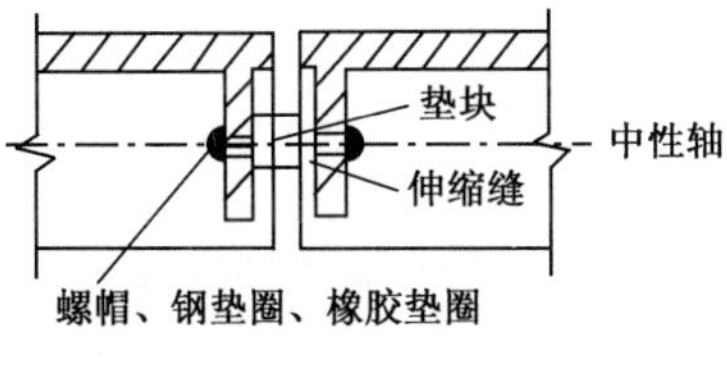

图2-3-4　梁端横隔板之间用螺栓连接

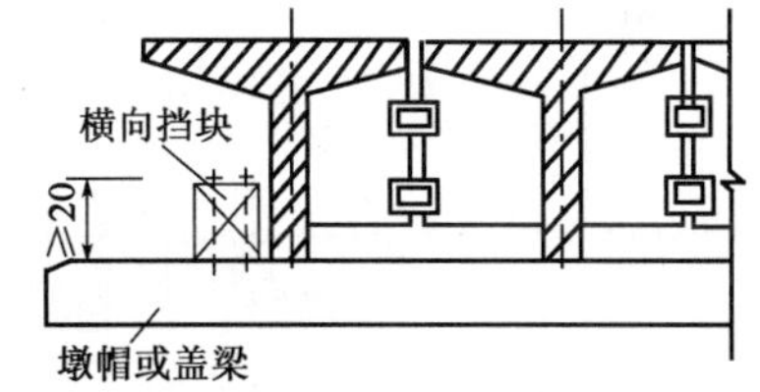

图2-3-5　增设钢筋混凝土横向抗震挡块(尺寸单位:cm)

(3)在边主梁外侧桥台盖梁或台帽上埋设短角钢或钢轨、槽钢作为挡杆,见图2-3-6。钢构件外露部分涂布红丹一度、灰铅漆二度进行防腐处理。

(4)在边主梁外侧墩(台)帽上埋设钢锚栓,固定三角形钢支架作为防止边梁震落的抗震措施,外露部分涂布红丹一度,灰铅漆二度。

(5)用角钢或短钢代替钢筋混凝土挡块,以防止横向地震力作用下发生横向落梁,角钢外露部分按上述用红丹、灰铅漆涂布。

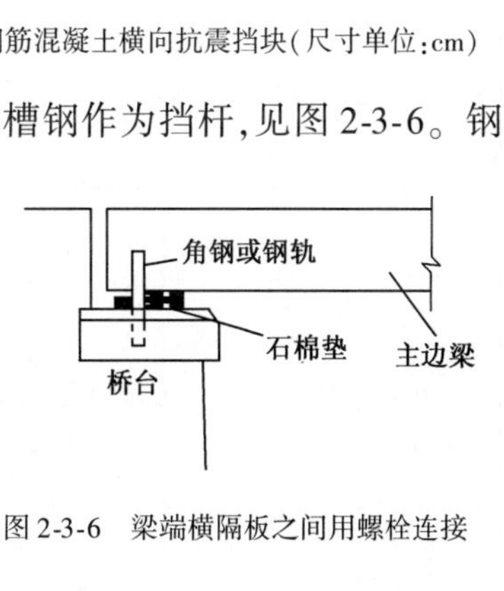

图2-3-6　梁端横隔板之间用螺栓连接

3)支座加固方法

桥梁支座的抗震加固方法如表2-3-12所示。

桥梁支座抗震加固方法 表 2-3-12

方 法	简 图	说 明
盖梁较宽时的支座挡块	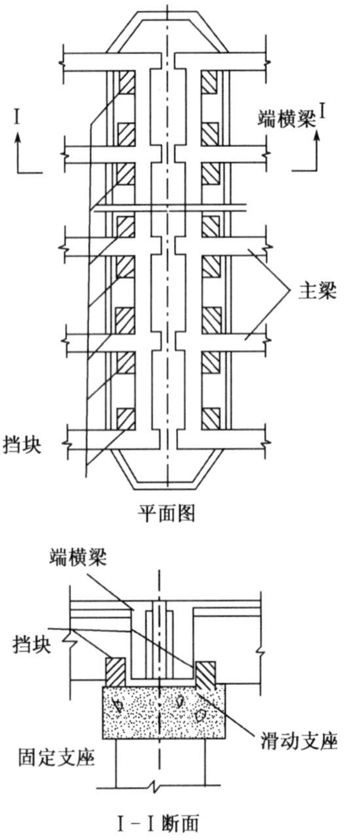	对于采用平板式滑动支座、切线式滑动支座或油毛毡支座上的薄腹 T 形梁，在墩台较宽情况下，可采用钢筋混凝土挡块进行加固。每梁用 4 块，即两端两侧各 1 块。 钢筋混凝土挡块的尺寸，一般可为长 40cm、宽 30cm、高 30cm，但其高度必须保证比 T 形梁和横梁底面高出 20cm 以上。挡块中的锚固钢筋埋入盖梁墩帽中 30～50cm
U 字形承托的支座加固	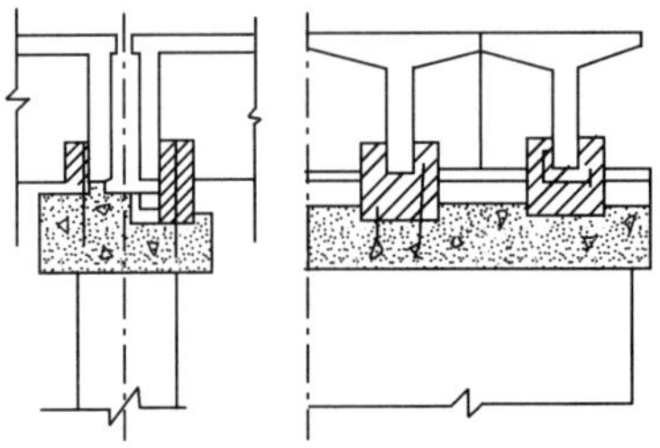	对于摆动、滚动式支座，墩(台)帽或盖梁一般较宽，除采用一般钢筋混凝土挡块外，也可将梁两侧的挡块同下部构造连接起来，使之成为 U 字形的承托
一字形承托的支座加固	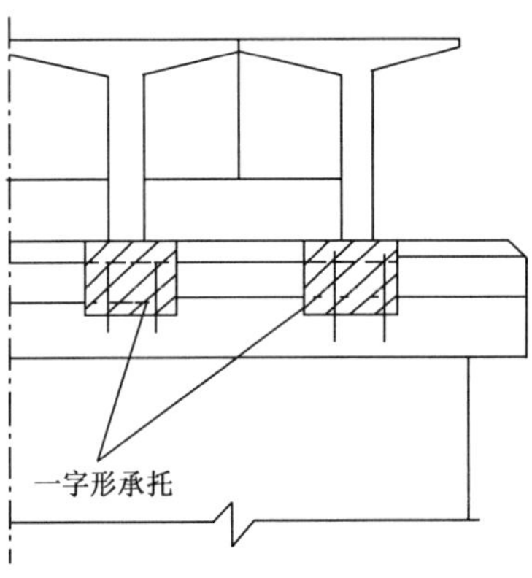	对于摆动、滚动式支座，其墩(台)帽或盖梁一般较宽，除采用一般钢筋混凝土挡块外，也可将梁两侧的挡块同下部构造连接起来，使之成为一字形的承托

续上表

方　　法	简　　图	说　　明
两支座用钢筋纵向连接加固	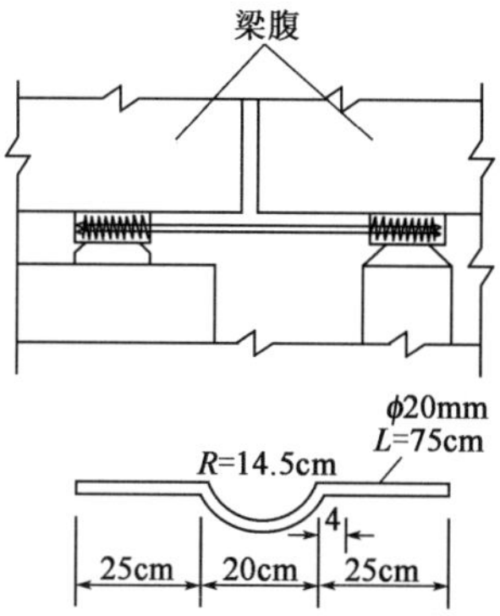	将相邻两支座用钢筋纵向连接加固

3. 拱桥的抗震加固

拱桥主要以整体加固为主，各部分抗震加固主要措施如表 2-3-13 所示。

拱桥各部位加固主要措施　　　　表 2-3-13

方　　法	简　　图	说　　明
拱桥上部加固（钢筋网混凝土法）	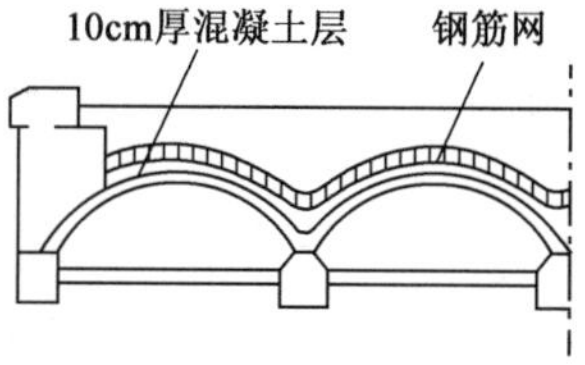	拱板上增设钢筋网一层，并铺筑混凝土，封填厚 10cm，钢筋网顺桥长至少铺设 2m（跨径为 20～30m 时）或更长（跨径为 30m 以上时），以加强整体性和抗扭刚度
加劲钢筋及剪刀撑加固	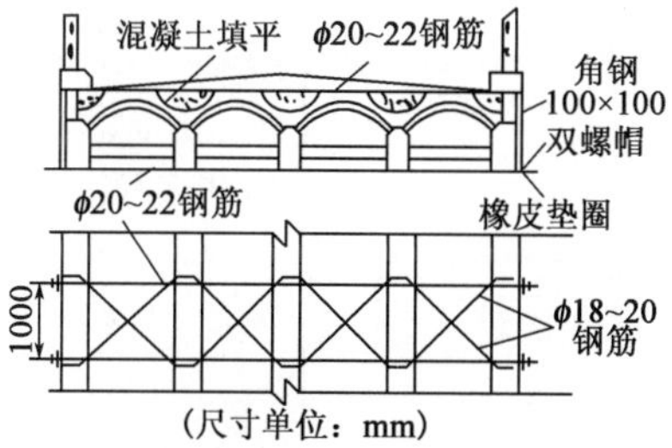	设两道相距 1m 的加劲钢筋，两筋间用剪刀撑连接（所有钢材均需作防锈处理），每根钢筋下波谷间用混凝土浇筑沿桥长方向宽 10cm 的填平层以进行加固
桥台拱脚加固	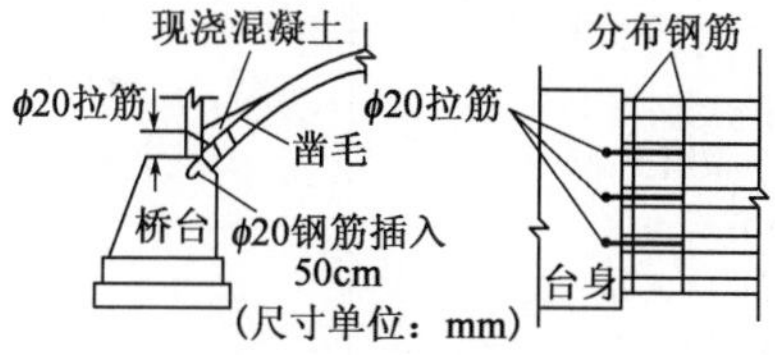	在拱座凿孔，深度大于 50cm，埋设 φ20 钢筋，另一端伸入拱背和埋设在拱肋波谷上的锚栓相连，并同横向的两边分布钢筋彼此焊接，然后浇筑混凝土
桥墩拱脚加固	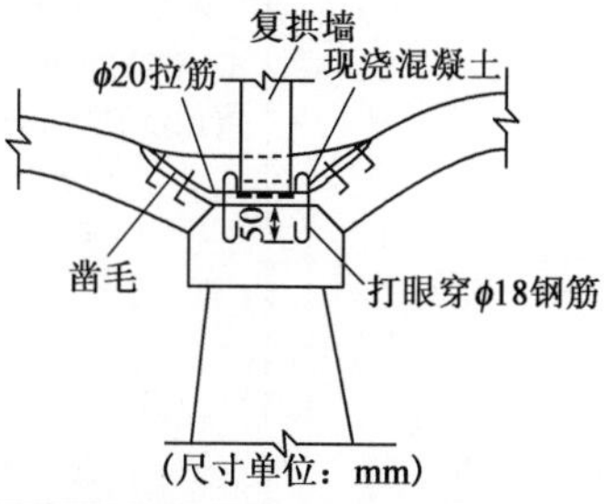	构造和桥台相同，墩顶上如有腹拱墙，需在墙脚凿孔，使拉筋通过凿孔连为一体

续上表

方法	简图	说明
拱圈钻孔锚固法	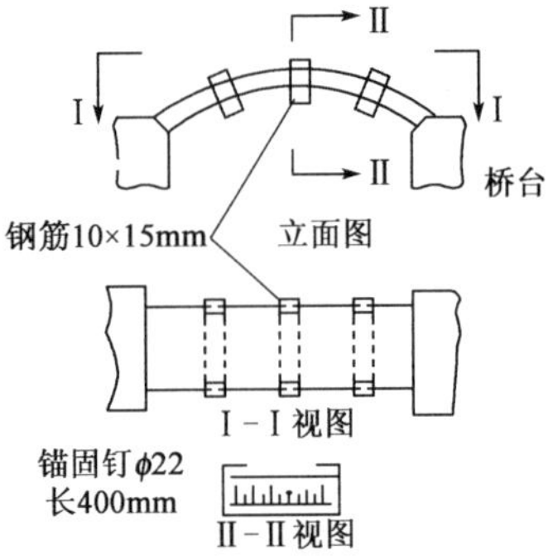	石拱桥可在拱的跨中和拱跨1/4处加设三道钢板箍，用螺栓在拱底及拱侧钻孔锚固，应注意拱侧锚固点设在拱圈厚度的1/3处。锚固孔用膨胀砂浆填充塞实

4. 墩、台和基础的抗震加固

地震区的桥梁在修建时应根据基本烈度的大小，对下部构造的设计提出相应的抗震要求。在修建时未考虑地震因素的墩台基础，应验算在地震作用下的抗倾覆及抗滑稳定性。若不能满足要求时，应采取抗震加固措施，主要加固方法如表2-3-14所示。

墩台与基础的抗震加固方法 表2-3-14

方法	简图	说明
外加围裙法加固	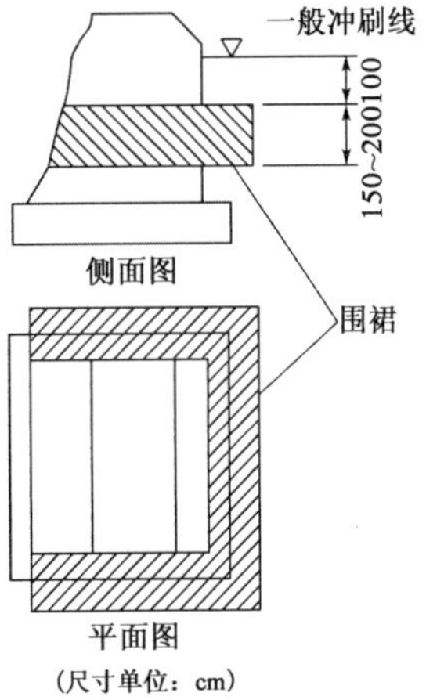	对于扩大基础，可采用外加围裙的方法进行抗震加固。围裙顶面埋置深度宜在一般冲刷线下1m，砌筑深度为1.5～2m。由混凝土（强度等级不低于C15）或不低于M5的水泥砂浆砌片石筑成
加打木桩浇筑混凝土增大基础底面积	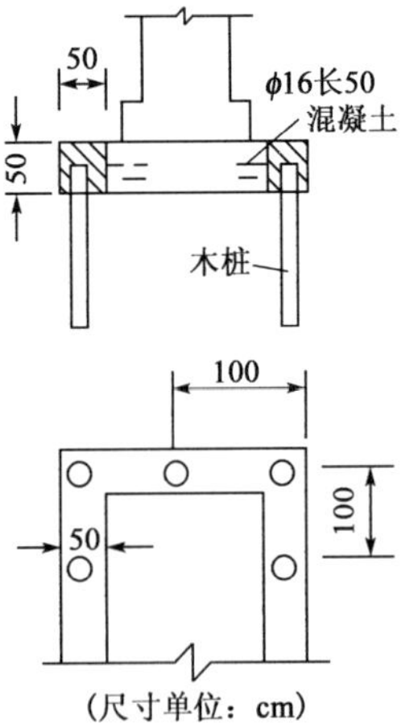	在扩大基础的周围打入木桩或钢管桩，凿毛原基础外围光面，并凿孔埋置锚筋，然后再浇筑混凝土增大基础底面积

续上表

方　法	简　图	说　明
加筑围裙式条形基础法	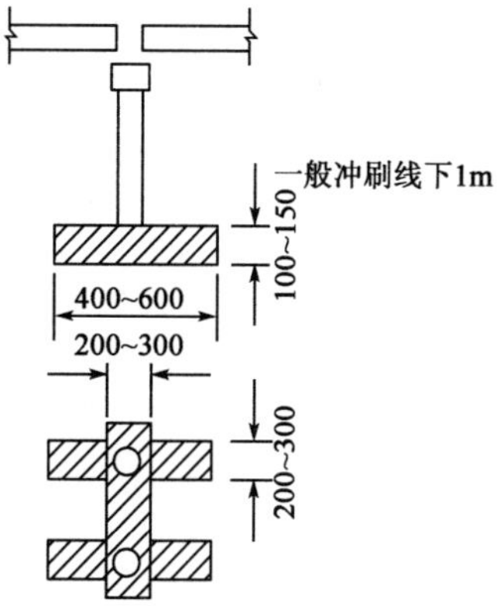 (尺寸单位：cm)	对于钻孔灌注桩，可在一般冲刷线以下1m，用浆砌片石加设围裙式条形基础
桥台前端加设斜撑	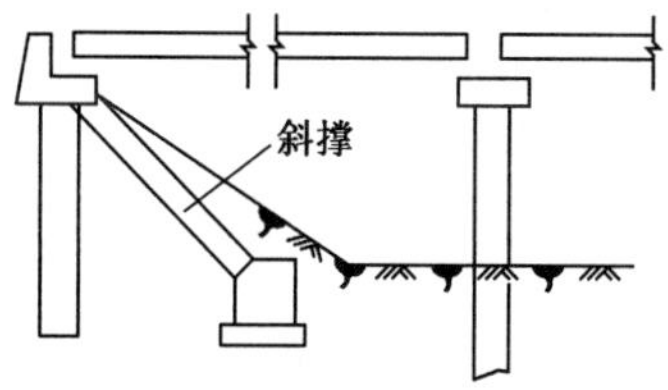	台前加设抗震斜撑，抗震墩设于一般冲刷线以下
桩墩两侧加设斜撑	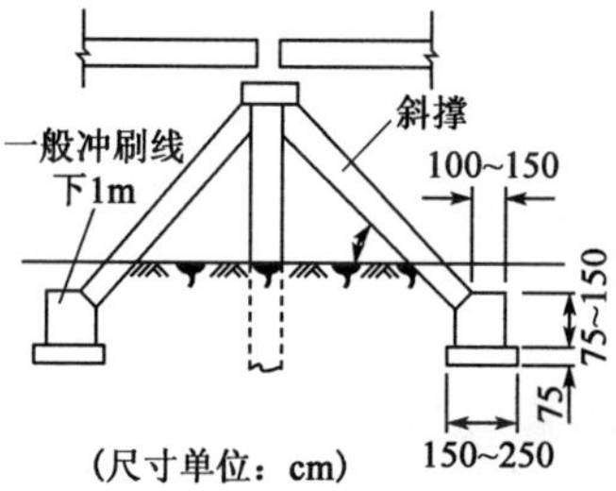 (尺寸单位：cm)	多孔长桥可设抗震墩，在原桥墩两边加设钢筋混凝土斜撑，斜撑混凝土强度等级采用C30为宜，为方便施工，多采用矩形截面，截面尺寸与墩高有关
排架桩的横斜撑加固	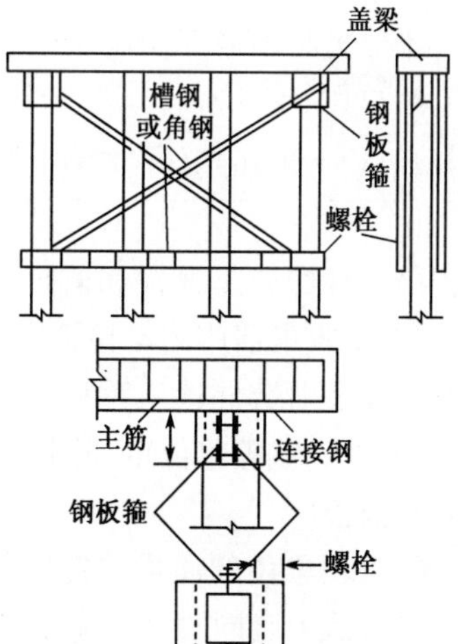	对于单排、双排方形桩，墩高在4m及4m以上者，应设横、斜撑联结，以加强桩式或柱式墩的整体性和稳定性。斜撑上端与钢板箍焊接，上端与横夹板以螺栓拧紧

续上表

方　法	简　图	说　明
扩大桥墩断面加固	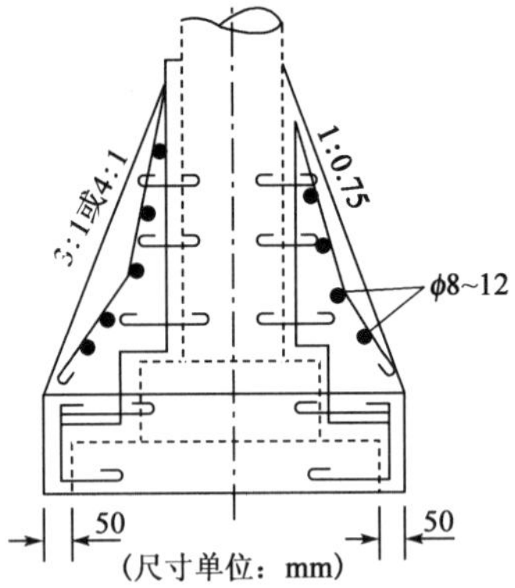 (尺寸单位：mm)	如桥墩截面偏小,强度不足以抵御地震对桥墩的损坏,则可用加大桥墩断面的方法来加强。此时,须将原混凝土墩身及基础凿毛,并使钢筋插入原桥墩的长度不小于30*d*(*d*为钢筋直径),外层加设钢筋网(网眼为2cm×2cm)浇筑C15~C20混凝土
台前增设扶壁加固	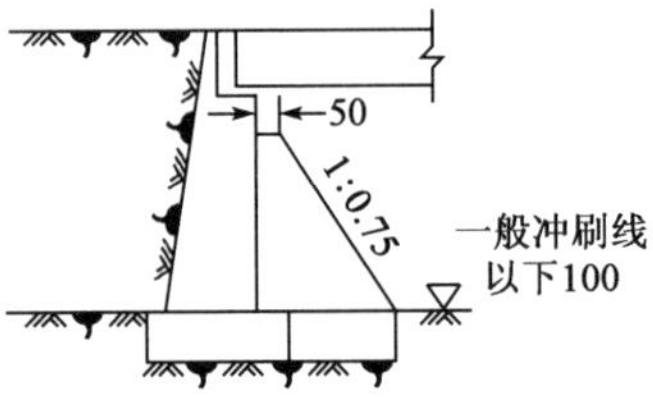 (尺寸单位：cm)	为加强原桥台抵御地震作用的能力,于台前增设扶壁以稳定桥台,基础一般宜在冲刷线以下1m
台后增设桥孔	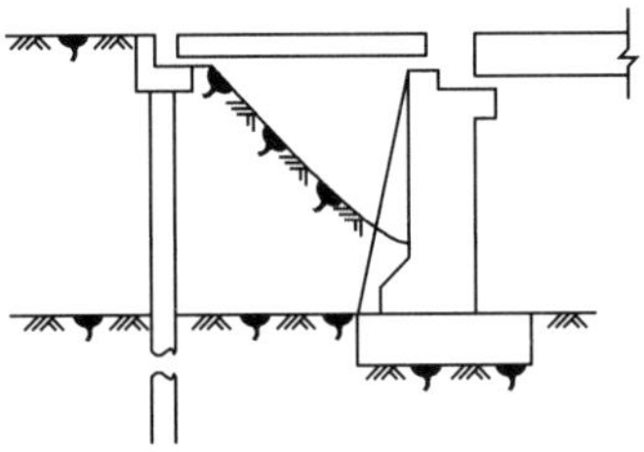	地震中往往台后陷落,使桥头接坡困难,或为防止主动土压力过大而影响桥台稳定,均可在桥台后增设桥孔

任务2　桥梁大中修(改善)工程的质量检查及验收

一、公路工程竣(交)工验收办法实施细则

为规范和完善公路工程竣(交)工验收工作,交通运输部制定了《公路工程竣(交)工验收办法实施细则》(交公路发〔2010〕65号),包括总则、交工验收、竣工验收、附则。其中与桥梁质量验收评定相关的主要条款[第(四)、(七)、(八)、(九)、(二十四)条]如下:

(四)交工验收程序

1.施工单位完成合同约定的全部工程内容,且经施工自检和监理检验评定均合格后,提出合同段交工验收申请报监理单位审查。交工验收申请应附自检评定资料和施工总结报告。

2.监理单位根据工程实际情况、抽检资料以及对合同段工程质量评定结果,对施工单位交工验收申请及其所附资料进行审查并签署意见。监理单位审查同意后,应同时向项目法人提交独立抽检资料、质量评定资料和监理工作报告。

3.项目法人对施工单位的交工验收申请、监理单位的质量评定资料进行核查,必要时可委托有相应资质的检测机构进行重点抽查检测,认为合同段满足交工验收条件时应及时组织交工验收。

4. 对若干合同段完工时间相近的，项目法人可合并组织交工验收。对分段通车的项目，项目法人可按合同约定分段组织交工验收。

5. 通过交工验收的合同段，项目法人应及时颁发“公路工程交工验收证书”。

6. 各合同段全部验收合格后，项目法人应及时完成“公路工程交工验收报告”。

（七）工程质量评分

合同段工程质量评分采用所含各单位工程质量评分的加权平均值。即：

工程各合同段交工验收结束后，由项目法人对整个工程项目进行工程质量评定，工程质量评分采用各合同段工程质量评分的加权平均值。即：

投资额原则使用结算价，当结算价暂时未确定时，可使用招标合同价，但在评分计算时应统一。

（八）工程质量等级评定

交工验收工程质量等级评定分为合格和不合格，工程质量评分值大于等于75分的为合格，小于75分的为不合格。

（九）交工验收不合格的工程应返工整改，直至合格

交工验收提出的工程质量缺陷等遗留问题，由项目法人责成施工单位限期完成整改。

（二十四）交工验收工作费用

各合同段交工验收工作所需的费用由施工单位承担。整个建设项目竣（交）工验收期间质量监督机构进行工程质量检测所需的费用由项目法人承担。

质量监督机构可委托有相应资质的检测机构承担竣（交）工验收的检测工作。

二、工程质量评定

1. 一般规定

（1）根据建设任务、施工管理和质量检验评定的需要，应在施工准备阶段按《公路工程质量检验评定标准》（JTG F80/1—2004）附录A将建设项目划分为单位工程、分部工程和分项工程。施工单位、工程监理单位和建设单位应按相同的工程项目划分进行工程质量的监控和管理。

①单位工程。

在建设项目中，根据签订的合同，具有独立施工条件的工程。

②分部工程。

在单位工程中，应按结构部位、路段长度及施工特点或施工任务划分为若干个分部工程。

③分项工程。

在分部工程中，应按不同的施工方法、材料、工序及路段长度等划分为若干个分项工程。

（2）工程质量检验评分以分项工程为单元，采用100分制进行。在分项工程评分的基础上，逐级计算各相应分部工程、单位工程、合同段和建设项目评分值。

（3）工程质量评定等级分为合格与不合格，应按分项、分部、单位工程、合同段和建设项目逐级评定。

（4）施工单位应对各分项工程按《公路工程质量检验评定标准》所列基本要求、实测项目和外观鉴定进行自检，按《公路工程质量检验评定标准》附录J中“分项工程质量检验评定表”及相关施工技术规范提交真实、完整的自检资料，对工程质量进行自我评定。

工程监理单位应按规定要求对工程质量进行独立抽检，对施工单位检评资料进行签认，对工程质量进行评定。

建设单位根据对工程质量的检查及平时掌握的情况，对工程监理单位所做的工程质量评分及等级进行审定。

质量监督部门、质量检测机构可依据本标准对公路工程质量进行检测评定。

2. 工程质量评分

1）分项工程质量评分

分项工程质量检验内容包括基本要求、实测项目、外观鉴定和质量保证资料四个部分。只有在其使用的原材料、半成品、成品及施工工艺符合基本要求的规定，且无严重外观缺陷和质量保证资料真实并基本齐全时，才能对分项工程质量进行检验评定。

涉及结构安全和使用功能的重要实测项目为关键项目（以"△"标识），其合格率不得低于90%（属于工厂加工制造的桥梁金属构件不低于95%，机电工程为100%），且检测值不得超过规定极值，否则必须进行返工处理。

实测项目的规定极值是指任一单个检测值都不能突破的极限值，不符合要求时该实测项目为不合格。

采用《公路工程质量检验评定标准》附录B至附录I所列方法进行评定的关键项目，不符合要求时则该分项工程评为不合格。

分项工程的评分值满分为100分，按实测项目采用加权平均法计算。存在外观缺陷或资料不全时，须予减分。

$$\text{分项工程得分}=\frac{\sum[\text{检查项目得分}\times\text{权值}]}{\sum\text{检查项目权值}}$$

$$\text{分项工程评分值}=\text{分项工程得分}-\text{外观缺陷减分}-\text{资料不全减分}$$

（1）基本要求检查

分项工程所列基本要求，对施工质量优劣具有关键作用，应按基本要求对工程进行认真检查。经检查不符合基本要求规定时，不得进行工程质量的检验和评定。

（2）实测项目计分

对规定检查项目采用现场抽样方法，按照规定频率和下列计分方法对分项工程的施工质量直接进行检测计分。

检查项目除按数理统计方法评定的项目以外，均应按单点（组）测定值是否符合标准要求进行评定，并按合格率计分。

$$\text{检查项目合格率}(\%)=\frac{\text{检查合格的点（组）数}}{\text{该检查项目的全部检查点（组）数}}\times100$$

$$\text{检查项目得分}=\text{检查项目合格率}\times100$$

（3）外观缺陷减分

对工程外表状况应逐项进行全面检查，如发现外观缺陷，应进行减分。对于较严重的外观缺陷，施工单位须采取措施进行整修处理。

（4）资料不全减分

分项工程的施工资料和图表残缺，缺乏最基本的数据，或有伪造涂改者，不予检验和评定。资料不全者应予减分，减分幅度可按本节第4）条（质量保证资料）所列各款逐款检查，视资料不全情况，每款减1～3分。

2）分部工程和单位工程质量评分

《公路工程质量检验评定标准》附录 A 所列分项工程和分部工程区分为一般工程和主要（主体）工程，分别给以 1 和 2 的权值。进行分部工程和单位工程评分时，采用加权平均值计算法确定相应的评分值。

$$分部(单位)工程评分值 = \frac{\sum[分项(分部)工程评分值 \times 相应权值]}{\sum 分项(分部)工程权值}$$

3）合同段和建设项目工程质量评分

合同段和建设项目工程质量评分值按《公路工程竣（交）工验收办法》计算。

4）质量保证资料

施工单位应有完整的施工原始记录、试验数据、分项工程自查数据等质量保证资料，并进行整理分析，负责提交齐全、真实和系统的施工资料和图表。工程监理单位负责提交齐全、真实和系统的监理资料。质量保证资料应包括以下 6 个方面：

（1）所用原材料、半成品和成品质量检验结果；

（2）材料配比、拌和加工控制检验和试验数据；

（3）地基处理、隐蔽工程施工记录和大桥、隧道施工监控资料；

（4）各项质量控制指标的试验记录和质量检验汇总图表；

（5）施工过程中遇到的非正常情况记录及其对工程质量影响分析；

（6）施工过程中如发生质量事故，经处理补救后，达到设计要求的认可证明文件等。

3. 工程质量等级评定

1）分项工程质量等级评定

分项工程评分值不小于 75 分者为合格，小于 75 分者为不合格；机电工程、属于工厂加工制造的桥梁金属构件不小于 90 分者为合格，小于 90 分者为不合格。

评定为不合格的分项工程，经加固、补强或返工、调测，满足设计要求后，可以重新评定其质量等级，但计算分部工程评分值时按其复评分值的 90% 计算。

2）分部工程质量等级评定

所属各分项工程全部合格，则该分部工程评为合格；所属任一分项工程不合格，则该分部工程为不合格。

3）单位工程质量等级评定

所属各分部工程全部合格，则该单位工程评为合格；所属任一分部工程不合格，则该单位工程为不合格。

4）合同段和建设项目质量等级评定

合同段和建设项目所含单位工程全部合格，其工程质量等级为合格；所属任一单位工程不合格，则合同段和建设项目为不合格。

三、桥梁分项工程质量评定案例

分项工程是最基本的质量评定单元，在其基础之上，进一步评定分部工程、单位工程及建设项目。下面以桥梁的桥墩立柱分项工程为例，具体阐述分项工程的质量评定计算方法。

1. 混凝土墩、台身质量检验要求

1）基本要求

（1）混凝土所用的水泥、砂、石、水、外掺剂及混合材料的质量和规格，必须符合有关技术规范的要求，按规定的配合比施工。

（2）不得出现空洞和露筋现象。

2）实测项目

实测项目见表2-3-15及表2-3-16。

墩、台身实测项目 表2-3-15

项次	检 查 项 目	规定值或允许偏差	检查方法和频率	权值
1△	混凝土强度（MPa）	在合格标准内	按规范附录D检查	3
2	断面尺寸（mm）	±20	尺量：检查3个断面	2
3	竖直度或斜度（mm）	0.3%H且不大于20	吊垂线或经纬仪：测量2点	2
4	顶面高程（mm）	±10	水准仪：测量3处	2
5△	轴线偏位（mm）	10	全站仪或经纬仪：纵、横各测量2点	2
6	节段间错台（mm）	5	尺量：每节检查4处	1
7	大面积平整度（mm）	5	2m直尺：检查竖直、水平两个方向，每20m^2测1处	1
8	预埋件位置（mm）	10或设计要求	尺量：每件	1

注：H为墩、台身高度。

柱或双壁墩身实测项目 表2-3-16

项次	检 查 项 目	规定值或允许偏差	检查方法和频率	权值
1△	混凝土强度（MPa）	在合格标准内	按规范附录D检查	3
2	相邻间距（mm）	±20	尺或全站仪测量：检查顶、中、底3处	1
3	竖直度（mm）	0.3%H且不大于20	吊垂线或经纬仪：测量2点	2
4	柱（墩）顶高程（mm）	±10	水准仪：测量3处	2
5△	轴线偏位（mm）	10	全站仪或经纬仪：纵、横各测量2点	2
6	断面尺寸（mm）	±15	尺量：检查3个断面	1
7	节段间错台（mm）	3	尺量：每节检查2~4处	1

注：H为墩身或柱高度。

3）外观鉴定

（1）混凝土表面平整，施工缝平顺，棱角线平直，外露面色泽一致。不符合要求时减1~3分。

（2）蜂窝麻面面积不得超过该面面积的0.5%，不符合要求时，每超过0.5%减3分；深度超过1cm的必须处理。

（3）混凝土表面出现非受力裂缝时减1~3分，裂缝宽度超过设计规定或设计未规定时超过0.15mm的必须处理。

（4）施工临时预埋件或其他临时设施未清除处理时减1~2分。

2. 案例——某小桥分项工程（桥墩立柱）质量评定

某小桥桥墩立柱，经现场质量检查，各实测项目合格率、外观鉴定减分及质量保证资料减分结果如表 2-3-17 所示。

某小桥桥墩立柱检查结果汇总表 表 2-3-17

分项工程名称:立柱			所属分部工程名称:基础及下部结构		合同号:CL-4
工程部位:K37 +215.2 1 号墩立柱 (桩号、墩号、孔号)			施工单位:× ×路桥有限公司		编号:
			监理单位:× ×交通工程咨询监理有限公司		H-1
实测项目	项次	检查项目	权值	合格率(%)	是否合格
	1△	混凝土强度	3	100	合格
	2	相邻间距	1	94	合格
	3	竖直度	2	88	合格
	4	柱顶高程	2	90	合格
	5△	轴线偏位	2	95	合格
	6	断面尺寸	1	100	合格
	7	节段间错台	1	100	合格
外观鉴定减分			3(混凝土表面存在较大色差扣 2 分,有干缩裂缝扣 1 分)		
质量保证资料减分			2(混凝土拌和物检验资料不全)		

根据前述分项工程质量评分规则及公式,计算此小桥桥墩立柱的得分及工程质量等级如表 2-3-18 所示。

分项工程质量检验评定表 表 2-3-18

分项工程名称:立柱			所属分部工程名称:基础及下部结构			合同号:CL-4
工程部位:K37 +215.2 1 号墩立柱 (桩号、墩号、孔号)			施工单位:× ×路桥有限公司			编号:
			监理单位:× ×交通工程咨询监理有限公司			H-1
实测项目	项次	检查项目	权值	合格率(%)	是否合格	检查项目得分
	1△	混凝土强度	3	100	合格	100
	2	相邻间距	1	94	合格	94
	3	竖直度	2	88	合格	88
	4	柱顶高程	2	90	合格	90
	5△	轴线偏位	2	95	合格	95
	6	断面尺寸	1	100	合格	100
	7	节段间错台	1	100	合格	100
	合计		12	95		
外观鉴定减分			3(混凝土表面存在较大色差扣 2 分,有干缩裂缝扣 1 分)			
质量保证资料减分			2(混凝土拌和物检验资料不全)			
工程质量等级评定:得分/质量等级			90/合格			

任务 3 桥梁承载能力评定

桥梁荷载试验包括静载试验与动载试验两部分,是评定桥梁承载能力最直观、最有效的方法。通过荷载试验,可以科学评定桥梁结构的技术状况是否达到设计要求,能否交付正常使用;可以掌握桥梁结构的实际受力状况和工作状况,为日后桥梁运营、养护及管理提供科学依据。

一、静载试验

静载试验是研究在试验荷载作用下桥梁结构控制断面应力、变形的变化规律，并与理论值对比分析，从而判定桥梁结构是否满足相应技术规范要求。试验流程如图 2-3-7 所示。

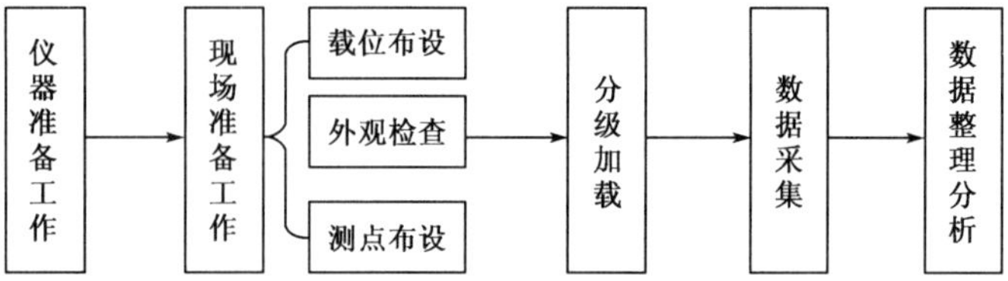

图 2-3-7　静载试验流程图

1. 试验工况

为了满足鉴定桥梁承载力的要求，试验荷载工况的选择应反映桥梁结构的最不利受力状态，简单结构可选 1 ~ 2 个工况，复杂结构可适当多选几个工况，但不宜过多。在进行各荷载工况布置时，可参照截面内力（或变形）影响线进行，一般设两三个主要荷载工况，同时可根据试验桥梁结构体系的具体情况再设若干个附加荷载工况，但主要荷载工况必须保证。常见桥型的试验荷载工况如表 2-3-19 所示。

不同类型桥梁荷载试验加载测试工况　　表 2-3-19

桥　型	内力或位移控制断面	
简支梁桥	主要工况	1. 跨中截面最大正弯矩和挠度； 2. 支点截面最大剪力
	附加工况	1. $L/4$ 截面正弯矩和挠度； 2. 墩台最大垂直力
连续梁桥、连续刚构桥	主要工况	1. 跨中最大正弯矩和挠度； 2. 内支点截面最大负弯矩工况； 3. $L/4$ 截面弯矩和挠度
	附加工况	1. 端支点截面的最大剪力； 2. $L/4$ 截面最大弯剪力； 3. 墩台最大垂直力； 4. 连续刚构桥固结墩墩身控制截面最大弯矩
悬臂梁桥、T 形刚构桥	主要工况	1. 锚固跨跨中最大正弯矩和挠度； 2. 支点最大负弯矩、挂梁跨中最大正弯矩和挠度
	附加工况	1. 支点最大剪力； 2. 挂梁支点截面或悬臂截面最大剪力
拱桥	主要工况	1. 拱顶截面最大正弯矩和挠度、拱脚截面最大负弯矩； 2. 钢架拱上弦杆跨中正弯矩
	附加工况	1. 拱脚最大水平推力； 2. $L/4$ 截面最大正、负弯矩及其最大正、负挠度绝对值之和； 3. 刚架拱斜腿根部截面最大负弯矩
刚架桥	主要工况	1. 跨中截面最大正弯矩和挠度； 2. 结点截面的最大负弯矩
	附加工况	柱脚截面最大负弯矩、最大水平推力

续上表

桥型	内力或位移控制断面	
钢桁梁桥	主要工况	1. 跨中、支点截面的主桁杆件最大内力； 2. 跨中截面的挠度
	附加工况	1. $L/4$ 截面主桁杆件最大内力和挠度； 2. 桥面系结构构件控制截面最大内力和变位； 3. 墩台最大垂直力
斜拉桥与悬索桥	主要工况	1. 主梁最大挠度； 2. 主梁控制截面最大内力； 3. 索塔塔顶水平变位； 4. 主缆最大拉力，斜拉索最大拉力
	附加工况	1. 主梁最大纵向漂移； 2. 主塔控制截面最大内力； 3. 吊索最大索力

2. 静载试验主要流程介绍

桥梁静载试验的测试流程如表 2-3-20 所示。

桥梁静载试验流程表 表 2-3-20

工作内容	图片
加载车载位布设： 在桥面上标记出各工况下加载车的停靠位置	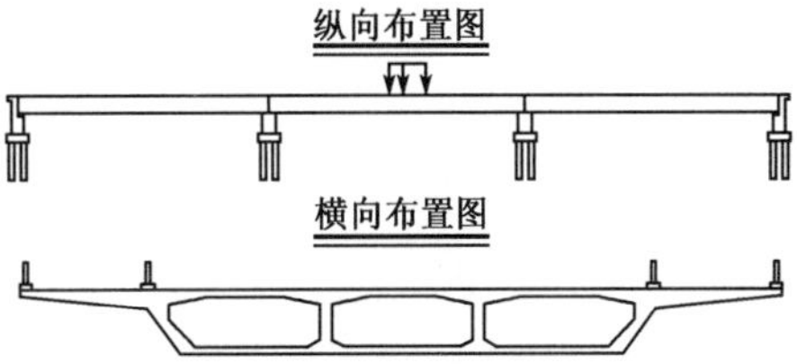
外观检查： 利用桥梁检测车对桥梁外观进行检查，特别关注裂缝情况，如数量、长度、宽度	
应变测点布设： 在桥梁各测试断面位置布设应变计，并经调试确保正常工作	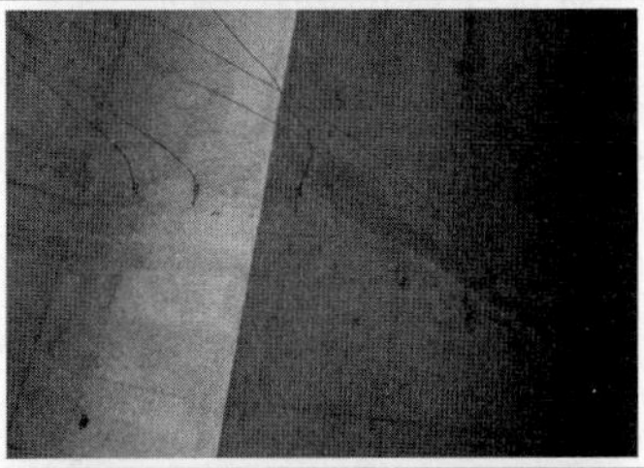
变形测点布设： 在桥梁挠度测试断面位置布设棱镜，并经调试确保正常工作	

续上表

工 作 内 容	图 片
分级加载： ①各工况按 3 ~4 级分级加载，相继进入指定位置； ②加载过程中应记录结构出现的异常情况，并采取相应措施； ③加载时间间隔应满足结构反应稳定的时间要求	
应变数据采集： ①采用综合测试仪进行应变数据的采集，将实测值与理论值对比； ②应变值达到或超过理论值时应停止加载，查清原因，采取措施后再确定是否进行试验	
位移数据采集： ①采用全站仪或精密水准仪进行位移数据的采集，将实测值与理论值对比； ②位移值超过理论值应停止加载，查清原因，采取措施后再确定是否进行试验	

二、动载试验

动载试验应进行自振特性参数测试与动力响应值测试。自振特性参数包括自振频率、阻尼比和振型。动力响应值包括动位移、动应变、动力放大系数和冲击系数；一般仅测试动应变以获得应变冲击系数。通过脉动试验可以测得桥梁结构的基频、振型、阻尼比等参数，通过行车试验可以测得桥梁结构的冲击系数。

1. 环境随机激振试验（脉动试验）

桥梁结构在接近白噪声的自然环境（如地脉动、风、水流等）震源影响下，会产生随机振动，利用测得桥上的这种微小随机响应信号，通过频谱分析得出该桥的自振频率（固有频率）、阻尼比和振型等。利用环境激励法试验来测试结构的动力特性已经被多次证明是适应于大型较低频结构的一种好方法。试验流程如图 2-3-8 所示。

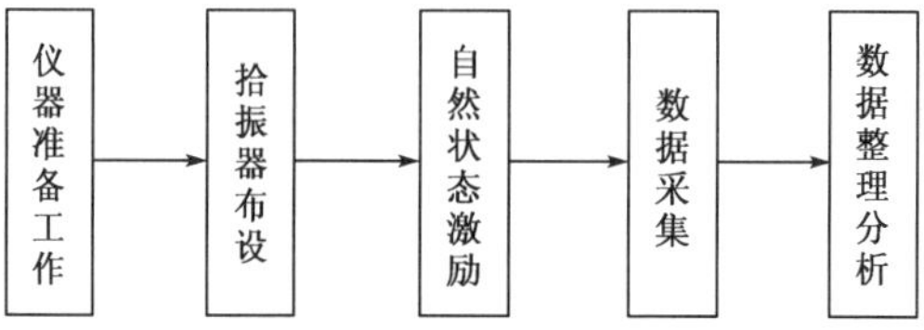

图 2-3-8　脉动试验流程图

2. 行车激振试验

载重车以给定的不同车速，匀速通过桥跨结构，测定桥跨结构在运行车辆荷载作用下的动载反应。冲击系数可根据记录的动应变曲线，进行分析整理而得。试验流程如图 2-3-9 所示。

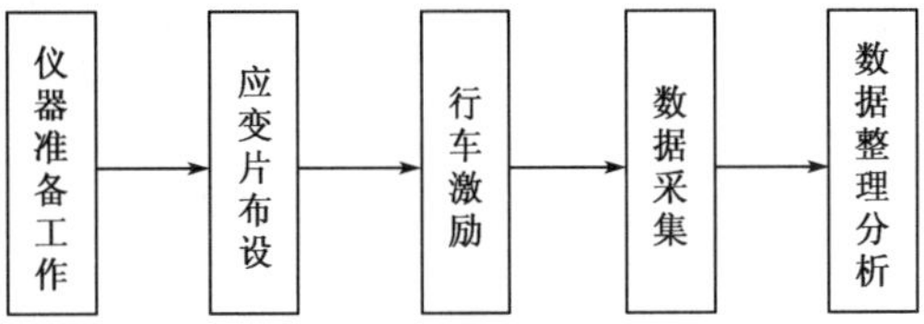

图 2-3-9　动载试验流程图

3. 动载试验主要流程介绍

桥梁动载试验的测试流程如表 2-3-21 所示。

桥梁动载试验流程表　　表 2-3-21

工 作 内 容	图　片
环境随机激振试验： 将拾振器布设在桥面各测点位置，若测点较多可分批采集，并设参考点	
行车激振试验： 将应变测点布设在桥梁振动响应幅值最大部位，测点数不宜少于 2 个	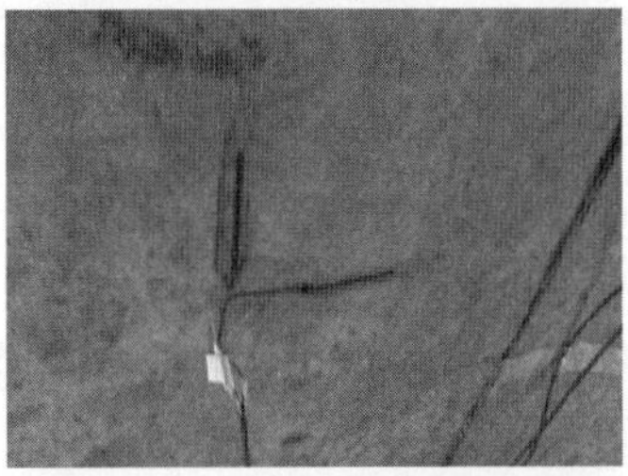
数据采集： 采用动力测试仪器分别进行环境随机激振试验与行车激振试验的数据采集	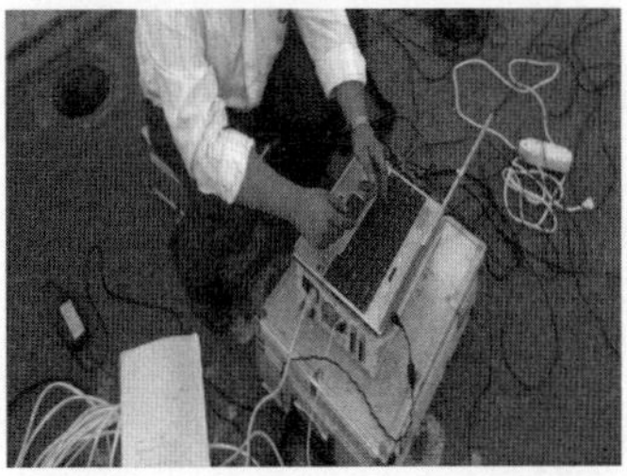

三、案例——××大桥荷载试验

1. 工程概况

××大桥主桥长 176m、宽 9m，主桥上部结构布置为(48 + 80 + 48) m，桥梁总体布置如图 2-3-10 所示。三跨预应力混凝土变截面连续箱梁，单箱单室截面，箱梁梁高跨中为 2.2m，根部为 4.8m，自跨中至箱梁根部按二次抛物线线形过渡，跨中及墩顶部位横断面如图 2-3-11、

图2-3-12所示。主桥箱梁采用纵、竖两向预应力体系。桥梁设计荷载为公路—Ⅱ级,主桥基础采用桩基础。

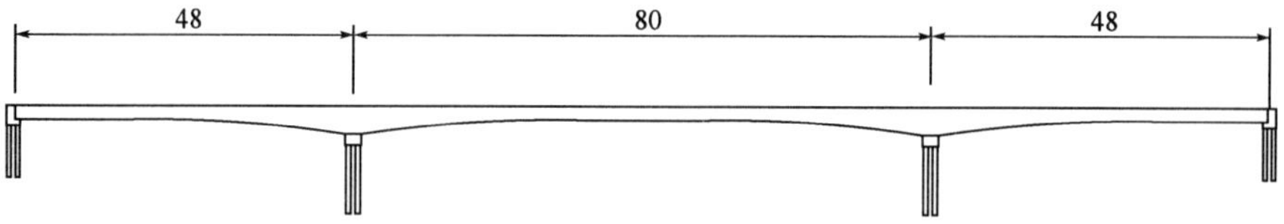

图2-3-10　××大桥总体布置图(尺寸单位:m)

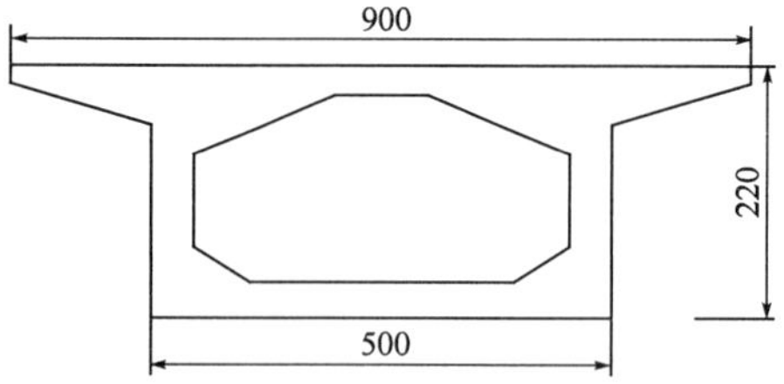

图2-3-11　××大桥跨中断面图(尺寸单位:cm)

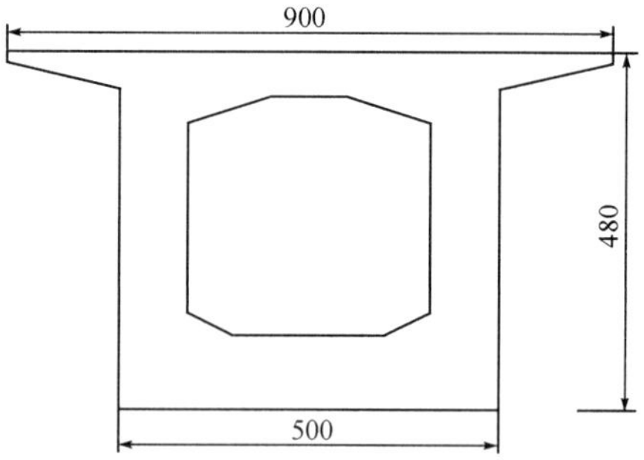

图2-3-12　××大桥中支点断面图(尺寸单位:cm)

2. 试验依据

(1)中华人民共和国行业标准《公路桥梁承载能力检测评定规程》(JTG/T J21—2011)。

(2)中华人民共和国行业标准《公路桥梁技术状况评定标准》(JTG/T H21—2011)。

(3)中华人民共和国行业标准《公路工程质量检验评定标准》(JTG F80/1—2004)。

(4)中华人民共和国行业标准《公路桥涵设计通用规范》(JTG D60—2004)。

(5)设计图纸。

3. 试验仪器

试验仪器如表2-3-22所示。

试验仪器表　　表2-3-22

项　目	仪器名称
应变测试	JMZX-212AT振弦式应变计
	静态应变综合测试仪
挠度测试	徕卡全站仪
	棱镜
应变布点	桥梁检测车
动应变测试	DH-5920动态数据采集系统
	混凝土应变片
模态振动测试	DH910V拾振器
动测信号分析	DHMA动态信号测试分析系统

4. 结构初始状况调查

在试验前,试验人员对桥梁上部结构表观情况进行了人工目力检查,发现桥梁存在箱梁顶板纵向裂缝、混凝土破损、露筋等情况。

5. 静载试验

1) 试验断面选择

选择主桥应变测试截面为 A、B、C、D 四个截面，具体位置见图 2-3-13。

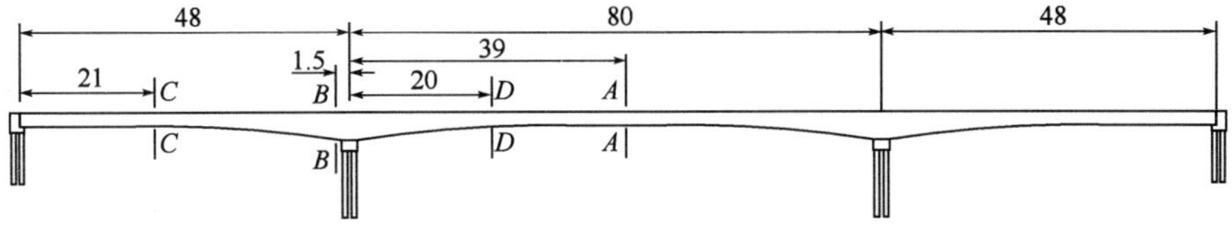

图 2-3-13 测试断面图(尺寸单位:m)

2) 主梁测点布设

(1) 主梁应变测点布设

主梁正应变测点布设在测试断面的翼缘板、外侧腹板及底板上，见图 2-3-14。

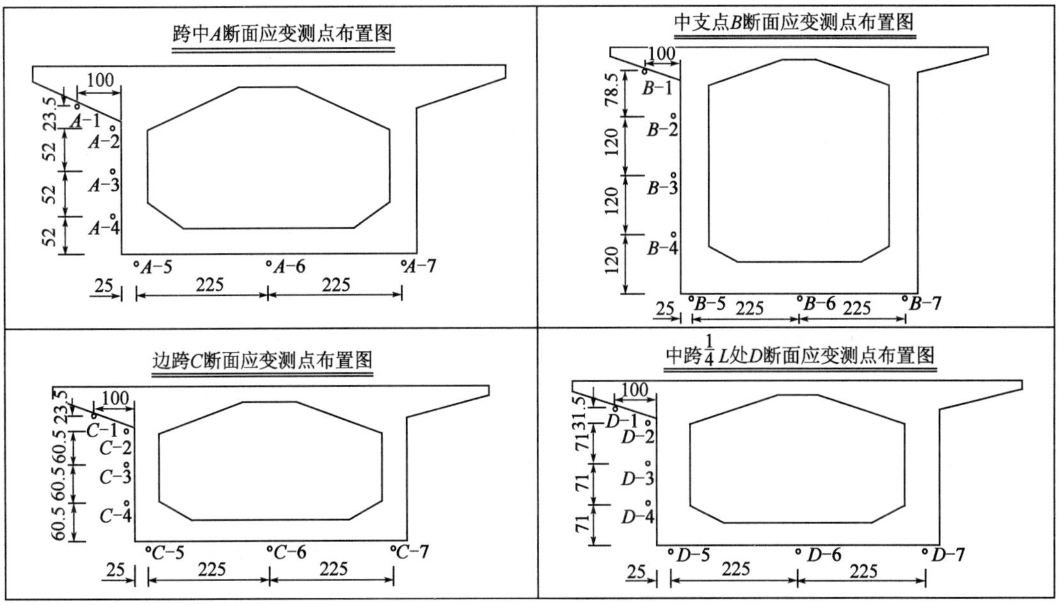

图 2-3-14 应变测点布置图(尺寸单位:cm)

(2) 主梁挠度测点的布设

主梁挠度测试沿纵桥向方向，在 A、C、D 断面上布设棱镜，见图 2-3-15。

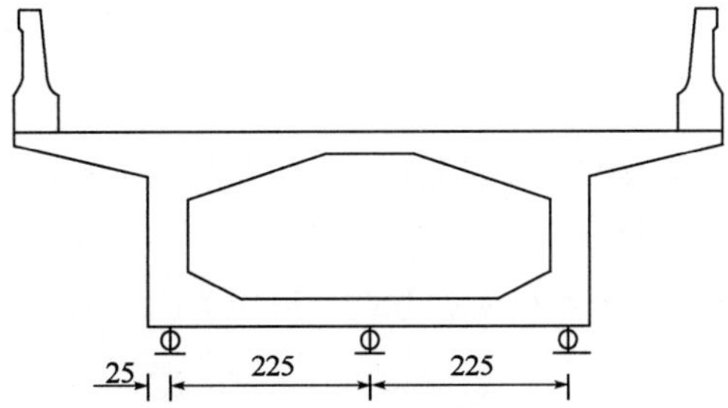

图 2-3-15 挠度测点布置示意图(尺寸单位:cm)

3)荷载效率

静力试验荷载采用载重汽车进行等效加载。就某一检验项目而言,其相应的加载车辆的数量及位置应使该检验项目的荷载效率系数 η 满足:$0.95 \leqslant \eta \leqslant 1.05$。本次加载各工况荷载效率在 0.96 ~ 1.00 之间。

4)静载荷载试验结果

(1)应力测试结果

以 A 断面中载为例,该截面应力实测值、理论值、校验系数如表 2-3-23 所示。

A 断面应力(中载)(单位:MPa)　　表 2-3-23

测点编号	箱梁		
	实测值	理论值	校验系数
A-1	-0.74	-1.02	0.73
A-2	-0.46	-0.60	0.77
A-3	0.39	0.59	0.66
A-4	1.17	1.68	0.70
A-5	2.13	2.94	0.72
A-6	1.96	2.94	0.67
A-7	1.91	2.94	0.65

(2)主梁挠度结果

以 A 断面中载为例,该截面挠度实测值与理论计算值如表 2-3-24 所示。

***A* 断面挠度**(中载)(单位:mm)　　表 2-3-24

测点编号	箱梁			相对残余变形(%)
	实测值	理论值	校验系数	
A-N-1	-15.8	-23.3	0.68	1
A-N-2	-16.9	-23.3	0.73	1
A-N-3	-16.6	-23.3	0.71	1

(3)相对残余应力与相对残余变形结果

每一加载工况卸零后,测试截面测点的最大相对残余应力为 18%,最大相对残余变形为 6%。

(4)裂缝观测情况

在主要试验工况加载、卸载过程中,无异常情况,主要受力截面未发现产生新裂缝等现象。

6. 动载试验

1)脉动试验

(1)测点布设

本次试验将测点布置在各跨的 $L/4$、$L/2$ 与 $3L/4$ 位置,在箱梁横桥向中间位置布置测点,各测点纵桥向保持在同一条直线上,依次编号为测点 1 ~ 18。采用分批次采集数据的方法进行现场测试,选取中跨 $L/4$ 处 4 号测点为参考点。拾振器测点布设见图 2-3-16。

(2)测试结果

桥梁实测竖向一阶频率 1.76Hz,大于理论计算值 1.42Hz,结构竖向刚度指标良好,阻尼比在正常范围之内,实测振型与理论振型吻合,实测与理论振型如图 2-3-17 所示。

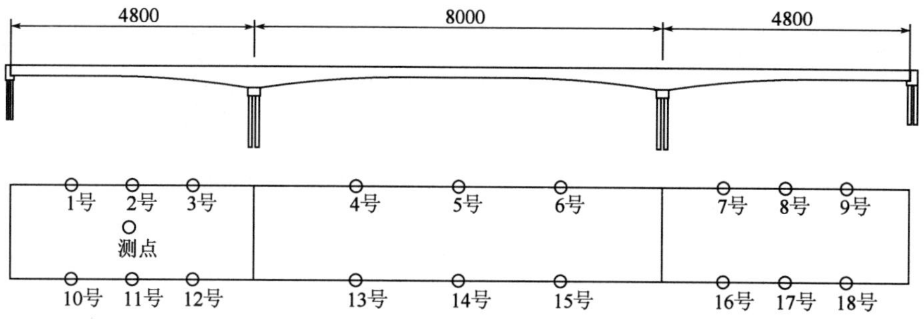

图 2-3-16　拾振器测点布置图(尺寸单位:cm)

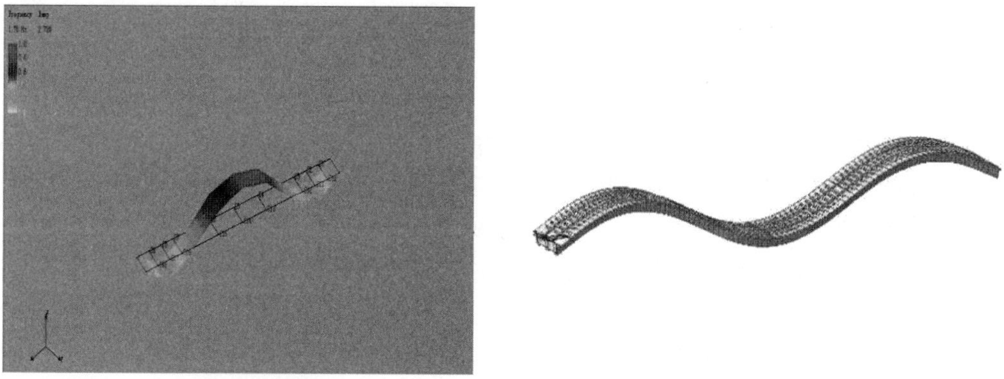

a)实测一阶振型　　b)理论一阶振型

图 2-3-17　桥梁竖向实测与理论振型图

2)行车试验

在主跨跨中位置布设应变片,通过应变时程曲线(图 2-3-18)分析计算出不同时速下的冲击系数。30km/h 速度下实测最大冲击系数 0.03,实测冲击系数小于理论值。

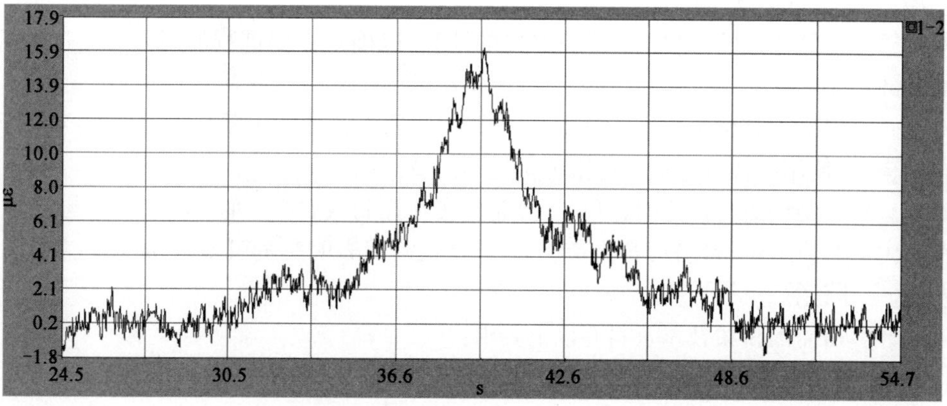

图 2-3-18　30km/h 行车跨中应变时程曲线

7. 结论

(1)加载效率:试验荷载的效率系数值在规定的 0.96 ~ 1.00 范围内,符合《公路桥梁承载能力检测评定规程》(JTG/T J21—2011)的要求,本次试验加载有效。

(2)应力测试:在试验荷载作用下,各控制截面的主要测点应力值均小于理论值,应力校验系数小于1.0,在0.58~0.80范围内,结构强度满足设计要求。

(3)挠度测试:在试验荷载作用下,各控制截面挠度实测值均小于理论计算值,挠度校验系数小于1.0,在0.58~0.79范围内,结构刚度满足设计要求。实测最大相对残余变形小于20%,结构处于弹性变形状态。

(4)结构自振特性测试:桥梁实测竖向一阶频率1.76Hz,大于理论计算值1.42Hz,结构竖向刚度指标良好,实测各阶阻尼比在正常范围之内。

(5)行车试验:桥梁实测无障碍行车冲击系数最大值0.03,小于理论值0.084,满足现行公路规范限值要求。

综上所述,桥梁技术状况良好,结构达到设计荷载公路—Ⅱ级的承载力要求。

任务4　超重车辆过桥加固措施

一、一般规定

超重车辆是指大于桥梁设计荷载标准及公路管理部门公布的限载量,必须采取技术措施方可通过桥梁,经过公路管理机构审批同意在指定公路上行驶的特殊车辆。

对超重车辆过桥应采取技术及管理措施,组织超重车辆安全通过,具体有:

(1)超重车过桥前,应收集、查找桥梁技术档案资料,按超重车辆的实际荷载对结构进行强度、稳定性、刚度验算。

(2)对于通过检查尚不能对其技术状况及承载力进行判定或者有特殊要求的桥梁,应进行荷载试验,为承载力的确定提供依据。

(3)超重车过桥,应选用多轴多轮的运载车辆,以改善超重车过桥时桥梁构件的受力,并选取桥梁技术状况好、加固工程费用较低的路线通过。

(4)超重车通过时应临时禁止其他车辆及行人通过。

二、超重车辆过桥的验算及荷载试验

1.验算及荷载试验要点

对超重车所需通过的桥梁均应进行必要的计算,以确定需要进行加固方可通过的桥梁及需加固的部位及构件。

对于砖石混凝土结构和钢筋混凝土结构,可只进行承载能力极限状态的计算;对于预应力混凝土结构,按使用阶段计算的各种限值可适当放宽。

对现有桥梁结构进行计算时,可只计算超重车在控制截面产生的最不利内力与应力,并与设计荷载内力与应力进行比较,若前者小于等于后者,即表明车辆可安全通过;若前者大于后者,应做进一步计算。

对于计算所需的桥梁技术资料有以下要求:

(1)有经批准的正式设计文件或竣工文件,施工质量良好,使用时间不长时可直接采用设计文件或竣工文件。

(2)无设计(竣工)资料或虽有设计(竣工)资料,但施工质量不好,已经出现破损的,应以桥梁实际状况为计算依据。

无论是加固前还是加固后,结构计算图示应以结构实际受力为依据。如果桥梁结构内力(应力)对计算图式很敏感时,应取偏安全的计算图式。

当检查及检算不足以做出判定时,可进行荷载试验。加载大小应使试验的荷载效应与超

重车通过的状况相近，一般只需按一组最不利位置布载。

2. 通过能力判定

超重车辆能否安全通过桥梁，应对桥梁通过能力进行判断，以便为桥梁的加固处理提供可行的方案。一般来说，当对桥梁承载能力做出评价后，可用式(2-3-1)来进行其通过能力的判别：

$$\mu = \frac{P_{实} - P_{控}}{P_{控}} \times 100\% \qquad (2\text{-}3\text{-}1)$$

式中：$P_{实}$——超重车产生的截面内力(或超重车等代荷载)；

$P_{控}$——标准荷载产生的截面内力(或标准荷载等代荷载)。

其判别标准为：

当$\mu \leqslant 0$时，超重车具有通过桥梁权；

当$0 < \mu \leqslant 5\%$时，超重车具有容许通过权；

当$\mu > 5\%$时，超重车丧失通过权。

三、加固措施

这里主要介绍几种超重车辆过桥时的临时加固方法，具体见表2-3-25。

超重车辆过桥临时加固方法 表2-3-25

方　法	简　图	说　明
全桥跨越加固	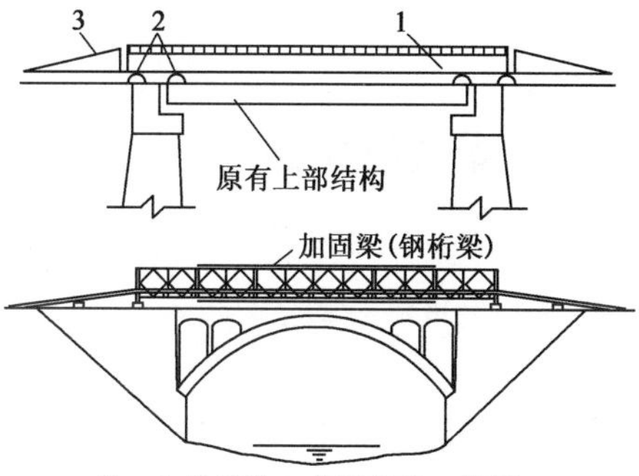 注：1-临时梁;2-临时支座;3-搭板	适用于小跨径梁式桥和拱式桥。在下部结构和地基受力许可时，可在桥面上临时设钢板梁或钢桁架梁，以供重车直接行驶通过
部分跨越加固	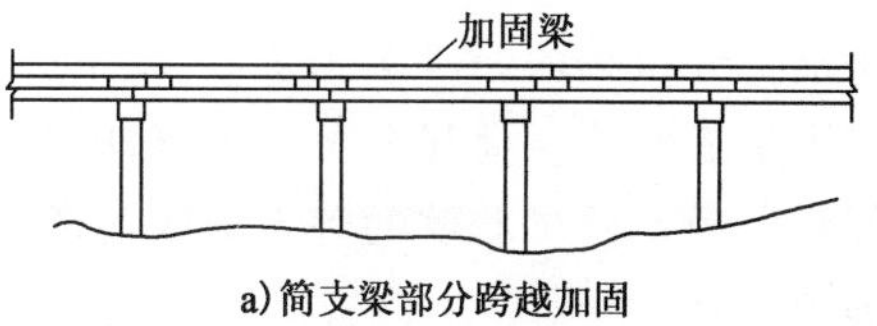 a)简支梁部分跨越加固 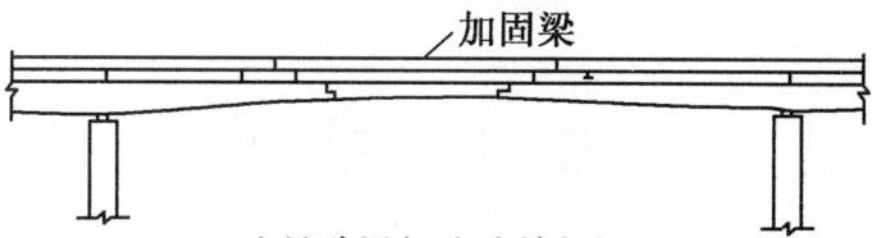 b)悬臂梁部分跨越加固	适用于桥梁较长而无法采用全桥跨越法时
竖向支撑加固	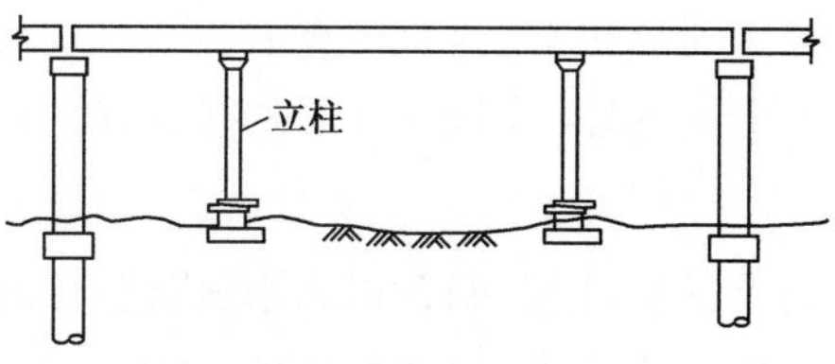	适用于下部结构承载能力不足，且跨径较大的梁式桥(还可采用八字支撑加固方法)

续上表

方　法	简　图	说　明
拉杆加固	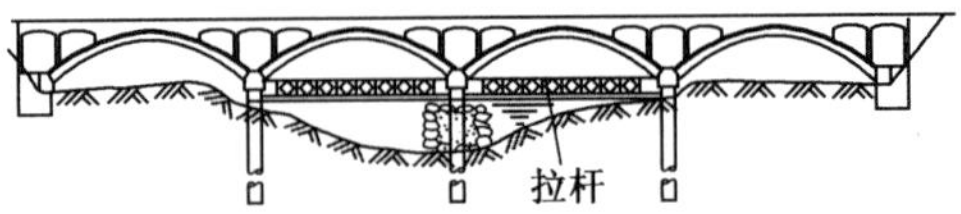	适用于桥下净空许可且基础良好的拱式桥。如左图所示，该方法可消除拱脚水平推力，并使中孔按固定拱计算

四、超重车辆过桥的技术管理

超重车过桥时，必须遵循以下规定：

(1)超重车一般应沿桥梁的中心线行驶。

(2)车辆以不大于5km/h速度匀速行驶。

(3)不得在桥上制动、变速、停留。

(4)必要时可调整牵引车与平板挂车的行驶距离，或让其分别通过桥梁。

(5)超重车辆过桥时，可酌情临时禁止其他车辆及行人通过。

(6)超重车辆过桥时，应组织有关技术人员观测桥梁各部的位移、变形、裂缝等，并予以记录。必要时，还应观测应变、反力等。

(7)不宜在行洪等可能发生灾害时通过。

复习思考题

1. 简述桥梁技术状况评定工作流程并绘出流程图。
2. 简述各类桥梁的养护对策。
3. 简述粘贴钢板法加固钢筋混凝土梁桥上部结构的施工工艺要点。
4. 简述粘贴碳纤维或特种玻璃纤维法加固钢筋混凝土梁桥上部结构的施工工艺要点。
5. 简述更换主梁法加固钢筋混凝土梁桥上部结构的施工工艺要点。
6. 简述加大拱圈截面法加固拱桥上部结构的施工工艺要点。
7. 墩台及墩台基础加固的常用方法有哪些？简述各种加固方法施工要点。
8. 交工验收的评定等级是怎样规定的？竣工验收的评定等级是怎样规定的？
9. 简述超重车辆过桥的桥梁加固措施。

项目二　涵 洞 养 护

学习建议

1. 对于水毁抢修方案的制订，建议结合实际工程实例进行分析研究；
2. 对于工程概预算的内容，建议结合本地区工程定额进行学习。

技能要求

1. 能制订涵洞雨季养护计划，制订涵洞水毁防控方案；
2. 能制订涵洞水毁抢修方案，组织抢修；

3. 能计算涵洞建筑工程数量，编制涵洞施工概预算，进行涵洞施工组织设计。

知识要求

1. 掌握涵洞雨季养护计划要点及水毁防控方案要点；
2. 掌握涵洞水毁抢修方案要点；
3. 掌握涵洞工程概预算及施工组织设计的编制方法。

任务1　涵洞雨季养护

涵洞雨季养护必须遵循“预防为主”的原则。因此，每年的汛前检查非常重要，必须认真做好涵洞的水毁预防。在检查中发现水毁隐患，应采取适当的工程技术措施，及时防治，并应注意提高其抵御洪水的能力，以减少水害。

一、涵洞雨季养护计划要点

涵洞雨季养护计划要点见表2-3-26。

涵洞雨季养护计划要点　　表2-3-26

雨季养护计划要点	示　例
山区公路，因沟床坡度陡，流速大，洞口、洞底铺砌层和跌水、急流槽易受洪水或漂流的大石块冲击破坏	
平原区公路，洞口、洞孔和上下游沟槽易被泥沙杂物淤积，进而造成水毁	
傍河路段的下游洞口易遭大河洪水冲击而遭到破坏	

二、涵洞水毁防控方案要点

涵洞常遭受各种自然灾害，雨季来临前应做好各种预防措施，防止发生水毁灾害。涵洞通常的水毁防控方案要点见表2-3-27。

涵洞水毁防控方案要点 表2-3-27

水毁防控要点	示　　例
清除洞口和洞孔淤积杂物	
整修沟床,使水道平整、顺畅,并注意清除涵洞上游有可能漂流的大块石,以免洪水冲击涵洞或堵塞洞孔	
认真完成遗留病害的处治和拟建水毁预防工程	
涵洞位置不当的,一般可改建上游沟槽,并用浆砌片石或混凝土预制块加固沟底和沟壁,使水流顺适,不漏水	
山区涵洞,必须增设上游或下游陡坡排水设施时,应力争在洪水来临前修建	
孔径偏小的涵洞,应按汛前检查时验算的结果,根据地形、地质情况进行设计,采取一侧或两侧加孔,或扩大孔径(尽可能利用一侧涵台)	

三、涵洞水毁抢修方案要点

根据“先抢通，后恢复”的原则，一般应采用以下抢修措施，见表2-3-28。

水毁抢修方案要点 表2-3-28

水毁抢修方案要点	示　　例
开设便道或搭设便涵，以维持雨季交通	
对于水毁破坏的部位，无法在雨季抢修恢复时，必须根据具体情况立即采取临时性的防护措施，以免破坏继续扩大，如抛石、装土、石草袋和石笼防护等	
在降雨量较少的地区，对地质情况较好的小涵洞，亦可在雨季抢修恢复，并应采取雨季施工的必要措施，以使涵洞免遭水毁	

任务2　涵洞水毁抢修方案(案例)

涵洞的局部或全部遭受水毁破坏，危及行车安全或阻碍交通时，必须立即组织抢修，并尽量缩短阻碍交通的时间。

案例：××公路圆管涵水毁抢修施工方案(节略)

一、工程概况

××公路K6+960处原状排水是采用圆管涵把山坡的水排到对面的排水沟。由于连日暴雨，雨水夹杂山坡上的泥沙冲垮了边沟，堵塞了涵洞，冲刷了附近居民用地。现重新设计施工沉砂池及排水管，把水排入现有渠道。

二、抢险施工步骤

涵洞清淤→排水管施工→沉砂池施工→涵洞口回填石方→回填土方

三、施工前准备

1. 人员准备

接到任务,某单位马上成立抢险工程项目部,先组织技术人员编制交通疏解方案,做好交通疏导工作,再组织有经验的施工人员进场施工。

2. 机械及工具准备

挖掘机、自卸汽车、大锤、手锤、撬棍、泥桶、绳子、抬杠、钢卷尺、线坠、托线板、脚手板、铁锹、木抹子。

3. 材料技术要求

(1)水泥

水泥进仓时要有质量证明文件;并需要送到有资质的单位检验水泥的性能,合格才能使用。

(2)砂子

宜采用中砂,砂的质量应满足设计和相关技术规范要求。

(3)毛石

毛石进场前应检查其强度等级(Mu30)、耐久性以保证满足设计要求。采用的毛石应质地坚实,无风化剥落和裂纹;石材表面的泥垢、水锈等杂质,砌筑前应清除干净。毛石应成块状,中部厚度不宜小于200mm。

(4)砂浆

砂浆进场前需做检测试验,保证砂浆等级和强度必须符合设计要求的强度(M7.5水泥砂浆)。拌制时应严格按照水泥、砂质量配合比用量配制。

四、施工步骤及方法

1. 工艺流程

涵洞清淤→测量放线→排水管施工→沉砂池施工→涵洞口回填石方→回填土方→修复急流槽及排水沟→坡面植草

2. 操作工艺

(1)排水管施工步骤及方法

①定位放线

排水管及沉砂池基坑开挖前,按设计要求用石灰粉撒出开挖边线,并在临近位置打入水平桩,在水平桩上标记出边坡修理及基坑开挖的位置。

②基坑开挖

边坡修理及基坑开挖采用挖掘机开挖,再由人工整平。基础开挖至设计基底标高以上预留200mm,再由人工根据预留高差进行加深和平整,从而达到设计基底深度,以防止基底土层受扰动。

③基础块石施工

……

④混凝土垫层

……

⑤排水管埋设

……

质量保证标准：

接口应平直，环形间隙应均匀，灰口应整齐、密实、饱满，不得有裂缝、空鼓等现象。抹带接口应表面平整密实，不得有间断和裂缝、空鼓等现象。

⑥检查井砌筑及衔接

……

质量保证标准：

检查井井内流槽应平顺，位置准确，不得有建筑垃圾等杂物。

检查井井环、井盖必须完整无缺，安装平稳，位置准确。井框、井盖必须完整无损，安装平稳，位置准确。检查井和进水的允许偏差和检验方法见《给水排水管道工程施工验收规范》。

⑦基坑回填

a. 填土应在管道混凝土强度达到图纸规定和闭水试验合格后进行，回填前，将坑内积水抽干，清理干净施工杂物。

b. 管沟两侧回填石屑至管顶10cm。回填时应两侧同时回填，高差不得大于30cm，并分层夯实或用水冲实。

c. 回填时宜沿基坑排水方向由高向低进行。

d. 管顶上50cm内不得回填大于10cm的石块、砖块等杂物。

e. 回填时每层虚铺厚度根据采用的压实工具确定。严禁回填淤泥、腐殖土及有机质。

(2)沉砂池施工步骤及方法

……

(3)填料(土石方)的施工方法

……

(4)急流槽、排水沟浆砌片石步骤及方法

……

(5)坡面植草施工步骤及方法

……

五、质量控制措施及安全技术措施

1. 易出现的质量问题及防治措施

(1)砂浆强度不稳定：材料计量要准确，搅拌时间要达到规定的要求。试块的制作、养护、试压要符合规定。

(2)水平灰缝不平：皮数杆应立牢固，高程一致，砌筑时小线要拉紧，穿平墙面，砌筑要跟线。

(3)料石质量不符合要求：对进场的料石品种、规格、颜色验收时要严格把关。不符合要求时拒收，不用。

(4)勾缝粗糙：应叼灰操作，使灰缝深度一致，灰缝交接应平整，表面洁净。

(5)填土不密实：应严格按照填土土质、含水率、每层铺土厚度、填夯工艺(铺土搭接、打夯遍数等)要求进行打夯。

2. 易出现的安全隐患及防治措施

(1)操作之前必须检查操作环境是否符合安全要求(边坡是否稳定)，道路是否畅通，机具是否完好牢固,安全设施和防护用品是否齐全,经检查符合要求后才可施工。

(2)砌基础时,应检查和经常注意基坑土质变化情况,以及有无崩裂现象。堆放毛石材料应离开坑边1m以上。

(3)墙身砌筑高度超过地坪1.2m以上时,应搭设脚手架。

(4)不准用不稳固的工具或物体在脚手板面进行垫高操作。

(5)砍毛石时应面向内打,防止碎石跳出伤人。

(6)遇雨天及每天下班时,要做好防雨措施,以防雨水冲走砂浆。

(7)用锤打石时,应先检查铁锤有无破裂,锤柄是否牢固。打锤要按照石纹走向落锤,以免伤人。

(8)不准徒手移动料石,以免压破或擦伤手指。

任务3 涵洞施工组织设计

一、涵洞施工组织设计编制方法

公路是线形人工构造物,体形庞大、结构复杂、施工环节多,不仅需要投入大量的人力、物力、机械设备和资金,而且还要综合平衡、调配各种资源,协调各种关系。为了保证施工过程的连续性和均衡性,保证各阶段、各环节都能有条不紊地进行,必须统筹安排,科学合理地组织施工。

公路施工组织研究的内容很多,概括起来主要有四大方面:一是确定施工方法,制定施工方案;二是合理地选择机械设备;三是科学地安排施工顺序,做好施工过程的时间组织;四是合理地布设施工现场,做好施工过程的空间组织。将上述问题统筹考虑之后,应形成一个纲领性的指导文件,即施工组织设计。

1.施工方法的确定

在公路施工中,对于同一项工程,可以有多种施工方法。施工方法不同,不仅投入的人工、机械设备不同,而且工期、费用也不一样。因此,在进行施工组织时,首先应根据工程的特点、工期要求和施工条件,在各种施工方法中选择最适合本工程的施工方法,从而达到保证工程质量、降低成本、提高劳动效率的目的。

2.施工机具的选择

施工机械化、设备现代化、管理科学化是我国公路机械化施工的奋斗目标和发展方向。机械化施工不仅可以提高质量,优化资源,节约劳动力,而且还可以缩短工期,降低工程成本。随着现代施工工艺和先进技术的不断发展,机械化施工已贯穿于施工过程的始终。作为施工管理者必须要了解各种常用施工机械的性能和用途,并根据不同的施工环境和施工方法选配相应的施工机具,合理地安排机械化施工的进度计划。

3.施工过程的时间组织

时间组织是指用科学方法合理地安排施工任务、施工顺序和作业方式。

4.施工过程的空间组织

空间组织主要是根据施工过程所需的工艺路线对施工现场进行合理的布置,规划仓库、料场、生活设施等的平面位置。

涵洞一般属于分项工程,不单独编写施工组织设计,而是包含在总体的施工组织设计内。

以下为某路基标段的圆管涵施工组织设计案例,由于篇幅限制,仅列出主要内容(目录部分)以供参考。

××公路工程×标段圆管涵施工组织设计

（目录）

十六、创建文明工地

十七、物质管理保证措施

十八、机械设备保证措施

二、涵洞工程概(预)算(案例)

涵洞按常用的结构分为石盖板涵、石拱涵、钢筋混凝土圆管涵、钢筋混凝土盖板涵、钢筋混凝土箱涵五类。概(预)算定额除按涵洞洞身、洞口编制分项定额外,还应编制扩大定额。同时在涵洞洞身定额中,已按不同结构分别计入了拱盔、支架和安装设备以及其他附属设施等。另外,为了计算方便,将涵洞基础开挖需要的全部水泵台班计入洞身定额中,洞口工程不另行计算。

案例:涵洞概算计算

某钢筋混凝土圆管涵直径为1.50m,涵长20m,求涵洞的扩大定额。

解:(1)确定概算定额表号

由《公路工程概算定额》可知,该工程的定额编号为[313-4-1-5],如下所示。

涵洞扩大定额

4-3 钢筋混凝土圆管涵

工程内容:1)排水、挖基、回填夯实;2)基底夯实,铺筑垫层;3)洞口铺砌及加固;4)基础、墙身砌筑的全部工序;5)预制、运输、安装钢筋混凝土圆管。

I.1道涵洞(单位:1道)

顺序号	项 目	单位	代号	涵长13m				
				直径(m)				
				0.75	1.00	1.25	1.50	2.00
				1	2	3	4	5
1	人工	工日	1	78.2	109.0	153.0	198.0	286.0
2	原木	m^3	101	0.009	0.012	0.017	0.022	0.033
3	锯材	m^3	102	0.029	0.043	0.060	0.079	0.117
4	光圆钢筋	t	111	0.193	0.259	0.392	0.620	0.961
5	钢管	t	191	0.003	0.005	0.007	0.009	0.013
6	钢模板	t	271	0.032	0.033	0.049	0.073	0.096
7	铁钉	kg	653	0.1	0.2	0.2	0.3	0.4
8	8~12号铁丝	kg	655	1.3	1.8	2.5	3.2	4.9
9	20~22号铁丝	kg	656	1.1	1.5	2.2	3.5	5.4
10	32.5级水泥	t	832	2.290	3.499	4.998	6.935	9.639
11	水	m^3	866	13	19	27	37	53
12	中(粗)砂	m^3	899	5.93	8.74	12.13	16.15	23.23
13	砂砾	m^3	902	8.27	12.71	17.84	23.53	36.44
14	片石	m^3	931	13.19	19.06	25.74	33.07	49.13
15	碎石(2cm)	m^3	951	2.15	3.55	5.30	7.84	10.37
16	其他材料费	元	996	21.3	27.1	35.4	45.7	60.9

续上表

顺序号	项　目	单位	代号	涵长 13m				
				直径(m)				
				0.75	1.00	1.25	1.50	2.00
				1	2	3	4	5
17	4t 以内载货汽车	台班	1372	0.16	0.26	0.38	0.54	0.75
18	5t 以内汽车式起重机	台班	1449	0.33	0.45	0.67	1.95	2.69
19	φ150mm 电动单级离心水泵	台班	1653	2.13	2.18	2.26	2.33	2.49
20	小型机具使用费	元	1998	11.2	16.3	22.6	30.4	44.3
21	基价	元	1999	7216	10062	14125	19288	27772

Ⅱ. 涵长每增减 1m(单位:1 道)

顺序号	项　目	单位	代号	涵长每增减 1m				
				直径(m)				
				0.75	1.00	1.25	1.50	2.00
				6	7	8	9	10
1	人工	工日	1	3.4	4.7	6.7	8.8	12.9
2	锯材	m^3	102	—	—	0.001	0.002	0.002
3	光圆钢筋	t	111	0.014	0.019	0.030	0.048	0.074
4	钢模板	t	271	0.002	0.003	0.004	0.005	0.007
5	20 ~ 22 号铁丝	kg	656	—	0.1	0.2	0.3	0.4
6	32.5 级水泥	t	832	0.093	0.146	0.219	0.303	0.427
7	水	m^3	866	—	—	—	1	2
8	中(粗)砂	m^3	899	0.11	0.17	0.26	0.36	0.50
9	砂砾	m^3	902	0.62	0.96	1.35	1.78	2.77
10	碎石(2cm)	m^3	951	0.17	0.27	0.41	0.57	0.80
11	其他材料费	元	996	1.8	1.9	1.5	1.5	2.1
12	4t 以内载货汽车	台班	1372	0.01	0.02	0.03	0.04	0.06
13	5t 以内汽车式起重机	台班	1449	0.03	0.03	0.05	0.15	0.21
14	φ150mm 电动单级离心水泵	台班	1653	—	0.01	0.01	0.01	0.02
15	小型机具使用费	元	1998	0.2	0.3	0.5	0.7	1.0
16	基价	元	1999	307	435	637	904	1328

(2)根据实际涵长,计算扩大定额

涵长 20m,标准跨径为 1.5m 的钢筋混凝土圆管涵的扩大定额计算结果如下。

钢筋混凝土圆管涵的扩大定额计算结果

顺序号	项　目	单位	代号	计　算　式	计算结果
1	人工	工日	1	198 + (20 − 13) × 8.8	259.6
2	原木	m^3	101	0.022	0.022
3	锯材	m^3	102	0.079 + (20 − 13) × 0.002	0.093

续上表

顺序号	项　目	单位	代号	计　算　式	计算结果
4	光圆钢筋	t	111	0.620 + (20 - 13) ×0.048	0.956
5	钢管	t	191	0.009	0.009
6	钢模板	t	271	0.073 + (20 - 13) ×0.005	0.108
7	铁钉	kg	653	0.3	0.3
8	8 ~ 12 号铁丝	kg	655	3.2	3.2
9	20 ~ 22 号铁丝	kg	656	3.5 + (20 - 13) ×0.3	5.6
10	32.5 级水泥	t	832	6.935 + (20 - 13) ×0.303	9.056
11	水	m^3	866	37 + (20 - 13) ×1	44
12	中(粗)砂	m^3	899	16.15 + (20 - 13) ×0.36	18.67
13	砂砾	m^3	902	23.53 + (20 - 13) ×1.78	35.99
14	片石	m^3	931	33.07	33.07
15	碎石(2cm)	m^3	951	7.84 + (20 - 13) ×0.57	11.83
16	其他材料费	元	996	45.7 + (20 - 13) ×1.5	56.2
17	4t 以内载货汽车	台班	1372	0.54 + (20 - 13) ×0.04	0.82
18	5t 以内汽车式起重机	台班	1449	1.95 + (20 - 13) ×0.15	3
19	ϕ150mm 电动单级离心水泵	台班	1653	2.33 + (20 - 13) ×0.01	2.4
20	小型机具使用费	元	1998	30.4 + (20 - 13) ×0.7	35.3

复习思考题

1. 涵洞水毁抢修方案的要点是什么?

2. 涵洞水毁防控方案应包含哪些内容?

3. 涵洞水毁抢修方案包含哪些抢修措施?

4. 根据所了解的本地区涵洞比较容易发生的水毁状况,编制一个适合当地实际情况的涵洞抢修方案。

项目三　隧 道 养 护

学习建议

1. 严格依据《公路隧道养护技术规范》(JTG H12—2015)、《公路工程质量检验评定标准》(JTG F80/1—2004)等行业技术标准、技术规范进行学习和实践;

2. 关注行业发展,了解隧道养护的新技术、新工艺、新设备、新材料;

3. 学习过程中,应注重加强实际操作能力的培养。在课堂理论培训完成之后，应通过工程实际项目进行综合训练，以具备隧道养护高级技师的相关职业能力。

技能要求

1. 能对隧道进行全面的技术状况检查；
2. 能对隧道进行安全管理。

知识要求

1. 掌握隧道技术状况检查的方法及频率；
2. 掌握隧道安全管理的方法。

任务1 隧道检查

公路隧道交付使用后，养护管理部门首先要熟悉其设计、施工资料，掌握隧道的全面技术状况，制定小修保养、大中修、改善工程计划。在使用过程中要进行经常检查、定期检查和特殊检查工作，以便及时发现和处理问题，确保安全畅通。

隧道检查分为经常性检查、定期检查和特殊检查三类。

一、隧道检查分类

1. 经常性检查

经常性检查是对隧道及其附属设施的外观状况进行的一般性检查。经常性检查以目测为主，配合以简单的检查工具进行，经常性检查以定性判定为主。检查结果应及时填入“隧道经常性检查记录表”，记述检查项目的破损类型，估计破损范围和程度以及养护工作量，作出判定分类，并保留必要的照片资料。

2. 定期检查

定期检查是按规定周期对隧道的基本技术状况进行的全面检查。定期检查宜配备必要的检查工具或设备，进行目测或量测检查，及时填写“定期检查记录表”，并保留必要的照片资料。定期检查时，应依次检查各个结构部位，注意发现异常情况和已有异常情况的发展变化。对于有异常情况的结构，应在其适当位置做出标记绘入“隧道病害展示图”，并作出判定。

3. 特殊检查

特殊检查是根据定期检查的结果，或者当隧道内发生重大交通事故、起火爆炸、遭受自然灾害，或发生其他非常事件后，对隧道结构进行的详细检查和检测。通过特殊检查，应完整掌握受损情况或病害的详细资料，为采取对策措施提供依据。隧道检查如图2-3-19和图2-3-20所示。

二、隧道检查频率要求

高速公路和一级公路隧道的经常性检查频率宜不少于1次/周，其他公路隧道宜不少于1次/月。在雨季或冰冻季节，应加强经常性检查。平时应加强对隧道的巡查，发现隐患应及时排除。

隧道定期检查频率应不少于1次/年。隧道的特殊检查可根据实际需要安排。

当经常性检查中发现隧道存在异常情况但结论不明确时，应进行定期检查；当定期检查中发现隧道存在异常情况且较严重，但无法判定时，应进行特殊检查。

图 2-3-19　隧道内登高检测车检查维修

图 2-3-20　隧道内检查

当经常性检查中发现隧道存在“隧道经常性检查内容及判定表”、“隧道定期检查内容及判定表”所列的 A 种异常情况，危及行人、行车安全时，应及时采取处治措施。

任务 2　隧道安全管理

隧道安全管理应包括正常营运及养护作业时和发生事故时的交通组织和安全防护。

一、正常营运的安全管理

安全管理应坚持“安全第一，预防为主”的方针，对隧道在正常营运时的过程进行安全管理控制，及时消除隐患，防止事故发生，保证人员、设施、设备的安全和隧道的安全畅通。

隧道内应加强安全管理，例如控制车速、控制危险车辆通行等，完善安全设施，包括洞内设信号灯、洞口设测速照相、洞内设超速显示牌、出洞前有安全信息显示等；同时应制定应急预案，进行救援演练。

此外，还应加强隧道周边的日常巡视检查，隧道洞口周围 200m 范围内，不得挖沙、采石、取土、倾倒废弃物，不得进行爆破作业及其他危及公路隧道安全的活动。

二、养护作业的安全管理

养护作业的安全防护包括养护作业机械及养护人员的安全防护。养护作业宜选择在交通量较小的时段进行。隧道内的养护作业，应按《公路养护技术规范》（JTG H10—2009）的相关规定进行，养护维修作业控制区经设定后不得随意变更，作业控制区应有明显的警示标志，作业人员应按照作业要求穿戴好符合要求的劳防用品，从事特种作业的人员，应经过有关知识培训，并取得相应操作证书，持证上岗。所有人员都不得在作业控制区外活动或将任何施工机具、材料置于养护维修作业控制区以外。

三、发生交通事故时的安全管理

隧道内发生火灾及重大交通事故或坍塌等突发事件时，必须立即报警并按消防等预案进行救助，并配合有关部门到现场处理事故。事后应尽快清理现场，排除路障，保证隧道正常通行，并登记相关损失。应认真分析事故原因，恢复或改善隧道的防灾能力。

复习思考题

1. 隧道检查有哪些要求?

2. 对隧道进行一次定期检查。

3. (情境题)对本地某个隧道进行一次全面的安全检查,并对隧道发生火灾等灾害进行一次预演。

工作情境四　养护管理与培训

情境描述

公路建设是前提,养护管理是保障。经过近十年的高速发展,截至2014年底,全国高速公路通车总里程已达11.18万公里,位居世界第一。2000年以前建成的1万多公里高速公路已全面进入大修期,2008年底以前建成的5万多公里高速公路也普遍进入缺陷责任期后的正常维修养护期。如果养护管理跟不上,小病不治成大病,就会造成巨大浪费。为此,需要加强养护管理,特别是加强质量管理、技术经济管理、计划管理、安全管理等,及时掌握各种病害的状况和成因,适时进行养护维修,以确保提供安全、快速、经济、舒适的现代化交通条件。作为公路养护高级技师,应能对公路养护质量提出改进措施,编制养护大、中修概预算及公路养护规划,学习并传授公路养护新技术、新材料、新工艺。

项目一　养护质量管理

学习建议

结合实际养护工程案例,重点掌握养护施工的质量控制要点。

技能要求

1. 能对公路养护质量进行评定;
2. 能在公路养护过程中安全施工。

知识要求

1. 掌握公路养护质量管理的相关规定和要求;
2. 掌握公路养护作业的安全施工要求。

公路养护质量是指公路工程设施竣工验收交付使用后所保持的质量状况和服务水平。它包含公路设计、施工所形成的内在质量状况和公路养护中保持、修复原有技术状况的程度,因而,养护质量检查评定是对公路客观的全面考核。

一、质量检验的特点

工程质量检验工作不可忽视,但是好的质量是在施工过程中形成的,而不是靠检验出来的。以往的工程质量检验,也称为事后检查,其主要作用是"把关"。这种事后检验,对保证工程质量是完全必要的,但是仅靠检验毕竟还是被动的,把保证工程质量的重点放在检验上不能从根本上解决质量问题。而且即便工程质量问题被检验出来,也已经造成了工时、材料的浪费,无法挽回。因此必须事先采取措施,把设计、工艺、设备和施工不均衡等可能的影响因素统统控制起来,不断提高各部门的工作质量,预防工程质量缺陷的产生,即实行全面质量管理。

二、全面质量管理

工程质量受施工过程中多种因素的影响,是各部门、各项工作的综合反映。保证和提高工程质量,必须把影响质量的因素全面系统地管理起来,也就是说,必须实行“全面质量管理”,简称 TQC(Total Quality Control)。全面质量管理具有如下特点:

(1)不仅要进行工程质量管理,还要进行工作质量的全面性管理。

(2)是预防性的、全过程性的管理。

(3)是涉及一切有关部门和人员的全员性管理。

(4)在方法上是科学性的管理。

三、养护质量检查工作的相关规定

(1)养护质量的检查定于每月月末前五日内进行一次,一般应由县级公路管理部门组织各道班共同检查评定,也可以道班(养护队)为单位分别检查评定,但每季末需由县级养护单位统一组织检查评定,每半年需由地、市、州级公路管理部门组织一次抽查,省级公路管理部门每年至少应组织一次全面检查。

(2)为满足基层编制养路作业计划的需要,检查时应按百米记录病害数量,再按整千米累计。算出各项分数及总分数,据以评定每千米的养护质量等级,然后分路线汇总优、良、次、差里程及“好路率”逐级上报。

(3)对非整千米路段,除依据病害含量扣分的部分路面病害仍按实有病害含量扣分外,其他病害可先按路段实际长度累计病害数量,然后用折算系数[$\varphi=1/$实际长度(保留 2 位小数)]乘以各种病害累计数,得出该路段各种病害换算数(保留整数),并以此扣分评定该路段养护质量等级。

(4)当公路因洪水、流冰、泥石流、冻害、沙害、飓风等自然灾害而遭到损毁时,为反映真实情况,应如实按标准评定等级,并予以注明。由于施工而开辟的便桥、便道及利用原路进行改建、改善、大修的路段,施工期间原路可暂不评定;路面因冰雪封冻等导致当月不能进行养护质量评定时,可按上月末路况上报汇总并予以说明。

(5)在某一千米内,如设计上不应有水沟、构造物、桥涵、隧道或属于不宜植树地区和不宜造林路段而形成缺项,以及桥梁、隧道、渡口路段其他项目缺项时,该缺项项目可按满分计列。

(6)养护质量检查中,已统计在养护里程内的桥梁、隧道,当其长度不超过 1km 时,该千米养护质量按桥梁、隧道实得分和其两端道路的其他项目实得分之和评定,当桥梁、隧道长度超过 1km 时,该千米养护质量按桥梁、隧道项目实得分与其他项目满分之和评定。公路桥梁、隧道除分别按桥梁、隧道项目检查外,其行车道部分还应按路面进行检查。公路渡口如河宽已统计在公路养护里程之内,其质量等级可按两端引道部分的平均分数计算。

(7)公路路面为快慢车分道行驶的路段,应将其全部快慢车道宽作为路面进行评定。公路路面为不同路面形式的,应将各自所占面积按相应标准检查计分,然后汇总各部分扣分作为该千米路面扣分。硬化路肩上出现病害时,按路肩不整齐扣分。公路两侧的绿化平台和护坡道、碎落台等纳入路基边坡部分进行检查。

四、养护质量检查与评定

为了加强公路养护技术管理，及时掌握公路养护质量和服务状况，结合公路发展的实际情况，本着科学、简便、实用的原则，交通运输部制定了《公路技术状况评定标准》(JTG H20—2007)，作为全国统一的公路养护质量检查评定标准。

1. 养护质量要求

保持路面整洁、横坡适度、行车舒适；路肩整洁、边坡稳定、排水畅通；构造物、桥涵及隧道完好；沿线设施完善；绿化协调美观。逐步实施 GBM 工程，力争构成畅、洁、绿、美的公路交通环境。根据上述要求，将公路养护质量分为优、良、次、差四个等级。

2. 养护质量评价体系

养护质量评价体系见图 2-4-1。

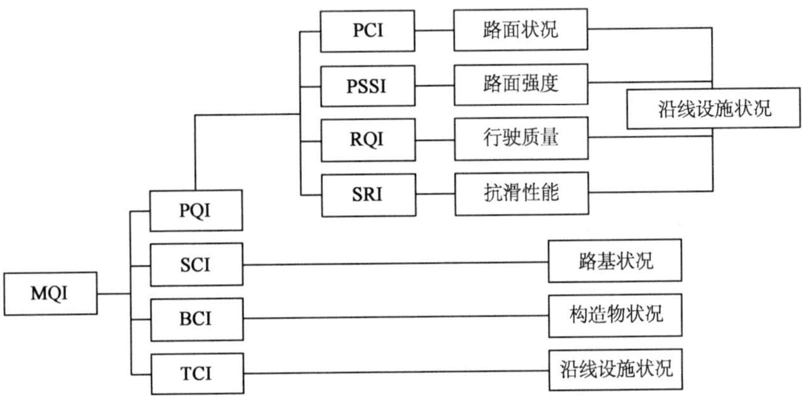

图 2-4-1 养护质量评价体系

$$MQI = w_{PQI}PQI + w_{SCI}SCI + w_{BCI}BCI + w_{TCI}TCI \tag{2-4-1}$$

式中：MQ——公路养护质量指数；

PQI——路面养护质量指数；

SCI——路基养护质量指数；

BCI——桥涵构造物养护质量指数；

TCI——沿线设施养护质量指数；

w——各指标在 MQI 中的权重：$w_{PQI}=0.65$；$w_{SCI}=0.1$；$w_{BCI}=0.15$；$w_{TCI}=0.1$。

3. 养护质量等级评定

公路养护质量的检查与评定，以千米为单位，以里程碑为界，按路面、路基构造物、桥涵隧道、沿线设施、绿化五项养护质量内容分别评分定等。总分为 100 分，其中路面 50 分，路基构造物 20 分，桥涵隧道、沿线设施、绿化各 10 分。

根据实地检查评比结果，在 1km 范围内，总分在 90 分以上(含 90 分，下同)，并且路面在 45 分以上，路基构造物在 15 分以上，桥涵隧道、沿线设施、绿化均不低于 6 分的定为优等路；总分在 75 分以上，并且路面在 38 分以上的定为良等路；总分在 60 分以上的定为次等路；总分不足 60 分的定为差等路。上述优等路的四个条件中，如有一条达不到要求，即定为良等路；良等路的两个条件中，如有一条达不到要求，即定为次等路。

复习思考题

1. 简述全面质量管理的特点。
2. 简述养护质量评价体系的组成。
3. 结合工程实际,试述影响养护质量的因素有哪些。

项目二　技术经济管理

学习建议

结合养护工程施工组织,理解养护工程费的各项组成和计划管理的工作程序。

技能要求

1. 能够明确养护工程概预算的各项内容;
2. 能够编制小修保养计划;
3. 能够在养护工程中进行环境保护与治理。

知识要求

1. 掌握养护工程概预算的文件组成和费用组成;
2. 掌握养护计划编制的内容与方法;
3. 掌握公路养护施工环境保护的内容与措施。

任务1　养护工程概预算

一、养护工程概预算文件组成

预算文件由封面及目录、预算编制说明及全部预算计算表格组成。

1. 封面及目录

封面应有工程项目名称,编制单位,编制、复核人员姓名并加盖资格印章,编制日期及第几册共几册等内容。

目录应按预算表的表号顺序编排。

2. 预算编制说明

预算编制完成后,应写出编制说明,文字力求简明扼要。应叙述的内容一般有:

(1)养护工程概况:养护工程所在地区、项目名称、管理单位、技术等级、路面类型及结构形式、里程、交通量、路基宽度,主要构造物、沿线设施和绿化的布设情况,最近一次大中修时间或建成通车时间等。

(2)采用的定额、费用标准,人工、材料、机械台班单价的依据或来源,补充定额及编制依据的详细说明。

(3)与预算有关的委托书、协议书、会议纪要的主要内容(或将复印件附后)。

(4)总预算金额，人工、钢材、水泥、木料、沥青的总需要量情况，各设计方案的经济比较，以及编制中存在的问题。

(5)其他与预算有关但不能在表格中反映的事项。

3. 预算计算表格

公路养护工程预算应按统一的预算表格计算。预算文件中的表式在征得各省交通运输管理部门同意后，结合实际情况允许变动或增加某些计算过渡表式。一般包括以下表格：

(1)总预算汇总表(01 表)。

(2)人工、主要材料、机械台班数量汇总表(02 表)。

(3)养护工程费计算表(03 表)。

(4)其他直接费、现场经费及间接综合费率计算表(04 表)。

(5)养护工程其他费用计算表(05 表)。

(6)人工、材料、机械台班单价汇总表(06 表)。

(7)分项工程预算基础数据表(07 表)。

(8)材料预算单价计算表(08 表)。

(9)自采材料料场价格计算表(09 表)。

(10)机械台班单价计算表(10 表)。

二、养护工程概预算项目组成

养护工程概预算项目主要包括以下内容：

第一部分　公路养护工程费

　　第一项　小修保养工程

　　第二项　中修工程

　　第三项　大修工程

　　第四项　改建工程

第二部分　设备购置费用

第三部分　公路养护工程其他费用

第四部分　预留费用

三、养护工程概预算费用组成

养护工程概预算费用组成见图 2-4-2。

任务 2　养护计划管理

一、养护计划管理概述

公路养护工程的计划管理，是从事公路养护的各级部门用计划来组织、协调其生产、技术、财务活动的一项综合性管理工作。做好计划管理工作，可以大幅度地提高工作效率，合理地使用人力、物力、财力，取得显著的经济效益。

1. 养护计划管理的任务

(1)确保完成上级下达的公路小修保养、大中修、改善工程的任务，提高好路率，消灭差等路，不断提高公路技术标准，完善公路沿线设施。

(2)合理组织安排人力、物力和财力,在做好综合平衡的基础上,采用先进的养护技术和科学的管理方法,发掘施工班组的生产潜力,提升工作效率。

(3)结合管养路段的自然条件、技术状况和资金等情况,做到任务平衡,人力、物力安排得当。

- 预算总金额
  - 公路养护工程费
    - 直接工程费
      - 直接费
        - 人工费
        - 材料费
        - 机械使用费
      - 其他直接费
        - 冬季施工增加费
        - 雨季施工增加费
        - 夜间施工增加费
        - 高原地区施工增加费
        - 行车干扰工程施工增加费
        - 施工辅助费
      - 现场经费
        - 基本费用
        - 临时设施费
        - 主副食运费补贴
        - 职工探亲路费
        - 职工取暖补贴
        - 工地转移费
    - 间接工程费
    - 计划利润
    - 税金
  - 设备购置费用
  - 公路养护工程其他费用
    - 土地征用及拆迁补偿费
    - 养护工程管理费
    - 养护工程监理费
    - 养护定额编制管理费
    - 桥梁特殊检查费
    - 研究试验费
    - 勘察设计费
  - 预留费用
    - 工程造价增长预留费
    - 预备费

图 2-4-2　养护工程概预算费用组成

2. 养护计划的作用

(1)掌握公路网的养护需求,确定合理的公路养护规模,有计划、有目标地实施公路网的科学管理和养护工作。

(2)提出公路网的大修、中修和日常养护预算,为向上级部门申请公路养护资金提供科学的"公路养护预算编制报告"。

3. 养护计划的编制原则

公路养护工程计划由省级公路管理部门编制,报省级交通运输主管部门批准后执行。公路养护工程计划编制时应遵循"先重点、后一般,先干线、后支线"的原则,对于国省干线公路和具有重大政治、经济、国防意义的公路养护工程、抗灾抢险工程,要优先安排。公路管理部门在安排养护工程项目时,应参照公路路面和桥梁管理系统评定的结果,做到决策科学化。

4. 养护规划总体编制思路

在回顾养护历史的基础上，提出适合各个项目的养护规划理念与原则，通过对现有路面技术状况的调查评价和对未来交通需求的预估，分析和预测道路剩余寿命，确定养护需求，明确最佳养护时机和养护路段。在对各种养护技术进行经济效益分析的基础上，确定养护措施，提出中长期养护规划，并应用全寿命周期经济分析法计算规划期内各年的资金投入情况，应用技术经济比较法论证规划的可行性和合理性，确定最终的养护规划方案。

二、养护计划编制的内容与方法

公路养护计划包括长远规划，年度、季度、月（旬）作业计划。按计划内容可分为公路保养小修计划、大中修工程计划、改善工程计划、公路绿化计划、养护经费收支计划、劳动工资计划、物资供应计划等。编制养护计划可为完成养护任务提供依据，按计划要求做好各项准备工作，保证养护工程顺利完成。

1. 远景规划

远景规划是指超过一年的较长时期的计划。养护远景规划是一个粗线条的指标性计划，只突出较大的指标，作为主观奋斗目标。制订养护远景规划，要有高瞻远瞩的眼光，能预见国内外形势发展的趋向，并掌握国民经济发展的规律和对公路发展的要求。同时，能够根据客观规律的变化，提出编制养护远景规划的项目和指标。

养护远景规划的编制可分以下三步进行：

（1）搜集和整理资料。主要是搜集有关公路发展的经济调查资料和现有公路技术状况的基本资料。经济调查资料要向工矿、农村、水电、铁路、水运和公路运输等部门了解情况，摸清各个部门的远景设想及对公路发展的要求，特别集中反映在交通量和载重汽车的吨位上，以便考虑公路设计标准。同时，还要搜集有关部门的建设对公路干线干扰的资料，以便考虑公路局部改线方案。现有公路技术状况的基本资料，包括线路、里程、技术等级、桥涵状况、载重标准、水淹地段、历史水毁特征和交通量等情况，以及国内外公路发展水平和科技发展水平等。

（2）通过整理分析各项调查资料，编制公路养护的远景规划，并要求其与国民经济的发展相适应，以免造成失调现象。公路管理部门要争取主动，确定的公路技术改造目标要走在国民经济发展的前面，真正起到先行作用。在一条路线或一个站程之内，应按同一技术标准要求进行全面改造，以适应运输需要。

（3）反复调整、综合平衡、落实规划。实现远景规划，首先要有足够的资金。根据需要与可能的原则，反复调整，使养路费收入与公路技术改造所需要的资金尽量达到平衡，使编制规划落实在可靠的基础上。

2. 年度计划

养护年度计划的编制，应根据远景规划的要求和本年度计划的执行情况，做好各方面的综合平衡工作。其具体编制过程大体可以分三个阶段：收集资料；编制计划草案；上报审批计划。

除了现行《公路养护技术规范》（JTG H10—2009）中规定的各级公路管理部门应进行的路况调查登记和交通量调查统计工作等，还应搜集下列资料，作为编制下一年度计划的依据：本年度计划执行情况和年末预计完成情况；远景规划安排项目的资料；预计下一年度的养护资金情况；亟待进行的（主要是一季度）工程项目的调查资料；需要补充的施工技术改进措施的资料；小修保养预算定额资料等。

公路养护年度计划是计划年度内全部养护施工、经营活动的实施方案，是养路工作最主要的综合性计划。它既是养护远景规划的具体化,又是季度计划、月度计划的依据。

公路养护年度计划在年度开始前制订,制订时要对上一年度计划的执行情况进行全面分析研究,同时要遵循国家有关方针、政策,依据公路的整体规划具体进行安排落实。

3. 月度计划

月度计划是为了保证年度计划的实现,防止前松后紧、严重不平衡等情况而制定的重要计划。月度计划应根据自然条件、运输需要、物资供应、机械调度、劳力安排、资金分配等情况进行编制,编制的内容应紧密配合年(季)度计划。月度计划是年(季)度计划的具体化,并作必要的调整和补充,使各项施工任务有序紧凑地进行,更好地发挥计划指导施工的积极作用。公路管理部门的职能科室或有关人员都应按照职能范围,根据年度计划安排和具体情况,在月初制订月度作业计划并付诸实施,月末进行检查小结,并按规定汇总上报。

三、小修保养计划的编制

公路工程小修保养计划,是指导和控制小修保养的主要依据。

1. 小修保养计划的内容

(1)产量指标:公路养护里程和小修保养工程数量和工作量。

(2)质量指标:包括各单项工程质量标准和要求。

(3)小修保养工程年千米成本和单项工程成本。

(4)主要材料消耗。

(5)主要机械台班消耗。

(6)出勤率和直接生产率。

(7)主要机械完好率和利用率。

(8)为完成任务、实现进度、保证质量、降低成本应采取的技术组织措施和安全施工措施。

2. 计划的编制

(1)小修保养年度计划的组成文件

①文字说明:对计划编制必要的说明。

②小修保养路况计划表:主要包括各等级的计划里程、计划综合值等。

③小修保养工程进度计划表:主要包括工程项目、工程量、工作量、全年分季度完成的工程量和工作量等。

④小修保养工程材料使用计划表:主要包括材料名称、本年度计划用量、分季度使用量等。

⑤小修保养工程机械使用计划表:主要包括机械名称、本年度计划用量、分季度使用量等。

⑥小修保养劳动力计划表:主要包括道班人数、计划出勤率、计划出勤天数、计划出工日数、计划直接生产利用率、计划直接生产工日、全年计划总用工数、分季度用工数等。

⑦小修保养完成各项经济技术指标措施计划表:主要包括计划达到的指标与要求、计划实施方案和内容的说明、负责实施的人员等。

(2)年度计划的编制方法

小修保养年度计划由县级公路管理部门负责编制,将各条公路上各个道班的计划内容统一汇总编制。年度计划编制完成后,应与年度预算一起上报审查批准。

3. 小修保养季度计划的编制

(1)季度计划的组成

季度计划包括:季度好路率计划表、季度工程计划表、季度材料使用计划表、季度机械使用计划表、季度劳动力措施计划表、季度技术组织措施计划表等。

(2)季度计划的编制方法

季度计划是落实年度计划的基础。县级公路管理部门应根据上级批准的年度计划,结合实际情况,编制季度小修保养计划。在编制季度计划时,可按实际情况对年度计划进行调整。季度计划应按规定时间上报,批准后方可执行。

4. 小修保养月度计划的编制

(1)月度计划的内容

月度计划是以道班为单位按旬分列的,道班月度计划表中主要包括:工程计划、机具使用计划、劳动力计划和工程进度计划等。

(2)月度计划的编制方法

月度计划是实施性生产计划,县段于上月下旬(25 日)在路况检查评定(自检)的基础上,根据批准的季度计划和实际路况进行编制。县段于月末前下达到道班,并报上级备查。

5. 旬作业计划的编制

旬作业计划由道班根据县级公路管理部门下达的月度计划编制,旬作业计划的格式由各省统一规定。各道班根据旬作业计划,每天将次日的施工安排公布在道班的布告牌上,以便于作业计划的执行。

复习思考题

1. 简述养护工程概预算文件的组成。
2. 简述养护工程概预算费用的组成。
3. 一条路通过两个以上不同海拔高度分区时,如何计算全线高原地区施工增加费?
4. 简述养护工程计划管理的定义。
5. 按照养护计划期不同,养护计划分为哪几种?
6. 结合本人近期参与的养护工程案例,编制一份小修保养月度计划。

项目三 培 训 考 核

学习建议

结合本人参加技师考核的经历,制订技师考核的培训计划。

技能要求

1. 能够对公路养护工技师进行培训考核;
2. 能够编制公路养护工技师的培训计划。

知识要求

1. 掌握公路养护工技师培训的理论考核知识;
2. 掌握公路养护工技师培训的实操考核知识。

一、培训计划的编制

公路养护工高技技师要求能对公路养护工技师进行理论和技能培训，培训计划应当遵循可行性、重点与全面相结合、系统性和针对性四项原则，根据培训计划制定出具体的实施方案，具体包括培训人员姓名、单位、教材、师资、教室等。培训计划编制步骤如下：

(1)对培训进行需求分析，确定所要培训的对象和教育培训应达到的效果、目标。

(2)确定培训的内容、方法、组织实施方案。

(3)明确所需的培训经费、培训教材、师资、地点及管理措施。

(4)明确各相关部门在培训中的职责和义务。

(5)培训计划的实施安排。

(6)编制出培训的计划，并报主管领导审批。

二、培训计划的内容

(一)公路养护技师理论知识考核内容

1.公路组成

(1)路基的组成结构和作用。

(2)路面的分类、组成结构和功能。

(3)桥梁、涵洞的分类、组成结构和作用。

(4)防护工程和附属设施的分类、组成结构和作用。

(5)交通标志、交通标线的分类、组成和作用。

2.公路常用材料

(1)填筑路基常用岩土的种类和工程性质。

(2)砂石材料的技术性质、技术要求及其检验和应用。

(3)水泥、石灰的技术性质、技术要求及其检验和应用。

(4)水泥混凝土和砂浆的技术性质、技术要求及其检验和应用。

(5)沥青的技术性质、技术要求及其检验和应用。

(6)沥青混合料的技术性质、技术要求及其检验和应用。

(7)钢材和木材的技术性质、技术要求及其检验和应用。

(8)路用工业废料的技术性质、技术要求及其检验和应用。

3.公路测量的基本知识

(1)距离丈量和直线定向的方法和要求。

(2)角度测量的方法和要求。

(3)水准测量的方法和要求。

(4)公路中线测量的方法和要求。

(5)横断面测量的方法和要求。

(6)工程放样的方法和要求。

4.工程识图

(1)道路工程制图的国家标准。

(2)识读简单的道路工程图纸。

(3)简单绘图知识。

5. 班组施工与管理

(1)班组管理工作。

(2)定额与作业计划、施工图表绘制。

(3)公路养护质量检查与评定。

(4)资料整理。

(5)计算机操作知识。

6. 安全施工与环境保护知识

(1)公路养护作业安全操作规程。

(2)公路养护环保知识。

(3)安全用电知识。

(4)安全防火知识。

(5)安全施工与自然灾害应急知识。

(6)急救知识。

7. 公路工程养护的技术标准、法规和规定

(1)公路工程技术标准的基本知识。

(2)公路工程养护技术的基本知识。

(3)公路养护的方针、政策和规定。

(4)公路养护的目的和职责。

8. 相关法律、法规知识

(1)《中华人民共和国劳动法》的相关知识。

(2)《中华人民共和国公路法》的相关知识。

(3)《中华人民共和国道路交通安全法》的相关知识。

(二)公路养护技师实操技能考核内容

1. 路基养护

(1)路基改善工程。

(2)特殊路基养护。

(3)自然灾害防治。

2. 路面养护

(1)水泥混凝土路面养护。

(2)沥青路面养护。

(3)其他路面养护。

3. 小桥涵养护

(1)桥梁检查。

(2)小桥养护。

(3)涵洞养护。

(4)沿线设施改善。

复习思考题

1. 简述培训计划的编制步骤。
2. 公路养护技师理论知识考核内容包括哪几个部分?
3. 公路养护技师实操技能考核内容包括哪几个部分?
4. 结合公路养护技师的考核内容,编制一份详细的培训计划。

工作情境五　养护技术发展与技术论文

情境描述

截至2014年,我国公路养护里程达438.44万公里,同比增长3.13%,全国公路养护里程占公路总里程的比例达到97.9%。公路里程在飞速增长,公路服务年限也在不断增长,公路的负荷也会不断增加,各种人为因素和自然因素对公路造成的损害也日益加重。研究和探讨养护新技术,提升养护工作质量和水平迫在眉睫。鉴于此,作为公路养护的高级技师,应在分析我国公路养护技术发展现状的基础上,研究学习公路养护新技术、新工艺、新设备、新材料,并在公路养护工作中加以实践。

项目一　养护技术的现状与发展

学习建议

结合自己所接触过的养护新技术,加强对预防性养护和修复性养护技术的掌握。

技能要求

1. 能够进行公路预防性养护和修复性养护施工;
2. 能够对公路进行简单的养护试验检测操作。

知识要求

1. 掌握预防性养护技术的现状与发展;
2. 掌握修复性养护技术的现状与发展;
3. 掌握公路养护试验检测设备的现状与发展技术。

随着科技进步和经济发展,公路养护技术得到了飞跃发展。新设备、新材料、新工艺、新方法等不断在公路养护中得到应用。

在养护机械设备方面,从过去的人工铁锹,发展到了全面机械化。养护机械设备的现代化大大提高了公路养护的效率和质量,收到了很好的经济和社会效益。随着时间的推移,公路养护机械将会继续向养护机械装备专业化、标准化、系列化的方向发展,以保障养护工程质量,提高养护工作效率,降低劳动强度,改善劳动环境。

在养护材料和工艺技术方面,性能良好的新材料不断在公路养护中得到应用。这些材料有的是借鉴了其他领域或国外的相关技术,有的是针对公路养护的特殊需要开发而成。如在材料方面,开发了桥梁加固的高强混凝土和其他高强加固材料(如碳纤维等);在工艺方法方面,开发了体外预应力在桥梁加固中的应用等;在路面养护技术方面,开发了微表处材料与技术、超薄磨耗层材料与技术、胶体类灌缝材料与技术、路面再生技术等。

任务1　预防性养护技术的现状与发展

一、预防性养护技术的现状

预防性养护是指保护路面，防止病害进一步扩展，减缓路面使用性能的恶化速率，延长路面使用寿命的养护作业，它通常用于没有发生损坏，或只有轻微缺陷与病害迹象的路面。预防性养护没有路面补强的功能，因而不应期望预防性养护具有改善路面强度和承载能力的作用。

一条质量合格的道路，在使用寿命75%的时间内性能会下降40%，这一阶段称为预防性养护阶段。此阶段如不及时进行养护，在随后12%的使用寿命时间内，性能将再次下降40%，而养护成本却要增加3～10倍，这一阶段称为矫正性养护阶段。因此，预防性养护在许多国家得到广泛的运用，并已取得很多成功的经验和十分显著的成效。

预防性养护理念的核心在于防患于未然，基础在于经济性最优。也可以说，预防性养护就是在道路技术状况衰减的初期，在最恰当的时机，应用最适当的预防性养护措施，以最小的寿命周期成本，最大限度地延缓路况退化。而这一有限资源的最佳分配，要依赖于科学的决策程序和评价方法。

此外，由于影响道路服务水平的主要因素是路面技术状况，因此路面养护工作占到道路整体养护工作的70%以上。而道路路面技术状况随时间（自然因素和行车荷载作用）的变化具有一定的规律性，也符合预防性养护的基本概念。就目前的应用而言，预防性养护主要是指对道路路面的预防性养护。

预防性养护的巨大经济和社会效益，使这一技术得到了迅速发展。目前广泛应用的预防性养护技术主要有表面封层、裂缝填封和薄层罩面三种类型。

1.表面封层

表面封层是一层用连续方式敷设在整个路面上的养护层，封层材料可以是单独的沥青或其他封层剂，也可以是沥青与集料组成的混合料。表面封层用于解决的养护问题主要有：复原或延缓表层沥青材料的氧化（老化）；重新建立路面的抗滑阻力；密封表面的微小裂缝；防止水从表面渗入路面结构层；防止集料从表面失落、崩解。目前常用的表面封层技术有：雾层封层、还原剂封层、石屑封层、稀浆封层（微表封层）等。

2.裂缝填封

裂缝是沥青路面常见的一种病害，从养护工艺的角度来看，裂缝可按其缝宽分为微裂缝或发裂（2mm以下）、微小裂缝（2～6mm）、小裂缝（6～12.7mm）、中裂缝（12.7～25mm）和大裂缝（>25mm）。对于发裂来说一般不需做处理，除非在单位面积内的发裂十分多，则可以在其上做表面封层的处理。6mm以下的微小裂缝由于尚未发生结构性损坏，通常不对裂缝做更多的处理，或只在表面上做贴封式的封面，其目的是防止由于雨水、冰雪通过裂缝向下渗入而使裂缝继续扩大，因而属于预防性养护的范畴。宽度在6～12.7mm的小裂缝因尚未造成严重的结构性破坏，经常将它们的处理归入预防性养护。此类裂缝通常需要进行扩缝处理，有时也将它们归入修复性养护的范畴。中、大裂缝的出现表明路面已发生较严重的局部损坏，而且往往带有严重的剥落，对它们的修补类似于坑槽的修补，已经属于修复性养护的范畴。

3.薄层罩面

薄层罩面是一种采用很早的传统预防性养护方法，是在原有路面上加铺一层厚度不超过2.5cm的热沥青混合料。薄层罩面可以有效地防止品质正在下降的路面继续恶化，改善其平整度,恢复抗滑阻力,校正路面轮廓,对路面也有一定的补强作用,但在多数情况下费用和效益较其他预防性养护方法差。薄层罩面在施工中最大的困难是由于层面较薄、容易冷却又不宜使用振动压路机,因而不易达到较高的密实度,因此正确的混合料设计、温度控制、碾压工艺和压路机选型显得尤为重要。

采用改性沥青作为黏结剂铺筑的薄层罩面在耐久性和抗滑性能方面都优于普通沥青的薄层罩面,但碾压温度要求更高,由于散热快而引起的压实困难更大。为了适应薄层路面快速压实的需要,近些年来出现了某些专为压实薄层路面而设计的高频振动压路机。此类振动压路机的振幅极低,只有0.2mm左右,但频率则高达70Hz左右。这样匹配的振动参数,由于大大降低了振动冲击力,可以避免压碎集料,但又能保持较高的单位时间内输入被压材料的振动能量。

二、预防性养护技术的新发展

1.新材料

在材料性能的改善方面,如果说最初采用改性沥青和改性乳化沥青时,只是看重了对沥青性能一般性的改善,那么在随后的发展中,新的养护材料就更针对预防性养护的特点来开发了。由于预防性养护是敷设在沥青路面上的一薄层养护层,它不像沥青混凝土那样对抵抗疲劳荷载的破坏和在抗车辙方面有很高的要求。对养护层来说,更为重要的首先是抵抗车轮磨耗的能力,包括抵抗车轮刮落集料的颗粒,对集料颗粒产生磨光作用的能力,以及集料与黏结剂之间的相容性(亦即沥青与集料的黏附能力),这些都直接影响养护层的抗滑性能、衰减速率以及与原路面之间结合的牢固程度;其次是养护材料抵抗外部塑性变形的能力,即要求养护材料有足够的黏弹性和延展性,以便吸收由于温度变化产生的或原路面传上来的变形和应力;再次是密水性能,即防止水分透过养护层渗入路面的能力,这直接影响养护层抗水损害的性能;最后是在环境因素的作用下耐老化的能力。

针对上述要求,新材料的开发重点是增强黏弹性、坚韧性以及与集料之间的黏附性能。高黏度橡胶沥青的开发是新材料的一个典型实例。由于沥青橡胶具有很高的黏弹性,所以作为一种预防性养护材料和集料的黏结剂有着一系列的优越性。目前沥青橡胶已广泛地应用于石屑封层、薄层罩面、应力吸收层、开级配的磨耗层等场合,此外也是制作各种裂缝填封、接缝填封材料和密封胶的主要原料。

2.新工艺

预防性养护工艺未来将沿着以下方向发展:

(1)随着乳化沥青性能的不断提高,预防性养护工艺将进一步向冷态施工的方向发展。

(2)引入某些新技术来解决养护作业中突出的矛盾和问题。

(3)采用多种工艺的复合,使不同工艺的优势能得到互补而弥补各自的缺点。

在第一个方向上,通过对橡胶沥青进一步乳化的研究发现,橡胶沥青可以移植到稀浆封层这样的冷态施工技术中去,从而将取得更为广泛的应用。

在第二个方向上,为了解决黏结剂与集料更好裹覆的问题,提出了将细砂在乳化沥青喷洒前先行混合的新概念,目前这一新概念已经在裂缝压力喷补中得到了很好的应用。另一个为解决石屑与沥青裹覆问题的新技术,是尝试在石屑封层中采用同步喷洒的工艺。

在第三个方向上,出现了覆盖封层和三明治封层等复合封层技术。

3.新设备

养护设备的发展与材料、工艺的发展有着密切的关系,新的养护材料和养护工艺的出现伴随着新设备的产生，如橡胶沥青制备设备、同步石屑封层机等。

在预防性养护作业中最主要的施工机械有两类：喷洒黏结剂和撒布集料的机械；摊铺稀浆类混合料的机械。对于预防性养护来说，这两类机械一个共同的要求是保持集料、黏结剂以及混合料的其他成分（如稀浆混合料中的水、粉料等）之间恒定的比例关系。

随着高新科技的迅速发展，为了更好地满足养护作业的要求，提高作业的质量和效率，预防性养护的施工机械在技术上已取得了巨大的进步，它们在技术发展上的共同特点是：

(1)保持恒定的作业速度。具有很高的行驶速度，配备无级调节的液压驱动底盘；具有高精度的车速和原材料供给的恒速调节或比例调节系统。

(2)具备全自动的计算机监控系统。作业质量可自动控制，例如喷洒量的自动调节、喷洒高程的自动找平、作业过程的屏幕监视等；机械运转状态得到监控，例如运转参数的自动记录、自动报警、故障诊断等。

(3)液压技术的广泛应用。在现代预防性养护设备上，液压传动技术、液压控制和调节技术得到了广泛应用，例如作业宽度无级可调的工作装置、液压伸缩调节技术等的应用。

任务2 修复性养护技术的现状与发展

一、修复性养护技术的现状

修复性养护是指那些用来修复路面的局部损害或某种特定病害的养护作业，它通常用于路面已经发生局部结构性损坏，但还没有波及全局的场合。

修复性养护主要包括路面的局部修补和中、大裂缝的填补处理两大类。路面的局部修补又可分为坑洞修补和局部路面的翻修等两种不同类型的作业。

1. 坑洞修补

坑洞修补是养护部门日常的养护工作。从修补寿命的长短来分，坑洞修补可分为应急修补、半永久性修补和永久性修补三类，从修补的施工方式来分，则有冷态修补和热态修补之分。

传统的热补工艺仍然是永久性修补的主要方法。坑洞热补工艺在20世纪90年代的新发展是美国热动力公司坑洞加热修补工艺的开发。这一工艺利用丙烷气通过耐火砖的微孔间歇辐射加热的方式加温坑洞及周围路面，烘干水分，软化原路面，然后加入热沥青混合料后将它整平、压实。实施标准热补工艺的设备是传统的综合养护车，车上除热混合料的储存、保温、加热系统外，其他工作主要靠随车附带的手扶工具来完成，包括切边机、凿岩机、吹风机、手扶压路机等。

在应急修补中采用热补工艺虽然省掉了切边、清洁、压实、封边等工序，但由于需要加热沥青混合料，仍然要有较多的装备，从而降低了修补的快速性要求，而寿命也只能维持2~3个月的时间。因此，近些年来有着良好快速性的冷补工艺有了很大发展，逐渐成为应急修补坑洞最常用的方法。标准的冷补工艺只需使用某些简单的手工工具，补坑的时间只需数分钟即可。这一工艺的特点是将集料与加热至适当温度的乳化沥青在喷嘴部位经混合后，用高压空气喷射至坑洞内直至填满为止。

2. 裂缝填封

中、大裂缝的修补都需要清除裂缝周边已经损坏的材料，因此扩缝处理是必需的工序。对于大裂缝来说，在许多场合其是由基层或路基引起的（例如不均匀的沉降），因而修复工作往往需要除去整个路面，甚至直达路基，已经属于全深度翻修的范畴而不是修复性养护作业。修复性养护的裂缝填封主要是针对那些由于低温、推移、反射等引起的，其损坏主要存在于面层内部的裂缝而言。

裂缝填封的方式对填封寿命有着重要的影响，美国 SHRP 计划的研究结果表明，对于六种不同的裂缝填封方式，其寿命的差别是十分显著的，寿命最长的是方槽贴封式和浅宽槽无贴封式两种。

裂缝填封的寿命与所采用的填封材料的性能也有很大关系。用普通的热沥青或乳化沥青作为填封材料，不如改性沥青和改性乳化沥青。裂缝填封胶有着非常高的黏弹性，可适应裂缝受外力的影响而引起的胀缩，同时又具有极佳的与缝壁黏结和防水的性能。

二、修复性养护技术的新发展

在坑洞修补中，修补材料的压实质量、表面的平整度、修补的快速性，仍然是目前坑洞修补技术中没有完全解决的问题。沥青路面修复性技术总的发展趋势围绕着上述问题，从材料、工艺和设备三方面来取得进展。

1. 新材料

在坑洞修补材料的发展中，高性能的专用冷补材料的开发是一个明显发展趋势。应急性冷补材料主要是由慢凝的轻制沥青制作，而专用的冷补材料则是按专门的配方和拌和工艺生产，这些材料大多是一些专利产品，例如美国的 UPM、Perma-Patch、QPR2000 等品牌的冷补料。随着新的高性能冷补材料的发展，结合冷补工艺的改善，坑洞冷补的寿命接近永久性修补的寿命是完全可能的，采用专用冷补材料的优越性是十分明显的。

2. 新工艺

在坑洞修补工艺的发展方面，总的趋势是冷补工艺的发展较热补工艺更快。半永久修补工艺较常规的应急修补工艺增加了切边、喷洒黏层油和碾压三道工序，虽然会增加数分钟的修补时间，但却大大提高了修补的牢固程度。

在坑洞的压力喷补工艺方面，需要解决的问题是进一步改善坑洞表面的平整度。在热补工艺方面，提高坑洞修补深度将是加热修补工艺进一步发展需要解决的问题，在这方面，微波加热将会是一个值得关注的方向。微波加热沥青路面的优越性是明显的，因为微波加热依靠增加材料分子运动的动能来使被加热物体升温，因而加热是由内及外的。微波加热具有深部加热、热惯性小、控制容易的特点，特别适宜导热性能很差的沥青路面的加热。

在提高路面局部修补的快速性方面，一个值得关注的趋势是在干线公路上采用将快速冷补坑洞与全车道局部翻修相结合的工艺，即当出现个别坑洞时，采用半永久性的冷补工艺，当在局部面积内出现较多的坑洞或坑洞损坏的先兆时(如出现局部龟裂)，采用全车道局部翻修的工艺。

3. 新设备

坑洞修补设备未来总的发展趋势是为不断满足新材料和新工艺的发展而取得进展。

对于实施传统热补工艺的综合养护车来说，采用预制的热补混合料，将储存热混合料的容器改为具有加热、升温和搅拌功能的现场搅拌器将是一个重要的发展趋势。

对于坑洞加热修补设备来说，出现了向小型化方向发展的趋势。一种手扶式的坑洞加热修补设备，所用的加热源是红外线。在加热技术方面，随着红外线发射管热效率的提高，除了火焰辐射加热方式外，红外线加热技术也将是坑洞热补设备一个新的选择。新的加热技术在坑洞热补设备上的应用，最值得关注的是微波加热技术。

在小坑洞修补和大裂缝填封方面的设备,压力喷射修补机将是一个有竞争力的修复性养护设备,它将进一步在改善乳化沥青与集料的混合裹覆,加强压力喷射强度以改善填补材料的黏结性能等方面取得进展。

任务3 养护试验检测设备的现状与发展

公路交通基础设施的各个部分在使用过程中,都会出现损坏、性能下降、缺失等现象,随着经济的发展和技术的进步,很多项目(路基路面状况、桥涵构造物状况、交通工程及沿线设施状况、公路绿化等)的检查、监测、检测等都将逐步实现自动化和经常化。路面表面状况(路面损坏、道路平整度、沥青路面车辙、路面表面构造等)的检测将完全实现路面检测车自动检测与数据处理;桥梁结构和表面损坏将实现桥梁检测车检测,大型、特大型桥梁的全过程健康监测也将逐步实现。此外,运用前方数字图像获取、辨识等技术,将逐步实现对交通工程及沿线设施状况、公路绿化等的检查和分析,还可运用地质雷达和超声波等技术,实现对结构物内部隐含缺陷的检测等。通过以上检测数据的积累,逐步建立数据库,将真正实现公路交通基础设施状况档案的电子化。

一、路面破损状况检测设备

路面破损状况在公路养护质量检查评比中被置于首要地位,因为它最直观地反映路面的基本使用情况。《公路技术状况评定标准》(JTG H20—2007)(以下简称《标准》)规定:路面损坏状况检测,宜采用自动化的快速检测方法,当条件不具备时也可以采用人工检测方法。

人工检测是指按照损坏分类和识别方法,采用目测和简单工具丈量的方式,人工记录各种路面损坏的类型、严重程度和数量(长度或面积)。这种检测方式不仅浪费大量的人力物力,而且需要封锁交通,给公路通行造成不便。

路面损坏自动检测设备:美国、丹麦等国家率先研制开发了路面病害调查车,可在正常车速行驶中,对路面进行扫描拍照,同时记录桩号信息,后期通过软件处理,可对路面裂缝长度进行计算,然后换算成破损面积。

路况快速检测系统(CiCS):在正常车流速度下,能够快速准确地采集路面损坏、道路平整度、路面车辙和前方景观图像数据。与CiCS配套的路面损坏识别系统CiAS能够自动识别和处理由CiCS采集的路面损坏图像,对裂缝、坑槽等路面损坏进行自动分析和处理,找出裂缝位置,计算裂缝长度、宽度和路面损坏率。

二、行驶质量指数检测设备

随着对公路质量要求的不断提高及路面管理系统的建立,平整度成为目前路面使用性能中最重要的指标之一。它是表征路面舒适性的指标,车辆在不平整的道路上行驶,不仅影响乘客和驾驶员的安全性与舒适性,而且增加车辆的运行费用(如增加油耗,降低行车速度和车辆使用寿命,延长出行时间等),加速对道路结构的破坏,影响路面的使用年限和养护周期,增加路面的养护费用。

国际平整度指数 *IRI* 定义为标准车身悬架的总位移(m)与行驶距离(km)之比。利用精密水准仪测得路面一定间隔下的高程再通过程序进行 *IRI* 计算,*IRI*(m/km)指标与世界上各种路面平整度仪的测试结果建立了关系,从而把过去世界各国不同的平整度仪测试结果指标统一到了 *IRI* 当中。

在我国,目前常用的平整度检测方法有两类,即断面测试类(如3m直尺、精密水准仪、激光平整度测试仪等的检测）和间接反应类（如连续式路面平整度仪、车载式颠簸累计仪等的检测）。

激光平整度测试仪：利用车载式激光传感器和高精度加速度计等传感器，可精确地检测道路纵断面（平整度）、横断面（车辙）、构造深度等数据。激光平整度测试仪所测得的数据含有丰富的信息，经处理可绘制图形，进行频谱分析，经后处理可分别得到左、右轮迹和整条车道的国际平整度指数 *IRI* 等数据。该仪器是路面质量验收及养护检查评比的常用设备，测试精度不受速度影响，在 20 ~ 100km/h 都可正常测试，大大提高了平整度测试的水平。

连续式路面平整度仪：以 3m 长的桁架为基准，中间机架可缩短或折叠，前后各有 4 个行走轮，故通俗地称为八轮仪。前后两组轮的轴间距离为 3m，在机架中间有一个能起落的测定轮，测定轮上装有位移传感器和距离传感器，测定时沿路面某一纵向位置以一定间隔量取 3m 直线中点的单向垂直位移数值。该仪器检测路面平整度时，可用人力或机动车牵引，要求保持匀速前进，测试速度宜为 5km/h，最大不得超过 12km/h。当仪器自动采集时测点间隔为 10cm，当人工采集时测点间隔为 1.5m，测量完毕用统计学方法按每 100m 为一个计算区间，计算出各区间的标准差值（mm），以此来表征路面的平整度。自动采集时可以测定、运算及打印路面不平整度的标准差值，还可记录检测路段长度及测试速度。在工程建设单位，该仪器常用于路表面的平整度检测。

车载式颠簸累计仪：是一种高效反映类车载式仪器，以车辆在路面上通过时后轴与车厢之间的单向位移累计值 *VBI* 表示路面的平整度，单位为 cm/km。目前，位移传感器的精度已从 1cm 提升到 1mm。显然，车载式颠簸累计仪与 *IRI* 虽然表示的都是位移值，但所不同的是 *VBI* 间接反映路面的颠簸情况。*VBI* 值的大小与测试车底盘的悬挂性能有关，所以仪器装车后必须定期标定。该设备检测虽然适应性很强，但是标定时的代表路段有限，得出关系式涵盖的 *IRI* 值域也有限，所以不适合在路面坑槽较多、破损严重时使用。

三、路面车辙深度指数检测设备

近年来，由于交通量的迅速增长，车辆渠道化行驶以及重载、超载问题凸显，车辙已经成为沥青路面的一种主要损坏方式，车辙的存在严重缩短了路面的使用寿命，带来了交通安全隐患。目前常用的车辙测试方法有如下两种：

直尺测量：把直尺横放在轮迹带的车辙位置处，用量尺或量规测量最大车辙深度。

车辙快速检测装置：通过在车体上安装位移传感器来快速、连续地检测道路横断面，主要由检测横梁、传感器和计算机系统三部分组成。位移传感器的类型主要有三种：激光传感器、超声波传感器和红外线传感器。绝大多数传感器都是利用光时差原理测量车体与路面间的相对距离，当传感器数量足够多时，便可以检测出路面车辙形状。

四、路面结构强度指数检测设备

弯沉是表征路面结构强度的重要技术指标，是工程验收、路面评价和养护管理必测的项目。弯沉的检测方法，过去一般采用贝克曼梁测法，但工作效率低、数据可靠性差、工作量繁重。目前常用的测试方法有如下两种：

落锤式弯沉仪（FWD）：由荷载发生装置、弯沉检测发生装置、运算控制系统、车辆牵引系统等组成。工作原理是将（200 ± 10）kg 质量的重锤，提升到一定高度，使其产生（50 ± 2.5）kN 的冲击荷载，然后落在直径 300mm 的承载板上，板附近布置 5 ~ 7 个传感器，可以在冲击的瞬间，通过运算控制系统记录冲击荷载及每个传感器所在位置的动态变形，并由此计算路基路面各层材料的动态弹性模量。该仪器适用于对沥青路面和水泥路面进行选点检测,实际检测一般每隔 50m 选择一个测点。

激光自动弯沉仪:工作原理与贝克曼梁测弯沉的原理相同,都是采用简单的杠杆原理。当测点受荷载时地面下沉,通过杠杆支点 10 ∶1 的关系,位移传感器可以读出测点处相应的下沉量。激光自动弯沉仪就是贝克曼梁的自动化形式,利用装载车后轴的荷载,把类似贝克曼梁的测量架安装在底盘下方,配上弯道测量同步控制系统、测量机构移步系统和数据采集系统,构成自动弯沉仪。

五、抗滑性能指数检测设备

抗滑性能指数用来表征路面的抗滑性能,是道路的安全性能指标。我国养护规范中列举了两种测试方法,分别是摆式仪测摆值(*BPN*)和 SCRIM 测试车测横向力系数(*SFC*)方法,但由于摆式仪测摆值不属于自动化检测方法,在大规模路面调查中不宜采用,因此《标准》建议一般采用 SCRIM 测试车测横向力系数法。

SCRIM 横向力系数测试车:基本构成为装载车部分、测量机构、供水系统、数据采集处理系统及附属部分,通过各组成部分协调配合完成路面抗滑性能数据的采集。装载车本身是一个移动载体,所有机构均附置于车上,在高速行驶中进行测量。测量机构包括测量轮、配重、机械悬浮导轨、升降装置及传感器等,功能是把两个载有恒定配重的测量轮置于装载车前后轴间并成一个固定夹角的位置上,通过控制部分自由地升降,当测量轮下降到测量位置时,测量轮与地面接触并自由转动,把产生的横向力传递至拉力传感器上供数据采集系统处理。供水系统包括水罐、水泵、水路,功能是湿润测试轮前一定宽度的路面,形成一条纵向湿润带,模拟最不利条件测得路面的横向力系数。数据采集处理系统包括上位机、下位机、电源及距离、拉力、空气温度等传感器,功能是把各个传感器取得的信号加以处理并显示、记录、保留下来,供分析应用。附属部分包括标定系统、上水部分及各种附件工具箱体等,为校验仪器、辅助供水及存放备件、工具等用。

其他抗滑自动化检测设备:较典型的有瑞典的滑溜仪 BV8(S)、荷兰的 RWL 拖车、比利时的 Oboliographc、法国的 GEBTP-Strad Grsphe(F)、美国的 Friction Tester 拖车等。

任务 4 公路养护管理系统简介

纵观世界各发达国家的公路发展过程,公路交通的发展一般都经历了以建为主、建养并重、以养为主的三个阶段。虽然路网的发展极大地促进了各国经济的持续繁荣,但发达国家几乎无一例外地存在着路网养护资金不足的问题。如何科学有效地优化分配有限的养护资金,一直是公路管理系统需要解决的根本性问题。

截至 2011 年底,我国公路网总量已突破 400 万 km。受金融危机的影响,我国公路网的建设又迎来了一个高峰期,但也严重地挤占了公路养护资金,造成了养护资金严重不足。公路管理系统首先是为解决养护资金分配问题而产生的,近几年来,其职能得到了较大的扩展。它的根本任务是实现公路信息的数字化管理,其主要目的不仅是将检测到的各种技术数据通过中心数据库存档,同时还要回答两个最根本的问题,即求解满足一定养护投资条件下的最优路况水平和测算维持一定路况水平目标的最优养护投资水平。

公路管理系统包括公路养护与管理的全部内容,由路面管理系统、桥梁管理系统、路基管理系统、交通安全设施管理系统、绿化管理系统、养护人员管理系统、养护设备管理系统、养护生产组织管理系统等组成。

一、路面管理系统简介

所谓路面管理系统(PMS),就是采用现代技术手段,根据路面现状和未来的使用需求,以一系列评价与分析模型为基础的投资决策过程。

路面管理系统一般划分为网级管理系统和项目级管理系统两个层次,二者既有区别又有联系。区别在于网级路面管理系统主要完成路网的路况分析、路网规划、计划安排、预算编制、资源分配等任务,侧重于财政规划。项目级路面管理系统的主要任务在于提供满足对策目标、费用目标和使用性能目标的养护方案,侧重于技术方案的比选与优化。二者的联系在于项目级路面管理系统所确定的最佳养护对策构成网级路面管理系统进行决策分析的前提条件。

路面管理系统一般由数据采集、数据管理、统计评价、决策设定、报表输出等各个子系统构成。

二、桥梁管理系统简介

所谓桥梁管理系统(BMS),是指对既有桥梁进行技术状况检测、评价分析、养护决策和状态预测的综合性管理系统,它涉及桥梁结构工程、桥梁基础工程、病害机理诊断、桥梁状况检测和数据管理等多方面技术。

桥梁管理系统按其适用的行政范围可分为国家级、省级、县级三个级别。县级桥梁管理系统是省级系统的基础,而省级系统又是国家级系统的基础。

同路面管理系统一样,桥梁管理系统也分为网级和项目级两类。网级管理系统主要针对特定区域的桥梁群体的管理,需要综合考虑结构退化、维修措施、交通量、道路等级、政治因素等对路网服务水平的要求,其主要目的是评估每座桥梁的工作状态,在满足一定服务水平的情况下,合理分配养护维修资金。项目级管理系统的对象是某个独立的桥梁或桥梁的组成部分,主要考虑桥梁本身的病害与性能退变规律、维修效果、维护时机和相关费用,其主要目的是确定合理的养护维修计划。项目级管理系统可作为网级管理系统的组成部分。

桥梁管理系统一般由数据采集、数据管理、统计查询、评价决策、状态预测和维修计划等几个子系统组成。

复习思考题

1. 简述预防性养护的定义。
2. 目前广泛应用的预防性养护技术主要有哪三种类型?
3. 简述预防性养护工艺未来的发展方向。
4. 结合当地地质气候条件,简述薄层罩面施工的质量控制要点。
5. 简述修复性养护的定义。
6. 按修补的施工方式来分,坑洞修补包括哪两类?
7. 结合工程实际,试述冷补工艺在高等级路面快速修补中的应用。
8. 简述路况快速检测系统(CiCS)。
9. 目前常用的平整度检测方法有哪两类?

10. 试述落锤式弯沉仪与贝克曼梁法测量弯沉数据相互换算的可行性。

11. 简述公路管理系统的组成。

12. 简述路面网级管理系统和项目级管理系统的区别。

项目二　养护试验设计与技术论文

学习建议

结合工程实践中遇到的技术难点,进行试验研究解决方法,并撰写技术总结,整理施工经验。

技能要求

1. 能够进行养护试验设计;
2. 能够撰写养护专业技术论文。

知识要求

1. 掌握养护试验设计的一般程序与要求;
2. 掌握养护专业技术论文的写作要求。

任务1　养护试验设计

所谓养护试验设计,是指按照养护研究的实际需要,对整个养护试验过程作出一个全面而系统的规划,其内容包括试验目的、试验条件、试验内容、试验场地与仪器、试验方法和试验数据处理分析等。

一、养护试验设计的一般程序

1. 认识养护试验对象

全面深入了解养护试验对象是进行试验设计的前提。如果对养护试验对象的结构、材料、功能、用途和作用缺少全面的认识,就不可能对试验进行准确定位。认识养护试验对象最直接有效的方法是从试验养护对象的设计单位获取相关信息,或邀请设计者参与养护试验设计工作。如无法做到这一点,那么试验设计人员应深入分析养护试验对象的全部设计和施工技术资料。

2. 了解养护试验要求

充分了解养护试验要求是科学合理设计养护试验的基础。对任何一项试验,所要求的精度不同,所需的仪器、方法、周期和费用都将不同。因此,无论什么类型的试验往往都需遵循这样的一个原则,即在满足试验精度要求的前提下,应尽可能降低试验费用。

3. 研究相关养护试验标准及规范

即使所要进行的养护试验没有现成的标准或规范,相近的研究可能也已有了相关标准或规范,其中或许绝大多数内容与本试验无关,但肯定有部分内容和思路可以借鉴。广泛研究相关养护试验标准或规范可以少走弯路,缩短试验设计周期。值得注意的是,养护试验设计是一项创造性的工作,一定要充分反映养护试验的特点,不能对已有标准和规范进行简单的照抄照搬。

4. 分析已有养护试验条件和仪器设备

充分利用已有的养护试验条件和设备，尽可能少地采用没有的仪器设备，力争避免采用待开发的设备是养护试验设计过程中应遵循的一项重要原则。购买新仪器或开发新仪器都需要很长的时间，利用已有条件和仪器的优点是可以缩短试验周期。需要注意的是，不要指望所有的新试验都可以借助已有的仪器设备，进行科研性试验时，往往需要根据研究进展情况补充一些新的仪器和设备。

5. 明确养护试验目的

所谓明确养护试验目的，就是要解决为什么要进行试验这一问题，即明确通过养护试验希望获取哪些信息，解决什么问题。对于一项全新的试验而言，试验目的可能需要一个逐步明确的过程。在开始试验之前，或许只有部分试验目的是明确的，有些试验目的需等到一些试验数据出来之后才能逐渐清晰。事实上这是科研试验的一种普遍规律，即科研试验需在试验过程中逐渐完善。

6. 确定养护试验内容

确定养护试验内容，就是要按照试验目的对症下药，既要避免做一些无谓的试验，也不要漏掉一些重要的试验项目而影响试验进展。

7. 选择养护试验仪器设备

选择仪器设备首先应保证满足养护试验的功能要求，所测得的各种指数应准确可靠。此外，要合理组建养护试验用仪器系统，同时注意不要片面追求高精度。

8. 分析研究养护试验条件对结果的影响

对于养护工程试验而言，尤其是那些需在室外进行的试验，由于室外的环境和气候条件不可控，且不同地区、不同季节和不同时段的环境和气候条件差异很大，如果试验对环境和气候的变化敏感，则应对其作出相应规定，以避免试验条件变化对结果带来不利的影响。

9. 确定养护试验方法

养护试验方法应对如下六项内容作出明确规定。当然，并不是所有试验项目的试验方法均需包括以下内容，试验项目不同，试验方法所涉及的内容也会有所差异。

(1)试验对象的维修规范。

(2)试验过程中，试验对象出现异常情况的处理方法。

(3)试验前的磨合与预热。

(4)试验如何进行，仪器和试验对象如何操控。

(5)试验数据如何处理和修正。

(6)试验结果如何评价。

二、养护试验设计的一般要求

1. 养护试验设计应先进合理

需要进行养护试验设计的项目，通常都是为养护工程技术难点服务的，如果试验技术和试验理论不能立足研究前沿，那么试验结果的转化应用就存在瓶颈。

2. 养护试验的可操作性要强

试验的可操作性是评价设计水平高低的一项重要指标，因为试验的操作越简单，试验精度越易于得到保证，试验成本就会越低。试验的可操作性主要表现在：试验条件易于实现；仪器设备易于购买或在短时期内能够开发出来；试验便于操作。任何一项试验，若在现阶段的技术和设备条件下无法实现,那么无论它多么先进,也是一项设计不合理的试验。

3. 养护试验的周期尽量要短

公路工程养护技术日新月异,如果养护试验的周期太长,显然不利于养护技术的推广应用。对于那些耗时长的可靠性和耐久性试验,一般都采用强化水平较高的试验以缩短试验周期。

任务2 养护专业技术论文

养护专业技术论文就是应用养护专业知识,对养护施工中的某个技术问题,用说理和讨论的方式加以总结和提高,上升到理论高度进行分析的文章。养护专业技术论文一般属于专题性、应用性的论文,不同于一般的工作总结,更不同于一般的自我鉴定或思想汇报。

一、养护专业技术论文的选题

选题就是确定论文的方向和目标。选题水平的高低,不但反映了作者发现问题、分析问题和解决问题的能力,也体现了作者的认识能力和认识水平。养护专业技术论文的选题必须把握以下几点原则:

(1)立足作者熟悉或曾参与实践的工程项目。

(2)作者的专业技术知识和能力能够胜任。

(3)有一定实用价值。

(4)具有一定创意和深度。

(5)题目选择要小,范围要窄。

(6)内容要与养护工程实践紧密结合。

二、养护专业技术论文的格式及写作要点

1. 标题

标题是对论文主题思想最恰当、最简洁的概括。简明、具体、确切、精炼、完整(意义完整,句子成分完整)的标题,能对论文的基本观点、内容起到画龙点睛的作用。一般情况下,题名中要包括文章的主要关键词。题名应简短,最长不宜超过20个汉字,外文题名不宜超过10个实词。

2. 作者署名

在论文上郑重地署上自己的名字,是著作权赋予作者的一项神圣权利,受国家法律的保护。因此,署名的作者应具备5个条件:参与设计论证;参与试验工作;参与写作;有能力对咨询进行答辩;能够承担文字、学术、法律方面的责任。

论文要署名和标出作者单位,一方面表示作者对论文内容和效果承担学术和社会责任,另一方面也记录了作者的辛勤劳动和对本项技术工作的贡献。因此,凡是直接参与该研究且作出贡献,能对该论文负责的都应该署名,并按对论文的贡献大小排定先后次序。每个作者的姓名下方,用括号注明作者的工作单位。如果作者是以集体或单位的名义署名,个人只能以执笔人的身份署名。对仅参加了部分工作而不能对文章负责的不应署名,但可列在致谢中,以表明尊重他人的贡献和劳动。

3. 摘要

摘要是全文的高度“浓缩”,是全文基本思想的缩影,它的作用一是方便交流,节省读者时

间,使读者在阅读正文之前先了解要点和基本内容,以确定有无必要继续阅读全文;二是方便检索,以供文摘等二次文献检索采用。

编写摘要应注意的问题如下:

(1)摘要的位置在标题和作者之下,在关键词、正文之上。摘要的详简应根据论文的内容、类型、学科领域、信息量、篇幅、语种、获得的难易程度和实际需要确定。一般中文摘要为200~300字;英文摘要的位置在中文摘要的下面,为250个实词左右,特殊情况字数可以略多。

(2)内容要高度浓缩,不要简单重复标题中已有的信息。

(3)要采用报道性文体,着重反映文章的新内容和作者的观点,不得罗列公式、图表。

(4)要排除在养护专业领域内已成常识或属于科普知识的内容。

(5)要短小精炼,开门见山,说明主要问题。

(6)要用词精炼,结构严谨,语句通顺,独立成段。

(7)一律采用第三人称过去式写法,宜采用"对……进行了研究""报告了……现状""进行了……调查"等句式,不能使用"本文""笔者""我公司""我标段"等第一人称作主语。

(8)要客观如实地反映全文内容,不加任何注释和评价。

(9)有能力的作者还要提供英文摘要,要注意采用第三人称被动语态写法。

4. 关键词

关键词和摘要一样,也是一篇论文重要的信息点和检索点,虽然它反映的信息不如摘要详尽,但信息浓度却更高。它不仅可以对读者起到一目了然的作用,而且可以极大地方便文献检索。关键词排列在摘要之后,另起一行书写。

取词的一般原则是:

(1)所选的重要概念应是构成主题中心的概念。在构成主题中心的概念中,首先要选取形成论文中心论点的最主要概念。

(2)所选的重要概念对主题中心应有修饰和限定作用。选好主题中心概念后,还应从多方面选择围绕主题中心的主题要素,例如表示作用、方法、性质、结构、条件、用途、归属、时间、场所、原理、过程、结果的概念可作为主题要素。

(3)选词不宜过多或过少。标准规定为3~8个。过多会造成过量标引出现误检,过少会遗漏一些有价值的信息点。

5. 前言

前言是论文的引子,写在正文部分之前,简要地说明论文的研究目的、范围、相关领域的研究成果、理论分析及其依据、研究方法和试验设计等,以引导读者转入正文,起到一个定向的引导作用。因此,篇幅不宜过长,一般为100~200字。常见的前言部分主要说明论文撰写的理由,并对与论文有关的国内外发展动态进行概述,以衬托出该论文的价值,并介绍该研究预期的成果。

要注意前言和摘要的区别,摘要主要说明研究对象和成果,可以自成一篇独立的短文。前言主要说明撰写论文的目的和预期达到的目标,为正文的论述奠定基础,目的是引出正文。

前言必须简短精炼。前言一般包括以下部分:研究的性质、范围或定义;研究的作用与意义;研究的理论根据、方法、结果及写作目的;作者提出的新概念;前人的研究成果与本研究的关系及异同等。

6. 正文

正文撰写的要求如下:

(1)中心明确,重点突出。根据主要论点需要对各种素材、数据、资料进行筛选,筛去不可靠的内容,选出准确、可靠而有说服力的资料。

(2)论据充分,逻辑严密。把观点和材料有机地组织起来,用已学过的知识进行分析和概括,从材料中自然引出结论。

(3)端正态度,实事求是。正文中引用的素材要反复核实,观点要中肯,结果要恰当,要正视存在的问题,并给予实事求是的说明。

(4)阐述清楚,层次分明。正文的文字说明、图形绘制要清楚明确,全文结构要层次分明,所选用的名词术语、图形符号应规范化和标准化,符合最新国家标准要求。行文格式一般要求设分级序号和相应的小标题,一律用阿拉伯数字另行顶格书写,一级标题(又称为章)为1(空一格书写小标题);二级标题(又称为条)为1.1(空一格书写小标题);三级标题(又称为款)为1.1.1;四级标题(又称为项)为1.1.1.1,依此类推。(1)、(2)、(3)……为分述段的序号;①、②、③……为分述点的序号,一般不分段。

7. 结束语

结束语一般包括结论和建议两部分,结论是全文的总结,是整个研究的总判断、总评价。写作时要十分严谨,解决了什么问题,得出了什么结果,存在什么问题等都要如实说明,不夸大、不缩小、不想当然、要恰如其分。语言要准确、鲜明,不能用"大概""可能"等模棱两可的词语。建议部分主要是提出今后的设想、改进方案或解决问题的方法、推广应用的范围和可能性等。

8. 参考文献

参考文献是论文写作的必要内容。首先,它体现了科学的严肃性、继承性和对他人劳动的尊重。其次,表明了作者使用参考文献的起点和深度。一份完整的参考文献,也是作者向读者提供的一份有价值的信息检索资料。为了保持篇章结构的简洁和紧凑,不宜在正文中过多地赘述参考文献的内容,而善于利用参考文献,则可以适当节省篇幅,提高论文质量。

文献的著录规则:参考文献的著录要求采用顺序编码标控制,即按引用文献出现的先后顺序,在文献的著者或成果叙述文字的右上角用方括号标注阿拉伯数字编排序号,在参考文献表中按此序号依次著录。

复习思考题

1. 简述养护试验设计的定义。
2. 简述养护试验设计的一般程序。
3. 简述养护试验设计的一般要求。
4. 某省道,公路等级为一级,经调查发现典型病害为横向裂缝,预进行大修,采用铣刨、水稳回填,加铺沥青混凝土后整车道实行稀浆封层罩面。试对该养护工程进行稀浆封层配合比的试验设计。
5. 简述养护专业技术论文的选题原则。
6. 养护专业技术论文的格式包括哪些?
7. 以灌封工艺施工为例,撰写一篇专业技术论文。

参 考 文 献

[1] 中华人民共和国行业标准. 公路水泥混凝土路面养护技术规范(JTJ 073.1—2001)[S]. 北京:人民交通出版社,2001.

[2] 中华人民共和国行业标准. 公路沥青路面养护技术规范(JTJ 073.2—2001)[S]. 北京:人民交通出版社,2002.

[3] 中华人民共和国行业标准. 公路养护技术规范(JTG H10—2009)[S]. 北京:人民交通出版社,2009.

[4] 中华人民共和国行业标准. 公路桥梁技术状况评定标准(JTG/T H21—2011)[S]. 北京:人民交通出版社,2011.

[5] 中华人民共和国行业标准. 公路桥涵养护规范(JTG H11—2004)[S]. 北京:人民交通出版社,2004.

[6] 中华人民共和国行业标准. 公路工程质量检验评定标准(JTG F80/1—2004)[S]. 北京:人民交通出版社,2004.

[7] 中华人民共和国行业标准. 公路桥梁承载能力检测评定规程(JTG/T J21—2011)[S]. 北京:人民交通出版社,2011.

[8] 中华人民共和国行业标准. 公路桥梁荷载试验规程(JTG/T J21-01—2015)[S]. 北京:人民交通出版社,2016.

[9] 中华人民共和国行业标准. 公路桥梁加固设计规范(JTG/T J22—2008)[S]. 北京:人民交通出版社,2008.

[10] 中华人民共和国行业标准. 公路桥梁加固施工技术规范(JTG/T J23—2008)[S]. 北京:人民交通出版社,2008.

[11] 中华人民共和国行业标准. 公路路基施工技术规范(JTG F10—2006)[S]. 北京:人民交通出版社,2006.

[12] 中华人民共和国行业标准. 公路技术状况评定标准(JTG H20—2007)[S]. 北京:人民交通出版社,2007.

[13] 中华人民共和国行业标准. 公路沥青路面设计规范(JTG D50—2006)[S]. 北京:人民交通出版社,2006.

[14] 中华人民共和国行业标准. 公路沥青路面再生技术规范(JTG F41—2008)[S]. 北京:人民交通出版社,2008.

[15] 中华人民共和国行业标准. 公路路面基层施工技术细则(JTG/T F20—2015)[S]. 北京:人民交通出版社,2015.

[16] 中华人民共和国行业标准. 公路工程概算定额(JTG/T B06-01—2007)[S]. 北京:人民交通出版社,2007.

[17] 浙江省地方标准. 公路泡沫沥青冷再生路面设计与施工技术规程(DB 33/T 715—2008)[S]. 杭州:浙江省质量技术监督局,2008.

[18] 广州市地方技术标准. 城市道路养护技术规范(DB J440100/T 16—2008)[S]. 广州:广东省质量技术监督局,2008.

[19] 邓学钧.路基路面工程(第三版)[M].北京:人民交通出版社,2008.
[20] 黄晓明,邓学钧.路面设计原理与方法[M].北京:人民交通出版社,2001.
[21] 沈艳东,崔岩.公路养护[M].北京:北京理工大学出版社,2014.
[22] 宋为民,汤天翔.公路养护与管理[M].北京:人民交通出版社,2013.
[23] 袁芳.公路养护工(技师、高级技师)[M].北京:人民交通出版社,2012.
[24] 彭志波.城市桥梁检测与养护维修及标准规范实务全书[M].安徽:安徽文化音像出版社,2004.
[25] 武春山,张德成.桥梁养护与加固技术[M].北京:人民交通出版社,2010.
[26] 孙熠.公路养护管理[M].北京:人民交通出版社,2011.
[27] 王松根,宋修广.公路路基维修与加固[M].北京:人民交通出版社,2010.
[28] 侯利国,李飞泉.《公路养护技术规范》释义手册[M].北京:人民交通出版社,2009.
[29] 赵振东,陈惠民.公路养护工程常见病害及防治[M].北京:人民交通出版社,2006.
[30] 郭贵平.高等级公路养护技术与养护机械[M].北京:人民交通出版社,2001.
[31] 马松林.公路养护与管理[M].北京:人民交通出版社,2010.
[32] 李中秋.公路养护与管理[M].北京:水利水电出版社,2012.
[33] 游金梅.高等级公路养护与管理[M].北京:机械工业出版社,2004.
[34] 彭富强.公路养护技术与管理(第三版)[M].北京:人民交通出版社,2015.
[35] 尤晓暐,王光明.实用公路养护技术与管理[M].北京:清华大学出版社,北京交通大学出版社,2012.
[36] 武鹤.公路养护技术与管理[M].北京:人民交通出版社,2013.
[37] 张丽华.公路施工组织与概预算[M].北京:人民交通出版社,2009.
[38] 交通运输部公路科学研究院.公路桥梁养护人员应知应会手册[M].北京:人民交通出版社,2013.
[39] 孙振平,王新友,等.再生混凝土技术[J].混凝土,1998(5):69-70.
[40] 沈宏波,肖建庄.高性能混凝土中再生骨料的应用[J].住宅科技,2003(3):33-35.
[41] 王婷婷.水泥混凝土路面快速修复及再生技术研究[D].西安:长安大学,2011.
[42] 邢龙.矿区超重载交通条件下路面抢修改造技术研究[D].重庆:重庆交通大学,2012.
[43] 张华.基于重载、重交通等特殊路段的水泥混凝土路面维修设计[J].公路工程,2011,36(1):84-87.
[44] 林松湖.特重交通地区旧水泥混凝土路面大修改造工程沥青罩面加铺结构设计[J].公路与汽运,2014(164):144-145.
[45] 卫楠.水泥混凝土路面的日常养护措施[J].中国高新技术企业,2012(31):77-78.